ARTISTAS BRASILEIROS

pintura e escultura

ARTISTAS BRASILEIROS

ERNESTO DE FIORI

mayra laudanna

edusp
Imprensa Oficial SP

Ernesto de Fiori

Dados Internacionais de Catalogação na Publicação (CIP)
(Câmara Brasileira do Livro, SP, Brasil)

Laudanna, Mayra
Ernesto de Fiori / Mayra Laudanna – São Paulo: Editora da Universidade de São Paulo; Imprensa Oficial do Estado, 2003. – (Artistas Brasileiros; 16)

Bibliografia.
ISBN: 85-314-0724-9 (Edusp)
ISBN: 85-7060-168-9 (Imprensa Oficial do Estado)
1. De Fiori, Ernesto, 1884-1945 2. Escultura – Brasil 3. Pintura – Brasil I. Título. II. Série.

02-4219 CDD–730.981

Índices para catálogo sistemático:

1. Brasil : Artes plásticas : Apreciação crítica : Belas-artes 730.981

Edusp – Editora da Universidade de São Paulo
Av. Prof. Luciano Gualberto, Travessa J, 374
6º andar – Ed. da Antiga Reitoria – Cidade Universitária
05508-900 – São Paulo – SP – Brasil Fax (0xx11) 3091-4151
Tel. (0xx11) 3091-4008 / 3091-4150
www.usp.br/edusp – e-mail: edusp@edu.usp.br

Imprensa Oficial do Estado
Rua da Mooca, 1.921 – Mooca
03103-902 – São Paulo – SP
Tel.: (11) 6099-9800
Fax: (11) 6692-3503
www.imprensaoficial.com.br
divulgacaoeditoriais@imprensaoficial.com.br
SAC 0800-123 401

Printed in Brazil 2003

Foi feito o depósito legal

SUMÁRIO

APRESENTAÇÃO

A modernidade de Ernesto de Fiori não se reduz aos textos que escreve, pois com ela enfrenta modernidades de outros, críticos e artistas, em cartas, debates ou mesmo em atos. Desde os primeiros anos do decênio de 10 do século XX, quando as obras de Cézanne e van Gogh começavam a ser conhecidas na Europa, de Fiori, então em Munique, por defender Cézanne, atrita-se com o escritor moderno e colecionador Karl Sternheim. Dos anos em que de Fiori vive em Paris, coincidentes com as publicações de vários manifestos de artistas modernos, como o dos cubistas, tem-se apenas notícias vagas, as quais já indicam, todavia, algumas linhas de suas reflexões e obras, todas pautadas pela modernidade enquanto pesquisa. Nos anos finais da Primeira Grande Guerra, em Zurique, cidade que, então, alberga diversas modernidades, de Fiori contribui para o debate, opondo-se aos dadaístas e outros movimentos artísticos que vão tomando forma nessa época. Os conflitos de idéias que constroem a modernidade podem, inclusive, ser romanceados, como no livro de Otto Flake *Nein und Ja*, no qual de Fiori seria um dos protagonistas, o escultor Arigo. Outros intelectuais e artistas que Flake teria por modelos na exposição das discussões seriam, entre outros, Tristan Tzara, como Lisbao, Hugo Ball, como Fünfkorn, Hans Arp, como Hans e Hermann Haller, como Sello. Atuante, sobretudo na Alemanha dos anos 20, onde convergem modernidades, de Fiori é representado por Alfred Flechtheim, um dos principais *marchands* que se dedicam à divulgação da arte moderna na Europa. A Galeria Flechthein de Berlim, local de encontros e de discussões, evidencia de Fiori corrigindo importante crítico de arte e historiador, pois este, no livro *Die Kunst des 20. Jahrhunderts*, deprecia sua obra enquanto eleva a de outros modernos. Em 1933, também enfrenta, como moderno e em defesa da diversidade do moderno, o cerco que começava a se estabelecer em torno das artes pelos nazistas. Em 1936, deixa Berlim denunciando Hitler e o nazismo, não a Alemanha, e se instala em São Paulo, onde permanece como refugiado político até 1945, quando morre. No Brasil, mantém seu trabalho artístico e inicia discussões com alguns intelectuais brasileiros.

O estudo que se segue foi apresentado em 1997 como tese de doutoramento no Departamento de Filosofia, da FFLCH-USP.

INTRODUÇÃO

Em de Fiori a noção de conflito é básica: tensão que sustém e combate idéias, já que viver implica "perturbar o fluxo da alma". Em carta de 1942, de Fiori se opõe às teses que Sérgio Milliet e Luis Martins defendem enquanto aprova o choque que estes críticos aplicam aos "espíritos de artistas e de intelectuais", pois, como escreve, "precisamos de sacudidas", que indiciam "sinal de vitalidade". Essa força-conflito, pulsante e explosiva, já em 1918 faz de Fiori enfrentar, como moderno, outras posições que se apresentam como inovações artísticas, inclusive a que propõe a destruição da arte. Ora estendendo os argumentos para explicitar suas idéias, ora reafirmando sua oposição a outras modernidades, sejam elas ligadas a posturas passivas ou às prescrições ativas, prossegue, polêmico, em artigos publicados até 1942. Sendo o conflito móvel, incita à ação, enquanto o silêncio, imperdoável omissão, significa fraqueza. Falante, de Fiori externa suas idéias artísticas e políticas em periódicos de Zurique, Berlim, Roma, algumas das cidades em que reside antes de se refugiar em São Paulo, onde também suscita debates.

Distinguindo o cidadão do artista, de Fiori, em carta para seu *marchand* da Alemanha, Flechtheim, afirma que quando não pode "manusear a argila [é] cético". Por conseguinte, condena ideologias, quer religiosas, quer políticas, pois diretivas, portanto, impugnadoras da liberdade. Na carta de 1923, publicada sob o título "De Fiori will Zivilisten", o artista defende o civilismo contra o militarismo, afirmando que a Europa não precisa "de comunistas, de pacifistas, de socialistas, de nacionalistas, de budistas, nem mesmo de cristãos e refere o expressionismo alemão" como exemplo de militarismo, ao qual tem por "primo em primeiro grau da 'Parademarsch'". Dez anos depois, escreve artigo para periódico de Berlim sob o irônico título "Wie können wir Künstler der Regierung helfen?" [Como poderemos nós, artistas, ajudar o governo?], no qual evidencia a distinção entre o artista e o cidadão. Ironizando o governo que então se instala e os artistas que atendem aos seus chamamentos, questiona os políticos sobre sua capacidade em distinguir o *kitsch* da arte. Opondo-se às diretivas dos nacional-socialistas, defende a liberdade da arte, argumentando que o artista, como cidadão, "pertence ao estado, embora como artista [...] só se curve a um poder, o poder das leis artísticas, as que Deus colocou em sua alma".

Para de Fiori quem aceita atender ao novo Estado e, por extensão, a qualquer outro comando, não está na condição de artista. Aceitar diretrizes implica mudanças e o verdadeiro artista não muda seu "estilo" a partir de uma exigência que lhe é heterônoma. Pode ocorrer, é certo, que um artista mude seu estilo pessoal por exigências diversas; no entanto, essa mudança só ocorrerá após "longas e duras lutas internas". Exemplificando a condição de artista, de Fiori traz os expressionistas, aos quais critica: "mas se alguém, que até ontem foi o mais selvagem dos expressionistas, vier amanhã com um brando e afetado naturalismo, dir-lhe-emos: o senhor nunca foi artista e não o é agora. Se se comporta selvagem, branda ou moderadamente, o senhor é e permanece sendo kitsch". Conseqüentemente, quem se sujeita ao novo Estado como cidadão e artista não é artista: "devemos ter coragem de dizer isto abertamente. Tal homem torna-se suspeito, mesmo quando sua obra não possa ser considerada marcadamente ruim". Zombando, acrescenta que, neste sentido, a "transformação política é propícia à arte, pois mostrará quem tem caráter e quem não o tem".

Neste trecho do artigo ergue-se outra noção básica em de Fiori, a ética. Constante em artigos anteriores e ulteriores, a ética é da arte, conseqüentemente, do artista. A serviço da liberdade artística e de sua pureza, a ética não se fende, não havendo frestas pelas quais possam penetrar exigências ocasionais, como o desejo de encomendantes, aqui, os da política. Contra os nazistas e a favor da eterna liberdade da arte, sustenta que os artistas precisam cuidar de que "os bons artistas modernos" não sejam excluídos de suas associações e exposições "sem mais nem menos, só porque são 'modernos'". Como em de Fiori o conflito é noção fundamental, ao defender a arte moderna ele não se abstém de referir à divergência que existe entre os artistas sobre o que é "moderno [e] bom e a moda", equivalentes, respectivamente, à "boa qualidade e à mera feitura moderna", divergência que, qualificada de "livre luta", por si mesma "deveria ser saudada".

Em 1942, expondo unicamente suas posições políticas, escreve "Tomada de Posição", artigo publicado no Brasil, no qual evidencia, mais uma vez, sua oposição a regimes totalitários, a partir de seu civilismo. Distinguindo cidadão de súdito, entende que este último subdivide-se em dois grupos: o da "massa amorfa, [...] que não tem convicções pessoais", e o da "massa dos patriotas [...], que permanecem cegos e fanaticamente aferrados à pátria [...] mesmo no caso em que o governo ofenda hoje aquilo que ainda ontem esses próprios patriotas garantiam ser os seus princípios políticos, morais e religiosos". O terceiro grupo é o de cidadãos, composto de "homens que colocam a humanidade acima da pátria. São aqueles que, segundo a expressão usada por seus adversários fanáticos, 'traem' a pátria, quando esta se deixa arrastar por uma política excessivamente contrária àquelas idéias de cultura, de liberdade, de humanidade ou de religiosidade, sem as quais a vida não lhes parece mais digna de ser vivida. Tais homens não são súditos. São cidadãos".

O civilista de 1923 manifesta-se, neste artigo de 1942, como cidadão. É sua convicção que só o tempo não basta para acabar com a guerra; por isso, de Fiori insta os cidadãos que, como ele, são "exilados" e gozam da hospitalidade nos países americanos a submeterem seus ideais políticos e espirituais a uma revisão conscienciosa, para que a paz futura não seja uma nova violência: "comecemos a nos preparar. Antes de tudo estabeleçamos em nosso espírito os fundamentos espirituais de um mundo no qual os problemas econômicos se possam resolver sem o auxílio de aeroplanos, de tanques e de submarinos, no qual a diversidade de raças e de línguas não mais seja considerada um mal, mas antes como aquilo que realmente é, como a maravilhosa expressão da infinita profundeza e riqueza daquela misteriosa força vital que plasma o universo e que sem dúvida pode ser chamada divina".

A atualidade em de Fiori é do cidadão, assim, do debate político, da propaganda, de apreciações da vida distintas da arte. Esta idéia, já enunciada em 1918 e firmada em jornais da Alemanha e do Brasil é, do mesmo modo, reiterada em carta de 1942, dirigida a Sérgio Milliet e Luis Martins. Discordando dos críticos que afirmam a importância do conteúdo ideológico em um quadro, escreve, contundente: "a propaganda política em pintura (em arte) é pecado mortal. É jornalismo. Um bom artigo de jornal (com ou sem fotos de cadáveres) será mil vezes mais tocante do que um quadro que trata do mesmo assunto..." A atualidade pressupõe a ação do cidadão de Fiori, que escreve artigos contra o fascismo e o nazismo ou do que faz anotações acompanhadas de invenções que detenham torpedos alemães; pode o artista, aqui, servir-se do desenho, como exemplificam o símbolo que inventa para uma imaginária *Lega di 'Resistenzia Espiritual Contra Hitlerismo'* e as caricaturas que faz de Hitler. Em outra carta dirigida ao mesmo Sérgio Milliet, escrita, certamente, após 1941 – pois este crítico não se dedicava antes à crítica de artes plásticas –, de Fiori explode: "não basta que um quadro seja boa pintura. Perbacco, se basta! Basta e avança, se por boa pintura entende-se não já uma qualidade simplesmente aceitável, mas a grande qualidade da pintura. [...] À arte plástica repugna a atualidade política, com exceção do desenho, que tem inegavelmente as possibilidades jornalísticas, assim, propagandísticas".

De Fiori distingue as diversas ações humanas, sendo que na atividade artística a distinção é condição própria da arte, portanto, necessária; por isso, caracterizando-se o que é próprio de cada arte, preserva-se a pureza de cada uma delas. Em 1926, von Alten discorre sobre a variedade humana em de Fiori, afirmando que, embora ele seja escultor, às vezes prefere a pintura; outras vezes "considera que escrever uma comédia é mais importante" e que o artista também evidencia outras inclinações espirituais, como o esporte. Em 1929, é Hans Siemsen, outro crítico de periódico alemão, que afirma ser "Fiori" artista justamente por não ser especialista. Em 1925, B. Guillemin publica, em periódico alemão, entrevista com o artista sob o sugestivo título: "Sobre as Virtudes. Uma Conversa". Perguntando se de Fiori não teme que suas forças se dispersem entre escultura, pintura e literatura, obtém a resposta: "ao contrário, exatamente através disso eu espero alcançar que minha escultura se torne cada vez mais pura – porque eu crio outros canais para as outras manifestações artísticas. Assim, não tenho de recear que entre em minha escultura algo que não pertença a ela. Na minha opinião, os artistas alemães sucumbem freqüentemente à tentação de fazer uma escultura, onde seria melhor escrever um poema, uma peça musical ou um tratado filosófico".

Cada arte responde às exigências que lhe são próprias: para de Fiori, usar materiais que pertencem a uma arte em outra ou servir-se de objetos estranhos à arte plástica, como a matemática ou a abstração pura – para ele, a única arte capaz de "abstrair-se completamente do mundo inteligível [é] a música" –, significa profanar a "verdadeira arte", entendida como eterna. Sendo assim, evidencia-se que na arte abstrata operam leis distintas daquelas da arte eterna, mesmo porque as exigências da arte eterna são da tradição; por conseguinte, não as enfrentar significa falta de coragem ou vaidade.

Defendendo sua idéia de nova arte, no artigo de 1918 referido, de Fiori refuta o que os dadaístas expõem em Zurique como sendo "nova arte". No que concerne às idéias que lê na introdução do catálogo da exposição dos dadaístas, escrita por Waldemar Jollos, afirma que também é seu desejo, quer na pintura, quer na escultura, "assenhorear-se do casual; por assim dizer, criar um extrato sublimado, um símbolo do mundo". Também intenta, como escreve compilando trecho do catálogo dos dadaístas, "o conhecimento, o tornar sensível um sentido eterno. Ficará insatisfatória, irredimível, toda criação que de alguma forma não exale a totalidade da vida, suas idéias, ininteligibilidades, transitoriedades". Não obstante a concordância no discurso, as direções são opostas: enquanto em de Fiori o "casual" é o gesto involuntário que se libera quando se está modelando, a indicar o achado da obra, para os dadaístas, como se sabe, o "casual" tem outro sentido, mesmo porque uma obra pode não pressupor nada como forma e, caso pressuponha uma forma que indique uma figuração, esta também será construída ao acaso, pois elaborada a partir de materiais quaisquer. Daí entender-se que o acordo destacado por de Fiori evidencia, sem dúvida, suas idéias, enquanto lhe serve de mote para desencadear uma discussão, considerando-se que não admite como arte os trabalhos dos dadaístas e discorda dos artistas defendidos por Jollos. Das "abstrações inconscientes" de Cézanne, segundo de Fiori "o maior de nossos antepassados espirituais", não decorrem as "conseqüências lúdico-mecânicas de Picasso e seus medíocres seguidores", já que a arte é "irradiação de um espírito", que objetiva um "sentido eterno". Para o artista as brincadeiras picassianas esfacelam a arte, já que produzem quadros a partir de "assunto meramente pessoal". Infere-se disto que o mesmo se observa nos trabalhos dos dadaístas, os quais, por não enfrentarem as exigências da arte, dela só podem desistir.

Na luta pela arte, de Fiori arrola, em seu pólo oposto, o cubismo, o futurismo, o simultaneísmo, ancestrais do dadaísmo, e o abstracionismo, correntes entendidas por ele como já superadas, salvaguardadas, até, suas contribuições pretéritas para a arte. Tais artes secaram e os artistas que as pretendem seguir se satisfazem com um deleite que não transcende o individualismo acomodado, daí não enfrentarem as dificuldades propostas pela arte: "ou queremos acreditar que a pintura de agora em diante e em todo futuro não deve ser nada mais do que um jogo arbitrário de sombras coloridas ou uma superfície 'ritmicamente' borrada (à la Kandinski)? Devemos conformar-nos realmente, a partir de agora, com seus símbolos do mundo, ou extremamente altivos, ou, conforme a gente os toma, demasiado modestos? Convenhamos, variações são possíveis – varia-se já há cerca de 10 anos: pode-se pintar tábuas serradas, colar cartões, cacos de espelho e latas de sardinhas como simbolozinhos bastante misteriosos do mundo... Os 'novos artistas' não precisam, infelizmente, cair aqui em constrangimento. Mas sejamos sinceros: em que nos interessa essa 'música talhada'?"

Para de Fiori, esses "novos artistas" abdicaram da arte, pois não podem "através de [seu] próprio sentimento relacionar o mundo a ser pintado ou modelado com o universo ou a eternidade"; supõem que a arte seja feita a partir do estreito universo individual, o querer. Não sendo isso possível, já que a arte eterna requer o confronto da tradição e do artista, a arte é conflito que se produz entre a história e o eu do artista, como também, em paralelo, o que se trava entre o conhecimento das artes e o inconsciente imponderável. De Fiori afirma: "só é um verdadeiro artista aquele cuja força não asfixia sua autocrítica, quem é capaz de se manter fiel a si próprio, sem menosprezar a tradição. Uma penosa luta, na qual se é jogado violentamente de um lado para outro, entre a tradição, a obra dos antepassados, que deseja ser prosseguida lentamente, e o eu indomável, que se lança ao infinito".

Sendo impossível, em arte, romper com a tradição, os artistas, como primitivos dos novos tempos, devem enfrentar a perfeição da arte antiga com a imperfeição da arte nascente; só assim poder-se-á "criar algo verdadeiramente emocionante. Mas isso não vai aparecer como problema, nem vai ser literatura ou música, e também exteriormente não vai surgir como algo especialmente novo. Vai comover enquanto reflexo no espírito, do mundo visível, sensível e vivenciado". A arte é movida pelo espírito e o move, pois feita pela sensibilidade que apreende no mundo visível aquilo que pertence ao espírito. Excluindo-se o espírito, o que ocorre nos trabalhos executados a partir do simples intelecto e nos manipulados por puro prazer pessoal, não há arte que não seja fria; decorre disso a ordem que de Fiori dá aos dadaístas, perdidos nos prazeres pessoais: "tirem os dedos da coisa sagrada".

Neste texto de 1918, a palavra "tradição" refere à arte de séculos passados, também designadas por de Fiori "clássicas" e, em artigo de 1941, "tradição" implica a noção de diretriz a ser seguida, noção inexistente, evidentemente, na modernidade, pois esta se faz como pesquisa. O emprego da palavra em duas acepções não significa, todavia, que elas sejam mutuamente excludentes. No artigo de 1918, "tradição" é história, que deve ser conhecida, respeitada e prosseguida, não enquanto forma, mas enquanto arte, visto que o artista luta entre "a obra dos antepassados [...] e o eu indomável". Aqui, "tradição" é o outro lado do conflito, que tem como oponente "as camadas mais profundas" do eu; este inefável, que move o artista, leva-o a pesquisar o material que trabalha até encontrar a sua obra, eliminando, com essa procura, qualquer expressão já pintada ou modelada por outrem. Além disso, deve-se considerar que é a "tradição" que permite conhecer, intelectualmente, as formas já produzidas e compreender a eternidade da arte enquanto interpretação da face visível do espírito.

Essas idéias também operam no artigo "A Pesquisa da Arte", de 1941, embora não sejam designadas por "tradição". Esta, nesse texto publicado no Brasil, implica a noção de doutrinas; assim, depois de afirmar que os artistas das épocas clássicas continuavam uma tradição, indicando com isto que os clássicos não precisavam enfrentar pesquisas como as que os artistas desde o final do século XIX empreendem, prossegue de Fiori: "nós, modernos, não temos tradição. É verdade que conhecemos todas as épocas artísticas, todos os estilos, todas as escolas desta terra, mas este conhecimento é apenas intelectual; nenhuma dessas escolas vive realmente em nosso sangue, pois não se pode chamar escola a anarquia artística que estourou (necessária e benéfica tempestade) nos campos do espírito europeu nestes últimos trinta e cinco anos. Nesta anarquia, que vem desde o fim da grande época artística do século passado, deveríamos encontrar o caminho do êxito, deveríamos recolher as pedras esparsas, separá-las, medi-las, adaptá-las e, com isso, tentar reconstituir aquela imagem da nossa consciência chamada arte. Toda época tem seus problemas artísticos. O nosso consiste em criar uma arte nova, isto é, que reproduza, por meio de seu estilo, o estado de espírito deste século, tão profundamente diverso dos séculos passados".

A partir disto, pode-se considerar que a arte é descoberta que atualiza o espírito, já que histórico, representando-o em obras. Estando liberta do intelecto, a arte dialoga com o universo através do sentimento do artista; este diálogo não segue leis, como tampouco pode ser ensinado, pois o que pode e deve ser feito em uma obra aflora do inconsciente. Em artigo de 1919, publicado em Zurique, de Fiori explicita seu processo psíquico ao descrever "Como se Ergue uma Estátua" [Wie eine Statue entsteht]. O artista pode começar a trabalhar a argila a partir de uma idéia, a qual, necessariamente, será alterada durante sua feitura ou apenas começar a trabalhar a argila, formando um corpo. Até este momento, o artista ainda não está na obra, já que construir "um corpo humano de ferro, madeira e argila" é um trabalho "quase sem alma". O artista vê a "pessoa de argila" como "forma grosseira, e principia a trabalhá-la: aqui começa a arte, o sopro divino que dá vida à forma morta. A partir de agora o escultor esquenta: ele aperta, ele disseca, ele abaula, ele gira – e agora, vagarosamente ou de súbito, surge, em seu espírito, a visão de uma forma especial, talvez de uma maneira inteiramente casual, por exemplo, com um toque involuntário do dedo no nariz: de repente o nariz tem uma expressão própria, arrebatadora. O artista se espanta e, subitamente, como que saído desse nariz, diante de seu espírito está o homem inteiro".

Operando o inconsciente durante a modelagem, o artista visiona a figura, pois nada está calculado previamente. Deste modo, enquanto a energia é mantida pela busca da figura visionada, ele trabalha nela até onde "pode" ou "deve", isto é, até que a energia se esvazie por completo, em camadas ou em um só lance. O inconsciente é também chamado "espírito" por de Fiori, sendo entendido como próximo às noções de "instinto" ou "subconsciente". Sendo assim, admite-se que o espírito, agitado pelo sentimento, permite ao artista evadir-se de si mesmo para integrar-se ao que está fazendo e ao ritmo absoluto. Isso equivale a dizer que, sendo o sentimento o que comanda a ação, a matéria é o que se trabalha enquanto houver disposição afetiva; quando o sentimento cessa, a procura da forma que representa a figura visionada também pára, pois achada, o que exemplifica o toque no nariz. O artista trabalha a pessoa de argila "conforme o seu sentimento e a bel prazer, tanto quanto pode, não mais do que deve". Daí a arte não poder ser ensinada e não seguir leis que a regulem: "somente desse modo pode surgir a verdadeira arte, pois essa maneira de criar é a mais divina, porque, inteiramente liberta da relatividade do pensamento humano, serve apenas ao ritmo absoluto".

"Sentimento" recebe o adjetivo "religioso"

em artigo também sobre escultura, que de Fiori publica em São Paulo em 1937, e na carta que escreve para Sérgio Milliet e Luis Martins de 1942. Nesta, afirma: "eu gostaria de deixar claro. Minha tese é: a arte é em sua essência a expressão de nosso sentimento religioso. Ela muda somente suas formas exteriores, dadas pelas diferentes declarações ou igrejas à qual ela se curva. Mas sua essência eterna é o sentimento religioso". De Fiori utiliza esta definição para se opor à defesa do muralismo feita por esses críticos que também destacam o comunismo e o socialismo, considerando este último, possivelmente, como "nova igreja". Para de Fiori, o muralismo, assim como qualquer outra arte que atende a ideologias, como o comunismo e o capitalismo, ou que atende à demanda de clientes, esmaga o artista. Rejeitando a liberdade, o artista afasta-se da essência da arte, pois, como se viu, ao atender desejos que lhe são alheios, abandona o sentimento – na carta qualificado de religioso –, justamente o que permite relacionar o impensado do artista com a obra. Portanto, a "igreja" à qual de Fiori se refere, nada tem em comum com ideologias ou com instituições religiosas; em de Fiori ela também designa o desejo: "uma igreja [...] não pode ser fundada sobre valores que não nasçam da contemplação de nós mesmo frente o Universo. São valores abstratos. Nascerá uma nova religião, uma nova igreja? É bem possível, mas também é possível que a arte continue a ser o que ela é depois da decadência da igreja cristã, uma arte livre, a expressão de um sentimento religioso não definido, não cristalizado, a expressão livre de nossa alma, ou, se você preferir, de nosso subconsciente. No 'muralismo' governamental que virá, haverá, sem dúvida, entre mil mediocridades, os verdadeiros artista. Estes serão os que terão a força de esquecer o governo, a sociedade, o assunto, para fazer a arte!"

Em artigo que escreve sobre Degas, de 1926, no elogio feito a este escultor, que supera, para de Fiori, o teatral Rodin e o duro Maillol, explicita-se esse desejo inflexível que não permite interferências externas: "independente do público, fosse para seu estudo ou por capricho", escavando no "inexprimível", numa procura solitária, incessante e "sem preconceitos, seu princípio", Degas "mostrava que apenas uma grande paixão, e não a teoria, pode se tornar uma grande arte". Degas não desiste do desejo, assim como de Fiori, espelhado neste artigo publicado na Alemanha e expresso em artigo publicado no Brasil: "e é por isso que a máxima beleza junta-se àquela obra, na qual o artista não teve que combater contra outra força que a própria consciência. Esta obra, feita na mais completa solidão e na mais profunda introspecção, pode chegar naturalmente àquela grandeza, distante do detalhe naturalístico, àquela identidade de forma e espírito, pois torna-se uma similitude do espírito que o mundo é feito, um misterioso reflexo da suprema e eterna harmonia do universo. Assim, pode-se dizer, sem querer e sem saber, torna-se arte religiosa. Certamente, religiosa não no assunto, mas na substância".

Escrevendo sobre escultura em "L'Era Nuova", artigo de 1937, de Fiori afirma que é, não o corpo, mas o espírito que o anima despojado de pormenores anatômicos ou vestimentais, o assunto da escultura moderna: "porque a grande escultura de hoje é aquela que não tem assunto, ou melhor, que tem por assunto o espírito enquanto perceptível no corpo humano. Que coisa, e agora? O nu puro e simples? Não, não o nu como nu, porque aquele é muita anatomia, e não o corpo vestido, porque aquele é muita alfaiataria, mas aquela certa qualidade do corpo na qual a nudez ou não nudez não tem mais importância. Aquele corpo que ressalta antes de outra qualidade aquela do seu gesto espiritual". O nu, como assunto da escultura, é central na obra do artista, explicitando-se nela o gesto espiritualizado que evidencia as virtudes: de Fiori modela as atitudes e movimentos em sua escultura a partir de relações que vão sendo estabelecidas entre as partes da figura; como esta é, nem calculada, nem sempre construída a partir da observação, o escultor modela o que nela vai visionando. É neste sentido que de Fiori modela antes as virtudes que os corpos que as explicitam. Ao falar da luta de boxe e do ex-campeão Jack Dempsey na entrevista referida de 1925, de Fiori afirma que na luta "entre bons boxeadores se visiona uma luta de virtudes": há, nela, algo além do estritamente físico nos corpos, o que também se verifica na escultura, uma vez que são as virtudes que tudo plasmam. "Trata-se, nos dois, do problema: corpo e alma. No corpo que eu modelo, tento deixar entrar as virtudes, conforme imagino. Cada forma que o escultor cria, cada curva que dá ao corpo tem de corresponder a uma virtude humana, do contrário é vazia". Na seqüência da entrevista, conclui que as virtudes, quando harmonizadas, constituem a própria beleza. Também por isso, de Fiori privilegia nos corpos, não a crispação, mas a serenidade: "tenho a tendência de modelar a pessoa intocada, em estado de descanso, na última personificação do próprio ser, em outras palavras: sua possibilidade olímpica e não seu abatimento através da dor transitória do dia-a-dia. Mas eu sigo somente uma necessidade instintiva". A recusa da paixão unilateral exclui as pendências, as relações que não se concluem. Por isso, nesta entrevista de 1925, de Fiori valoriza as atitudes que, espécies do absoluto, fogem ao lábil, ao efêmero. "A escultura tem mais do que qualquer outra arte a tendência para o absoluto. O absoluto na escultura é o desapegado, o equilibrado, o despreocupado – o que está entre a alegria e a dor. Quero fazer pessoas que assim são, que podem levar o observador a pensar em alegria ou em dor. Não quero modelar o estado efêmero, mas o essencial, não o indivíduo – mas a pessoa".

Produzindo-se a beleza como harmonia das virtudes, mantém-se a ética em detrimento da moral ou da política, como também de qualquer espécie de psicologismo, que força o observador a acreditar estar vendo defuntos em uma escultura. De Fiori não admite a propaganda, as poses sentimentais, as formas que seguem, fiéis, a anatomia humana, todos os impedimentos, enfim, que suprimem a arte, pois capturam o observador com a representação do inessencial e não com a essencial expressão de um sentimento. Nesta linha argumentativa, localizam-se os sentimentos na gama genérica de termos convergentes. No artigo de 1937 acima citado, "L'Era Nuova", de Fiori afirma que a escultura moderna, livre de todas "as convenções que a oprimiam", tem por fim "representar o corpo enquanto espírito" e vice-versa, escrevendo na seqüência: "certamente um fim vago e indefinido, ao qual se juntam o perigo e a cilada. Ai de quem perde o equilíbrio! Avança-se às apalpadelas em um terreno quase irreal, quase metafísico, mas é exatamente onde devemos avançar, pois a grande arte sempre foi e sempre será arte religiosa e não profana".

O metafísico, em de Fiori, nunca é o assunto, como o é para muitos surrealistas, também criticados pelo artista no artigo "Entrevista Comigo Mesmo", de 1941. Todavia, quer na pintura, quer na escultura, o assunto é habilitado por facilitar ao artista atingir as qualidades artísticas. O assunto, enquanto motivo, é, decerto, o que move o artista; incita-o à pesquisa de relações entre, por exemplo, volumes, formas e cores, enfim, à de harmonias. Como o assunto já é denunciado como irrelevante em 1918 – primeiro artigo que se conhece do artista –, de Fiori critica os cubistas, que, embora também eles o tenham em conta de noção secundária, com esta simples constatação se satisfazem. Em manuscrito de cerca de 1936, de Fiori escreve que o cubismo, em escultura, é "o esqueleto, a armação de qualquer obra de arte"; entretanto, na seqüência do texto, afirma: "mas isso não nos satisfaz; essa disposição geral, essa armação nos diverte por apenas um quarto de hora. Temos ambições maiores, como também mais perigosas. Procuramos o espírito, a alma".

No trecho da palestra acima transcrito, de Fiori expõe para seus interlocutores paulistas o que se lê a respeito da "pessoa de argila" no artigo de 1919, já referido. Não é impensável que o escreva tendo em vista sua oposição aos dadaístas, o que de fato fez no artigo de 1918. Os dois artigos são, aliás, publicados em datas próximas, em Zurique, onde de Fiori participa de discussões artísticas. No artigo de 1918, de Fiori indica a importância do cubismo como "necessidade passageira", pois à arte não bastam os experimentos de Picasso. Já na palestra de cerca de 1936, afirma: "pelo cubismo nós até passamos, devemos por ele passar. Procuramos os volumes e suas relações. A harmonia entre os volumes é uma harmonia metafísica como, aliás, também é a música. [...] E é dos cubistas o mérito de ter compreendido isso. Mas eles erram por parar nessa descoberta e de nela se perder. Para nós, o cubismo não é mais que um meio, uma parte de nosso método para chegar à verdadeira escultura ou à verdadeira pintura, que devem ser uma similitude do espírito do qual este universo é feito. Ele não é feito só de relações de volumes e de cores, é feito de mil qualidades espirituais, que, correlacionadas, dão-nos as sensações de alegria e dor". Para de Fiori, a arte exige a harmonia de volumes, de forma e de cor à qual se acede, entretanto, pelo conflito, pela tensão: "a forma é o equilíbrio entre o espírito e a matéria. [...] A forma é o equilíbrio entre a pressão interna e a externa".

Nesta noção de harmonia, a obra "deve tornar-se de novo o que ela era antes da criação, isto é, deve tornar-se novamente espírito puro". Não há regras, como as de academia, não há modelos, como os de gramática: o que se exige em arte é o imprescrito da pesquisa. Por isso, o assunto, irrelevante como especificidade, participa em plano inferior desse universo vivo. Sendo a arte, para de Fiori, "soberana e independente", como escreve no artigo já referido "A Pesquisa da Arte", esta "deve ser limitada aos problemas da forma, da cor, da composição, da harmonia, em suma aos diversos valores de uma pintura ou escultura, e interpretar a natureza: quem procura outro tema longe da natureza visível excede os limites da nossa arte, penetra em regiões que pertencem ao poeta ou ao filósofo".

O que se aplica à escultura estende-se à pintura, ressaltada sobretudo em artigos publicados no Brasil, onde de Fiori pinta mais do que o vinha fazendo na Europa. Em "Da Boa e da Má Arte", artigo publicado na Alemanha, e em uma variante sua em jornal de São Paulo, de Fiori explicita a diferença entre o assunto elevado, por um lado, à condição de arte e, por outro, à de motivo, como o que impele o artista para a pintura. Ao assunto se aplica o que de Fiori afirma da natureza: "o objeto é sempre coisa suspeita. Aquele que quiser julgar deve ater-se às qualidades com que é apresentado, e não se deixar seduzir pelas suas qualidades anedóticas ou físicas". Na pintura, qualquer assunto ou objeto tem, assim, tal validade, o que se lê em vários textos do artista: os seres, as plantas, as nuvens, a beleza das mulheres, uma batalha de Cannes. Por isso, como a arte é, antes de mais, interpretação, deve-se esquecer o objeto ao se apreciar a pintura. Neste artigo de 1939, de Fiori critica mais uma vez a adesão sentimental do observador à pintura de assunto, já que é a cor e a forma que vão tornando possível a visionarização no processo de pintar. Não são elas, portanto, instrumentos da imitação, mas os da arte como interpretações. Valorizar o pictórico significa, assim, esquecer o que é anedótico na obra para que as harmonias ressaltem: "reconhece-se um bom quadro pelas suas qualidades pictoriais, isto é, pela fusão de uma bela harmonia de cores com uma composição lógica e convincente. É claro que isto não é possível sem um desenho que traduza o objeto com expressão e evidência".

Em pintura, a qualidade pictórica defendida por de Fiori é a da fusão das cores e das formas, como das que configuram o espaço, ficando o desenho limitado a evidenciador expressivo do objeto; harmonizado na harmonia de ambas, não se separa da arte.

Como em de Fiori a ação se abre para o inconsciente, a harmonia pictórica, tanto quanto a escultórica, é encontrada na visionarização, na qual a semelhança não é necessitante. A harmonia opõe-se, pois, à convenção, como ao naturalismo, tido como explicitação da habilidade, assim, como algo alheio à pesquisa. No texto "Chiacchiere sull'Arte", de 1937, de Fiori entende o naturalismo como sendo fotográfica imitação da natureza, o que o situa na chave do materialismo. No artigo "Der 'Salão de Maio'", de 1939, de Fiori reconduz os naturalistas à posição de hábeis imitadores. Considerando que nesta exposição se observam "os mesmos e inevitáveis problemas que, desde há alguns decênios, movimentam a arte européia e significam o início de uma nova grande época da história da arte", de Fiori torna a combater as artes que classifica nas chaves do abstracionismo e do naturalismo. Aqui se opõem, decisivamente, o semelhante, fotográfico, como servidão da arte, e a interpretação, pela qual a natureza está dominada pela harmonia geral da pintura: "mas que ideal é esse, perguntarão, e em que difere do ideal do pintor 'naturalista', tão energicamente repudiado? Explico: o 'naturalista' se serve da cor para produzir uma imitação da natureza; ele, de certa forma, se contenta com uma espécie casual de fotografia colorida. O pintor 'moderno', digamos, quer o inverso, quer interpretar a natureza por meio de uma harmonia de cor e de forma. Ambos pintam a natureza, apenas a ênfase se deslocou: o primeiro enfatiza a palavra: natureza; o segundo, a palavra: pintar".

Como o artista moderno é intérprete, não lhe basta abandonar o naturalismo, pois, "uma vez superado todo e qualquer impulso de imitação tem-se de superar a representação estritamente pictórica ou escultórica de nossa vivência óptica", como também afirma de Fiori no artigo "Der 'Salão de Maio'". A figuração que imita, como se viu, não ultrapassa a habilidade, o mesmo valendo para a arte que é resultado da "vivência óptica". Ainda que alguns artistas a entendam como superação do naturalismo, deste não se afastam, pois, como afirma de Fiori, "continuam a trilhar despreocupadamente a antiga e larga senda com a convicção de que não vão contra o ideal sonhado". Não se segue disso que a natureza possa ser ignorada: o artista a interpreta, uma vez que não se fixa no observacional e na habilidade que ela encoraja. Fixar-se na imitação e na observação do objeto é, assim, separar a natureza da arte. A natureza recortada é a perda do espírito, conseqüentemente, da própria arte; neste sentido, o detalhe que fixa a natureza coloca a arte fora da harmonia, pois se atém à imitação materialista. No artigo "Chiacchiere sull'Arte", já citado, de Fiori critica "uma classe de artistas de hoje" por observar que o detalhe de suas obras "não é senão um elemento de imitação naturalístico, um falso signo de veracidade e de estudo. Porque [...] a harmonia geral, a unidade de construção, isto é, de espírito, não existe e é só mais ou menos substituída habilmente por uma fotográfica imitação da natureza materialista".

Em sentido diverso, no mesmo artigo de 1937, de Fiori refere-se ao detalhe que se integra na obra. Este, não sendo mero recorte, como em pinturas de "tempos passados", é elemento necessário na expressão da harmonia geral da obra. Segundo o artista, observa-se no "mestre antigo", que trabalha o detalhe, a unidade de construção, que corresponde à unidade de espírito; neste mestre, o detalhe é "vivo e sentido" e "não interrompe a estrutura da obra", pois dela participa. Por isso, quando se lê no artigo que de Fiori escreve sobre a exposição de pintura francesa, montada em São Paulo, em 1940, seu comentário acerca de uma paisagem com vacas de Courbet – "obra pouco unida mas repleta de belíssimos detalhes" –, entende-se que há detalhes que não se integram na unidade construtiva da obra, em detrimento, portanto, da harmonia.

Afastam-se da arte, inversamente, "alguns modernos que não cuidam por nada do detalhe", como de Fiori afirma no artigo referido "Chiacciere sull'Arte". Estes artistas, que negam a figuração, são reunidos por de Fiori na chave dos abstracionistas, sendo modernos apenas "no sentido da moda, já que renegam o passado" da arte e não têm força para enfrentar a arte eterna. Distantes da "verdadeira arte", suas obras são inexatas, em oposição aos naturalistas, exatíssimos: "tanto a exatidão como a inexatidão são outra coisa do que um critério suficiente para julgar uma obra de arte". Negar o objeto significa entender técnica por arte, aliarse ao mecânico, às regras extrínsecas à arte. Por isso, de Fiori exclui da arte o artesanato: é o que se lê em diversos artigos do artista, como no trecho destacado do artigo de 1918, no qual zomba da arte que joga com "sombras coloridas" e borra, com ritmo, superfícies. No artigo também já referiro sobre "Der 'Salão de Maio'", de Fiori reafirma, portanto, o abismo existente entre a arte e a abstração, escrevendo que, para alguns artistas, abandonar o naturalismo significa "a distância categórica de qualquer representação em favor de uma musicalidade ou abstração que não parece temer o perigo de cair no puramente decorativo e artesanal. Sem dúvida, um belo tapete ou uma bela decoração de parede podem ter tanto valor quanto um bom quadro ou uma boa escultura. Podemos, então, ficar agradecidos a esses 'abstratos' sempre que eles sejam capazes de causar prazer à nossa retina. Sua arte significa, no mínimo, enriquecimento e refinamento de nossa sensibilidade colorística". A ironia da passagem é evidente: seria melhor que os abstratos apresentassem sua arte como artesanato. É em conseqüência disto que se aprende a confeccionar tapetes, como também se aprende a manejar tintas.

Retiniano, o prazer produzido pelo abstracionismo não pertence à arte. Na obra que se prende ao detalhe, à cópia, às regras acadêmicas, não se encontra a unidade de espírito. Já na obra que nega o objeto, ainda que lhe falte o espírito, também falta o que move o artista para a arte: de Fiori não admite o rompimento da unidade da forma e do espírito na obra. No visível e no invisível que, unificados, são a pintura e a escultura, as idéias se animam. No artigo já mencionado, "Entrevista Comigo Mesmo", de Fiori afirma: "eu pinto batalhas não porque eu seja louco por guerra, mas porque o tema das batalhas empresta à pintura uma bela vivacidade que representa, ao mesmo tempo, com eficiência, a violência das idéias, que muitas vezes sabem ferir mais mortalmente do que as armas. [...] Poderão dizer que a finalidade das artes plásticas não é representar idéias. E por que não? Os gregos não representavam as divindades com suas estátuas? Com a arquitetura do corpo humano, com a harmonia de um rosto, com a serena e indiferente doçura de um olhar eles representavam um deus, um espírito. Vejo cavalgar no caos de uma matéria que é pensamento de Deus os cavaleiros obscuros e luminosos que são os seus anjos e demônios. Essas batalhas não são batalhas históricas, são as da eterna guerra entre a luz e a sombra, entre a perversidade e a bondade, entre a coragem e a perfídia, entre o espírito e a matéria. São batalhas metafísicas que se materializam, compondo cavaleiros e cavalos ardentes que vão destruir-se realmente, ou melhor os guerreiros humanos que se vão transformando, como por encanto, nas relações de formas e de cor de uma conflagração cósmica".

Nesse universo, o artista visiona cavaleiros cavalgando, animados pelo "pensamento de Deus". Na matéria, tudo é conflito, guerra eterna entre o bem e o mal, a luz e a sombra. Seus guerreiros pictóricos combatem por valores: "pela liberdade, pela honestidade, pela civilidade, pela diginidade humana". A harmonia de de Fiori não é a da perfeição, seja a do cidadão, seja a do artista, mas a do debate e, em arte, a de pesquisa. Em de Fiori, a harmonia é pictórica: formas e cores convulsionam-se no visionado, harmonizando-se no próprio conflito que interpretam: "parece que estou mais próximo da natureza em certas batalhas do que em algumas paisagens ou naturezas mortas". A arte moderna é pesquisa exigente – justamente por não se ater a fórmulas –, de "laboratório", onde se experimenta, erra-se e recomeça-se, como insiste de Fiori no já referido artigo A "Pesquisa da Arte". A pesquisa, como indagação contínua, liberta a forma de fórmulas; por isso, o "verdadeiro artista", enfrenta-a como "a máxima expressão artística do nosso tempo, a sua única suficiente e adequada forma de arte", ignorando os que tentam "proibir a liberdade da arte". É a liberdade da pesquisa que faz o artista aceder às "revelações", parâmetros para se julgar o "valor de uma época".

RECEPÇÃO DA OBRA DE ERNESTO DE FIORI NO BRASIL

De 1936 até 1945

Na crítica de arte acerca de Ernesto de Fiori, produzida de novembro de 1936 a 1945, quase toda em São Paulo, observam-se práticas que produzem o vigor bandeirante e o conexo nacionalismo, assim como a enunciação contínua que molda o destinatário, tornando-o apto para o gosto crítico. Entre as críticas, uma revela a luta do autor, também artista, que, soerguendo o ofício de arte, deprecia as propostas pictóricas de de Fiori, inovadoras no que concerne ao local; em outra, constatam-se motes, supostos modelares, por isso mesmo divisas a serem seguidas na compreensão das artes. Genericamente, tanto os leitores das críticas como os próprios críticos são pouco acostumados às artes plásticas, destinando-se, por isso mesmo, o espaço dos jornais a elas dedicado também à coluna social.

Quantitativamente, há várias notas de arte e poucos artigos que analisam a obra do artista ou, inversamente, são outros os escultores e pintores que interessam à crítica durante os nove anos de trabalho de Ernesto de Fiori no Brasil. Nesse período, o "Escultor europeu" produz sobretudo pinturas; todavia, as chamadas notas de arte e as raras críticas insistem em identificá-lo apenas como escultor, principalmente até 1941. Enredados, então, pela temática bélica de suas pinturas, os críticos procuram entender os óleos, guaches e aquarelas, a partir de preconceitos, muita vez rótulos teóricos, sem, contudo, abandonarem a arte que destaca de Fiori na Alemanha e outros países europeus, a partir do decênio de 20. Quando de Fiori realiza sua quarta e última exposição em São Paulo, em 1944, repetem-se os críticos nas tentativas de entenderem o "expressionismo" do artista, já por eles detectado em 1941, e na fixação de "parentescos da pintura de mestres" – apenas nomeados –, como na ocasião anterior.

Considerando-se essas críticas, evidencia-se a estranheza que causa a pintura de Ernesto de Fiori, que não segue as "direções artísticas" do período, supostas pela mesma crítica: as da chamada "escola paulista", da "brasilidade" do estadonovismo etc. Assim, sua pintura é pouco considerada e, em 1945, na homenagem póstuma prestada ao artista, recebe dois artigos: em um deles, o crítico levanta a idéia de que o artista, desleixando o ofício escultórico, pinta; no outro, o crítico expõe de Fiori em "drama de exílio".

Decênios depois, porém, a historiografia da arte firma que de Fiori é reconhecido como pintor e escultor logo após sua chegada a São Paulo, em 1936. Tais informações não procedem; todavia, vigoram, pois, reiteradas em livros, catálogos e jornais publicados após o 30º aniversário da morte de Ernesto de Fiori. Insistindo nos rótulos que também a ele se aplicam nas críticas européias, tais como "gótico", "expressionista", "impressionista", o imaginário periodizador dos estudiosos supõe que valorizar de Fiori é incluí-lo em "escolas" e fazê-lo reconhecido pela crítica dos decênios de 30 e 40.

* * *

Em dezembro de 1936, três meses após chegar a São Paulo, vindo de Hamburgo[1], de Fiori inaugura sua exposição na Galeria Guatapará, uma das poucas da Cidade. Como se desconhece catálogo que registrasse a mostra, as informações sobre as obras expostas são obtidas a partir de periódicos, dos quais um informa que de Fiori expõe: "trinta trabalhos, entre quadros a óleo [...] desenhos e [...] esculturas, na maioria retratos da nossa sociedade"[2]. Justamente, as obras destacadas pela crítica de jornais são retratos, como os do escritor Menotti del Picchia[3], da Consulesa Castruccio[4], do Conde Matarazzo[5], cuidadosamente enumerados e exaltados pela semelhança com o modelo[6].

Promovendo-se de Fiori pelo retrato, evidencia-se o escultor, que, por ser visto como estrangeiro e visitante, faz o mesmo Menotti escrever: "A estada de um grande artista como Ernesto De Fiori em São Paulo [...] representa um resgate e uma oportunidade para São Paulo verdadeiramente culto e em dia com o mundo"[7]. De Fiori é reputado na Europa como escultor; sendo assim, é a apreciação de suas modelagens o que possibilita a decantada atualização da Cidade. Mais ainda, evidenciar a escultura de Ernesto de Fiori implica a atualização do próprio crítico; no artigo citado, o crítico é o autor d'*As Máscaras*, que se propõe informado sobre a arte européia de então. Os outros jornalistas não divergem de Menotti, seguindo-o em elogios aos retratados e à Cidade.

Desfraldando a habitual bandeira paulista, Menotti e os demais colunistas encenam a passagem da palavra ao artista recém-chegado, que "em dez palavras, entende oito"[8]:

> – O senhor vem perguntar-me se gostei de São Paulo. Isso nem é necessário, mas eu vou responder-lhe aquilo que o senhor já sabe: São Paulo é bem a expressão de um dinamismo algo diferente dos demais, porque cresce assustadoramente, mas não consegue e não quer matar a arte. A arte aqui segue as pegadas do progresso e da tenacidade dos bandeirantes[9].

--- MUSEU DE ARTE ---

A primeira cabeça que Esnesto Fiori esculpiu no Brasil

O poeta Menotti del Picchia, aman-
das artes em nosso país, acaba de
ar ao Museu de Arte de São Paulo
na cabeça esculpida por Ernesto de
ori, representanto o autor de Juca
ulato. Quando Ernesto de Fiori che-
u ao Brasil, Menotti del Picchia
ostrou profundo interesse por aque-
renomado escultor. Posando para o
tista procurou fixar suas impressões
stas palavras: — "Ernesto de Fio-
em três "poses" esculpiu a cabeça.
emos que foi o primeiro trabalho
e realizou no Brasil, pois essa obra
ciou-a logo após sua chegada da Eu-
pa, residindo então o artista, provi-
riamente, em casa do seu irmão sr.
rio de Fiori, residente nesse tem-
num palacete do Jardim America.
i no jardim desse palacete, ao ar li-
e que o artista plasmou a cabeça do
eta. Taciturno, absorvido pelo tra-
lho, durante o esforço de criação o
ultor não falava. Aliás Ernesto foi
mpre um introvertido, parecendo es-
constantemente imerso em profun-
s pensamentos. Trabalhava com ra-
lez, com gestos bruscos, uma "stec-
" na mão e usando o barro em pe-
enos pelotes, deixando a obra rusti-
jamais alisando-a na minucia dos
talhes. Esse processo é que dá uma
tranha força às suas esculturas as
ais não exaurem sua essencia na li-
ada e definitiva fronteira plástica do
bamento mas deixa-a indefinida e
temente sugestiva na imprecisão das
has. Essa maneira caracteriza a obra
mestre inquieto cujo tormento in-
or regista-se nas sucessivas pesqui-
que fez em todo campo plástico".

de S. Paulo, São Paulo, [4 jan. 1946]. [2]

TTI DEL PICCHIA, 1936. [3]

A

SIGNORINA CONSUELO KEALMANN

IL POETA GIUSEPPE UNGARETTI

C

IL CONTE FRANCESCO MATARAZZO

DONNA TILDE CASTRUCCIO

Cinque sculture di Ernesto de Fiori

Revista *Domus*, Milano, 1938. [4]
A obra identificada como Tilde Castruccio é Giuliana Heins.

Engrandecida a Cidade, para os articulistas pouco ou nada significam os equívocos, como os que eles edificam na suposta fala do artista: "tenacidade bandeirante", "pegadas do progresso". Menotti seguido, escultor-estrangeiro, retrato-cidade, as contradições também são ignoradas. Em manchete concorrente à que destaca a tenaz arte paulista, de Fiori declara:

> Infelizmente não posso falar dos vossos artistas, uma vez que tenho estado sempre aqui recolhido para descanso, e não pude travar ainda conhecimento com eles, nem apreciar suas realizações[10].

Certamente, de Fiori conhecia pouco a arte local, pois, como se sabe, raramente montavam-se exposições na Cidade e, durante os três primeiros meses, ao menos por um mês ele se dedicou a viajar pelo sul do Brasil. Além disso, em artigo que escreve para jornal de Berlim, aprecia São Paulo como "meio-titânica, meio-nanica"[11]. Os encômios dirigidos aos artistas e à elite local são dos articulistas, que, louvando o brasão em listas, emprestam à exposição da Guatapará paulistanidade e, nisso, produzem um de Fiori agradecido:

> O certo é que irei expor diversos dos meus trabalhos, dos meus trabalhos paulistas, porque são filhos de São Paulo, porque foram feitos aqui, em paga do descanso de espírito e reconforto das atribuições que São Paulo me deu[12].

Decorre desse afã da crítica, que deseja São Paulo como "capital cultural" do País[13], a argamassa gorda que cimenta à cidade os seus vultos: o destaque dos nomes dos bustos soterra a plástica das modelagens. Além disso, considerando-se o objetivo da crítica, são recursos indispensáveis: omitir informação sobre as esculturas que de Fiori modelou na Alemanha[14], evitar comentários sobre os óleos que estão na mostra, por vezes referidos, assim como os desenhos. Estes últimos, todavia, podem servir como reforço que valoriza o escultor, uma vez que são vistos como "esboços": é o que se lê em *Deutsche Zeitung*[15]. Embora não se saiba quais os desenhos expostos, observando-se vários dos produzidos no Brasil e na Europa, é de se supor que críticos da época os tenham por esboços: traçado ligeiro; construção de figuras e de rostos por linhas simples; volumes construídos pela própria linha que desenha ou marcados por hachuras que muita vez rompem o limite da figura, fundindo figura e fundo. Os críticos não atentaram para o desenho em de Fiori, muito menos para a sua pintura. Esta, ainda que figurativa, é pouco adequada para a crítica que também é notícia social, já que não retrata.

Na coluna de arte de período é freqüente o registro dos presentes na inauguração da exposição e no seu encerramento. Nessa mescla de nota de arte e coluna social, identificam-se colunáveis[16], artistas[17] e, por vezes, obras. Assim, na fotografia da sala da exposição que ilustra a notícia d'"Uma Belíssima Reunião Artística e Social"[18], atrás dos que posam para a fotografia, envolvendo o busto de Matarazzo e o artista, vê-se uma pintura, hoje conhecida sob

Exposição de Ernesto de Fiori na Galeria Guatapará, São Paulo, 1936/37. Ao fundo vê-se a tela conhecida sob o título *Pescador e Ilha*; à direita do observador, *Schreitender* [*Caminhante*]. Fotografia reproduzida no artigo "Uma Belíssima Reunião Artística e Social", *Correio de S. Paulo*, São Paulo, 26 jan. 1937. [5]

PESCADOR E ILHA, 1936. [6]

o título *Pescador e Ilha*[19]. Desconhecem-se as demais pinturas expostas; contudo, pode-se supor que fossem paisagens, porque compõem, do que se conhece, a maior parte das pinturas realizadas por de Fiori nos anos de 1936 e 1937. Sendo a paisagem uma das temáticas recorrentes nas artes daqueles anos, a ausência de comentários sobre as pinturas do artista reafirma que o olhar da crítica se detém nos nomes modelados e no "escultor europeu"[20].

O crítico do jornal da colônia italiana, Franco Cenni, artista que pinta recantos, escreve que as pinturas e os desenhos de de Fiori "completam o ambiente", nada mais. Seu propósito é o de evidenciar o escultor de Fiori, uma vez que usa as modelagens do artista para defender as suas próprias idéias sobre arte. É freqüente ler-se nas críticas de Cenni suas posições artísticas e conceitos sobre arte, ressaltados como necessários para a renovação da arte local. Assim, mesmo sem cantar a Cidade, o crítico se inscreve em outra constante daqueles anos: a exaltação da individualidade do artista, que requer distanciamento, como escreve, do "formulário literário". Neste artigo de 1936, "literário" e "formulário" não se distinguem e indicam apenas que o artista não deve seguir orientações técnicas externas a ele, para que imprima em sua obra o que é o próprio:

> De Fiori não restringe o significado de sua escultura a uma árida fórmula literária, não pensa em "explicar" a sua obra com nenhum fraseado árido e complicado, porque sua arte é toda e realmente "sua", porque ele parte sempre e unicamente de si próprio, de uma compreensão do assunto que é totalmente pessoal, de uma comoção íntima que, sozinha, pode levá-lo a exprimir-se naquela forma completa e característica que faz com que se o reconheça no primeiro olhar, entre mil[21].

A forma completa, para Cenni, dispensa a técnica "perfeita de um mármore", o alisamento e o polimento da superfície, como ele escreve, pois a importância da obra está em sua vibração, que provoca uma "emoção sincera"; todavia, a forma completa não dispensa o assunto. Distinguindo-se, portanto, o artista daquele que possui "apenas sensibilidade normal" – o que valoriza a forma exterior –, adentra-se no "reino da arte, aquela com A maiúsculo", como a de de Fiori. Como o discurso de Cenni equivale ao de outros artistas de São Paulo, que, como ele, negam as convenções ditas acadêmicas e começam a expor no recém-fundado Salão do Sindicato, o crítico produz na escultura do artista a confirmação do seu imaginário ou, ainda, a do que vem "escrevendo periodicamente":

> Com sua personalidade clara e potente, de Fiori abriu um novo horizonte para nós, sedentos de beleza verdadeira, que às vezes invocamos em um deserto, o nosso amor infinito à arte verdadeira, à arte simples, clara, serena dos espíritos eleitos.[22]

Sendo este o ideal do crítico e artista, distinguido das demais pessoas, a ausência de comentários sobre a pintura de de Fiori decorre, certamente, do fato de o crítico não encontrar nela a "verdade", para ele aviada, na qual possa confirmar suas idéias. Ainda que Cenni não dirija sua crítica pelo elogio da Cidade – escreve que é raro o "contato direto com um artista de fama internacional que, por feliz casualidade, vive hoje entre nós" –, mantém-se no âmbito dos nomes, "retratos das pessoas conhecidas"[23].

Além dos retratos, as colunas de arte também apreciam os azares da vida, as calamidades sociais:

> De Fiori fala. Explica sua presença no Brasil. Nota-se na sua fisionomia o homem atormentado por sonhos de arte e por uma certa angústia diante do drama dos países que acaba de deixar: – "Vim para o Brasil descansar uns dias junto do meu irmão. O Brasil me seduziu. Aqui há paz, há liberdade, há fartura, há beleza. Deixei-me ficar oferecendo uma estação de repouso ao espírito"[24].

Há, por vezes, em tais notícias e críticas indicações que podem evidenciar a biografia do artista; porém, há críticos que introduzem o nome do artista em seus artigos apenas para legitimar as idéias que têm sobre arte. Novamente, trata-se de Menotti del Picchia que, ao expor suas idéias estético-políticas, insere de Fiori, inicialmente instado a provocar-lhe tal estado de alma:

> A vida vai num trote dramático. A gente segue-a aos trancos. Ninguém foge à fatalidade do instante. Tal qual um grupo dentro de uma traquitana arrastada num caminho cheio de buracos, todos recebem do veículo choques idênticos [...].
>
> O revolucionário vê nesses trambolhões um estímulo para manter o espírito combativo; o burguês mole sofre suas conseqüências passivo e resmunguento; o oportunista procura acostumar o corpo ao ritmo novo. [...] É uma estupidez imaginar-se que o "espírito da vida nova" não atinja a todos. O comodista e o inquieto levam os mesmos safanões, uma vez que a humanidade está de viagem: viagem de mudança de ambiente espiritual.
>
> E a arte? Tem ela lugar ainda entre as forças vivas da sociedade traumatizada por tantos golpes espetaculares? [...]
>
> A arte está mais que nunca desfeita. A arte fixa e totaliza o "espírito de uma época". A arte perpetua a história. A história vive toda no "Rapto das Sabinas" nas telas de Velasquez, nos documentos de Holbein, no realismo de Goya. São ainda David e Vernet quem falam do império napoleônico, dos seus costumes, dos seus ambientes e das suas personagens. Daumier anuncia a revolta das massas. A arte vai espelhando e fixando todas as nuanças das mutações sociais, como um cronista fidedigno e paciente. Na Itália fascista a arte procura no monumento e na estátua pomposa, a expressão de um ímpeto imperialista. Na França decadente, a arte desseca e pulveriza todos os conceitos sociais no tresloucado anarquismo de múltiplas formas. Quando uma nação se desagrega, sua arte se fragmenta. Bach é unidade como Beethoven. Satie e Strawinsky são inquietação, fragmentação e anarquia.
>
> Di Fiore [sic], enquanto ia rebuscando pedaços fugitivos da minha própria alma para estampá-los na máscara que modulava, ia dissertando sobre arte e sobre política[25].

É possível que de Fiori tenha dialogado com o crítico, enquanto modelava; todavia, o que Menotti escreve neste artigo, no qual pensa expor o pensamento de de Fiori, evidencia apenas o amálgama das idéias que vinha espalhando em jornais, ao menos desde 1920, sob os pseudônimos de Aristophanes ou Helios, com os quais assinava suas crônicas. No artigo autógrafo em questão, "Di Fiore" é uma terceira voz de si mesmo. Esta nova boca sentencia enquanto a quarta, que em outros textos assina "M", aqui se introduz como espelho da terceira:

Eu procurei explicar a mim mesmo o pensamento do mestre:

– Uma arte cerebral valorizaria apenas um conceito subjetivo da arte. Relegaria a segunda[o] plana[o] os elementos secundários. Esse é o mal da estilização voluntária. Mata a verdade da natureza. Numa obra cerebral, se quer ela exprimir um homem, não exprime "um homem", mas a idéia pessoal de um homem. Essa arte pode ser inteligente, curiosa, mas é falsa.

– É falsa.

– Outra hipótese: o puro rebuscamento estético numa obra de arte, representa sempre um perfil apenas epidérmico da coisa ou do ser que se procurou reproduzir. A beleza pela beleza é uma convenção antinatural e superficial.

– Exatamente.

– Daí terem movido todas as formas convencionais, cerebrais, aberrantes da chamada arte moderna. Uns caem num extremo subjetivismo, outros no extremo oposto, o comercialismo superficial. A verdadeira arte eterna é um máximo de apreensão da verdade íntima dos seres e das coisas.

– Exatamente.

– Isso não importa num realismo puramente formal, porque essa penetração soma à realidade formal a substância espiritual à íntima do ser ou da coisa. É claro que soma sempre, também, muito da alma do próprio artista. Mas o grande artista deve procurar iludir a si mesmo, abstrair-se, anular-se como meio, como matéria, como processo, para ser apenas um revelador da verdade integral que procura fixar na tela, no barro ou no verso. Não se trata de ser um calígrafo ou um fotógrafo: trata-se de evitar que a própria individualidade se transforme numa distância ou numa barreira entre o que se quer reproduzir e a obra em si mesma.

Neste artigo, de Fiori é, na voz do terceiro, quem avança os conceitos do pensador Menotti. "Di Fiore" é artigo de confiança, aquele que conhece a arte da época, pois veio "da Alemanha, da França e da Itália [onde] viu e compreendeu". O artigo prossegue "nesses trambolhões", certamente na procura de um "ritmo novo", para conceituar a arte. Pelo menos nos artigos que Menotti escreve sobre o escultor, ao reter os bustos modelados em São Paulo, sua estética não transparece, uma vez que objetiva na escrita a bandeira da Cidade.

Em 1937, notas de arte de jornais das colônias alemã e italiana do Rio de Janeiro destacam que na Nova Galeria do alemão Theodor Heuberger[26] estão expostas obras do escultor de Fiori. Em sua maior parte não mencionam que também estão expostas águas-fortes de Alfredo Zangerl: é o que faz o *Jornal do Brasil*[27]. O redator da "Notas de Belas Artes", P.A.Press, afirma que de Fiori "esteve em São Paulo [...], onde obteve sucesso invulgar, tendo reproduzido inúmeras cabeças de vultos da alta sociedade paulista", evidenciando, mais uma vez os bustos, com ênfase, agora, dada ao de *Henrique de Toledo Dodsworth*, interventor do Rio de Janeiro. O jornalista do *L'italiano*, também destaca o busto de Dodsworth[28], fiel, como o do falecido Conde Matarazzo, ao modelo:

> Publicamos, no número anterior [19.8.37] a reprodução fotográfica de um belíssimo busto do governador da cidade, última obra "executada" por de Fiori em homenagem ao Doutor Enrico Dodsworth e que suscitou profunda admiração pela perfeita semelhança. Hoje apresentamos outro dos tantos trabalhos deste artista digno de nota: o busto do defunto Conde Francesco Matarazzo. Quem conheceu [...] o grande industrial pranteado, julgará absolutamente perfeita a fisionomia plasmada por de Fiori [...] que faz reviver e palpitar a personalidade[29].

22 DE AGOSTO DE 1937 — A NAÇÃO

Esculptor Ernesto de Fiori

Exposição de trabalhos do notavel artista

Varios trabalhos do notavel artista

Ernesto de Fiori está no Rio de passagem, e inaugurou na "Nova Galeria de Arte" á rua Buenos Aires n. 79, uma exposição digna dos mais enthusiasticos elogios!

Este artista é talvez, para muitos, ainda desconhecido, mas quem viajou pelo Velho Mundo e visitou Museus e Galerias de arte, certamente apreciou obras do mestre illustre que óra se acha entre nós.

De Fiori, italiano por parte de pae, germanico pela sua mãe, reune em seu temperamento artistico traços caracteristicos dos dois povos. Não deixa de ser isto um dos attractivos de suas producções maravilhosas. Profundo psychologo, estuda a alma e o pensamento daquelles que retrata e é por isso que têm as suas figuras tanta vida e tanto encanto. E' bem moderna a sua technica sincera, forte, é vibrante e sensivel a sua alma de artista.

A Nova Galeria de Arte, filial da Galeria Heuberger, dedicou ao eminente esculptor duas salas onde estão exclusivamente expostas as suas obras de raro valor.

A Nação, Rio de Janeiro, 22 ago. 1937. [7]

L'ITALIANO — 19 Agosto, 1937-XV

Esposizione Ernesto de Fiori

Teodoro Heuberger é veramente instancabile nella serie delle sue iniziative tendenti ad arricchire Rio de Janeiro di sempre nuove ed interessanti manifestazioni di arte. Cultore di tutto quanto é bello, egli sá perfettamente alleare, allo sfondo necessariamente commerciale

Il nome di questo magnifico artista, suona, forse, tra noi, nuovo, ma ciò, nulla togliendo alla fama di cui gode in Europa ed al suo reale ed indiscutibile valore di artista, é motivo dominante per cui lo si vada pure noi a conoscere e ad ammirare.

L'Italiano, Rio de Janeiro, 19 ago. 1937. [8]

Exposição de Ernesto de Fiori na Galeria Theodor Heuberger, Rio de Janeiro, 1937.

Elogiado o interventor, *L'Italiano*, em uma crônica, encomia Heuberger, constituído como italianófilo, ao ter sua "Neue Galerie" transformada em "galleria permanente di arte Italiana":

> Theodor Heuberger é verdadeiramente incansável [...] admirador e conhecedor profundo da arte italiana em todos os campos nos quais essa excele, após ter aberto uma *galleria permanente di arte italiana* [...] rica dos mais variados e preciosos produtos do artesanato da Itália, manteve periodicamente a atenção do público dela, com uma série de exposições de pintura e escultura dos autores de máxima evidência[30].

O entusiasta do *L'Italiano* também soergue o artista como sendo um dos maiores da Itália: aliás, de Fiori nasceu em Roma e tem um pai suposto italiano. No entanto, o redator não ignora que de Fiori se proclama "um Europeu"; por isso, escreve que ele é "artisticamente internacional", justificando-se com a grandiosidade da arte, que "não pode se limitar às épocas e às fronteiras":

> De Ernesto de Fiori podemos dizer que, entre os moderníssimos, está entre os mais completos de que se possa gabar a Itália de hoje por sua versatilidade inata em todas as manifestações.
>
> Escritor, pintor e escultor sempre achou contudo na escultura a verdadeira expressão de sua alma artística, e dedica à escultura verdadeira e impressionista todas as forças de seu temperamento dinâmico e produtivo.
>
> Nascido em Roma, de pai italiano e mãe austríaca, Ernesto de Fiori é italiano, até italianíssimo, mas artisticamente ele se declara europeu, ou melhor, internacional. A escultura, como de resto, todas as manifestações da arte em sua grandiosidade, não pode limitar-se a épocas ou a confins.

Em patriotismo, o redator informa, pelo menos, que de Fiori defende o "princípio divino da vida" e termina, também ele, o artigo, insistindo no busto de Dodsworth.

Um jornalista que assina a coluna "Arte" como P. A., em *Deutsche-Rio Zeitung*, tampouco esquece o interventor: registra a visita deste à galeria de Heuberger, onde ele vê, além de seu próprio busto, o do ministro Rodrigo Octávio, sobre o qual diz "só falta falar"[31], segundo P. A., certamente lembrando Miguelangelo.

Das notícias e artigos sobre essa exposição no Rio, distingue-se a do colunista que assina MAR, no mesmo periódico da colônia alemã. MAR se refere às obras expostas – possivelmente todas –, indicando, por duas vezes, questões pertinentes às pesquisas plásticas do artista. Ao referir *Schreitender* [*Caminhante*][32], escreve que "o problema do movimento", o qual sempre opera, está, nesta figura, solucionado e, ao mencionar a figura do boxeador Schmeling, também na exposição, transcreve trecho de uma entrevista do artista, de 1925, no qual de Fiori explica o seu conceito de criação escultórica[33]. Por fim, talvez surpreendido, MAR refere a rapidez com que de Fiori modela retratos[34].

Após essa exposição, ainda em 1937, assim como em 1938, rara vez o nome do artista aparece em jornais e, quando mencionado, é a título de escultor. De Fiori contribui para isso: por um lado, suas esculturas não se adaptam às pretensões nacionalistas oficiais daqueles anos, o que lhe divulgaria a obra – de Fiori

RODRIGO OCTÁVIO, 1937. [11]

SCHREITENDER, 1936. [12]

DER BOXING MAX SCHMELING, *c.* 1928. [13]

modelou figuras para o Ministério da Educação e Saúde, que foram recusadas[35] –; por outro, a participação do artista em coletivas é restrita e, nas de São Paulo, mostra poucos trabalhos.

Somente em 1939, quando realiza uma individual na filial que Heuberger abriu em São Paulo, Galeria Casa e Jardim, expondo, como em 1936, esculturas, desenhos e pinturas, seu nome reaparece em periódicos. Sua pintura é comentada em um artigo que a deprecia; tanto este crítico como os demais que registram a mostra insistem na modelagem. Os jornais reapresentam o escultor de Fiori, lembrando que suas obras estão em museus europeus e insistem nos bustos.

Helios irradia-se nos elogios aos bustos. Ao informar que uma cabeça de rapaz não consta do catálogo, reflete:

> Claus? – que ali aparece na força impressionante do imaturo mistério de sua vida. Esse bronze parece que tem dentro aquilo que Lawrence descobriu no seu estranho e poderoso romance "A mulher e o cavalo": uma força animal, prodigiosa e nivelada, surda e potencial que procura uma forma para exprimir-se, porque está encarcerada no silêncio. O silêncio desse bronze é uma grande voz: a voz da vida em si mesma mas ali uma vida que ainda não desdobrou seu drama, que é uma promessa e uma ameaça, uma vontade irraciocinada, um segredo, ou melhor, um destino.

Mas Helios não se limita a Claus, pois se derrama na bailarina Tortola Valencia que, embora universal, "fracassou na ribalta do Municipal". Essa articulação de palavras, porém, tem um começo e, como se afirmou, o propósito de evidenciar os retratos:

> Sobe-se uma escada e, dentro de uma luz discreta, nos seus socos provisórios subitamente vêem-se viver algumas dezenas de cabeças.
>
> Essas cabeças impressionam: impressionam porque vivem. E vivem fora do corpo – sem parecer cabeças degoladas – e sintetizam nelas o corpo ausente, porque todos os retratados estão, com sua alma, dentro dessas cabeças. Essa alma presente totaliza os estatuados. Esse é o milagre do prodigioso escultor. Essa é a força da arte do admirável plasmador de cabeças.
>
> Di Fiore [sic] é um nome universal. Isso é pouco para um artista. Há nomes universais que decaem [...] Quando me lembro de Tortola Valencia, a bailarina que pôs de cabeça virada Zuloaga, Wilde e o próprio Czar da Rússia e que fracassou na ribalta do Municipal como um automóvel que capotasse após uma vertiginosa corrida...[36]

De acordo com as teorizações de Menotti, o exercício da crítica é reservado aos "eleitos", aos de "educada sensibilidade e uma intuição estética profunda", que têm por missão ensinar[37]. Assim, sua explicação sobre a "síntese da ausência", certamente é o seu ensinamento máximo, pois torna apto o leitor na avaliação de cabeças de gesso: "A alma presente [que] totaliza o estatuado [...] é o milagre do escultor". Neste sentido, a têmpera do escultor se reforça no Trópico verde-amarelo dos caldeamentos:

> Di Fiori [sic] no Brasil juntou mais vigor à sua arte. Foi talvez o sol, ou talvez a variedade dos modelos ricos de caráter porque somos uma raça feita de atribuição somática de muitas raças[38].

Sem qualquer referência à plástica das esculturas ou à dos bustos, Menotti conclui que muitos desses trabalhos são "definitivos": "Fi-

Exposição de Ernesto De Fiori na Galeria Casa e Jardim, São Paulo, 1939. [14] [15]

KLAUS MOLLY, 1938. [16]

gurarão triunfalmente em qualquer museu do mundo"[39]. O triunfo, para Menotti, certamente é o exercício de sua própria definição dos críticos, que, desde os *Salons* são "intérpretes entre o criador e o público", assim, estetas dotados de "instinto quase profético", portanto, que sentem "as obras de arte [que] estão acima do critério do seu tempo [...] e as aceitam e proclamam"[40]. Considerando-se que Menotti eleva à universalidade a escultura de de Fiori, segue-se que a pintura do artista é ignorada por ele.

Também para Franco Cenni a escultura do artista é "obra definitiva". O crítico do *Fanfulla* justifica seu parecer na lembrança de seu artigo de "quase três anos" antes. Reiterando, inclusive, suas idéias de arte com A maiúsculo, Cenni escreve que "nada mudou" na obra de de Fiori, uma vez que continua vendo o artista como "intérprete insuperável da imaterialidade espiritualizadora que reveste cada face de homem". Nada mudou, de fato, nas preferências do crítico, que insiste nos bustos. Desta vez, elege o busto de *Maria de Fiori* – "forma escultórica que encerra uma fonte pura de beleza, um grande tesouro de sentimentalidade" –, mãe do artista, a partir do qual conclui que na obra de Ernesto de Fiori "existe um nítido e inconfundível sopro de genialidade". Nas idéias que expõe sobre escultura, Cenni encontra dois argumentos para depreciar a pintura de de Fiori: a elaboração proporcionada – capaz de expressar a espiritualidade –, e a técnica, ausentes de suas obras pictóricas.

Cenni tem no referente a base da pintura, a que ele chama sua "dimensão material"; esta requer "elaboração proporcionada", que não dispensa o elemento decorativo. Assim, ao interpretar o conceito de arte que de Fiori produz no catálogo da exposição e que distingue arte de artesanato, Cenni se confunde: escreve o que ele próprio entende por "decorativismo", e por "deformação da verdade" e "materialidade".

A arte é criação viva, palpitante, e verdadeiramente milagrosa, enquanto tudo o que é "decorativismo" enfeite, ornamento, é coisa morta, sem o homem dentro, isto é, sem arte. Veríssimo. De resto, é uma tese que nós sempre sustentamos, a cada ocasião propícia. Mas acreditamos que não precisaria ser mais absolutista em arte. E precisaria, então, também admitir que uma senhora, por exemplo, em um percentual altíssimo de casos, sem querer faltar com o respeito a ninguém, é muito mais fascinante quando vestida do que como Deus a fez. Disto podem testemunhar, concordantes, todos os artistas.

Ora, se a nudez não obediente aos mais famosos cânones estéticos fosse emotiva, ou aquela mesma realidade vestida e, digamos pura, emendada com o que de Fiori chama um pouco genericamente demais "decorativismo", é o que não acreditamos que se possa afirmar categoricamente, de uma vez por todas.

No fundo, pensando bem, os enfeites de uma mulher são uma forma de "deformação" da verdade, como também as roupas tiradas da mulher amada, se impregnadas de todo o seu perfume, têm "vida". Portanto, na nossa modesta opinião, não acreditamos que se deva fazer sempre um feixe de tudo o que não seja intimamente ligado a uma emoção eminentemente espiritual. A espiritualidade pode continuar a viver também na forma mais materialmente humana. E uma obra de arte pode continuar a ser tal, mais, e será ainda de maneira mais alta se respeitosa daquele complexo de elementos, genéricos decerto, mas também

MARIA UNGER DE FIORI, s/ data. [17]

necessários para levar a obra a um grau de elaboração proporcional à importância das suas dimensões materiais[41].

Explicitadas suas idéias artísticas, Cenni refere a escultura como sendo "de elaboração proporcionada", por isso mesmo, definitiva, o que não se verifica na pintura, que é "feita de ímpeto e precipitação emotiva", o que prejudica o equilíbrio do enquadramento. Além disso, para Cenni, a pintura valoriza a técnica; assim, vê em de Fiori "técnica sumária", o que priva a obra de valor. Trata-se de preceito daqueles anos 30, que se prolonga no decênio seguinte. Como Cenni quer ver sua arte em de Fiori, certamente, as raspagens de camadas de tintas com instrumento dentado que fusionam formas e soerguem cores, como em *Regata na Tempestade* – obra da exposição que trata o mesmo Cenni –, ou a velatura visível nos cantos das telas, muita vez escorrida, significam, para o crítico e artista, "técnica sumária".

Cenni recusa as inovações pictóricas de de Fiori e esclarece tal resistência nas figuras: de Fiori é um pintor "um pouco estranho", pois não se preocupa com a "forma exterior", antes, com o "espírito". Para Cenni, as figuras pintadas por de Fiori "podem viver na atmosfera rarefeita de um encantamento que as deforma", uma vez que o crítico as têm por "sínteses de um estado de ânimo sempre anormal, ou, ao menos, abstrato":

Assim pensamos que se nas grandes telas de De Fiori as figuras ou, pelo menos, as cabeças fossem levadas a um grau de completeza ao menos semelhante àquele do escultor, tratar-se-iam, sem dúvida, de obras definitivas; todavia, parece existir alguma incompatibilidade entre sua pintura, feita toda ela de ímpeto e precipitação emotiva, e as proporções deveras incomuns das telas. De Fiori talha as suas figuras com uma segurança realmente desconcertante, mas, logo, com um traço, pára. Há, na tela, toda a maravilha de uma emoção profundamente expressa com meios superiores. Contudo, este seu ímpeto criador nem sempre é bem sucedido em esquivar algum desequilíbrio de enquadramento e de sumariedade técnica que priva a obra de um valor mais elevado.

Cenni não se refere apenas às obras expostas, pois afirma conhecer a produção pictórica do artista[42]; encerrando o artigo, resume:

Ecco, se de Fiori, artista do pincel, "vestisse" principalmente de realidade as suas desvairadas figuras, tornando-as um pouco mais próximas a nós, fisicamente, e tecnicamente mais completas, sem dúvida, seria parecido com o de Fiori escultor, que, ainda hoje, apesar de parecer a muitos iluminado, decisivamente, continuamos a preferir[43].

Como Cenni evidencia os conceitos com que julga a produção de de Fiori, seu artigo é significativo para o levantamento das idéias do período, mas também como índice da resistência à pintura de de Fiori.

O colunista do *Deutsche Zeitung*, ao contrário de Cenni, reproduz os conceitos de de Fiori ao referir suas esculturas. Retomando de Fiori, para quem "a arte não é imitação da natureza, como também não é construção matemática, antes, algo espiritual, a livre expressão de uma emoção", o colunista afirma que ao se observar as cabeças, entende-se o que de Fiori escreve, desde que o observador seja "receptivo à emoção artística":

A BRASILEIRA, s/ data. [18]

ADORAÇÃO, s/ data. [19]

REGATA NA TEMPESTADE, 1938. [20]

DOIS VELEIROS, s/ data. [21]

Ele [de Fiori] restitui o movimento interior, imperiosamente, que anima esta ou aquela cabeça que o excita e capta, certeiro, a essência de uma figura; produz a harmonia entre alma e forma exterior, que a cabeça formada se torna definitiva e completa. Vê-se a refinada e maravilhosa cabeça da mãe do artista, o busto de Greta Garbo e as outras; cada retrato impressionante à sua maneira[44].

Referindo-se às pinturas, o colunista afirma que há mais quadros que esculturas na mostra, e que de Fiori começou sua carreira como pintor, sempre pegando o pincel após trabalhar "por longo tempo em uma escultura". Cenni, ao contrário, escreve que a pintura é um retorno do artista às "antigas aspirações [...] ele era pintor"[45]. Além disso, enquanto Cenni explicita suas idéias e especula acerca das figuras, a coluna do jornal alemão afirma que de Fiori expõe paisagens, cenas de sociedade e figuras – chamadas de "retratos". Não havendo interpretação da pintura, vem o rótulo: "impressionista". Embora rotulando, o colunista termina o parágrafo sobre a pintura desdizendo-se; ao reaproveitar o conceito de de Fiori, possivelmente para suprir sua dificuldade em entender a pintura, escreve que nela também não há "dependência de [...] escola ou direção":

Os quadros são impressionistas, pintados com largas pinceladas e mais difíceis de compreender que as esculturas diretamente impressionantes. Justamente os arredores de São Paulo, do lago de Santo Amaro estimularam multiplamente o artista; mais adiante, retira das cenas de sociedade o seu material ou se volta para a pintura de retrato. Em tudo se reconhecerá também que não há imitação da natureza e arte matemática, antes emoções, que o tomaram inteiramente e que o impelem a criar para fora, sem dependência de alguma escola ou direção[46].

No ano seguinte à exposição de 1939, de Fiori é lembrado como escultor na revista *Ilustração Brasileira*[47] – que o faz fixar residência na Alemanha em 1933 –, e citado como sendo da Família Artística Paulista, em artigo de mesmo nome, que reproduz a pintura *Regata na Tempestade*, ali intitulada *Velas*[48].

Em 1941, por ocasião de sua terceira individual em São Paulo, o artista ganha novos artigos. Mudam os críticos e as críticas rompem o cerco do barro, expondo conceitos sobre óleo, guache e desenho, sem, evidentemente, abandonarem a modelagem. O jornal da colônia alemã informa, em extensa nota, que esta é a primeira exposição que de Fiori organiza sem incluir trabalhos feitos na Europa[49]. É título do catálogo: Exposição de Obras Brasileiras de Ernesto de Fiori. O colunista do *Deutsche Zeitung* faz apreciações genéricas sobre o artista e a arte, reitera a importância do escultor e indica os desenhos, assinalando-os como estudos para a escultura – o que não se verifica na produção do artista. Na seqüência, o jornalista refere os bustos, comentando-os no jargão que se conhece desde a primeira exposição do artista no Brasil:

Algumas cabeças de estudo, que mostram de Fiori como desenhista excelente, conduzem, de certa forma, aos trabalhos escultóricos, que o artista, de maneira alguma, negligenciou. As cabeças que ele oferece trazem em si todos os sinais da mestria e da personalidade artística do retratista. Elas possuem uma força de persuasão viva e humana, que nos captura imediatamente; vêem-se apenas algumas cabeças de mulheres, por exemplo, a "Giuliana", chamada Busto, e se entende o que queremos dizer. Uma Venus levemente pronunciada, embora não de formas clássicas, atua como uma obra de medidas clássicas e de um espírito que lembra a nobre simplicidade dos antigos. Impetuoso e expressivo no movimento é o Guerreiro, que caminha e desembainha a espada para a luta, assim como o próprio problema do caminhar sempre encontra, em de Fiori, soluções novas e interessantes[50].

A novidade desta coluna de arte está na "medida clássica"; todavia, a surpresa do colunista deve-se aos guaches da exposição, que o capturam, certamente, pela temática: São Jorge-e-o-Dragão e Batalhas. O colunista evidencia o colorido e as sobreposições de formas nessas obras, distinguindo-as das paisagens:

O que nessa exposição de Ernesto de Fiori surpreende é a vivacidade colorística e a brilhante composição que ele desenvolve em suas guaches. Os dramáticos acontecimentos da época, cheios de luta, parecem refletir-se nos motivos que o artista elegeu como objeto, em múltiplas variações: O cavaleiro São Jorge em luta com o Dragão, já no momento em que recebe o golpe mortal, e cavaleiros que se enfrentam no tumulto da luta, protegendo suas bandeiras que se agitam ao alto. Com economia de meios o colorido e o reluzente da aparição são apresentados. Em todas, sente-se a leveza e a grandeza, o predomínio da construção compositiva sobreposta. Essas coisas têm algo de imediato e arrebatador, coisa que não se pode dizer tanto das paisagens, que, no esforço de encontrar fórmulas simples, parecem ser pintadas e sem dúvida alguma possuem força de cor, mas deixam algo de frio[51].

Busto é a excelência de de Fiori para a crítica da época, pois, como retratos, permitem o elogio da fidelidade ao modelo. Em geral, a crítica, surpresa com a pintura, antes ignorada, detém-se na dimensão alegórica, que circunscreve a guerra. É o que se observa na coluna referida, assim como em críticas de arte sobre essa exposição de 1941.

Sérgio Milliet dedica três artigos ao artista; elogiosos sobretudo ao escultor e retratista, extensivo aos guaches, tematicamente. Quanto aos óleos, Milliet não os aprecia muito:

Nesta época de doutrinas estéticas intransigentes, de escolas metafísicas e esotéricas, a exposição dos trabalhos de Ernesto De Fiori nos repousa o espírito e nos reconcilia com a arte. É que estamos em presença de um artista isento de quaisquer preconceitos, inclusive o preconceito modernista. É de um talento de primeiro plano caracterizável pela desenvoltura técnica e a sensibilidade. O que mais nos comove na obra atual desse grande artista consagrado pela crítica européia, desse escultor de valor internacional, com trabalhos nos maiores museus da Alemanha e da Itália e nas galerias particulares da França e dos Estados Unidos, é a poesia de suas composições, é a beleza moral de suas preocupações. A luta de São Jorge contra o dragão, repetida como um *leitmotiv* em suas guaches, as batalhas executadas no espírito de um Giotto ou de um Delacroix (v. o combate pela posse de uma bandeira), são obras todas elas de grande elevação, de intensa emoção e de um simbolismo transparente. Se nos agradam menos os óleos, não podemos deixar de observar a que ponto são sensíveis as suas paisagens de Santo Amaro, paisagens em que a água invade tudo, molha veleiros e velejadores.

Nem tampouco esquecer quanto o decorativo de certos recantos brasileiros permanece penetrante apesar da estilização. Mas é principalmente como escultor que De Fiori se eleva à categoria dos maiores. De seus bustos afirmou Quirino da Silva com justeza transbordarem de vida e poesia. Analise-se o retrato da sra. Rino Levi e admire-

GUERREIRO, s/ data. [22]

SÃO JORGE E O DRAGÃO, 1940. [23]

SÃO JORGE E O DRAGÃO, 1941. [24]

BATALHA, 1940. [25]

BATALHA, 1941. [26]

se a finura da execução, a delicadeza expressiva, aliando-se harmoniosamente à parecença, e atente-se para a ausência de um formulário pela comparação com a técnica empregada nos demais bustos. Mas demore-se também o amador diante dessa Eva de um impressionismo tão gostosamente ritmado. Movimento, luz, sensibilidade, desenvoltura, inspiração, segurança técnica, são as qualidades características de De Fiori, e são, convenhamos, as qualidades de todos os verdadeiramente grandes artistas[52].

Em outro artigo sobre a exposição de 1941, republicado em 1944 e 1945[53], Milliet, sob o pseudônimo de S. de Santo Adolfo, no quinzenário *Planalto*, novamente soergue de Fiori, recorrendo a nomes de outros artistas. Apesar de considerar a classificação de de Fiori "difícil [...] um problema insolúvel", o crítico escreve que o artista "não hesita em usar, na escultura, de um impressionismo à maneira de Rodin", e de se ater, na pintura, "a certo colorido matissiano [...] ou à pincelada de Dufy [ou a] um decorativismo, fremente, quase *fauve* que lembra Vlaminck tropical", assim como nos guaches "passa de Paolo Uccello a Delacroix", para envolvê-lo, por fim, com o termo "expressionista". Entre o ziguezague de rótulos e de nomes, substituindo o "Giotto" da outra crítica por "Paolo Uccello" nesta, Sérgio Milliet novamente elogia as alegorias dos guaches, concluindo, como é praxe, que "De Fiori é De Fiori"[54]. O raciocínio de Milliet é justificado, quanto às analogias, em passagem persuasiva:

Tantos parentescos talvez levem o leitor à idéia de uma carência de originalidade. Não é o caso. De Fiori é De Fiori sem possível discussão, mas é também indiscutível que a boa arte lembra sempre qualquer coisa do passado. Uma arte que não encontrasse raízes mais ou menos profundas no mediato não teria a menor importância representativa. Pela razão muito simples de que somos produtos de uma cultura e dos ensinamentos dela decorrentes. Um artista integralmente original, sem alicerces no mundo em que vive, seria um absurdo, um contra-senso.

O propósito de Milliet é enaltecer a "sensibilidade e espontaneidade" da variedade em de Fiori, indicando a independência do artista que tende para o "expressionismo". O crítico elucida tanto "independência" – entendida como negação do cubismo, do surrealismo e do abstracionismo –, quanto "expressionismo" – para o crítico, escola nova, mas de princípios antigos –, que, na acepção de Pfister, auxilia na compreensão dos guaches do artista e das telas com São Jorge e o Dragão. Cite-se o trecho, dada a definição e as conseqüências do "expressionismo":

Embora moderno, e no mais completo sentido da palavra, integrado na sua época de miséria e de horrores, mas de beleza e construção também, De Fiori não é seduzido nem pelo cubismo, nem pelo surrealismo, nem pelo abstracionismo, última das invenções dos conceituosos artistas de nossa época. [...] De Fiori preferiu, portanto, tornar-se independente, embora manifestando maior queda para o expressionismo, sem dúvida pela vantagem de aliar a solução plástica à expressão inteligente. E ainda aqui, nesta escolha feliz, deita o pintor suas raízes no passado entre os pré-renascentistas, entre os Greco e Goya, ou ainda entre os grandes independentes do século XIX, os Daumier e Delacroix (este classificado na escola romântica e rigorosamente individualista). [...]

Referi-me ao expressionismo e talvez não sejam supérfluos, a propósito, alguns esclarecimentos. Embora re-

DE FIORI — BATALHA

ERNESTO DE FIORI

S. DE SANTO ADOLFO

Reconfortante tem sido a atividade das artes plásticas em S. Paulo nestes últimos anos. Com o 1.º Salão de Maio, organizado por Quirino da Silva, nova seiva vivificou os meios artísticos da terra; com a "Família" outro grupo de honestos talentos se formou; as exposições do Sindicato consolidaram o movimento. Hoje temos em S. Paulo um conjunto de pintores e escultores de primeira ordem, talvez comparáveis ao dos mexicanos e sem duvida muito mais interessante do que todos os dos demais centros da America Latina. Terei breve a oportunidade de analisar a produção paulista, por ocasião da mostra que "Vamos Lêr!" organizará em abril, no Rio de Janeiro. Por ora quero assinal a presença de Ernesto de Fiori na galeria sempre acolhedora de "Casa e Jardim". Já me referi amiudadamente a esse admirável artista, dos maiores dentre os que aqui se radicaram, e quasi me sinto sem geito de voltar ainda à critica de sua obra. É que, como todas as grandes obras, as mais profundas e penetrantes, a de De Fiori é rica de surpresas e de interpretações. Quanto mais se contempla e se analisa, mais nos prende pela continua revelação de soluções e sugestões.

A dificuldade maior para o crítico de De Fiori está em classificá-lo. É êle antes de tudo um espírito livre, avesso a escolas e preconceitos, esquivo à imposição de quaisquer regras técnicas. Assim como não hesita em usar, na escultura, de um impressionismo à maneira de Rodin, emprega a deformação quando lhe apetece. E do mesmo modo porque se atém a certo colorido matissiano, no óleo, ou à pincelada de Dufy, desnortea-nos de repente com um decorativismo fremente, quasi "fauve" que lembra um Vlaminck tropical. E nas "gouaches" passa de Paolo Ucello a Delacroix, sem deixar de ser êle proprio, com uma desenvoltura e uma segurança absolutamente convincentes. Tantos parentescos talvez levem o leitor à idéia de uma carência de originalidade. Não é o caso. De Fiori é De Fiori sem possivel discussão, mas é tambem indiscutivel que a boa arte lembra sempre qualquer cousa no passado. Uma arte que não encontrasse raizes mais ou menos profundas no mediato não teria a menor importancia representativa. Pela razão muito simples de que somos produtos de uma cultura e dos ensinamentos dela decorrentes. Um artista integralmente original, sem alicerces no mundo em que vive, seria um absurdo, um contrasenso.

Si a classificação do artista se faz difícil, se transforma em problema insolúvel, seu valor resalta, em compensação, do menor traço saido de seu lapis, do mais insignificante pedaço de barro modelado por suas mãos mágicas. A sensibilidade e a expontaneidade caracterizam essa produção tão variada, tão jovem, tão despida de pretensões intelectualistas. Embora moderno, e no mais completo sentido da palavra, integrado na sua epoca de misérias e de horrores, mas de beleza e construção tambem, De Fiori não é seduzido nem pelo cubismo, nem pelo surrealismo, nem pelo abstracionismo, última das invenções dos conceituosos artistas de nossa época. O cubismo, que foi uma disciplina escolar e teve para o grande público o interesse esotérico de um teorema de geometria, não podia em hipótese alguma tornar-se o seu meio de expressão, pois, talvez em virtude de um elevado cerebralismo, revelou-se por demais pobre de emoção contagiosa. Quanto ao surrealismo, que inicialmente se exprimiu através de um esbanjamento de linhas e de cores, puramente subjetivo, e encontrou a seguir nova aplicação na pintura fotográfica do objeto em função do sonho ou de um instinto expressivo que já não se vale da deformação mas de conexões inesperadas e aparentemente ilógicas, seu esfôrço literario conduziu-a à perda da vitalidade plástica e para um artista essencialmente plástico como De Fiori tal instrumento não bastava. E o abstracionismo, somente na arquitetura tem aplicação satisfatória. De Fiori preferiu, portanto, tornar-se independente, embora manifestando maior queda para o expressionismo, sem dúvida pela vantagem de aliar a solução plástica à expressão inteligente. E ainda aqui, nesta escolha feliz, deita o pintor suas raizes no passado entre os pré-renascentistas, entre os Greco e Goya, ou ainda entre os grandes independentes do seculo XIX, os Daumier e Delacroix (êste classificado na escola romântica e rigorosamente individualista). Parece-me cedo demais para revelar o que a obra de De Fiori tem de comum com a dos modernos, alemães e franceses e o que tem de diferente. Ha por certo um parentesco intimo entre De Fiori e Dufy ou Vlaminck, mas não creio que se possa falar em influência. E

DE FIORI — ESTATUA NO PALACIO DO MINISTERIO DA EDUCAÇÃO, RIO

(*Conclue na pág. 22*)

Planalto, São Paulo, 1941. [27]

São Jorge espetando a lança na boccar

do Dragão symboliza a eterna luta entre o bem e o ma

Ernesto de Fiori inaugura uma exposição de esculptura, pintura e "gouaches" – O probl do assumpto, em arte — Surrealismo, abstraccionismo e cubismo

Fazia já uns tres annos que Ernesto de Fiori não expunha em São Paulo. Por onde andaria Ernesto de Fiori? — perguntavam os que conheciam os seus trabalhos, os que sabiam que elle havia caminhado pelo mundo, havia estudado na França, na Inglaterra e na Allemanha? Por onde andaria o artista cujos quadros e esculpturas enriquecem as collecções dos maiores museus da Europa e dos Estados Unidos? Ninguem sabia ao certo. Sabia-se, apenas, que Ernesto de Fiori trabalhava. Andava pintando e esculpindo em algum recanto tranquillo de São Paulo, distanciado da critica, longe das exposições collectivas, esquecido das mostras individuaes que de vez em quando realizava. Um dia Ernesto de Fiori appareceu de novo. Vinha cançado, vinha arcado ao peso de quarenta e tantos quadros a oleo, umas dez "goaches", alguns desenhos e umas poucas esculpturas. Arranjou uma sala ahi na Casa e Jardim e appareceu no jornal para solicitar a inserção de uma pequenina noticia contando que sua exposição estava aberta, convidando os amigos a que fossem lá ver o que elle havia feito.

OUVINDO O ARTISTA

De Fiori parece um allemão. E' alto, altissimo e imponente, do ponto-de-vista physico, como um granadeiro da Pomerania. E o seu sotaque arrastado, guttural, engana a gente. Mas elle não é germanico, é italiano. E mais do que italiano: romano. Se fala arrastado, duro, com um sotaque germanico, é porque andou por lá, esteve em Berlim, Hamburgo, Munich, Stuttgart. Estudou pintura, estudou esculptura, estudou desenho. Pintou muito na Allemanha e deixou uma porção de quadros nos seus museus. Depois foi para a França. Em seguida rumou para a Inglaterra. Um dia sentiu uma vontade insopitavel de abandonar a velha Europa, a Europa cançada de tantas experiencias em todos os sentidos, a Europa retalhada pelos conflictos ideologicos. Pulou num navio e atravessou o mar com destino a isto aqui.

— Não imagina como me dei bem no Brasil. Ah! fico, morro aqui. Tão bom, tão sossegado!

VOLTA AO ASSUMPTO

De Fiori falou depois sobre sua exposição de agora:

— Não sei se sabe, mas comecei como pintor, em Roma. Vivi muito tempo na França, na Inglaterra, na Allemanha e, depois, resolvi transferir-me definitivamente para o Brasil. Nos ultimos annos, dediquei-me quasi que exclusivamente á esculptura. E' a minha principal preoccupação artistica. Quando me sinto cançado de esculpir, descanso na pintura...

— E' um descanço serio, hein De Fiori?

— E', sim. Muito sério. O meu ultimo descanso (chamemos assim) pictorico foi fecundo. Pintei uma porção de coisas que agora vou mostrar ao publico. Daqui a pouco iremos até a exposição e o sr. verá o que pintei. Antes, porém, conversemos um boccadinho a respeito de minha arte. Irá notar que levei muito a sério o assumpto, em si mesmo.

— Por que?

— De proposito, muito de industria. Acho que se processa uma sadia volta ao assumpto. A pintura moderna, no meu entender, ficou abstracta demais. Excessivamente abstracta. E com isso ella se divorciou do publico. Resultado: tanto os abstraccionistas como os surrealistas fizeram que a arte acabasse num decorativismo inexpressivo, simplista, monotono, sem genialidade nenhuma. Ou então uma generalidade só accessivel aos genios... Está claro que não podemos deixar de

ASPECTO DA EXPOSIÇÃO DE DE FIORE

tomar conhecimento da contribuição extraordinariamente importante das correntes modernas. Longe de mim essa intenção. O que combato é o decorativismo excessivo, a abstracção exagerada. Entende?

E accrescentou:

— Eu mesmo sou um moderno. Notará nos meus trabalhos uma sensivel influencia do cubismo e do surrealismo. Mas tudo bem dosado: eu não relego a um plano secundario a minha contribuição pessoal, eu me preoccupo bastante com o assumpto, com a thematica.

A LUTA ENTRE O BEM E O MAL

Fomos vêr a exposição do artista para ter uma impressão dos seus trabalhos. Pelas paredes da saleta da Casa e Jardim, uma infinidade de guerreiros pelejando, guerreiros de todos os typos, cavalgando corseis fogosos que empinam no fragor da luta. E varios São Jorge. São Jorge quasi se poderia dizer que é uma constante na pintura actual de De Fiori.

— Por que tanto São Jorge assim, De Fiori? Você é devoto de São Jorge?...

A bochecha de Fiori se contrae num sorriso molle. Diz que não, que nã é devoto de São Jorge, que é outra razão de pintar São Jorge enfiando lança na bocarra escancarada do dragão.

— E' a guerra que me impressionou. E se eu pinto São Jorge espetando a lança na garganta do dragão, eu quero, antes de tudo, symbolizar a luta, a eterna luta, que se trava desde que o mundo é mundo, entre o bem e o mal.

— De que lado você está, para quem você torce: para o bom ou para o mal?...

— Não veja nessa pintura symbolica qualquer preconceito politico, qualquer allusão aos desentendimentos modernos. A minha pintura não deve prestar-se a explorações. Pinto apenas dois estados de consciencia que sempre existiram. Fixo na tela dois sentimentos antagonicos que eternamente se chocam. A vida não tem sido outra coisa senão isso: a luta entre o bem e o mal. Está claro que eu sou favoravel ao bem, sou contra o mal. Entretanto, é preciso saber distinguir entre o bem e o que pretende ser o bem. Entre o que é verdadeiramente alguns oleos, "gouaches" e desenhos.

o bem e aquillo que, aos nossos ol se apresenta como sendo o bem. entra em acção o perigo das con tuações apressadas...

Ernesto de Fiori mudou o rumo palestra e abandonou as divagaç

— Apresento algumas esculptu

O que me parece mais interessant ponto-de-vista do publico, são as sagens brasileiras.

— São aquellas?

— Exactamente. Fixei varios ctos da paisagem deliciosa de S Amaro, o seu lago de aguas qu o seu lago de aguas serenas de em quando cortado por barco vela...

Já se despedindo do jornalista nesto de Fiori reaffirmou sua nião:

— Como vê, minha arte não te da de cerebral, de esoterica, de co cada. E' simples, muito sim Acredito que está ao alcance da prehensão popular. Espero que o goste della. E se isto acontecer, satisfeito...

Diário da Noite, São Paulo, [21 mar. 1941]. [28]

MARINHA, 1939. [29]

cente a palavra e nova a escola, surgida na Alemanha, depois da Grande Guerra, os princípios em que se baseia são antigos e deles se valeram em todas as épocas os grandes artistas. Consiste o expressionismo em acentuar, pela deformação da realidade objetiva, deformação sobretudo de desenho mas que pode ser também de colorido, a expressão de certos estados de alma, de determinados sentimentos. Pfister, um filósofo alemão de nomeada, acredita que o expressionismo não passa de uma válvula de escape para os temperamentos introvertidos; psicanaliticamente seriam as obras dos artistas dessa tendência manifestações da aversão ao mundo exterior. Há por certo nessas observações um esquematismo exagerado. Mas no caso de um De Fiori não me recuso a essa justificativa do ódio ao mundo moderno, de guerras e místicas, para explicar seus últimos quadros. Aliás essa preocupação da guerra é transparente nas telas em que os dragões malfazejos são subjugados pelo guerreiro do bem, São Jorge. O santo personifica aí o pintor e o dragão as forças desencadeadas, bárbaras, anticivilizadoras, obscurantistas, que o cavaleiro do ideal aspira a vencer.

Diga-se que a frase iniciada com "aliás", seria bastante; ou melhor, a única que indica algo da poética do artista. Todavia, esse não é o propósito de Milliet, que entende a "inspiração" na guerra expressa em dissabores. Tem, portanto, a obra como documento que traduz a história vivida e testemunha os sentimentos do artista. Decorre disto, certamente, a dúvida do crítico em considerar as outras pinturas:

> Mas nem só de trevas se alimenta a inspiração do artista, nem só pela melancolia se exprime De Fiori. Suas paisagens brasileiras são alegres, muito vívidas, principalmente as de Santo Amaro, feitas com cinzas borrascosos, brancos sujos de veleiros adernando e azuis violentos, quebrando a monotonia das águas agitadas. Por vezes essa integração na paisagem não é tão perfeita e então o decorativismo sobrepuja a expressão. Plantas exóticas pulam fora da tela, entre vermelhos berrantes e azuis de vestidos de seda. Com que desenvoltura, porém, com que espírito! A ponto de ficarmos hesitando entre condenar essas telas pela superficialidade de emoção e admirá-las pelo seu brilho[55].

Milliet prossegue seu artigo insistindo no expressionismo de de Fiori. Explica que o artista não leva "a deformação até os limites da caricatura, como ocorre com Georg Grosz", pois é sensível e não adere ao "efeito demagógico da deformação excessiva". Todavia, deforma, como também o faz El Greco, a pintura renascentista, e, assim raciocinando, Sérgio conclui pela "tese de estilização como deformação", pois "obediente a determinadas intenções religiosas ou mesmo políticas".

N'*O Estado de São Paulo,* Milliet escreve sobre o desenhista, pois é, segundo ele, "impossível não se perceberem imediatamente suas qualidades de movimento, a firmeza de seu traço, a desenvoltura e a graça com que escreve". Enfim, "porque De Fiori é, desse ponto de vista, uma ilustração viva para a tese de Severini de que se deve desenhar tal qual se escreve, isto é, o desenho deve ter o valor expressivo da caligrafia"[56]. Desta tese de Milliet discorda o jornalista do *Deutsche Zeitung* – citado anteriormente –, que vê os "excelentes desenhos" de de Fiori como estudos para trabalhos escultóricos[57]. Milliet não avança a tese de Severini; no entanto, o que o crítico escreve sugere que ele entende o desenho de de Fiori como auto-suficiente; com isso, difere dos colunistas e da maior parte dos críticos, que tomam o desenho do artista como passagem para outra arte, quando o mencionam. Em *Planalto*, Milliet também informa sobre a preferência artística da época:

> Enquanto De Fiori vende uma simples aquarela, os inúmeros fabricantes de quadros em série, estabelecidos nas imediações, renovam quotidianamente seus estoques. Se os artistas de São Paulo progridem [...], o público não os ajuda, mantendo-se em um nível baixíssimo de gosto e compreensão, preso às mais ridículas e vulgares fórmulas acadêmicas[58].

No decênio de 30 e nos primeiros anos do seguinte, o comércio de arte era praticamente inexistente. Vendiam-se esculturas, principalmente para sepulcros, ou quadros, tanto os encomendados quanto os consagrados pela crítica. A observação de 1941, de Milliet, é válida para os nove anos em que de Fiori vive no Brasil. Durante este tempo, o artista faz poucas esculturas, modela alguns bustos encomendados; a maior parte de sua produção artística consiste em óleos, guaches e desenhos, como lembram, aliás, os amigos do artista, mas foram pouco aceitos[59].

Os trabalhos de Ernesto de Fiori circulam pouco nas exposições dos anos 30 e 40, assim como seu nome em periódicos, como assinala o repórter do *Diário da Noite*, que escreve sobre a exposição de 1941:

> Fazia já uns três anos que Ernesto de Fiori não expunha em São Paulo. Por onde andaria Ernesto de Fiori? [...] Ninguém sabia ao certo. Sabia-se, apenas, que Ernesto de Fiori trabalhava [...] distanciado da crítica, longe das exposições coletivas, esquecido das mostras individuais que de vez em quando realizava. Um dia Ernesto de Fiori apareceu de novo[60].

Referindo a distância de de Fiori da crítica, o repórter também distancia o público e, por isso, reapresenta o artista; além da descrição do físico, escreve que ele, embora italiano, "fala arrastado, duro, com um sotaque germânico". Lembra ainda que de Fiori viveu na França, Inglaterra e Alemanha, onde "pintou muito [...] e deixou uma porção de quadros nos seus museus". Note-se que o repórter relembra a atividade pictórica de de Fiori na Europa, informação quase sempre omitida na maior parte das colunas e críticas de arte do período e, depois, ou obscurecida ou apagada pelas críticas e estudos sobre o artista. Insistindo no de Fiori pintor, o repórter evidencia as batalhas e as pinturas com São Jorge e procura destacar os conceitos pictóricos do artista. Todavia, os conceitos que surgem da "entrevista" com de Fiori são deformados pelas lentes do repórter.

Mário de Andrade leu essa reportagem[61] e viu a exposição do artista de 1941, que registra em um artigo evidenciador de sua própria estética. O escritor começa escrevendo sobre o escultor, elevado a "um dos mais notáveis escultores da atualidade":

> Aplicando-se especialmente à interpretação escultórica da mulher contemporânea, tanto em nus como no retrato, Ernesto de Fiori já criou algumas obras admiráveis que o

tornaram universalmente conhecido, como essa obra-prima que é a "Inglesa". Se utilizando principalmente do bronze cuja matéria anima com grande segurança técnica, dela tirando uma trepidação rica de movimento e leveza, é deveras extraordinário tudo o que Ernesto de Fiori, em suas esculturas, consegue como espiritualidade e ao mesmo tempo como ácido realismo e às vezes ironia, na sua interpretação do corpo da mulher século vinte[62].

Os elogios incidem sobre a produção européia do artista, exemplificada em *Engländerin*[63] – modelagem de 1924 –, à qual Mário contrapõe as esculturas que de Fiori "criou depois de sua fixação no Brasil [...] expostas em salões e exposições coletivas". Como se sabe, Mário de Andrade não dispensa um psicológico do artista na forma; assim, mesmo não sendo de Fiori um dos artistas com os quais Mário convive ou para os quais escreve, afirma que as obras anteriores à exposição de 1941 lhe davam "o sentimento de inacabado da obra e da inadaptação pessoal do artista." Mário também não preserva uma obra de sua teorização sobre "como se dá a compreensão estética". Esta, chamada "compreensão total", define-se como: "ato superior do ser inteiro, pelo qual eu me integro e confundo com a obra-de-arte ou a repudio e me separo dela irremissivelmente"[64]. Considerando-se que nesta carta o escritor ensina a Oneyda Alvarenga como se julgam obras para se escrever sobre elas, entende-se que Mário se identificou apenas com as obras européias de de Fiori e, em 1941, com as que trata em seu artigo. Mário detém a visão em "obras de primeira ordem", duas modelagens da exposição, intituladas *Moça*: "estatuetas [...] esculpidas com liberdade [...] espirituais". Também destaca *Venus*, retomando sua idéia de um de Fiori intérprete da mulher-século XX:

"Venus" fina, angulosa, desdenhando curvas, parente próxima de Katherine Hepburn e Greta Garbo, que reflete bem a força aguda com que o artista revela a mulher contemporânea. É uma das peças mais dignas de apreço do escultor e o explica no que ele tem de mais característico na sua personalidade.

Sobre os bustos, Mário afirma que todos são feitos com a mesma "firmeza técnica" e alguns, como o de *Giuliana*, se "salientam pela maior liberdade ou espiritualidade de criação". São os mesmos valores que atribuiu para as estatuetas; no entanto, tratando-se de bustos, o escritor não dispensa a fidelidade ao modelo:

Mas o melhor de todos, na minha opinião, é o busto da sra. Rino Levy, este já uma obra de valor excepcional dentro dessa arte impertinente do retrato. Sem que se descurasse de obter a parecença física, Ernesto de Fiori tem neste busto um dos melhores momentos da sua escultura atual, pela expressividade e pela vibração psicológica que obteve.

Mário prossegue tratando do que para ele é a "parte curiosa da exposição desse mestre da escultura moderna": a pintura. Questiona se é pintura ou desenho, pois, segundo Mário, esse "problema [...] importa muito para que possamos compreender e estimar em toda sua vitalidade a obra sobre plano do ilustre escultor". Para tanto, Mário expõe seus conceitos que diferenciam o desenho das "obras de cor", óleo, guache, aquarela. Escreve que o desenho é um "processo de conhecimento intelectual" e que dele derivam o hieroglifo e a escritura ideográfica: "e disto é que vem a sua maior possibilidade de expressão descritiva de um assunto intelectual, e, conseqüentemente, a sua maior liberdade de composição". Evidencia a expressão descritiva do desenho e a sua liberdade em oposição às características do quadro, que sempre requer o preenchimento do "quadrângulo" – "composição [...] fechada [...], firme na centralização dos ritmos, rigorosa de lógica no colorido" –, pois, se assim não for, tratar-se-á de "desenho colorido".

> Ernesto de Fiori, além dos poucos desenhos em preto e branco ou em aquarela que apresenta, expõe também uma série de guaches de um forte sentimento desenhístico. São verdadeiros hieroglifos, como espírito de síntese, essas guaches representando batalhas. Ora a guache é uma espécie de material intermediário entre o óleo gordo e as outras matérias da pintura e a tinta líquida da aquarela. E isso o artista compreendeu e aplicou com muito acerto nas suas guaches. A pasta é forte, maciça, quasi tão gorda como a dos quadros a óleo, mas de outra natureza mais macia e pulverizada, de um bonito fosco aveludado. Mas, desenhisticamente, muito embora construídas e no geral bem centralizadas pelos ritmos e a coloração, elas apresentam uma composição muito livre e quasi sempre aberta, despreocupadas de encher inteiramente o quadrado do cartão.

Mário afasta-se da pintura do artista pois procura inscrevê-la em sua estética, julgando que só assim é possível apreciar de Fiori. Para tanto, o crítico retoma o que escreveu sobre a cisão entre a arte e o público em "Pintores e Pinturas"[65], sobre o assunto em "A Raposa e o Tostão"[66], entre outros artigos, para expor o conceito de assunto na pintura abstrata. Também reúne neste artigo seus conceitos que estão nos dois ensaios publicados sob o título "Do Desenho"[67]. Certamente, esta crítica custou ao escritor, como ele próprio escreve a Henriqueta Lisboa: "crítica difícil"[68].

Elegendo alguns quadros a partir de sua estética, Mário destaca que de Fiori expõe "algumas obras de pintura [...] como especialmente o grande *São Jorge* [...] e a admirável *Regata na Tempestade*"; afirma que de Fiori "na sua maneira de obter a matéria do óleo não revela sua personalidade de escultor", e dá seu aval:

> E isto me parece um forte elogio, pois reconheço que ele está realmente fazendo uma pintura de pintor e não pintura de escultor – o que é muito comum.

Apesar de restringir a pintura a preceitos e pensá-la como centrípeta, em oposição ao "fundamentalmente centrífugo" desenho[69], a análise que Mário faz dos quadros é relevante, uma vez que destaca alguns recursos pictóricos em de Fiori:

> [...] o seu óleo é uma carne voluptuosa, gorda, cheia, em que a gente percebe o pincel afogado na tinta bastante liquefeita, colorindo largas manchas que o raspado muitas vezes entremostra camadas superpostas, obtendo efeitos ricos e inesperados que o pintor deixa ficar sabiamente. E tanto pelo processo da raspagem como por outros, de acabamento, com pincel mais seco e provido de óleo menos liquefeito, o artista obtém efeitos de vibração e uma multiplicidade finíssima de entretons.

NU FEMININO QUE AJEITA O CABELO, 1940. [30]

NO QUE AJEITA O CABELO, 1940. [31]

SÃO JORGE E O DRAGÃO, s/ data. [32]

SÃO JORGE E O DRAGÃO, s/ data. [33]

Prossegue o escritor, apesar do seu aval, procurando um traço de união entre técnicas escultóricas e pictóricas:

> Nesta vibratibilidade luminosa e no jeito de pincelar, vivaz, nervoso, é que talvez se poderá sentir a técnica do escultor modelando as matérias mais ásperas do barro e buscando as qualidades do metal fundido. Mas sempre é certo que o vigor da pincelada e mesmo uma tal ou qual aspereza são características também inerentes à pintura. E com os seus processos, Ernesto de Fiori conseguiu nos dar a impressão de uma pintura ardente, de uma pintura rápida, de um jato só, uma *Blitz*pintura (desculpem!) aparente, que não impede a reflexão, mas é decidida e conserva o movimento, o ímpeto e o frescor do improviso.

Todos esses "caracteres e qualidades" vêem-se em *Regata na Tempestade*, segundo o crítico. Esta obra de 1938 – já mencionada aqui[70] –, em 1941 não só é vista por Mário de Andrade, como também considerada por ele como a melhor pintura da exposição. Decorre dessa sua apreciação, certamente, a procura do escritor por entender técnicas escultóricas em pintura, uma vez que na obra há raspagem com instrumentos dentados:

> P´ra falar a verdade não sou exatamente contra os virtuosismos nem contrário a truques como a raspagem quando postos a serviço de uma expressão.

No final do artigo, Mário retoma as esculturas, as batalhas e os São Jorges nos ecos de sua estética:

> Como contribuição psicológica, se percebe desde logo que o artista está sofrendo o sortilégio lúgubre dos tempos de agora. A sua arte se ensombreceu de símbolos belígeros. Mas este franco observador da atualidade, que no busto e nos seus nus femininos interpretou com tanta acuidade sensível o nosso tempo, talvez levado pelo contraditório e o insolúvel das suas condições pessoais, usou uma delicada transferência para refletir o espírito bélico de agora. Em vez de aviões, de máscaras para gás, trincheiras e pára-quedistas, esculpe o guerreiro nu da antigüidade sem data, declara a luta entre o Bem e o Mal no seu São Jorge de muitas versões, e reveste de amplo e bárbaro medievalismo as suas batalhas. Mas tais disfarces psicológicos não conseguiram ocultar a tristeza humana do tempo, que Ernesto de Fiori expressou com arte excelente e verdadeiro poder criador.

O fecho atravessado de apelos cênicos e da sugestão de que ele observa a produção do artista teatralmente mascaram as críticas de Mário às obras de de Fiori[71].

Por vezes, o artista escreveu artigos para esclarecer idéias divulgadas anteriormente. Possivelmente, o debate em torno de conceitos, muita vez a ele atribuídos, que sua exposição provoca, o leva a publicar "Entrevista Comigo Mesmo"[72]. Neste artigo, de Fiori explicita seus conceitos tanto sobre o assunto em arte quanto sobre sua temática da luta entre o bem e o mal, a partir das pinturas de batalhas.

Entre os anos de 1942 e 1943, Luis Martins escreve um artigo sobre o artista. O crítico trata de Fiori como "um dos melhores escultores alemães" e insiste no seu valor por ter deixado a Alemanha, "subordinada ao programa de reeducação hitlerista"[73]. Nesses anos, Martins incentivava a arte social; no entanto, positiva a pintura de de Fiori por sua "evolução ascensional". O crítico considera que a pintura do artista se assemelha à escultura, e que nela se aliam "a síntese expressionista à impaciência e ao brilho impressionista". Sem nada mais dizer, Martins prossegue afirmando que os quadros de de Fiori "convidam à controvérsia e mesmo à polêmica". Martins exemplifica-o com o velejador e as pinturas de represa de de Fiori:

> Grande marinhista, principalmente, De Fiori sabe como ninguém captar a poesia marulhosa do oceano.

Martins magnifica de Fiori no Brasil; no entanto, como escreve que o artista produz mais pinturas do que esculturas em São Paulo, faz reservas:

> Não me cabe, evidentemente, realizar uma análise crítica de sua obra, vítima, uma ou outra vez, de estranhos desfalecimentos, pela dificuldade de manter permanentemente o seu diapasão heróico. O que quero simplesmente assinalar é a importância excepcional dessa obra realizada no Brasil e que o público desconhece.

Quando de Fiori abre sua quarta exposição em São Paulo, em 1944, Martins não apresenta as reservas do artigo anterior, embora construa seu artigo repetindo-se, inclusive nos rótulos: expressionistas e impressionistas[74]. Aliás, depois que a crítica associou alemães e franceses na obra do artista, ecos dessa aliança são constantes. Milliet, possivelmente o primeiro que afirmou tal associação, em 1944, encontra um rótulo para ela: "eclética, mistura de ambas"[75]. Neste artigo que escreve sobre a exposição de de Fiori, Milliet retoma um de seus raciocínios anteriores. Afirma que falar em influências em de Fiori é um erro, pois, o que há são "coincidências de liberdade e de inquietação". Certamente, o crítico não encontrou um rótulo para o ziguezague de nomes que elencou em 1941. A novidade deste artigo é a conclusão a que Milliet chega sobre os quadros que ele considera "menos felizes". Nestes, segundo o crítico, "o traço acerta tudo, com uma precisão, com uma acuidade, que desnorteiam". Prosseguindo sua apreciação, Milliet entende o "valor desigual" das obras nas pinturas, o que não se verifica na escultura. Mas a "espontaneidade" é do artista, a quem repugna "a fórmula", e prossegue:

> Em verdade, de vez em quando certo aspecto decorativo, ou melhor ilustrativo e anedótico, pode enganar-nos sobre as diretrizes do pintor, o que não acontece jamais com o escultor[76].

A nota de arte que anuncia essa exposição de 1944, assinada por C. M. – possivelmente Ciro Mendes – certamente contribuiu para que Milliet revisasse seu raciocínio; contudo, o próprio C. M. não desconsidera a associação de outros artistas a de Fiori:

> É possível que os familiares da história da arte encontrem inúmeros parentescos da pintura de mestres. Ninguém poderá, porém, negar de boa mente, que mesmo aproximando-se, por vezes, da técnica de expressão de outros pintores, De Fiori não transmita, numa linguagem pessoal e honesta, espontânea e livre, as emoções de sua rica sensibilidade[77].

São poucos os críticos que registram essa exposição e os que escrevem não podem deixar de tratar das pinturas, pois essa era a produção mais extensa do artista. Assim, não perdem o escultor, mas se esforçam por entender o pintor. A noção de "evolução" é um rótulo que permite a crítica da pintura.

A colunista Odette escreve que em seus novos trabalhos de Fiori revela "grande evolução artística":

> Demonstrou assim, melhor acuidade psicológica na elaboração de seus novos quadros, confirmando, dessa maneira o conceito grandemente lisonjeiro de que já goza nos meios artísticos dessa capital e de outros peritos artísticos internacionais[78].

Se há lisonjas para as pinturas, cabe a Odette a primazia da notícia em sua "Notas Mundanas", que reproduz sobretudo os nomes de "destaque na sociedade paulista".

Outra colunista que escreve sobre a exposição é Capitu, e surpreende por revelar o bom gosto da mulher:

> Se, como dizem, nem todas as mulheres gostam de escultura, todas, sem exceção, gostam muito de pintura. Duvido, porém, que lhes passem despercebidas as cabeças e os nus de gesso lá expostos. E estou segura de que, quanto à pintura, toda mulher dotada de verdadeiro bom gosto há de se entusiasmar com as marinhas de De Fiori; porque são tão ricas de expressão, e comunicam uma emoção tão contagiosa que não só "pega" como atrai – e a gente fica parada ali, olhando, olhando[79].

Na seqüência de sua crônica, Capitu explica o "expressionismo"; escreve que os artistas dessa "escola" empregam a deformação, como de Fiori, que, entretanto, "é [...] uma maneira acessível", pois, tanto nas esculturas do artista como em suas pinturas, não há "linguagem fechada ou esotérica". Um de Fiori cordial sobrenada no texto:

> Pelo contrário, em suas paisagens brasileiras, em suas lindas "marinhas de Santo Amaro", por exemplo, há céus, veleiros e águas que vão direto ao coração de qualquer uma de nós.

Após esta exposição no prédio Itá, de Fiori é lembrado em artigos no dia seguinte à sua morte passada em 24 de abril de 1945. Carlos Pinto Alves, amigo do artista desde 1936, exercita sua verve em uma ladainha de associações:

> Beijado pela morte, iluminado pela morte, repousa na terra do exílio ERNESTO DE FIORI. Toda a terra era um exílio para aquela alma translúcida de artista aspirando e respirando liberdade. Liberdade de filho da luz debatendo-se nas trevas do mundo.
>
> A escultura e a pintura foram para Ernesto de Fiori a lança e o escudo na sua luta constante para atingir a beleza e a libertação.
>
> De Fiori entregou a alma a Deus na manhã seguinte em que a cristandade comemorava o martírio de São Jorge, o santo patrono do Oriente e do Ocidente; a luz que conquista as trevas, o bem que mata o dragão. São Jorge foi o símbolo constante e dominante da pintura de De Fiori, na longa agonia do exílio em que sua alma se debatia a espera da vitória.
>
> E de Fiori morreu entre a vitória de São Jorge e a queda de Berlim nazista; ele que amava a Alemanha, a Alemanha de Goethe, de Bach e de Mozart; a Alemanha eternamente agoniada entre o Paraíso cristão e o Valala pagão.
>
> Morreu Ernesto de Fiori; cerraram-se para sempre aqueles olhos agudos que tanto amaram as paisagens e as criaturas de São Paulo: Santo Amaro e as velas brancas na água parada entre o arvoredo rasteiro e sombrio;

homem de São Paulo de efígie romana; imagens fugitivas de mulheres que tanto o atraiam na ânsia do eterno-feminino.

Ungaretti, o poeta da lucidez e do sonho, deixou em São Paulo uma parte de si mesmo: o filho enterrado aqui; Ernesto de Fiori ficará todo conosco, entregue à nossa piedade e admiração.

Sejam estas palavras a homenagem simples de um paulista que muito o admirou e estimou[80].

Também homenageiam o morto em São Paulo colunistas e, sobretudo, os críticos que acompanhavam de Fiori com seus artigos; por isso mesmo, confirmam-se, confirmando os artigos e as notas de anos anteriores no destaque do "grande escultor", "um dos maiores valores da arte contemporânea"[81]. Enquanto Ciro Mendes que, possivelmente, noticiou a inauguração da mostra de 1944 relata agora o desaparecimento do "grande artista pouco conhecido"[82], referindo-o e concluindo que foi "também um grande homem", Sérgio Milliet republica o artigo do periódico *Planalto*, de 1941, certamente, para homenagear o artista com o elenco de nomes a ele associados[83]. Três dias após o féretro, é Luis Martins que se excede em elogios, afirmando a "importância do artista que abrangia um âmbito internacional"[84]. Martins destaca o "homem alto, elegante, educado"; passa pelo "notável na Europa", o escultor; cita o pintor, nesta notíca póstuma registrado como "um verdadeiro mestre em seu gênero", e o "consumado *sportsman*". Novamente em junho, Martins volta a lembrar o artista em uma crônica, num rompante. O crítico escreve que leu uma nota de falecimento no *Correio da Manhã*, do Rio de Janeiro, de 27 de abril – possivelmente a que o informou de que de Fiori havia morrido –, que "faleceu o veterano *sportsman* Eduardo de Fiori, sócio do Yacht Club Paulista [...] orientador de vela nesse *club*." Indignado com o tom da notícia, Martins termina sua crônica:

> A única conclusão a tirar-se de tudo isso é a alta inconveniência, para qualquer grande artista, de viver no Brasil. E, sobretudo, de morrer no Brasil...[85]

Luis Martins, que pouco escreveu sobre de Fiori, nesse pós-morte redime-se como crítico de arte que, nos anos 40, escreve artigos sobre artistas de São Paulo para a revista *Vamos Ler!*, do Rio de Janeiro, cidade onde poucos conhecem de Fiori e se desconhece artigo sobre o artista naquele periódico. Em outubro, sempre em São Paulo, noticia-se a "significativa homenagem" a de Fiori no Instituto dos Arquitetos do Brasil[86]; um jornalista avança: "pintor e escultor antifascista"[87]. Em sua "Crônica de Arte", Martins anuncia a exposição de pinturas e esculturas a ser realizada no IAB e destaca as palestras do evento no local[88] – possivelmente, a primeira delas ocorreu na Biblioteca Municipal. No dia seguinte à "Crônica" de Martins, o *Jornal de São Paulo* relaciona os palestrantes: Lourival Gomes Machado, Sérgio Milliet e Luis Martins[89].

As interpretações sobre as pinturas são de Luis Martins e Sérgio Milliet, ambas publicadas.

Destacam-se estas, uma vez que as idéias nelas evidenciadas não só reafirmam os rótulos aplicados às pinturas de de Fiori, como também revelam o olhar dos críticos que permanecem na visão da pintura "incompleta", "transitória", e da escultura "completa", "consagrada".

Luis Martins afirma que a "aventura pictórica de De Fiori no Brasil [...] decorre do drama do exilado", uma vez que o artista "procurava renegar as brutalidades, os horrores de um mundo dominado pela força, a estupidez e a miséria"[90]. O crítico imagina que, na busca do novo, supera-se o vivido:

> A vontade de se integrar totalmente na nova cultura, o desejo de compreender e de sentir a terra, tudo isto se manifestando numa imperiosa e dramática renovação. [...] Na terra nova o exilado quis reviver, quis recomeçar a vida. Quis renovar-se, adotar uma nova linguagem plástica, como adotara outro idioma.

Martins prossegue dramatizando a vida em busca da arte. No entanto, antes de deixar o escultor, prevê:

> Nessa espécie de improvisação lírica que o fez mergulhar no oceano voluptuoso do colorido, não há uma negação, uma apostasia, uma renúncia do escultor consagrado, mas a curiosidade de conhecer mundos sensíveis, novas províncias da arte, novas possibilidades da plástica.

A escultura é o que consagra o artista, segundo a crítica. Assim, na teorização de Martins, o escultor é indispensável, pois sustenta as oposições com que a monta, nas quais o pintor se rebate no seu outro como "simples exercícios":

> De fato, poder-se-ia ver em toda obra pictórica de De Fiori uma espécie de contrapartida compensadora da escultura, em que já era mestre antes de chegar no Brasil. Por isto procurou na pintura o calor, a vida, a luz, a cor, o movimento, a palpitação indecisa do contorno, a captação gloriosa da luz solar em todas as suas deformações e distorções – tudo que a escultura não lhe poderia dar.

O centro da palestra é a oposição da vida-antiga e da vida-nova que recobre a distinção da escultura e da pintura; esta oposição ainda inclui a de mestre e aprendiz. Prosseguindo, o crítico define o que é próprio de cada arte: é da escultura o "claro-escuro, o desenho rigoroso, a medida, a frieza material", sendo da pintura a cor. A precisão imaginada pelo crítico para a descrição da escultura ganha um contorno em de Fiori: segundo Martins, o artista, "agredindo violentamente, quase convulsivamente o barro", modela obras que "vivem uma inquieta e inquietante vida". Quanto à cor, trata-se de um "elemento de prazer, de gozo, de vitória". Por isso, Martins afirma que a escultura "não bastava ao [...] temperamento nervoso, voluptuoso e lírico" de de Fiori, mesmo porque também é da escultura a "impossibilidade de expansão na grande embriaguez do colorido generoso e expressionista". Martins evidencia que as pinturas do artista são arrebatamentos, quase juvenis, uma vez que o crítico refere a pintura como a "nova adolescência" de de Fiori. As oposições de Martins montam metáforas, insistindo na sua idéia de obra completa – "na escultura ele chegara ao cume de suas ambições" –, e na idéia oposta – "as pesquisas tateantes do artista que começa":

> Essa espécie de embriaguez lírica com que pintava exuberantemente, recomeçando sempre, sempre se retificando, jamais satisfeito, jamais chegando a dar a seus quadros uma solução final.

Não é por acaso que Martins evoca o deus grego dos ciclos vitais, Dioniso, para falar da "renovação" da pintura desse escultor que "dominava soberanamente a matéria". Prossegue sua palestra em variações sobre o mesmo tema, fazendo da morte do artista a causa da pintura, o sacrifício:

> No Brasil, Ernesto De Fiori iniciou um novo e derradeiro ciclo de sua vida e de sua carreira artística, exprimindo o seu transbordante lirismo nas possibilidades infinitas das cores. Daí, na obra pictórica desse adolescente sexagenário, essa estranha impressão que ela dá de pressa, de inacabado, de febre realizadora. De fato, ele tinha pressa. Pressentia, talvez obscuramente, a ronda sinistra e próxima do fim, antes que conseguisse dar uma definitiva expressão à nova arte que abraçava.

Enlaçando exílio e fim, Martins vê musicalmente a tragédia:

> De um ponto de vista puramente formal, extrairemos, como já sugeri, o drama da transitoriedade da obra em processo de evolução contínua, do medo, do pavor de tardio reflorescimento, inconscientemente advertido de que o tempo era escasso e que a vida do homem é inelutavelmente limitada. Assim, toda a pintura de De Fiori é uma luta dramática contra o destino, o tempo e a morte[91].

Dias depois da publicação da tragédia do exílio, Martins publica uma variante encomiástica, na qual o de Fiori tragado pelo exílio ressurge como figura monumental:

> Ao falar, entretanto, da obra de De Fiori, não me posso esquecer de que o conheci, o que não tira à minha crítica de sua objetividade fria – pois que, se o estimei, bem distante dele permaneci [...]. Mas vendo, com imensa gratidão e respeito, tudo o que ele nos legou de belo e duradouro sinto dolorosamente todo o vazio, toda a inutilidade, toda a inoportunidade desta exaltação póstuma, com uma espécie de arrependimento, de vergonha, de imensa tristeza por não lhe termos antes falado – quando ele ainda nos podia ouvir – da nossa admiração e da nossa ternura pela obra artística que ele veio realizar entre nós. [...] Ao menos nós, um punhado de pessoas, sabíamos quem era De Fiori[92].

Mais próximo a de Fiori do que Luis Martins está Sérgio Milliet, que, além de encontrar o artista no ateliê do pintor Rossi Osir – onde se discutia arte –, chegou a receber ao menos duas cartas de de Fiori, nas quais o artista opõe-se às idéias do crítico[93]. Milliet também trata da pintura em sua palestra no IAB, publicada sob o título: "Ernesto de Fiori e o Derivativo na Pintura"[94]. O crítico também monta uma oposição entre a escultura e a pintura do artista, partindo do raciocínio: "há, em qualquer um de nós, sempre à espreita de sua oportunidade, um desejo de realização que imaginamos só poder verificar-se em campo alheio à nossa especialidade." A teorização implica considerar que o ofício "constitui uma barreira crítica à espontaneidade"; por isso, "se somos escritores [...], logo pensamos que só a música ou as artes plásticas nos podem realmente exprimir". Milliet segue com exemplos de profissionais que desejam algo extra-profissional para serem livres: poesia é o desejo do músico, a escultura, o do pintor.

Ainda que consigamos, aos olhos do mundo, atingir a mais perfeita solução no nosso campo de atividade, jamais nos convencemos de que com outros meios não iríamos mais longe. Erramos quase sempre nessa apreciação, o que não nos impede de alimentar uma ternura especial por aquele meio de expressão que não é oficialmente o nosso.

Entende-se que esse desejo nem mesmo a perfeição mata. Assim, em de Fiori, o objeto é a pintura, já que a escultura é seu ofício. Milliet passa a falar no "erro". Erro do "público", pois este "nos obriga à obediência", ou é "a covardia de renegar o sucesso", uma vez que o sucesso "perturba e não nos permite voltar atrás". Ponderando o exposto, entende que os "caminhos certos são estreitos e os do erro largos e fáceis", e conclui essa passagem de seu discurso com o "errar é humano", que se rediz no: "perseverar no erro mais humano ainda". O erro passa a ser a escultura de de Fiori, certamente pensada como erro em que este persevera. Assim, há um de Fiori escultor solícito, um covarde na fama, e um de Fiori espontâneo, devaneante. Milliet suspende a cena, pois retoma a idéia do derivativo, enriquecendo-a:

De Fiori foi antes de tudo, e para todo mundo, um escultor. Mais do que isso: um grande escultor. E mais ainda: um dos maiores escultores do século, somente comparável a Maillol e Despiau. Entretanto, no fundo, sempre quis realizar-se como pintor e deu sempre à pintura um lugar privilegiado na sua atividade artística. Nos últimos anos de sua vida esse lugar chegou mesmo a ser avassalador. A escultura pesava-lhe quase como uma tarefa necessária, mas a pintura era seu encanto. E considerava sem dúvida alguma muito mais expressivas e confidenciais as suas telas que as suas estátuas.

Até certo ponto justifica-se essa nossa predileção pelo derivativo. E antes de mais nada porque o derivativo não nos impõe nenhuma responsabilidade. Nem perante o público nem perante a nós mesmos. [...] Acontece que esse trabalho que fazemos para descanso e distração, é o que mais nos agrada, muito embora não seja o que melhor fazemos. E o que mais nos agrada revela o que há de mais espontâneo, de mais livre em nós. Sem a responsabilidade de fazê-lo bem, nem de obedecer a nenhum cânon, expandimo-nos à vontade.

Seguindo seu raciocínio, Milliet chega ao de Fiori que se distrai "quebrando os músculos nas regatas a vela na Represa de Santo Amaro" e ao escultor que descansa na pintura "do esforço da criação escultural". Para reiterar sua tese do derivativo, Milliet lembra-se do violino de Ingres. Explica que a paleta "apetecia" menos ao pintor, embora Ingres "como executante" fosse "sem dúvida [...] menos rígido, menos imponente do que o pintor". Usando o "chefe da escola néo-clássica", Milliet retoma a palestra sobre de Fiori, agora para ressaltar que, às vezes, "não são as circunstâncias exteriores que determinam a carreira oficial de um artista". Ou Milliet lembra-se das cartas que de Fiori lhe escreveu, em que afirma não ceder ao gosto do público, ou reconsidera a sua doutrina do "erro". Nos casos "mais complexos", diz o crítico, não são as circunstâncias, mas a "inibição do excessivo amor" que determina a carreira.

A pintura de de Fiori exemplifica a novela da "bem-amada":

> Há grandes amorosos que não ousam declarar-se à bem amada e acabam se juntando a qualquer mulher e se tornando honestos maridos ou amantes perfeitos. E há quem, por amar demasiado a pintura, se atemorize ante o fracasso possível e se faça escultor e, como compensação, não descanse enquanto não imponha sua glória. Só então volta à pintura, já agora com o direito de malograr, e mostrar o que teria sido se não fosse o que é, se a vida e a timidez não o houvessem desviado da bem amada.

Fugitivo arrependido, de Fiori passa a contracenar com os "impressionistas", porque Milliet considera como "tendência" do artista, o "impressionismo, mas um impressionismo romântico":

> Se tivesse nascido vinte anos antes teria participado das batalhas impressionistas, mas chegou atrasado e num momento em que a glória dos Montes [sic] e dos Cézannes ofuscava o mundo das artes. Tão longe tinham ido os inovadores, que o jovem De Fiori não se sentiu com coragem para entrar na competição. Mas a escultura não lhe inspirava o mesmo receio. Havia Rodin apenas. Maillol e Despiau iniciavam sua carreira. E De Fiori optou. [...] Não abandonou de todo a pintura, mas na verdade só veio a ela, afinal, quando nada mais havia a conquistar na escultura, quando lhe cabia o direito de malograr. Ninguém lhe diria então que era um mau pintor, mas sim que se divertia, e, por pior que fosse, o resultado ainda seria pelo menos curioso.
>
> Ao tentar de novo a pintura, ao voltar à bem-amada após tantos anos de resignação e transferência, De Fiori está na casa dos cincoenta. Nessa última década de sua vida, a par de seus bustos admiráveis de humanidade e sensibilidade, que formarão sua obra imperecível, das mais belas da história da escultura, e que se destina a tornar-se dia a dia mais conhecida, o escultor se divertira e repousara na tentativa pictórica.

Com o de Fiori que descansa na pintura, que volta à bem-amada com o direito de malograr, etc., Milliet o evidencia aquém de seus desejos pictóricos de crítico; mais ainda, aquém dos desejos dos dois críticos que falam da pintura do artista. Milliet só não usa palavras de Martins, que afirma serem os quadros "encarados pelo próprio pintor como simples exercícios"[95]; Milliet propõe a pintura do artista como extra-oficial, e em coro os críticos escrevem que as telas de de Fiori são "tentativas", são "líricas". Ainda com Martins, Milliet afirma que na escultura de Fiori "nada mais havia a conquistar".

Prosseguindo com o tema do escultor eterno, Milliet indica os limites de sua conceituação da pintura:

> Seria fácil, e foi meu intuito em dado momento, apresentar em suas telas defeitos de composição e mostrar como, pela imaginação e sensibilidade ele os compensou de modo a transformar seu "amadorismo" em manifestação artística real. Mas o que nos interessa agora não é isso.

Milliet considera que de Fiori "era um sentimental", o que explica o termo "romântico" de sua pintura, de acordo com o crítico que, todavia, não esclarece com clareza os outros rótulos que aplica a de Fiori. Também afirma que ao artista não "importava a construção", uma vez que de Fiori "tinha horror a disciplina" e na sua pintura, só a "expressão contava [... como] expressão imediata". Decorrem disso, segundo Milliet, os "descuidos de artesanato", as "telas [...] mal preparadas" e a falta de preocupação com "as qualidades das tintas".

Milliet não se cansa de reunir idéias na construção do encômio. Quando menciona as "grandes inteligências", de Fiori é uma delas, pois "era tão bem dotado, que poderia escolher qualquer Arte". Ao citar a máscara dos atores de teatro grego, "persona", eleva de Fiori a "mestre de toda uma geração"; assim, "por trás do escultor célebre [...], o pintor despretensioso mas apaixonado".

O crítico Quirino da Silva diz ter ouvido a teorização de Sérgio Milliet no IAB e escreve um artigo sobre ela[96]. Reconstruindo a palestra sobre o "derivativo", por ele chamado "devaneio", Quirino lembra que, segundo Milliet, de Fiori "escolheu a escultura porque não havia muitos concorrentes". Também cita a "fuga para [o] derramamento romântico: à sua bem amada", que, em Milliet, significa a pintura como expressão do "romantismo do artista" e, portanto, "a sua riqueza íntima". Quirino afirma não querer, "nem de leve sequer, discordar da tese" de Milliet, embora ela não passe de "esboço"; este pedido recusa, no fundo, a tese, pois "por que deixou de ser a escultura a sua 'bem-amada'?"

Ou Quirino não segue até o fim a palestra ou Milliet procura responder à questão de Quirino em uma das várias versões de "O Derivativo da Pintura". Na que está no opúsculo comemorativo a de Fiori, está a resposta, que nada explica sobre o "derivativo" ou o "ofício". Milliet replica que vê "uma objeção aflorar aos lábios de todos" em relação ao derivativo, e, partindo de outra idéia, afirma que a pintura, a música e a poesia "apelam para a emoção", enquanto a escultura "pede ao artista um juízo sereno, uma inteligência controladora, um senso de equilíbrio". Com isso, Milliet – aliás, como Martins – expõe as exigências que lhe permitem levar o artista à produção. Nada, por isso, se fecha, e as idéias restringem-se aos "devaneios" do crítico ou, como anota Quirino, ficam apenas esboçadas. Nesta versão do opúsculo, Milliet traz uma informação significativa e interessa como um depoimento, quando se considera sua proximidade a de Fiori:

> [...] tendo em vista [...] a pintura de de Fiori, não parece desinteressante frisar que jamais pintou do natural. Suas paisagens são sínteses mentais, que alcançava graças a uma espantosa memória visual. Nenhuma de suas telas é cópia do que quer que seja.

Ao destacar que de Fiori não se fixa no objeto referência, como a maior parte dos artistas daqueles anos, Milliet indica mais uma das resistências locais à pintura do artista.

A palestra de Lourival Gomes Machado trata das esculturas de de Fiori, possivelmente reproduzida na série de quatro artigos publicados em jornal[97]. Lourival parte do pressuposto de que se distingue um artista no "paralelo entre a produção" deste e os "grandes temas de seu tempo". Explicando que há artistas regionalistas, "pintores de uma classe", "músicos de uma profissão", romancistas limitados, o crítico eleva os que não se fixam nas "divisões em setores", antes, "correspondem satisfatoriamente aos apelos da humanidade". De Fiori é, para Lourival, ao menos nesta homenagem póstuma, um desses homens que correspondem: o escultor de seu tempo. Isto posto, Lourival diz que é dispensável explicar "porque um homem que esculpe nus pode refletir as angústias e as esperanças de seu tempo"; todavia, o crítico não resiste e prossegue sua reflexão com a máxima de que a "sublimação" é da arte. Avançando suas explicações, dá um exemplo "concreto", segundo ele: "as raízes expressionistas da arte de de Fiori". Acrescenta, então, o "ritmo ansioso e neurótico" do pós-Primeira Guerra, para concluir que as obras de de Fiori são dessa época. Apesar de adiantar o ano, o crítico retorna a 1911, para tratar da modelagem "Adolescente":

> Essa estranha estátua antecipadora de tantas pesquisas posteriores e que, por si só, coloca o artista na primeira fila da renovação alemã, em companhia de um Lehmbruck e de um Kolbe, como reconhece Rafael Benet.

Como o crítico indica, é no texto "Facetas post-rodinianas" de Benet, que está no livro de Alexander Heilmeyer[98], que ele encontra material teórico para a sua palestra. Nesse livro também se encontram informações visuais de figuras européias modeladas por de Fiori; úteis, para Lourival, visto que ele as incorpora à sua palestra[99]. É o próprio Lourival que menciona o "pobre documentário fotográfico" de que dispõe; todavia, arrisca interpretações, como a que coloca o "Adolescente" como obra antecipadora de outras e, até mesmo, do expressionismo:

> O "Adolescente", com sua formulação gotizante, com sua construção contraditória, não é somente uma das marcas antecipadoras do expressionismo alemão, mas principalmente um destes raros e altos documentos que nos dizem não ser o expressionismo uma simples psicose de guerra, mas o ponto de chegada de um estado universal de espírito que já estava em processo antes mesmo dos primeiros quadros da tragédia de 14[100].

O discurso de Lourival prossegue insistindo na idéia de que o "Adolescente" é a "chave para compreensão dos futuros caminhos" de de Fiori; afirmação que o próprio crítico atenua ao indicar que desconhece as obras imediatamente ulteriores do artista:

> Não conhecemos as obras que se seguem imediatamente ao "Adolescente", e nas outras amostras fotográficas de que dispomos, a escultura de De Fiori se tornou aparentemente mais real e mais plástica.

Possivelmente, seguindo as informações fotográficas de Benet, Lourival olha *Schlenderndе*, identificada no livro como "Muchacha"; lê o comentário sobre *Banhista* e conclui que "Muchacha" segue *Banhista* ou que em "Bañistas" está "Muchacha". Optando pelo plural, o crítico prossegue com seu discurso sobre as obras "mais reais":

> As "Banhistas" anos anteriores a 1920 representariam um apelo da sensualidade, pois na sua discrição não deixam de apresentar certas visões de carnalidade sedutora e livre da barata superabundância.

de la catedral de Orvieto. La obra de Lehmbruck es tan idealmente elegante como el Angel de Orvieto, pero mucho más espectral. Los tipos principales, que expresan el ideal estético de este escultor tan sensible, son además de «La arrodillada», «La pensativa» (fig, 80). «El pensador», «El erguido», «El andante», «El ascendente» «La retrospiciente» y «La bañista».

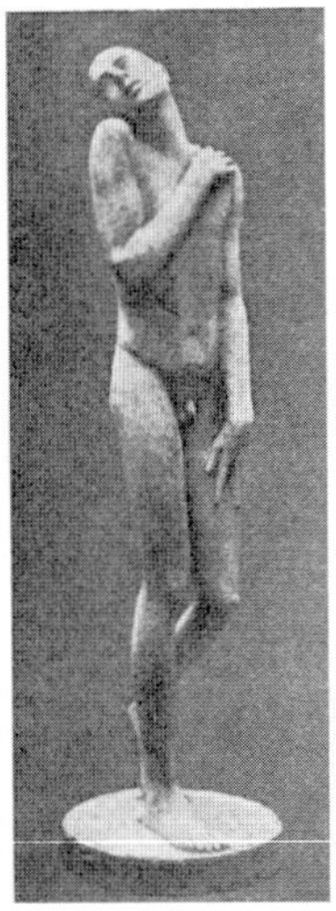

FIG. 81
DE FIORI. Adolescente

Ernesto de Fiori participa en parte de este mismo ideal que podríamos llamar neogótico. De Fiori tiene en sus venas la sangre italiana de su padre unida a la austriaca de su madre; la crítica alemana saca unas consecuencias acaso demasiado transcendentales de este hecho. A pesar de todo es innegable que en la obra de Fiori se siente la lucha entre el ideal germánico o expresivo y el ideal de belleza grecolatino. Hay que tener en cuenta que la educación de este escultor es plenamente germánica; actualmente reside en Berlin.

De Fiori hizo primeramente, como tantos otros artistas modernos, unas esculturas no-plásticas. El año 1911 creó un «Adolescente» (figura 81), con la cabeza echada hacia atrás, delgado y sin cuerpo. Un año más tarde esculpió «Sufrimiento», con una figura de acentuada torsión gótica. Si queremos proceder esquemáticamente con la historia del Arte en la mano podríamos clasificarle así: primera época, no-plástico, pictórico, germánico-gótico. Con fuerte reacción se anuncia el espíritu románico que animaba en el pecho de Fiori siguiendo una serie de obras sentidas ante todo plásticamente, subrayadas en sus tres dimensiones y tratadas con simplicidad suma (fig. 82). Así su «Anastasius» de 1912. La cabeza tiene ya la forma pura de ovoide. «Ursula» de 1912 y «Bailarín» de 1914 van mucho más allá, pero tienen aún algo de la torsión gótica. En «Bañistas», obra de 1917 a 20 y

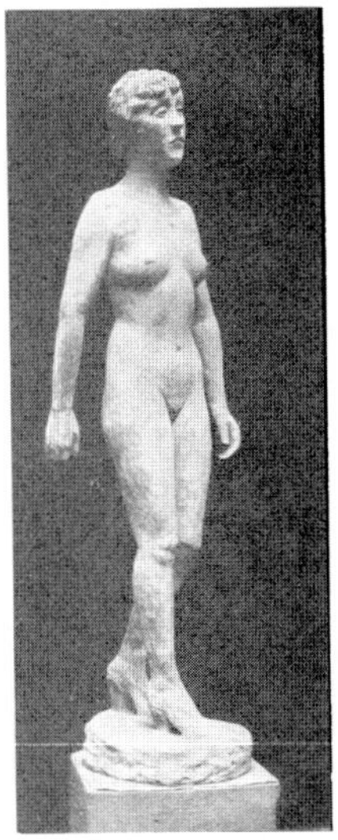

FIG. 82. DE FIORI. Muchacha
(Fot. Bruckmann)

en los «Soldados», de 1918, Fiori encuentra una quilidad pasajera; estas obras tienen una muy plasticidad, siendo lo geométrico trabajado y absc por la obra de arte;

De Fiori es un inquieto que nunca se cont basta comparar Maillol que cas ca ha abandona canon de muj dondeada y gr En 1920 el es germánico e «Un hombre a do», sin que su mismo destruy todo su plasti pero, no obstan delgadez gó Maillol hubiera despectivam «flaco». Tambi guramente a l riátides de habría aplicad epíteto. El Dr. Alfred Kuhn escribe que si se pr tara al artista por qué con su conocimiento formas plásticas y su veneración por Maillol r a las figuras flacas, os dirá que es en interés de la *armazón*; en interés de la *estructura funcional* (leto) a la cual debe estar supeditado el adita

FIG. 83. DE FIORI. Mujer huyendo

In: Alexander Heilmeyer, *La Escultura Moderna y Contemporánea*, 1928. [34]

Acompanhando as reproduções do livro, Lourival cita a *Mulher Fugindo*, que, segundo ele, elimina o "engano" das obras anteriores, uma vez que a modelagem "mais palpável dos detalhes" não impede que "a unidade da obra se congregue em torno do ímpeto emocional duma dinâmica impositiva."

Resumindo, assim, o percurso europeu do artista, Lourival explica que a partir de tais considerações compreende-se "melhor o poder convincente dos últimos trabalhos de De Fiori, das obras de sua grande fase" que são as esculturas que o artista "deu de presente ao Brasil." É certo que Lourival escreve a história com implícitos evolucionistas – de acordo com o que ele expõe na série de artigos referentes à palestra –; todavia, a conclusão da "grande fase" como sendo a da escultura produzida após 1936 soaria menos forçada se ele tivesse optado pelo ufanismo com Menotti del Picchia. Prosseguindo com sua idéia de que as últimas obras são as melhores e retomando à idéia de "escultura humana", aquela que não se limita a locais, Lourival evolui na palestra, lembrando o "Adolescente" para tratar das esculturas modeladas no Brasil:

> É o mesmo esquema subjetivo que comandara a primeira escultura de De Fiori, agora liberto do puro expressionismo, a linha pura da emoção, já não mais naquela nudez quase óssea, naquela evidência demasiado exposta, mas agora incluída, contida num conjunto em que as qualidades da escultura podem todas aparecer em raro equilíbrio e em unidade perfeita.
>
> Continua, pois, por toda uma obra e durante toda uma vida, a convicção inicial e as transformações aparentes que sofre não passam do crescimento progressivo da crença no poder expressional da escultura. E, por toda a obra e durante toda a vida, o tema não tem sequer uma nota individualizadora. Se as mesmas figuras nuas, despidas do pano que obedece à moda ou do traço étnico que localiza num continente. As contingências do tempo e do espaço nada tem a fazer numa arte que se preocupa com os moldes fundamentais da humanidade toda, de qualquer parte e de qualquer tempo da história, e que a crise de nosso instante deu uma evidência mais dolorosa.

Entendendo o "Adolescente" como primeira obra – o que não se confirma – e tendo elevado de Fiori à posição de escultor sem fronteiras, Lourival segue falando sobre a produção do artista, entre a Europa e o Brasil, afirmando que a idade das figuras é vaga, assim como as suas fisionomias; porém, no que se refere às posturas das mulheres, Lourival, certamente, não as tem como vaga, uma vez que ele diz que as mulheres maduras do artista estão sentadas. Com essa afirmação, Lourival monta uma oposição que confirma a continuidade: são exemplos de esculturas femininas no Brasil as mulheres sentadas, cabendo à Europa as figuras femininas, jovens, e o "Adolescente":

> À angústia do púbere, sobrevém a força inelutável da carne que impõe a beleza prenunciada das moças a agir como um imã para as dores que o prazer não poupa. Eis porque suas mulheres maduras, quase todas sentadas, parecem já ter pago um tributo e se submetido a uma condição; a sua serenidade é apenas uma resignação forte, sua nobreza é só uma compenetração da necessidade de encarar o destino e contra ele simplesmente opor a resistência dum ânimo obstinado. E tudo isso, como já notastes,

sem fazer ponto de apoio nas atitudes teatrais ou nas máscaras anedóticas.

Após traçar a evolução para de Fiori, Lourival chega à obra que ele considera "prova final [...] de expressão e síntese": *O Brasileiro*. Não poderia ser outro o exemplo do crítico, uma vez que ele condena o ufanismo, segundo escreve; no entanto, agarra-se a outras idéias não menos desmedidas para combatê-lo. Mais ainda: como as considerações evolucionistas do crítico são arbitrárias, pode-se supor que ele escolheu as obras nomeadas de *O Brasileiro* por serem as últimas figuras masculinas modeladas pelo artista; todavia, na indicação de *O Brasileiro* – não se sabe qual deles –, Lourival pára antes no título do que na obra, uma vez que as obras posteriores desestruturariam sua tese, a menos que o crítico também conhecesse pouco as obras que de Fiori modelou no Brasil.

Como fazer um homem de gesso que simbolize o brasileiro, esse tipo humano tão variado, tão inesperado, ainda tão indefinido. O recurso do traje típico ou da atitude característica, embora tenha subornado muito grande artista, é uma mentira e a escultura de De Fiori nunca mentiu. A alegoria não tem qualquer valor, por certo, e assim ficavam também afastados os truques do [...] ufanismo. Contudo, há uma verdade valiosa nesse qualificativo de forte que tão irresponsavelmente atribuímos ao homem do Brasil – apegando-se a esse fiapo tênue, De Fiori lança-se à sua interpretação. Nasce então aquele brasileiro forte mas em nada jactancioso, o homem sólido que em sua atitude estática e bem plantada compreende que só há força para sofrer e lutar. Assim, bastou um traço de veracidade anatômica para colocar em seus justos termos a realidade que nunca tínhamos conseguido definir ao certo. A realidade que, afinal de contas, somos nós mesmos.

Encerradas as considerações sobre as obras de de Fiori, Lourival trata de reescrever a distinção entre a "arte humana" e a "arte fria" a partir da história dos meios de reprodução da escultura. Decorrem disto, certamente, as poucas vezes que o crítico refere de Fiori na série de quatro artigos, pois, após *O Brasileiro*, que está no primeiro artigo, até o último, passeia-se sobretudo pela história da técnica: Lourival repassa as idéias dessa história, desde a madeira talhada até a transposição da modelagem para o mármore e o bronze, por instrumentos, isto é, a arte que permite o contato direto do artista com a obra e os meios de reproduções, "impessoais", para inicialmente combatê-las. Como não comprova essa distinção em de Fiori, continua com a "jeremiada acerca da decadência da escultura", para tratar do artista:

A história vos contará que todos os materiais, através do tempo, serviram para ser esculpidos – o granito e a manteiga, o sabão e a madeira, o bronze e a massa de papel, a cera e a tela de arame, a prata e a areia. E se quiserdes chegar a extremismos, sabereis que, se Papini em sua inutilidade imaginativa inventou uma escultura em fumaça, há vinte anos um cidadão esculpe uma montanha dos Estados Unidos. Apesar dessa versatilidade que em nosso cérebro causa a impressão de caos, a penetração dos especialistas conseguiu adivinhar que a decadência se faz numa reta descendente que provindo dos antigos e dos primitivos que cortavam diretamente a matéria esculpida, chega aos nossos dias quando vemos mais e mais extensa se tornar a distância entre o escultor e o acabamento definitivo da obra[101].

...LEIRO, 1938. [35]

O BRASILEIRO, 1938. [36]

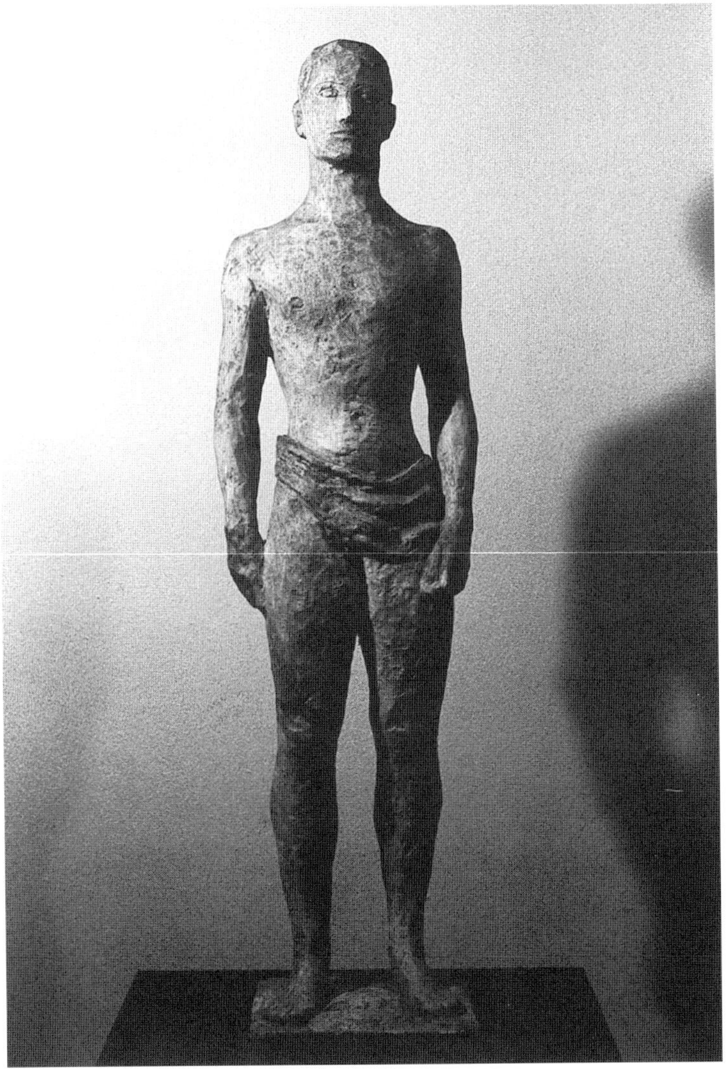

O BRASILEIRO, 1938. [37]

O BRASILEIRO, 1938. [38]

Lourival insiste em sua história da "talha direta", do "trabalho mecânico" e de seus correspondentes, o "artesanato viril" e a estátua que "já não recebe o contato dos dedos do autor", para afirmar, mais uma vez, que nenhuma dessas "linguagens" permitem dar conta de de Fiori. Distanciando-se de novo do artista, trata das duas interpretações, nas quais é "evidente o erro" subjacente; por isso, propõe um ponto de intersecção em que seja possível discernir "uma primeira aparência da verdade propriamente dita"[102]. Ora, Lourival nega a distinção para reuni-las sob o pressuposto de uma "sucessão de técnicas" que obedecem a "forças mais rígidas e ponderáveis que o simples desejo do homem"[103]. Refletindo, então, sobre a história da escultura como dependente da técnica, Lourival junta a idéia da escultura subordinada a outra arte e a da escultura como resposta à exigências, até chegar a Brancusi, que faz "esculturas livres de qualquer imposição". Volta-se, portanto, com Lourival, ao gráfico retilíneo da história, que mudou apenas o termo "decadência" para "ascendência". Também com o crítico aprende-se que a história da técnica que ultrapassa o individual, certamente não vigora para a escultura deste século, pois, suas explicações seguem um novo rumo. Assim, a "arte pura", a "escultura contemporânea" nasce, segundo Lourival, no momento em que o artista se encontrou "face a face com a necessidade de só exprimir por via de sua arte uma forma essencial e puramente escultórica"[104]. Disto ele conclui que a "liberdade" fez o artista do século vinte perder sua proteção e cair na angústia:

> Bem conhecemos essa surpresa desagradável dos que, acabando de conquistar sua independência, ficam sabendo que o preço da liberdade esteve em perder qualquer proteção. Por isso, o século vinte encontrou o escultor angustiado, retorcendo entre as mãos um pouco de barro ou uma bola de gesso, enquanto o bronze candente ou a lisura fria do mármore pareciam esperar, egoístas e caladas, sua decisão. O antigo criava entre os pólos extremos que eram a sugestão da matéria e a convenção social impositiva e quase uniforme. O moderno deve encontrar em si mesmo a fonte e o mar da realização artística[105].

Para Lourival, isso constitui um "momento estético da escultura" e, lembrando rapidamente seu objeto, afirma que este é o "momento" em que "de Fiori começou a trabalhar". A proeza da reflexão do crítico não pára nisto, como também não pára em de Fiori. Segue seu discurso falando de Rodin, que criava no "ardor da genialidade"; de Bourdelle, "espécie de disciplina branda que procurava um retorno à ordem"[106]; dos "sub-Rodins" e dos "sub-Bourdelles", para indicar no último artigo da série, que na escultura de de Fiori "sopram os ventos de climas completamente diversos"[107]. Passando pelo "renascimento mediterrâneo" de Maillol – que "num rápido momento tocou a obra de De Fiori" –, Lourival chega à conclusão de que seu "longo rodeio" contribui para "uma visão valorizadora de nosso artista". A conclusão, todavia, não impede novas reflexões. Em um dos volteios do quarto artigo,

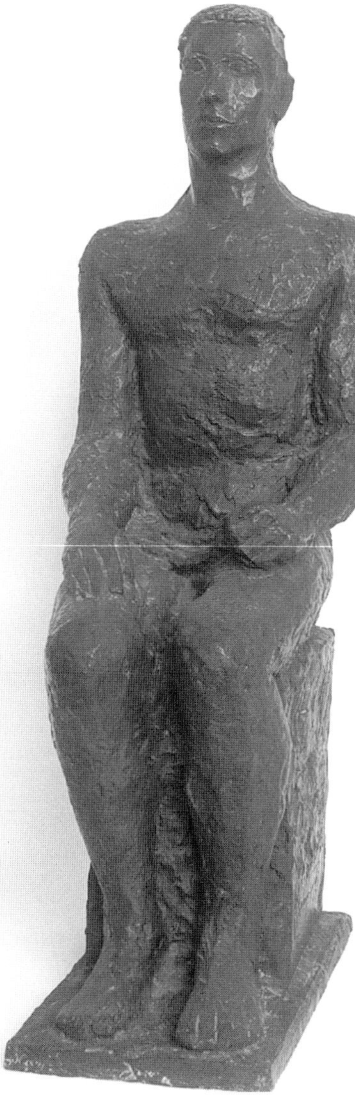

O BRASILEIRO, 1938. [39]

O BRASILEIRO, 1938. [40]

SILEIRO, 1938. [41]

O BRASILEIRO, 1938. [42]

Lourival escreve que de Fiori "não é apenas um inspirado que, num rasgo de talento, inventou uma maneira diferente"[108] e, mesmo nesse elogio, que inicia a finalização do artigo, o crítico não muda o ritmo de sua palestra: prolixo, aproveita para condenar o uso excessivo da técnica – valor corrente entre os escultores dos anos 40 na Cidade – e retomar os argumentos da "arte humanizada" e "arte fria".

Antes que comece a me mostrar canhestro no comentário apologético, no caso plenamente merecido, mas para o qual, contudo, me falece jeito e gosto, permiti-me dizer as palavras finais. Não serão mais que as de uma admiração dominada pelo respeito. E preferível seria que nós – tão pobres de esculturas e quase ricos com nossos poucos escultores – não procurássemos admirar tanto e cedêssemos um pouco de terreno para o respeito pelos grandes exemplos. Mas, por favor, não vos percais nessa dureza analítica de estilos e matérias, de escolas e técnicas. Lembrai-vos de que a escultura ficou um dia reduzida ao contato fugidio dos meios plásticos destinados à modelagem inicial. De nada nos valerá a nostalgia da pedra talhada ou a saudade da taurética. Precisamos (isso sim) não permitir que um dia venhamos a nos sentir melancólicos e saudosos da própria escultura. Ela, e não determinado pigmento ou um certo utensílio, deve nos preocupar. Devemos, pois, procurar os valores da escultura no próprio problema interno que atravessa atualmente. Morreu o ofício estratificado depois de ter-se enterrado o formalismo convencional. Não cabe pois diante de uma estátua o cogitar em termos de objetividade concreta, a análise dos elementos exteriores e extra-humanos. Nesse sentido poderemos atribuir um novo conteúdo, e desta vez despido totalmente de qualquer pieguismo, à tão apregoada humanização da arte. Aos que procuram no assunto da obra o elemento humano, ficará reservada a decepção de que vivem a se lastimar; mas há uma humanidade de toda a arte escultórica contemporânea cuja jazida original não mais reside nas pedreiras ou nas florestas e, sim, na consciência de cada artista. Passamos, pois, de uma legislação de mandamentos sociais rígidos e impositivos a essa inteira responsabilidade dos ditames da ética individual.

Prosseguindo com o encerramento da palestra, Lourival afirma que em suas colocações está a idéia da individualidade socialmente moldada e, a partir dessa reflexão que não avança, conclui por uma individualidade que produz obra como documento, por isso mesmo, verdade social, sendo a escultura de de Fiori exemplo de sua reflexão. Por fim, valoriza a escultura do artista como "solução" plástica que atravessa as eras:

Sentis que estamos aqui a dois passos de uma verdade cabal, tão simples que já se tornou comuníssimo lugar comum – basta vos lembrar que a consciência individual é moldada pela coletiva e que as épocas individuais se caracterizam pela centralização nesse foco reflexivo dos elementos que anteriormente desciam de alto a baixo, prontos e acabados. Estaremos, com essas afirmações, em puro território da vulgarização didática dos princípios da sociologia. Mas, não nos envergonhemos. A escultura de De Fiori, em sua altíssima qualidade, vale-nos como um atestado da raridade daqueles que, correspondendo à estrutura cultural em que vivem, conseguem alcançar a verdade dessa mesma sociedade.

De Fiori é uma grande lição. A lição que desmente a ingenuidade desses moços que, sentindo em si um sentimento de humanidade ou a angústia da situação, querem que as artes os sirvam e nunca conseguem passar do vago sentimento nem da angústia opressiva. Uma lição sobretudo a nós, que nos postamos diante de uma obra de arte encarando-a através da deformação de nossos sofrimentos cotidianos, apoiados no feio narcisismo de procurar-nos a nós mesmos na estátua ou no quadro. Não, essa tragédia miúda das notícias policiais ou das cartas entre amigos nunca estará na arte, na escultura de De Fiori. Nela há arte, há escultura e se nos entregarmos por inteiro – olhos, sensibilidade, gosto, penetração – começaremos a ver e a sentir, a receber e compreender um conceito, uma afirmação, quem sabe se mesmo uma solução. Participaremos então de uma verdade universal e humana, quase eterna na sua realidade que só sofre do momento presente a ênfase que recebe nos instantes críticos da história do homem.

Procurai escultura na escultura de De Fiori e ficareis sabendo quais são os temas de nosso tempo. Não só na sua realidade. Sobretudo na sua transcendência[109].

Lourival inova com sua série pois, além da superabundância de informações sobre suas leituras, analisa figuras européias de de Fiori, poucas, e algumas esculturas feitas no Brasil. No entanto, o que se lê nos quatro artigos que reproduzem sua palestra são chaves da história da escultura, que implicam a progressão assim como os rótulos, sendo os aplicados a de Fiori o "gótico", na passagem que o crítico analisa a escultura "Adolescente" e, depois, o "expressionismo".

O panegírico de Lourival a de Fiori lê-se em outro artigo, possivelmente publicado após a palestra e antes da série referida:

Quando Sérgio Milliet, antes da conferência que me coube dizer no dia 24, na Biblioteca Municipal, pediu ao público a homenagem silenciosa ao artista morto, senti que o respeito demonstrado pairava um pouco abstratamente, antes sobre a memória de um nome do que duma grande obra subitamente interrompida. Ernesto de Fiori, com sua atitude reservada, quase preservada mesmo, vivia um pouco fora de São Paulo, meio ausente do movimento artístico da cidade. Seu isolamento fê-lo transformar-se em um objeto de estudo da crítica e da admiração de seus companheiros de corporação, mas, até certo ponto, sempre o manteve isolado da visitação pública e do debate de idéias. Sabia-se o que de Fiori estava fazendo através de relatos quantas vezes entusiástico dos freqüentadores de seu ateliê. Eis como o público de São Paulo, talvez ainda hoje, não saiba o quanto perdeu a arte brasileira[110].

Nisso, Lourival reafirma o "isolamento" do artista anotado em 1944 por C. M.[111], e, em 1941, pelo repórter do *Diário da Noite*, aqui referido[112]; também reafirma a preferência da crítica pela escultura do artista em detrimento de sua pintura:

Talvez aqueles que conviveram com o artista venham a contar os motivos que o levaram, nos últimos tempos, a quase esquecer a escultura e a se atirar decididamente à pintura. Vimos, aliás, uma exposição individual e várias participações em coletiva que davam idéia de De Fiori pintor. Pô-lo à altura do escultor seria ingênuo, mas, por outro lado, não se pode deixar de assinalar o fenômeno[113].

A "altura" do escultor também é destacada anos depois por estudiosos que concordam com Lourival, assim como neste artigo Lourival harmoniza-se com Martins e Milliet:

De Fiori atirou-se ao novo gênero como um bravo, ignorando todas as regrinhas banais, conhecendo-as pelo prazer mesmo de as encontrá-las e, sempre que possível, de contraditá-las. Não chegou ao fim de sua batalha, a batalha de São Jorge contra o Dragão, que era seu tema obsedante. Talvez mais do que esse símbolo, sua obra pictórica, por ser a pintura algo de mais instantâneo e maleável, valesse em si mesma por um protesto contra esses nossos dias em que todos parecem se obstinar contra as idéias estáveis colocadas acima do bem e do mal, acima do tempo mesmo. Anote-se porém, duas possibilidades dessa pintura. Primeiro, aquela que se realizou inteiramente e que foi a sua contribuição decisiva para a paisagística brasileira, tão bem representada pelas suas telas e guaches de Santo

Amaro. A segunda é esta pergunta que fica em cada um de nós, com melancólica tristeza, pois ninguém saberá dizer se o pintor que morreu não chegaria mesmo a igualar em realização o escultor que se realizou em vida, porque sabemos que as possibilidades de ambos eram idênticas.

Como se lê no desfecho do artigo, Lourival partilha com os outros críticos a idéia de pintura inacabada e inscreve parte dessa produção em uma "paisagística brasileira" suposta; decênios depois, essa opinião é reaproveitada por historiadores. No entanto, esse rótulo que o crítico encontrou para a pintura, é recurso que explicita o pouco valor dela para Lourival, uma vez que o crítico a coloca em oposição à escultura, que é por ele considerada não limitada à "estreiteza duma denominação nacional".

DIVULGAÇÃO DA OBRA DE ERNESTO DE FIORI

APÓS 1945

Possivelmente, o material levantado em periódicos e em arquivos constitui a maior parte do que foi escrito sobre de Fiori no Brasil. Ainda que se encontrem outros artigos, estes não modificarão as constantes da crítica, o mais das vezes restritivas quanto à sua pintura, pois, antes de 1945, os críticos convergem em suas opiniões.

Franco Cenni não aceita as inovações pictóricas do artista; Mário de Andrade considera apenas algumas das obras de de Fiori "pintura"; em 1945, Lourival restringe a pintura do artista a São Paulo em oposição à escultura, mundial; restam os críticos Sérgio Milliet e Luis Martins que, apesar de considerarem a pintura, fazem restrições a ela: um com a história da "bem-amada", outro com o "drama do exilado". Os demais jornalistas que comentam a pintura repetem os lugares-comuns de Martins e Milliet, recolando os rótulos que aplicaram a de Fiori pintor.

É certo que rótulos também dos críticos se estendem à escultura do artista, sendo "impressionismo" e "expressionismo" constantes, além do revivescente "gótico", tanto das críticas européias como das brasileiras. Todavia, enquanto os rótulos aplicados às esculturas nas críticas de São Paulo evocam ou confirmam de Fiori como artista do início do século europeu, na pintura, os rótulos têm outra direção, pois as afirmações da luz solar, das deformações formais e das cores embriagantes em de Fiori sustêm o pintor ocasional com o escultor firmado.

Os rótulos não param em 45, antes ressurgem nas críticas dos anos e decênios seguintes, aos quais é acrescentado o de "Neue Sachlichkeit", e outros. Até 1974/75, o nome de Fiori é pouco lembrado e, quando mencionado, freqüentemente o é com recurso a Martins e Milliet. Os acréscimos decorrem de interpretações dos artigos escritos sobre o artista no Brasil até 1945 e de informações recolhidas em revistas européias, anteriores a 1936. Assim, a visibilidade da pintura de de Fiori permanece apagada ao menos até 1974, em São Paulo, e praticamente desconhecida no restante do País e na Europa. Outra constante da crítica após 1945 é a biografia genérica do artista; todavia, por vezes, diferentemente das críticas já consideradas, a partir de 1947 encontram-se alentadas histórias sobre uma suposta vida do artista.

São fontes para as críticas que tratam da biografia o texto de Gerda Brentani publicado no opúsculo dedicado a de Fiori, possivelmente de 1946, assim como o livro de Pietro Maria Bardi, lançado em 1950. Tais publicações, quando não copiadas, são requentadas. Por isso, para tratar da crítica após 1945, considerar-se-á o opúsculo, o livro e o próprio material de de Fiori – álbum de fotografias de esculturas, revistas européias com artigos sobre ele, recortes de jornais brasileiros com críticas e notas de arte sobre suas exposições etc., a maior parte guardada por Gerda Brentani até *c.* de 1974.

***

As homenagens póstumas ao artista não se limitam às falas de Martins, Milliet e Lourival. Em 1946, Carlos Pinto Alves pronuncia-se durante a exposição do Sindicato dos Artistas Plásticos de São Paulo, que lembra de Fiori com suas obras. Quirino da Silva resume, em sua coluna de arte, pontos da palestra:

> Ontem, às 18 horas, na Galeria "Prestes Maia", no recinto do "X Salão do Sindicato", o Sr. Carlos Pinto Alves deu início à série de palestras que se realizará nesta mostra coletiva. O conhecido intelectual começou afirmando que "a morte nos torna comuns: um passa a pertencer, indiferentemente a todos. O morto já não mais escolhe, e como a terra que recolhe o corpo, ele recolhe os cravos, as rosas, os gerânios e as folhas secas, e todas as vãs grinaldas da homenagem dos vivos."
>
> Prosseguindo, lembrou que não havia sido convidado para falar do "mistério da morte ou da vida", e sim, para homenagear Ernesto de Fiori. Por isso, iria discorrer "sobre um conceito, sobre um aspecto do artista", que o fez imaginá-lo como "Mestre Romântico". E, assim, no decorrer da palestra disse que "de Fiori foi muito mais que um "Mestre Romântico", como foi muito mais que um pintor, ou do que um escultor; ou do que um campeão de barco à vela, ou do que um amante da liberdade, para a qual tanto se sacrificou."
>
> Visivelmente emocionado, o conferencista acrescentou que "de Fiori foi antes de tudo um homem que muita vez supera o próprio homem, vale mais do que uma das suas atitudes ou do que a soma de todas elas, sejam políticas, artísticas ou sociais"[1].

Para Carlos Pinto Alves, o "romantismo" explicita a pintura do artista, pois, para ele, a escultura de de Fiori é "clássica". Essa oposição, apenas indicada no texto de Quirino sobre a palestra, é recurso do autor dela para tratar da pintura. A escultura de de Fiori, como escreve Pinto Alves no original[2], é "universalmente discutida"; por isso, ele se "ocupa do mistério de sua pintura"; para tanto, esclarece o que entende por romântico. No documento, lêem-se as definições:

> "MESTRE ROMÂNTICO" – afirmação limitada e falsa como tudo o que a palavra comprime, mas que conforme ecoar no espírito de cada um dos que me ouvem poderá ressurgir recriada, verdadeira e sem limites. [...]
>
> Mestre, dizem os dicionários, é o homem que a tal

ponto conhece os ensinamentos e domina a execução de uma determinada arte, que pode ensiná-la.

E romântico, não dizem os dicionários, mas será empregado aqui no sentido goetheano de um excesso de subjetividade na criação artística; de um subjetivismo sem autocrítica.

Nessa corrente de idéias, "o clássico é um romântico que leva um crítico na garupa"; e romântico, evidentemente, é um cavaleiro, quasi adormecido, levado sozinho por um belo e fogoso corcel.

Se eu olhar, ou se nós olharmos ao mesmo tempo para a escultura e para a pintura de ERNESTO DE FIORI (refiro-me a trabalhos por ele realizados em seu período paulista de 1936 a 1945) saltam-nos aos olhos o classicismo da obra esculpida e o romantismo da obra pintada.

O apelo ao romântico não é utilizado por Pinto Alves para considerar a pintura do artista como sendo acidental. Enquanto a escultura feita no Brasil responde às restrições que a dirigem – encomendas –, a pintura responde às exigências subjetivas, por ele tidas como envolventes, portanto, indefiníveis.

> De suas telas pintadas desprende-se uma encantação de beleza tão exatamente contagiosa e deslumbrante, cujo segredo foge, e há nessa beleza tanto contradição e, ao mesmo tempo, tanta unidade, que nos lembra um aforismo de Paul Valéry em que até mesmo o objetivo de pintura é posto em dúvida. "O objeto da pintura é indeciso – escrevia o autor de Eupalinos – Se fosse claro, como produzir a ilusão de coisas vistas, ou divertir os olhos e o espírito por uma determinada distribuição "musical" de cores e de figuras, o problema seria muito simples, e haveria sem dúvida mais obras belas (quer dizer de conformidade com tais exigências definidas) – mas não haveria obras inexplicavelmente belas." (Aforismes. N.R.F. IX-1930)

Pinto Alves prossegue respondendo, possivelmente ao desejo de Lourival de saber sobre aqueles "que conviveram com o artista [...] os motivos que o levaram, nos últimos tempos, a quase esquecer a escultura e a se atirar decididamente à pintura", e para ressaltar o que a crítica não viu:

> Como ERNESTO DE FIORI certamente pintava no Brasil por pintar, sem um objetivo predeterminado, produziu uma obra "inexplicavelmente bela".
>
> Diante dela perdemos a cabeça; uma estranha emoção paralisa a nossa inteligência, e bebemos a beleza por todos os poros.
>
> Quando o nosso espírito acorda e procura desassociar os elementos que compõem a beleza dessa pintura: matéria plástica, desenho, composição, colorido, assunto, sente que todos esses dados elementares da crítica escapam à sua análise, e o encantamento perdura apesar das insuficiências por acaso encontradas.

Pinto Alves, diferentemente da crítica em geral, costura à pintura nomes de teóricos, escritores. Talvez, por isso mesmo, apaga Delacroix:

> Há pinturas da chamada época romântica, como certos quadros de Delacroix, em que não há romantismo nenhum, enquanto que na moderna, moderníssima pintura de DE FIORI o romantismo está integrado no assunto, na composição, no desenho, no colorido.
>
> Não é um romântico de fórmula ou de composição ou de processo; é, por assim dizer, um romantismo de conteúdo, um romantismo integral; nos quadros alegóricos ou míticos (batalhas e São Jorges), nas paisagens e marinhas, e sobretudo nos temas femininos, há um "eu" enorme tomando forma e cor, e evadindo-se de si-mesmo para ficar prisioneiro de uma moldura.

Sempre prosseguindo, Pinto Alves clama por Baudelaire. Enquanto o palestrante vê as figuras femininas de de Fiori como as de

Palavras ditas no "Sindicato dos Artistas Plásticos" /Galeria Prestes Maia/ em 7-II-46.

ERNESTO DE FIORI - MESTRE ROMANTICO

A Dona Gerda, amiga comum, of. o Carlos.

A morte nos torna comuns; um passa a pertencer, indiferentemente, a todos. O morto já não mais escolhe, e como a terra que colhe o corpo, êle recolhe os cravos, as rosas, os gerânios e as folhas secas, e todas as vãs grinaldas da homenagem dos vivos.

Vivo, cada um de nós escapa a seu semelhante, cada um de nós se escamoteia do outro para construir a sua integridade, para defender a sua identidade, para crear o seu mistério. A vida humana poderia assim ser definida como um esforço constante para a creação do mistério. É evidente que a morte do amigo não é para o vivo a chave do mistério.

O mistério de cada um, ha só Um que o conhece.

A morte é, por assim dizer, a cristalização, a imobilização do mistério.

Mas não fui convidado para falar aqui do mistério da morte ou da vida; querendo prestar tambem uma homenagem a ERNESTO DE FIORI vou discorrer sobre um conceito, sobre um aspecto do artista que me faz imagina-lo como "MESTRE ROMANTICO" - afirmação limitada e falsa como tudo o que a palavra comprime, mas que conforme ecoar no espirito de cada um dos que me ouvem poderá ressurgir recreada, verdadeira e sem limites.

ERNESTO DE FIORI devo dizer desde lôgo, foi muito mais do que um "MESTRE ROMANTICO"; como foi mais do que um pintor; ou do que um escultor; ou de que um campeão de barco a vela, ou do que um amante da liberdade, para a qual tanto se sacrificou.

ERNESTO DE FIORI foi antes de tudo um homem; e o homem, "que muita vez supera o proprio homem", vale mais do que uma de suas atitudes, o do que a soma de todas elas; sejam politicas, artisticas, ou sociais.

Está se tornando evidente que havia na personalidade de ERNESTO DE FIORI um mistério tão denso e um tão alto magnetismo que é dificil a gente circunscrever uma palestra sobre êle, predeterminando o assunto.

Mas o dificil nos tenta; e vamos tentar.

Trecho da palestra de Carlos Pinto Alves sobre Ernesto de Fiori pronunciada na Galeria Prestes Maia durante o *X Salão do Sindicato*, São Paulo, 1946. [43]

Baudelaire, que seduzem e repelem, Baudelaire confirma-o nas flores do mal:

> As mulheres de ERNESTO DE FIORI!... como elas lembram a flora satânica das "flores do mal" e como elas trazem aos nossos ouvidos o eco da poesia e da angústia de Baudelaire que procurou, também, romanticamente, escapar do seu dandismo implacável com sua poesia, pondo a nu o seu coração nos "Jornais íntimos".
>
> As pobres flores do mal que DE FIORI tão carinhosamente pintou desbotando nos braços de cândidos Arlequins, lembram-nos amargos ressentimentos de Baudelaire: "A mulher é o contrário do Dandi (do Artista). A mulher é natural, quer dizer, abominável!"
>
> "Ce qu'il y a d'ennuyeux dans l'amour, c'est que c'est un crime où l'on ne peut pas se passer d'un complice."
>
> "La volupté unique et suprême de l'amour gît dans la certitude de faire mal."

Pinto Alves continua tratando da pintura e do romantismo da pintura de de Fiori citando Bates, um naturalista que esteve no Amazonas e que escreveu sobre "as características da alma do homem brasileiro", a partir da observação da variedade da "floresta brasileira", sempre de contrastes[3], para levantar a hipótese de que de Fiori também foi "contagiado e fascinado pelo romantismo de nossa floresta"; o "choque emotivo" que a "estranha paisagem" provoca no artista, libertando-o e tornando-o um "pintor aberto a todas as seduções". À esta idéia de pintor liberto e, conseqüentemente, aberto, Pinto Alves chega à de arte "aberta" e arte "fechada", no sentido bergsoniano; possivelmente, sugerindo que de Fiori vivencia o objeto: não adota um ponto de vista em relação ao objeto, tampouco o traduz em símbolos.

Depois de referir a metafísica de Bergson, sem, contudo, movê-la, Pinto Alves conclui que em de Fiori "todos os véus e mistérios irão manter-se intactos". Ainda assim, explica o romântico de Fiori na distinção entre obrigação e liberdade:

> Só encontro uma resposta: toda a obra de escultura de ERNESTO DE FIORI no Brasil não foi, propriamente, voluntária, foi toda ou quasi toda ela, obra de circunstâncias, isto é: ERNESTO DE FIORI executou encomendas.
>
> Foram, portanto, trabalhos executados pela responsabilidade universal do Mestre-escultor ERNESTO DE FIORI, obrigado ao domínio de si mesmo, para o domínio total do assunto encomendado, do ofício e da matéria.
>
> Enquanto que as "paisagens", "as marinhas", os "São Jorges", as "batalhas", os "cavalos", – os maravilhosos cavalos da guerra de 1914 – "as mulheres" – as mulheres de DE FIORI que podem também nos lembrar Rimbaud: [...] livremente os exprimia com a mesma alegria, dor e naturalidade com que Baudelaire anotava os seus cadernos íntimos."

Possivelmente, ainda em 1946 é lançado um opúsculo sobre o artista. Nele, estão reproduzidas as palestras de Luis Martins, Sérgio Milliet, os três primeiros artigos da série de Lourival Gomes Machado, um texto de Gerda Brentani, outro de Pinto Alves, seguido de uma relação de obras do artista. Pinto Alves escreve sobre a vida esportiva de Ernesto de Fiori, a partir de documentação escrita, certamente reunida para a elaboração do opúsculo[4]; relaciona locais em que de Fiori morou em São Paulo, exposições individuais e coletivas em que o artista participou, artigos publicados e conferências realizadas. Monta uma lista curta de esculturas modeladas no Brasil e escreve que é "impossível enumerar as grandes quantidades de esplêndidos quadros: marinhas, figuras, paisagens, naturezas mortas, deixadas pelo mesmo"[5] "e destaca os colecionadores: Mario de Fiori, Francisco Matarazzo Sobrinho, Biblioteca Municipal de São Paulo, Max Löwenstein, Sérgio Milliet, Jorge Altmann, Luiz Medici, Rino Levi, Sigismondo Brentani, Enrique Heins, Carlos Pinto Alves, Daisy von Oertzen e Paulo Rossi [Osir][6].

Gerda Brentani, esposa de Sigismondo, amigos próximos de Ernesto de Fiori desde *c.* de 1939, contribui para o opúsculo com uma biografia. Este texto será considerado oportunamente; mesmo porque, sendo Gerda a primeira a traçar a biografia do artista, seu texto é fonte para as posteriores.

Em novembro de 1947, de Fiori é lembrado em jornal por Luis Washington, que abre sua coluna com "nariz de cera":

> Atirado pelo vendaval nazista, um dia veio ter às nossas praias um dos maiores escultores do século XX: Ernesto De Fiori. Nossa mentalidade caiçara, porém, viu nele apenas um refugiado de guerra a mais, confundido-o com aqueles argentários que tomaram de assalto o bairro de Copacabana e que deixaram a Europa como numa viagem de turismo às partes exóticas do mundo. Passado o perigo, voltariam, como aliás voltaram. Longe desses energúmenos estava De Fiori, pois a Europa que lhe dera a glória, também lhe fizera sentir o gosto amargo das grandes tragédias. Longe de se sentir um exilado, o grande escultor era tão só um emigrado, o primeiro é expatriado e quer voltar, o segundo, com ser também um expatriado, não pensa em voltar. É o caso de De Fiori.
>
> Seu perfil é complexo, como é torturado seu auto-retrato que se encontra na Seção de Arte da Biblioteca Municipal de São Paulo. Os lábios ostentam sulcos torturados e torturadores, o olhar revela angústia e sobre a face paira um ar de tragédia[7].

Ainda nesse artigo, o crítico Washington resume o que se encontra no opúsculo sobre o de Fiori esportista, encerrando, com isso, a sua crítica de arte[8], uma vez que, no mais, ou recorta ou copia, agradecido, o texto de Gerda[9], que também está no opúsculo. Essa publicação de Washington tem, possivelmente, uma direção: chamar atenção do público para o artista que Pietro Maria Bardi começa a estudar. Na época, Bardi recém-inaugura, não pela segunda, pela primeira vez o Museu de Arte de São Paulo[10], onde expõe obras de de Fiori, e escreve artigo sobre o artista, possivelmente publicado em São Paulo e no Rio de Janeiro[11]. Apesar do olhar cultivado do diretor do Museu, é a escultura de de Fiori a valorizada; mais ainda, a partir deste seu artigo, evidencia-se que sua atenção se volta para as esculturas modeladas na Europa.

Hábil propagandista, Bardi trata de escrever a história da escultura; porém, o recorte de seu artigo, diferentemente do de Lourival, evidencia de Fiori na história. Enquanto Lourival, por vezes, perde seu objeto, Bardi o refere constantemente. Logo no início, monta um quadro com nomes de artistas e as possíveis datas de nascimento de cada um deles, determinando, como escreve, um "limite anagráfico"! Cita

Kolbe, Brancusi, Haller, Apollinaire, Picasso, Lehmbruck, Boccioni, Archipenko e de Fiori, "geração" que conheceu "os nomes de Rodin, Renoir, Medardo Rosso e Maillol, como luzes de primeira grandeza", que tornou a escultura "pura".

> Ele [Rodin] quer uma escultura que seja ainda um "monumento". Esses elementos, porém, já desterrados da pintura por obra dos impressionistas, deviam desaparecer também da escultura como de fato caíram, com o próprio Rodin, estrondosamente. A escultura queria ver de outro modo, mais desencantado e humano, aparentemente mais tímido e modesto, mas na realidade mais refinado e orgulhoso: tentava destacar-se do conteúdo dramático e literário e cuidar de si própria. Pretendia moldear [sic] com mais atenção, tratar as superfícies com sensibilidade íntima e destruir as massas de composição em estrutura mais harmoniosas. Quis tornar-se escultura pura. O sujeito já não conta.

Reescrita a mesma história da escultura que se deseja "humana", na seqüência, como de praxe, Bardi destaca Maillol; todavia, como nesta passagem trata da renovação das artes através do assunto, não afirma, habilmente, que em de Fiori se vêem traços de Maillol; antes, destaca os nus modelados por Maillol e afirma que entre os renovadores estão Georg Kolbe e de Fiori:

> Maillol durante toda a sua vida, dedica-se exclusivamente ao nu feminino, procurando extrair desse tema o máximo de variações íntimas e de harmonia ideal. Não se trata mais de narrações, ações ou alegorias: mas apenas um nu, com variações infinitas, isolado em seu poder de expressão. Era esse um caminho que, por uma parte, podia conduzir a pesquisas preciosistas a estilizações amaneiradas e vazias e, por outra parte, conduziria a uma atitude nova e mais humana perante a figura e os corpos. Um modo de ver mais profundo, com poesia mais acentuada. E nessa poesia, cada um dos artistas novos podia manifestar-se por si próprio. Kolbe foi um dos primeiros a aprender a lição. Ernesto De Fiori deve ser colocado também entre os primeiros. O escultor foi ainda além na pesquisa de traços pessoais a marcar a pedra, no barro e no bronze.

Bardi reitera um dos lugares-comuns mais presentes em críticas de arte sobre a escultura de de Fiori desde a Europa, que passam por Benet e chegam a Lourival, para citar alguns. Apropriando-se dessas idéias coletivas e, possivelmente, conhecendo alguns livros que referem de Fiori, passando por artigos escritos sobre o artista, inclusive o de Gerda, Bardi insiste na personalidade, nas viagens e no sucesso de de Fiori em plena história da arte. Assim, constrói um de Fiori jovem, sensível, meditativo, curioso, personagem que se deixa conduzir de Roma diretamente para Paris, onde encontra Maillol. Como anteriormente de Fiori foi destacado como renovador, agora a personagem pode ser colocada na esteira de Maillol, pois Bardi tira um "jovem de pouco mais de 20 anos" do "decadentismo" italiano para ilustrá-lo na Paris do início do Século:

> Como já dissemos, Ernesto De Fiori nasceu em Roma em 1888[12] e no ambiente romano encontrou um espírito um tanto frio e incolor, ainda absorvido nos últimos fulgores de neoclassicismo e na imatura retórica naturalística. Temperamento sensível e curioso, profundamente meditativo, sentiu que aquele ambiente, em que começava a difundir-se o exaltado decadentismo danunziano não teria sido favorável às suas aspirações e, nos primeiros anos do

século deixou Roma e foi para Paris onde encontrou-se com Maillol; foi da obra deste que recebeu os primeiros esclarecimentos fecundos, bastante fortes para exercer fascinação sobre um jovem de pouco mais de vinte anos de idade.

A história é montagem simples: o jovem que pressente o que lhe é restritivo e, buscando novos caminhos, encontra o mestre, Maillol; na seqüência, um companheiro de busca, Hermann Haller; depois, o viandante se fixa para crescer no trabalho, no solo histórico da revolução da Arte:

> [Seguiu], depois, para a Suíça, onde se tornou amigo de um contemporâneo, Hermann Haller que, como ele, procurava novos caminhos. Finalmente foi para Berlim, onde fixou a sua residência. Enquanto em Paris amadureciam os motivos de uma nova e espasmódica convulsão, que se transformou logo numa revolução por obra dos melhores "fauves" e de Picasso, Matisse, Braque, Appolinaire e enquanto na Itália fervilhava a rebelião futurista, a Alemanha trabalhava silenciosamente procurando raízes mais profundas da intuição formal, sem subverter o ritmo do processo que, iniciado por Rodin, representava ainda uma experiência viva, digna de ser revigorada. Munique e Berlim constituíam dois focos de atividade artística rica de pensamento. Em Berlim, Ernesto De Fiori encontrou o centro mais favorável para trabalhar e desenvolver os segredos do "metier" e a própria personalidade artística. Dez anos de preparação intensa no fim da guerra mundial, colocaram a sua obra no primeiro plano do cenário Europeu. No âmbito de aspirações que iam se esclarecendo cada vez mais (especialmente a escultura cubista) as estátuas de Ernesto De Fiori produziam uma impressão enceguecedora de solidez construtiva e de qualidade estilísticas. As suas estátuas representavam, principalmente, figuras de meninas e de jovens.

Destacando novamente a figura modelada como central em de Fiori, Bardi recorre a Martini e Marini para que o rótulo "arcaico", entendido como superfície rugosa, áspera, não seja aplicado sem lisura. Com "arcaico", Bardi eleva os italianos à modernidade escultórica do século, pois também monta o paralelo entre o arcaico e o primitivo. Assim, enquanto Marini inova afundando "as vistas nas Antigüidades" e Martini ou de Fiori criando arcaísmos próprios, Picasso e Modigliani inovam inspirados pela "plástica dos negros selvagens" e "primitivos". O caminho de Bardi entra pelos sepulcros etruscos, egípcios, cretenses, lembrando-se que os dólmens e menires são as fontes de Brancusi. A diferença é que de Fiori não traduz o "selvagem" ou o "primitivo", que coincidem.

> Negroísmo, primitivismo [...], o arcaísmo, etc., constituíram tipos de modas em que os escultores recolheram as peças de apoio para exercícios estilísticos virtuosos porém não estéreis. No começo dessas várias modas, devemos colocar o nome de Ernesto De Fiori. Neste, porém, o arcaísmo resultante não era de proveniência cultural ou polêmica, mas tão somente uma coincidência, um aspecto não procurado. Outro seria, realmente o caminho de De Fiori.

Com efeito, por vezes, de Fiori produz esculturas com soluções próximas umas às outras, diferindo apenas no gesto da mão, no movimento do braço, na largura do passo, na inclinação da cabeça: *Adam, Jüngling, Fliehender* [*Fugitivo*]. Algumas destas obras estão no álbum de esculturas do artista, fotografadas em diferentes versões, que, certamente, serve de fonte para Bardi no que refere à produção eu-

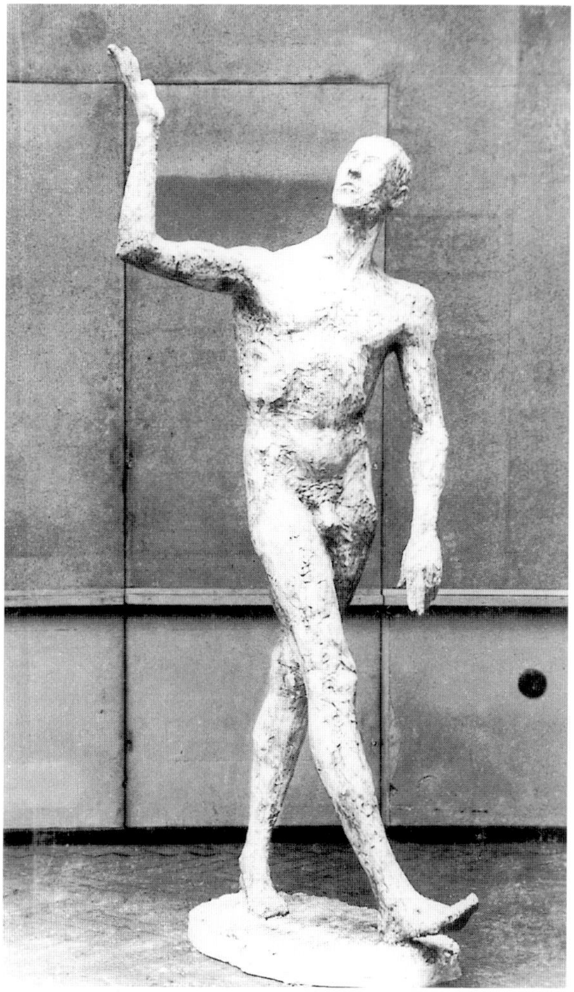

ADAM, 1929. [44]

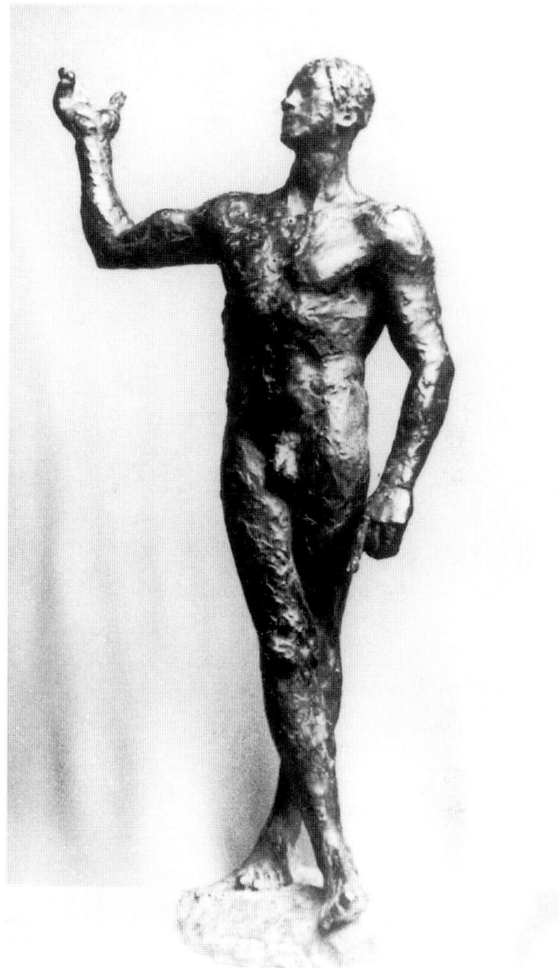

ADAM, 1929. [45]

Ateliê de Ernesto de Fiori em Berlim, 1929/30. [46]

ropéia do artista. Observando-se as reproduções fotográficas, pode-se supor que as versões são de uma mesma obra, mesmo porque as obras fotografadas contra fundo neutro não referem dimensões. Examinando-se as versões de *Adam* e as de *Jüngling*, fotografadas em fundições de materiais diferentes, pode-se também supor que as modificações observadas decorrem justamente dos materiais empregados, ou, quando muito, da luz lançada que os trabalha. Mais ainda, pode-se supor que o artista retomou uma obra várias vezes, modificando-a e fotografando-a em diferentes estágios. Possivelmente, esta última suposição seria a de Bardi, que deduz, por não conhecer os originais, que de Fiori era um escultor lento e dedicado a um só trabalho:

> Criando e estudando laboriosamente a sua intuição do corpo humano (era um escultor muito lento, escrupuloso, que se dedicava anos a fio a um só trabalho, sempre descontente e sempre feliz por sentir-se descontente), De Fiori procurava uma substância plástica rude como as suas mãos e preciosa como os seus olhos. Trabalhava para descarnar a figura até o extremo possível, até torná-la estrutura pura, feita de órgãos essenciais. Cada elemento alegórico ou simbólico, cada uma das decorações supérfluas e agradáveis foi arrancada de suas estatuetas.

Entretanto, de Fiori não só era pouco conhecido na Itália como também Bardi chegou ao Brasil após a morte do artista. Há pouco mais de um ano no Brasil e já responsável pela organização e direção de uma instituição museológica[13], o perito em eventos mostra seu conhecimento das artes e artistas. Neste sentido, constrói um diálogo com a personificação do artista *ad hoc*:

> Certo dia declarou-me: "Eu trabalho minhas estátuas como qualquer artesão. Terminado esse trabalho, começo a pensar longamente e a consultar cada uma das minhas estátuas. Falo com elas. É um colóquio e um diálogo que nunca se acaba. Quando resolvo suspender o diálogo, tomo dos instrumentos de trabalho e procuro escrever nos seus corpos tudo o que me disseram. Talvez esteja mal feito. Nunca deveria deixar de conversar com elas, até o fim de minha vida. Mas é que eu também sou um homem fraco. Dado que as estátuas são mais fortes do que eu e que estou convicto de que nunca as vencerei, termino-as e as faço circular pelo mundo na forma em que se encontram. Pobres de minhas estátuas! Elas se queixarão de mim?"

Bardi prossegue com a história do artista, agora em um tempo qualquer; porém, repleto de discussões e de subjetivos valores artísticos que passam, efêmeros. Coisa nenhuma se explicita e Bardi insiste com seu artista criador de esculturas humanas na estrutura da obra, esclarecendo que na oposição de morte a vida, de Fiori faz, lírico, sua figura modelada renascer de seu próprio sepulcro:

> Naquele tempo a sua obra estava submersa no vórtice das polêmicas e dos gostos efêmeros. De Fiori arranca as suas criaturas de um túmulo para reconduzi-las, como que levando-as às mãos, à juventude verde e compacta da natureza. Não quer revesti-las de uma epiderme naturalística, macia e lisa, nem de superfícies doces e elaboradas, musicais; a música das preciosidades formalísticas é amiúde apenas decorativa. Nem mesmo recorre aos maus expedientes que celebram uma beleza de qualquer tipo. Ao contrário, ele limita a figura em uma composição rígida de uma calma maravilhosa e essa estrutura parece ser a própria matéria de que o tempo necessita para tornar-se

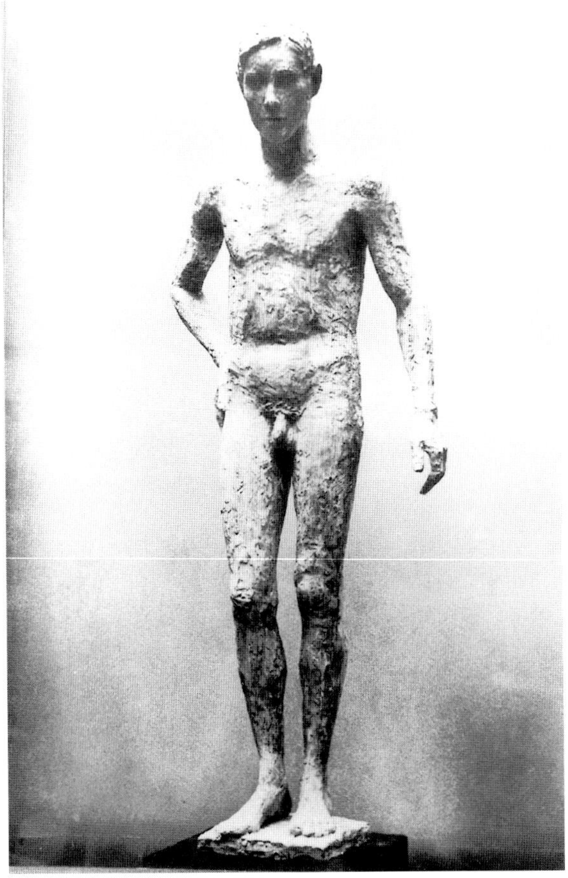

GROßER JÜNGLING, 1926. [47]

GROßER JÜNGLING I, 1926. [48]

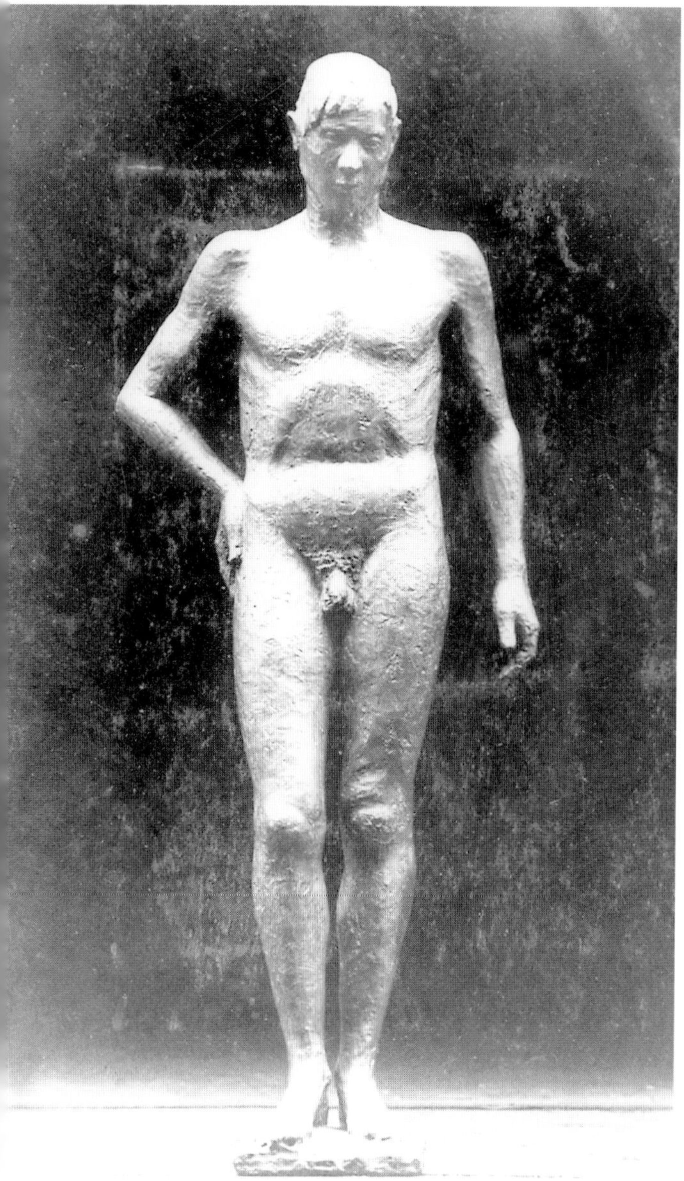

ʳR JÜNGLING II, 1926. [49]

GROẞER JÜNGLING II, 1926. [50]
Obra assentada em 1929/30 no Parque Rudolph-Wilde de Berlim; destruída, possivelmente durante a Segunda Guerra Mundial.

figura humana. Assim a fragilidade da carne toma um aspecto de austeridade, intensamente lírico, iluminado por um fluxo de acontecimentos e de objetos desaparecidos e ainda vivos.

A relação arte e vida já firmada pelas "mãos rudes" e os "olhos preciosos" é reiterada com a apreciação da escultura *Jüngling* [*Jovem*], por Bardi intitulada "Adão". Sem saber que o monumento não mais existia, pois destruído na Segunda Guerra, cita esse Adão, como escreve, por sua celebridade e, certamente, por nele encontrar ocasião para prosseguir com a tese do arcaísmo nessa história em que de Fiori descreve o drama vivencial daquele que busca, consciente, seu caminho:

> Lembremos uma das estátuas mais célebres, mais emocionantes, mais ricas desse conteúdo plástico emocionante: o "Adão", propriedade da Prefeitura de Berlim. O próprio assunto, em seu aspecto mítico e humaníssimo, seria talvez o que mormente se avizinhasse ao núcleo de visão de De Fiori, o mais rico de promessas para as suas pesquisas. Os braços descarnados e delicados, o tórax – um verdadeiro receptáculo de luz – muito modesto, e a larga depressão do ventre quase esquematizado em uma corajosa reconstrução geométrica, em forma de arco, com uma cripta misteriosa em que as sombras se detêm e o porte das pernas realmente antigo mas arcaico à maneira grega, iônica ou dórica constituem um conjunto de alto valor figurativo e raríssimo.
>
> É a representação de um drama que conheceu em sua própria carne, na figura, na verdade, na própria esperança, o próprio destino natural, resignado. O homem consciente de si mesmo, da vida nua e simples, da sua razão de ser rudimentar, da energia que o mantém de pé, firme e ligeiro, ao mesmo tempo material e espiritual. É uma interpretação profunda do corpo humano, entre as mais sérias e meditadas que a escultura moderna produziu depois da trágica "melée" de espasmos sentimentais em que Rodin vazou o seu gênio torturado.

Fechando o ciclo bíblico, Bardi vem com Eva, tirando-a de Adão. Seguindo neste argumento, supõe que a intenção de de Fiori é a de produzir "uma linguagem quase árida e essencial do homem e da mulher". Acrescenta à sua dedução uma outra que também percorre o imaginário coletivo, escrevendo que o esforço do artista centra-se na busca do "nexo enigmático" entre o corpo e a alma, isto é, entre o efêmero e o perpétuo. Neste trecho do artigo, Bardi indica ainda a Inspiradora das Evas de de Fiori: uma história lembrada por muitos outros e reiterada em catálogos e livros, como no do próprio Bardi. Dessa Mulher modelo, surgem, como se diz, as figuras femininas macérrimas:

> a sua verdadeira intenção artística não era jamais a de representar a menina de nosso tempo, a mulher de nossa época, mas a mulher que, por ser de nossos dias, deve ter vivido em todos os tempos e aparecer-nos como um encantamento misterioso. Reconstruir o retrato de Eva, em cada um dos bustos femininos. E, tal como havia feito o Adão, devia fazer a Eva. Tomou para modelo uma mulher que estudava há muitos anos. E também a Eva se conta entre as suas obras mais sugestivas. Nela expressou e tornou sensível, quase emblema, a delicadeza do organismo humano, em curvas imperfeitas, secas, que acentuam o grau de emoção que dela dimana.

Logo, de Fiori anda pelos pátios dos colégios internos da Alemanha, pois é nesse país que Bardi interrompe a história, onde o artista é encenado descobrindo o sexo e, nele, Freud:

Assim, em meio aos ecletismos furiosos de seus dias, a escultura de De Fiori permaneceu austera, esquálida, decidida; elabora o seu material rude e amargo em cadências violentas e angulosas, criando uma poética pessoal: encerra-se e isola-se no sombrio colégio em que se recolhem as suas adolescentes admiradas por ter tornado à vida com uma ânsia secreta de sentidos e de sexo mortificada: dá voltas e mais voltas, muito confiante, no ginásio dos jovens nus, que representam uma biologia elementar petrificada, como que vegetal, tal como deveriam ser os "xoanas", as estátuas de madeira dos gregos arcaicos. Em geral, nestas figuras o problema do sexo está violentamente acentuado: foi um problema muito difundido na cultura germânica pré e pós-bélica e da qual De Fiori exprime certo aspecto turvo e romântico. Freud e Otto Weininger andavam de moda. De Fiori se manteve sempre estreitamente ligado a essa cultura; fez-se absorver por esse ambiente que poderemos denominar por conveniência, nórdico.

O elogio de Bardi à escultura européia do artista não se detém neste artigo, antes é reiterado em dois outros textos publicados: um, o catálogo da XXV Bienal de Veneza; outro, o livro sobre o artista, ambos de 1950. Desde o início desse ano, a comissão da Bienal decide-se por homenagear o escultor, distinguindo-o entre os italianos, em uma sala. Carlo Carrà é um dos membros da comissão da Bienal[14], assim como um dos responsáveis pela "Sala Ernesto de Fiori". Para essa exposição, Bardi conta não só com Carrà[15], como também com o apoio do editor Giovanni Scheiwiller. Possivelmente, Carrà conhecia obras de de Fiori, ao menos desde 1926, quando obras do artista estão na 1ª Mostra d'Arte del Novecento Italiano[16], em Milão[17]. Em 1929, de Fiori preenche uma ficha com seus dados para Scheiwiller que, dois anos antes, publicou na coleção Arte Moderna Italiana um livro sobre o artista, com texto de Szittya, seguido de lista de esculturas e reproduções de algumas[18]. Na época da Bienal, Scheiwiller lança na mesma coleção outro livro sobre de Fiori, com texto de Bardi, para o qual contribui com uma bibliografia alentada.

Carrà, Scheiwiller e Bardi organizam a sala do artista na Bienal com sete figuras, seis bustos, quatro aquarelas e dezesseis desenhos, de acordo com o catálogo. Não se sabe quais desenhos e aquarelas expostos; todavia, supõe-se que esses trabalhos são apresentados para indicar que, embora de Fiori pinte e desenhe, sua arte é a escultura. A introdução do texto do catálogo colabora com esta suposição, pois Bardi destaca o escultor europeu, afirmando que as obras apresentadas na Bienal são do melhor período de de Fiori: as realizadas entre as duas guerras, tendo sido excluídos os trabalhos feitos no Brasil[19] – o que não se confirma –, "onde ele [de Fiori] não se ambientou e não manteve seu senso superior da escultura que o revelou como um dos plásticos mais vivos do mundo"[20].

De acordo com o que Bardi afirma, pode-se dizer que o *Auto-retrato* de de Fiori exposto ou é uma assinatura da sala, ou Bardi concorda com o que dizem e escrevem sobre a obra: que este é o último trabalho do artista, modelado no último ano de sua vida. Quanto à pintura, ele a cita no catálogo quando insiste na inadaptação do artista ao Brasil[21]. O que

12 PÁGINAS

TE
TURA
TICA

S.Paulo

9 de Outubro de 1950

e de Lope

Amador SÁNCHEZ

dez com a suave linfa de seus versos dramaticos e bons. O tema da rosa, canta-o êle assim:

Cuando se abre en la ma-
[ñana,
roja, como sangre está.
El rocío no la toca
porque se teme quemar.

O irmão do meio, que deixamos por ultimo por ser o centro deste comentario, Gerardo Diego, grave e laconico, como todos os que muito pensam e refletem sem decidir-se definitivamente por esta ou por aquela corrente, tangeu varias cordas da lira, torturando-se para encontrar algum oculto segredo, alguma nota nunca revelada. Dedicou-se à investigação erudita no arquivo poético, sujeito às dificuldades e consequencias de tal labor. E ocorre-lhe, por exemplo, contar-nos a "assunção da rosa", em que se não oculta a aflição "intelectual" do vate. Oiçamos:

Tanto una rosa un ruiseñor
[eleva
cuando de su garganta abre
[el pasaje
que logra que del lazo se
[desgaje
y suelta salte y auras brin-
[de y beba.

Sem duvida alguma Gerardo Diego é o irmão mais "sério" da familia. Tão sério, que se o bom humor ou a ironia zombeteira tentam escapar-lhe, apressa-se a encerrá-los em seu misticismo classicista de homem muito culto; e assim avança e retrocede, através das modas poéticas de vanguarda. E' uma vitima, voluntaria ou não, da propria disciplina que se impôs. Sua "Fábula de Equis y Zeda" é exemplo in-

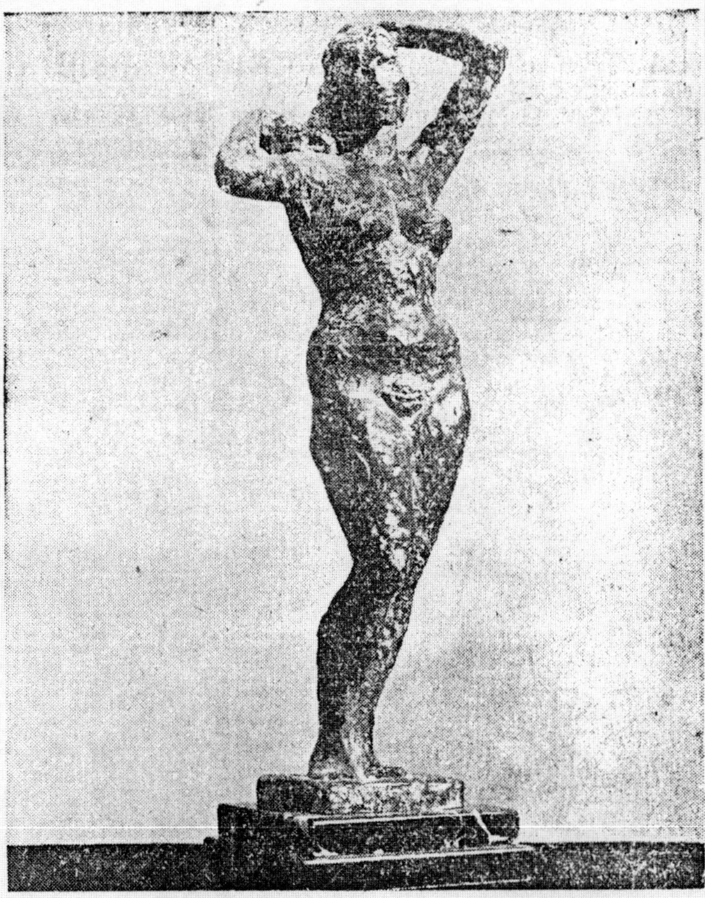

Consagração de um artista

Uma estatua de De Fiori para a Galeria de Arte Moderna de Roma

A GALERIA NACIONAL DE ARTE MODERNA de Roma que é sem dúvida o mais completo museu dedicado à arte contemporanea italiana, acaba de endereçar um pedido ao Museu de Arte de São Paulo a fim de que seja incorporada ao seu acervo uma estatua do escultor italiano Ernesto de Fiori. O Museu de Arte, possuidor de uma expressiva coleção de obras de De Fiori — coleção esta doada há três anos pelo irmao do artista sr. Mario de Fiori — mandou fundir uma estatua para aquela instituição. Trata-se de um dos últimos trabalhos que o mestre De Fiori executou em São Paulo. Figurou esta estatua na exposição póstuma que a Bienal de Veneza organizou sob a orientação de Scheiwiller, P. M. Bardi e Carrá. A exposição foi uma verdadeira consagração do artista, pois De Fiori, embora já famoso na Europa, tinha seus trabalhos espalhados por varios paises. A Bienal com a participação daqueles criticos e do diretor do Museu de Arte, conseguiu reunir as peças mais representativas, facilitando assim o pronunciamento da critica que consagrou Ernesto de Fiori entre os maiores escultores contemporaneos. Cuidou a Galeria Nacional de Arte Moderna de Roma que a presença de uma obra de De Fiori em suas galerias tornava-se indispensavel. E, o Museu de Arte, que há muito vem se empenhando em dar à obra deste artista a difusão que merece, mandará para Roma este importante trabalho. Procurando ainda acentuar a importancia do patrimonio deixado pelo escultor, o Museu está preparando uma grande monografia, de autoria do sr. Wolfgang Pfeiffer e prefacio de Quirino da Silva. O livro sobre De Fiori será editado graças à colaboração dos srs. Samuel Ribeiro, Fulvio Morganti, Francisco Matarazzo Sobrinho, Joaquim Bento Alves de Lima e o Departamento de Cultura da Prefeitura.

Diário de S. Paulo, São Paulo, [29 out. 1950]. [51]
Artigo reproduz a fundição da obra intitulada *Nu Feminino que Ajeita o Cabelo* (*c.* 1940, p. seguinte), estuque do acervo Museu de Arte de São Paulo "Assis Chateaubriand", São Paulo.

NU FEMININO QUE AJEITA O CABELO, *c.* 1940. [52] (p. seguinte)

AUTO-RETRATO, s/ data (p. anterior). [53]

AUTO-RETRATO, s/ data (detalhe de outra fundição). [54]

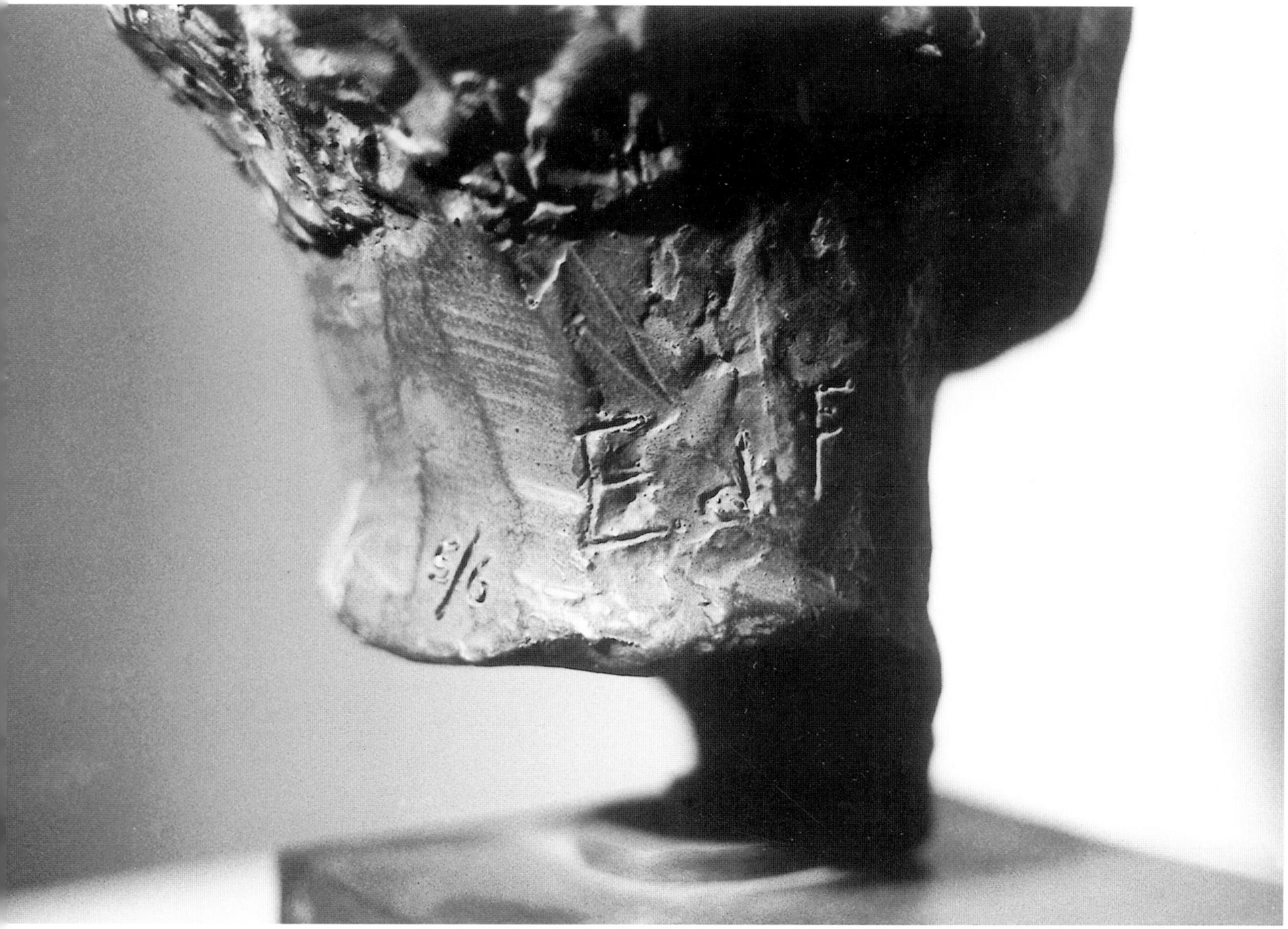

Bardi afirma sobre a pintura é o que dizem Martins e Milliet, assim como o que propõe sobre a vida do artista retém passagens do texto de Gerda; também repete, conciso, algumas idéias históricas de seu artigo de 1947 e renuncia à sua tese sobre o "arcaico". Bardi, agora, assinala que a crítica alemã, unânime, "reconheceu em de Fiori um 'arcaico' iluminado pela tradição", isto para acrescentar que a mesma crítica, devido a isso, não considerou o "escultor que reassume e supera as muitas polêmicas que chamava, em bom sentido, anárquicas". Nessa nova explicação, trata-se de recurso que Bardi encontra para, na seqüência, trazer um trecho de artigo escrito pelo artista que, todavia, não justifica o que Bardi afirma, mas tem a palavra "anarquia"[22]. Em seu livro sobre de Fiori, Bardi não abdica de sua tese sobre o "arcaico": reafirma-a, confirmando o "arcaísmo" dos italianos Marini, Martini e de Fiori.

Em outro trecho do catálogo da Bienal, ao referir algumas esculturas do artista, Bardi transcreve parte de uma entrevista que de Fiori concedeu a Guillemin, em 1925, na qual se lêem conceitos sobre a escultura – parte dessa entrevista também foi publicada em jornal de São Paulo, já referido anteriormente.

Como se observa, enquanto em 1947 Bardi conhecia o álbum do artista – que ainda hoje pertence à família de Fiori –, para escrever esse texto, utilizou o material do artista, guardado por Gerda, que, além de livros e revistas etc., conta com artigos de de Fiori publicados, alguns manuscritos destes e outros não publicados. No livro, o uso desse material evidencia-se.

Tanto no catálogo, como no livro, Bardi não recorre, como em 1947, a longas descrições históricas para situar o artista ou acobertar o seu pouco conhecimento: resume as histórias das artes e enriquece a do artista. Como no catálogo, no livro Bardi também afirma que uma viagem por oceano é "uma aventura fatal". Novamente, essa tragédia do exilado é mote, agora para desconsiderar as esculturas produzidas no Brasil: "Difícil religar o de Fiori 'berlinense' a esta obra de outra maneira". Quanto à pintura, revivescente no Brasil neste texto do livro, Bardi reúne sob ela Milliet, Martins, as observações de Pinto Alves, isto é, de Bates sobre a "floresta brasileira" e uma conclusão sua:

> Maravilhado pelas novidades de uma suntuosa natureza de selvas, de frutas, de águas, de céus em contínua mutação tediosa, passa os seus dias sobre o lago de Santo Amaro velejando e, após decênios, como se retornasse a um amor de pecado juvenil, agora, procura com obstinação voltar sua relação com a pintura. A guerra o desanima; a separação da Europa, a preocupação com seu retorno longínquo e impossível, fecham-no em uma espécie de fervor desenhístico, e recobre folhas de épicos desafios de cavaleiros solitários, de ferozes lanceiros, de São Jorge que mata furiosamente o dragão; e se manifestam nele generosas idéias políticas de paz entre os povos, e até de invenções de geniais instrumentos bélicos para usar contra os bárbaros. [...]
>
> Morreu sem que o mundo o percebesse; dor de poucos amigos, e os necrológicos exaltaram o invencível campeão de velas[23].

A relação de trabalhos referidos indica que Bardi conhece o material do artista e publicações que seguem sua morte. Em 1945, como se afirmou, Martins registra em sua coluna de arte que uma nota de jornal do Rio de Janeiro anuncia a morte do "veterano *sportsman*"[24]; Bardi, que gosta de destacar dificuldades, incompreensões ou tragédias, amplifica o que Martins escreve, e torna a notícia de uma simples nota necrológica, hipérbole. Desconhece-se a nota referida por Martins; todavia, não há equívocos nela: de Fiori velejava, tendo inclusive vencido campeonatos no Brasil. Há manuscritos do artista nos quais ele se detém neste esporte, e é com esse conhecimento náutico que pôde projetar *torpedonet, catapult*, inventos para a proteção de navios brasileiros. Essas invenções são as que Bardi refere como "instrumentos bélicos" no mesmo parágrafo em que demonstra sua indignação com os que não reconheceram o artista. Quanto às afirmações de um homem infeliz e de um desenhista impetuoso, estas provém dos escritos de Lourival, da biografia de Gerda, dos diversos artigos de 1941, que registram "uma infinidade de guerreiros pelejando"[25] e, certamente, das observações sobre o desenho e a pintura de de Fiori, por Mário de Andrade.

Em 1947, Bardi demonstra sua proximidade com o artista, chegando a escrever que de Fiori lhe "declarou"; essa proximidade imaginária no artigo torna-se "curiosidade" no livro: o diretor do Masp encena, agora, seu conhecimento da arte, por isso, aproxima-se do irmão do artista, assim que chega a São Paulo.

> Foi uma das nossas primeiras curiosidades: ver a obra que Ernesto de Fiori tinha realizado no Brasil. [...]
>
> Quando entramos na sala onde seu irmão recolheu amorosamente as obras foi como abrir um glorioso sepulcro. Os gessos estavam encapuçados com túnicas: uma impressão de distância, um ar de desprendimento dos dias. Descobrimos as esculturas uma a uma e as carregamos no braço para sobre a erva e o sol perpendicular do trópico iluminou-as, confundindo os planos, alterando as formas. Somente depois de algum tempo, quando ordenamos os trabalhos em uma exposição no "Museu de Arte" de São Paulo, foi possível conceber calma e sossego àquela rica população de estátuas. Mais tarde recompusemos o ambulacro esquecido, pois não havíamos encontrado um ambiente digno[26].

Certamente, Bardi viu reproduções de obras de de Fiori antes de desembarcar no Brasil e, possivelmente, viu algumas esculturas dele na Europa; no entanto, seu interesse pela produção de de Fiori desperta em 1947, quando começa a organização do Masp. Ao relatar no livro sua "curiosidade" pela obra de Fiori realizada no Brasil, Bardi desmonta suas afirmações de 1947. É certo, entretanto, que, ao escrever o livro, Bardi não conhece apenas o álbum de fotografias com obras européias e as esculturas guardadas pelo irmão do artista. O material que lhe serve de fonte é amplo, mas isso não o impede de engendrar uma história da arte que se agrega à obra de de Fiori.

Após resumir a arte do início do século referindo Paris, Milão, Munique, Berlim, Viena e Dessau, centros implícitos no texto de cubismo,

Ernesto de Fiori
Sao Paulo, Brazil
Alameda Rio Claro 251.   7 ,may, 1942.

National Inventors Council
Department of Commerce, Washington, D.C.

Dear Sirs,

in answer to the article of Stuart Chase, I am herewith sending you 2 "inventions".
My name and the expression "Torpedotraps" might exite the suspicion that this is the joke of an axis-subjekt. It is not.
My father was Austrian of italian descent. My mother Austrian.
I have german passport, but I am living in Brazil naerly six yaers as I could not stand Hitler. I am sculptor and works of mine stand in some Museums of U.S.A.
I am an old sailor and won many sailing races. This gives me some knowledge of water and ships, without which I would probably not have the courage to send you my inventions.

If the intensity of my wish to help defend humanity against violence could make them efficient, they would be, I assure you.

Yours very sincerely

Datiloscrito, 17 maio 1942. [55]

De Fiori explicita seu invento *Torpedotraps*.

Floating torpedonet.

Suggestion more then invention, as it seems too obvious to be new. But perhaps never tried out with neces-sary care, as it surely requires more the skill of fishermen then the training of sailors. Probably only possible with rather slow ships.

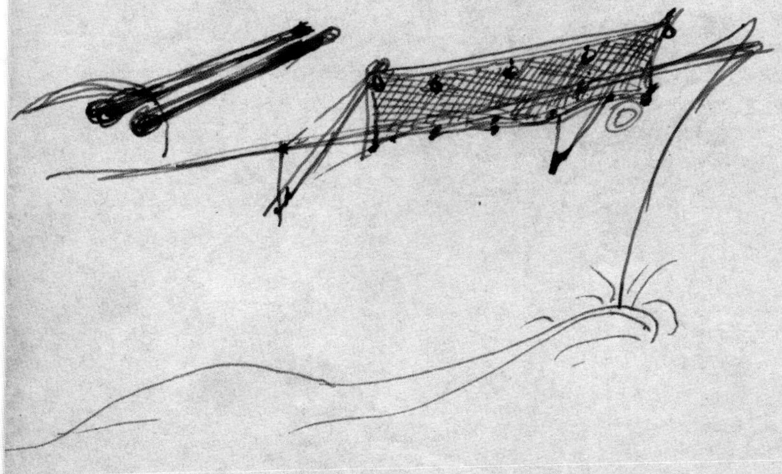

TORPEDONET, *c.* 1942 (acima e p. seguinte). [56-57]

and, I am afraid, too ~~simple~~ obvious to be new, but perhaps never tried out with necessary care? as it ~~is more the~~ requires more the skill of a fisherman more than of a solution

Suggestion more than invention:

Why not use floating torpedonets? Probably only possible with slow ships.

Like this:

end buoys and end weights must be ~~provided~~ constructed to resist pull of net in the water so that they keep their place and get ready for use.

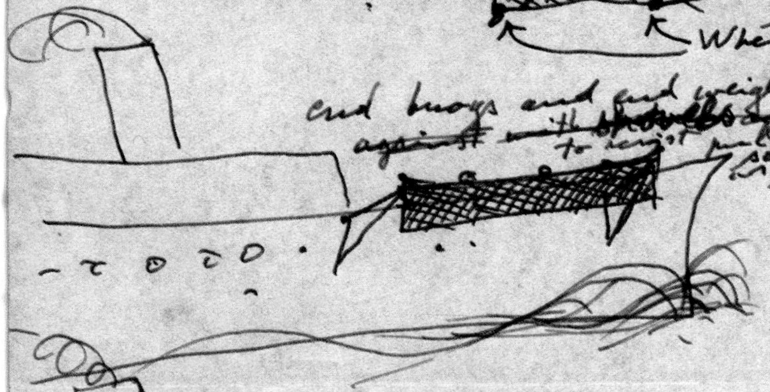

torpedo coming.

lower ~~let go~~ net, first back end, let it trail in the water, then, the moment you see torpedo in direction of net, let go, both ends ~~the whole net~~. ~~It will~~ Net will float away alongside ship and very probably stop torpedo. In meantime get ready second ~~and third~~ net.

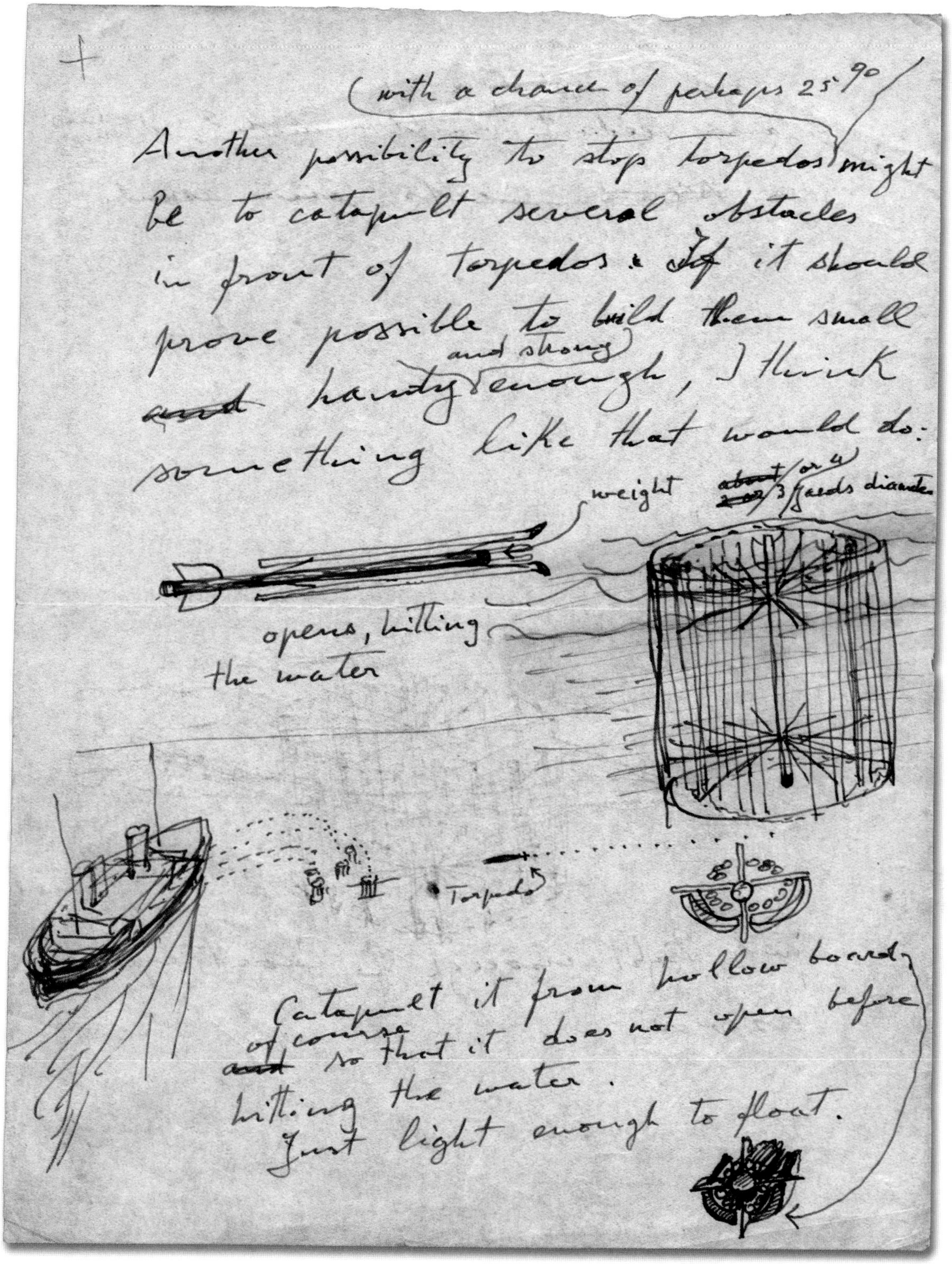
(with a chance of perhaps 25%)

Another possibility to stop torpedos might be to catapult several obstacles in front of torpedos: If it should prove possible to build them small ~~and~~ handy and strong enough, I think something like that would do:

weight ~~about 2 or~~ 3 or 4 yards diameter

opens, hitting the water

Torpedo

Catapult it from hollow boards of course ~~and~~ so that it does not open before hitting the water.

Just light enough to float.

CATAPULT, *c.* 1942 (acima e pp. seguintes). [58-60]

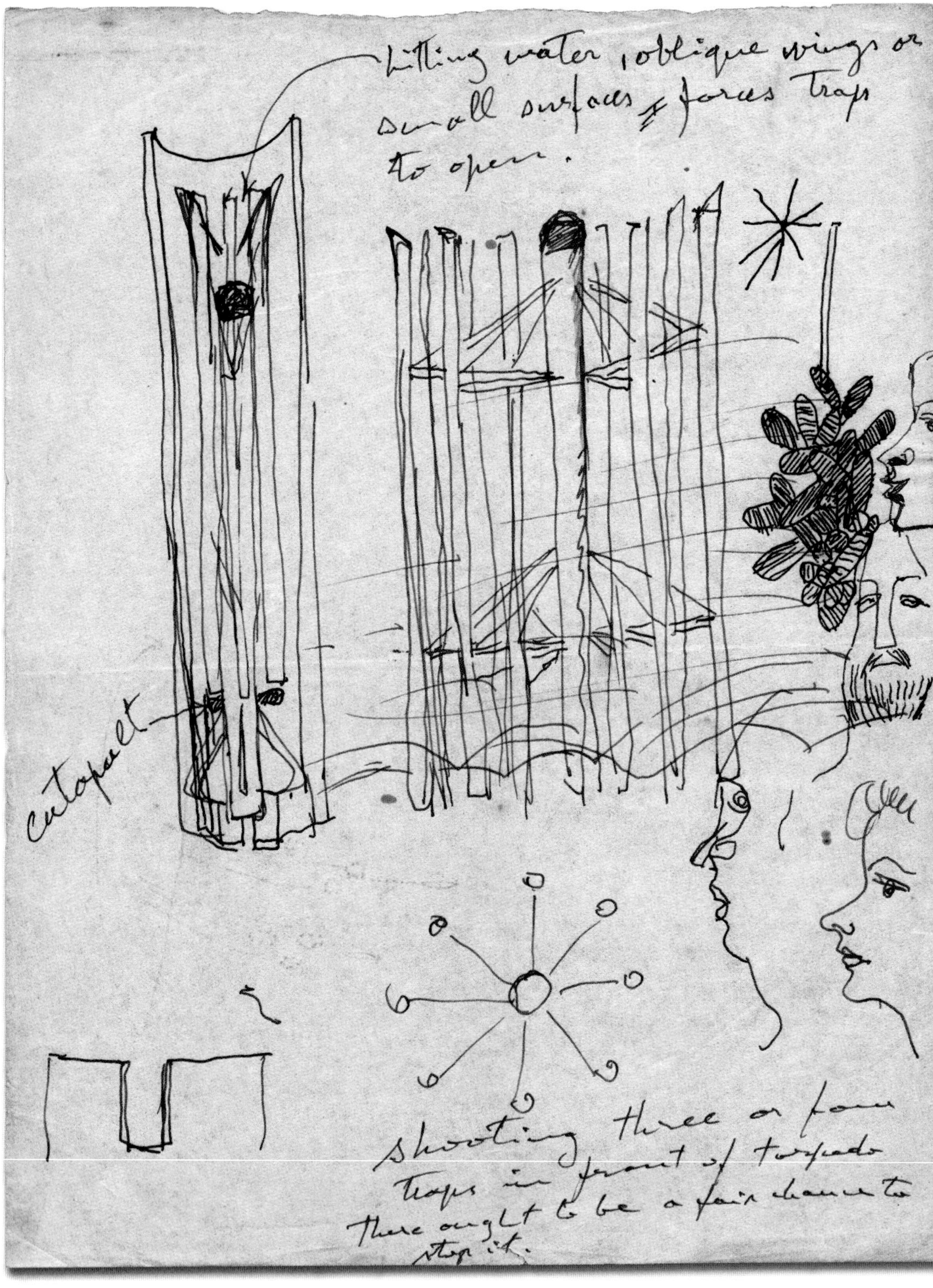
hitting water, oblique wings or small surfaces # forces traps to open.
catapult
shooting three or four traps in front of torpedo there ought to be a fair chance to stop it.

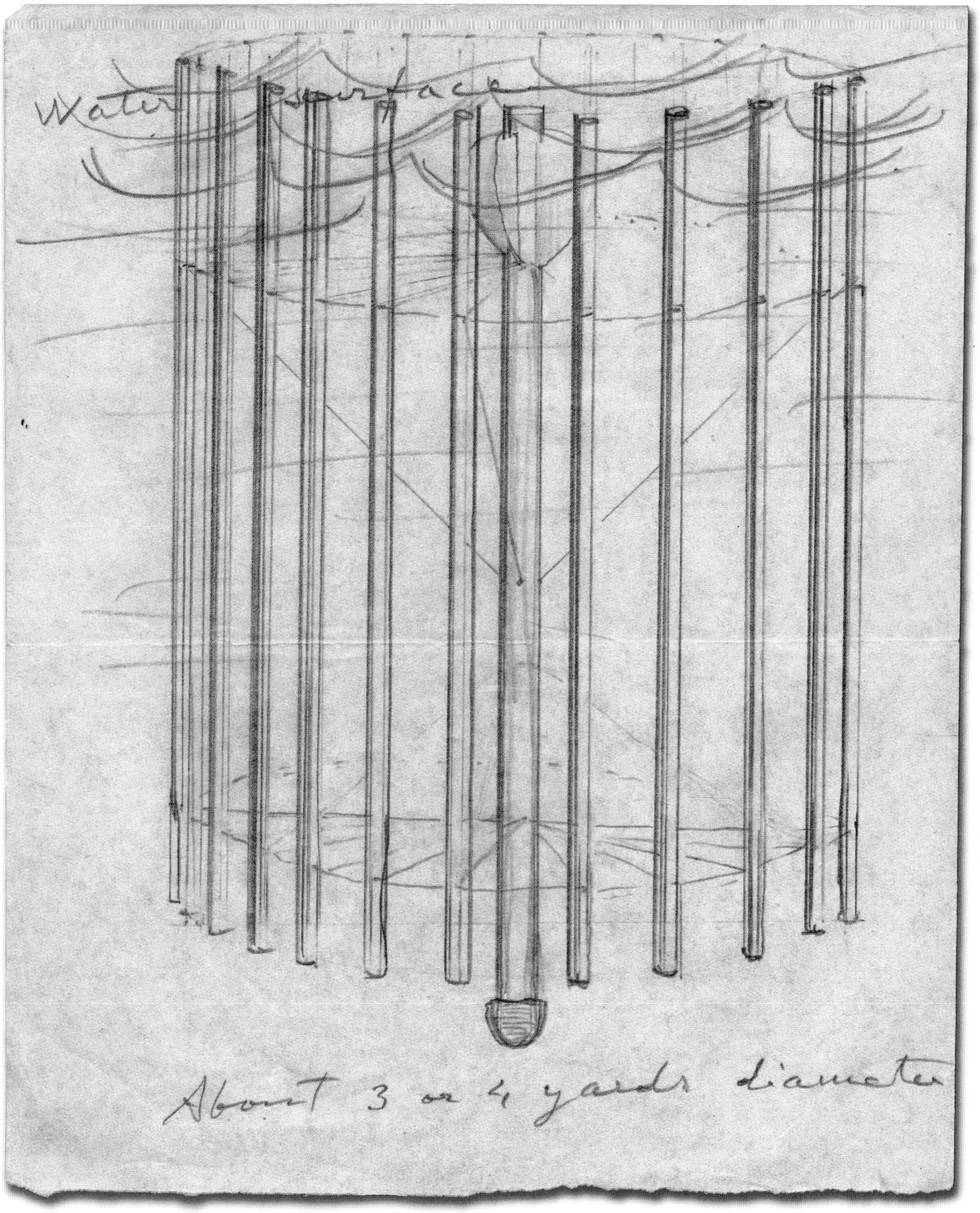

Water surface
About 3 or 4 yards diameter

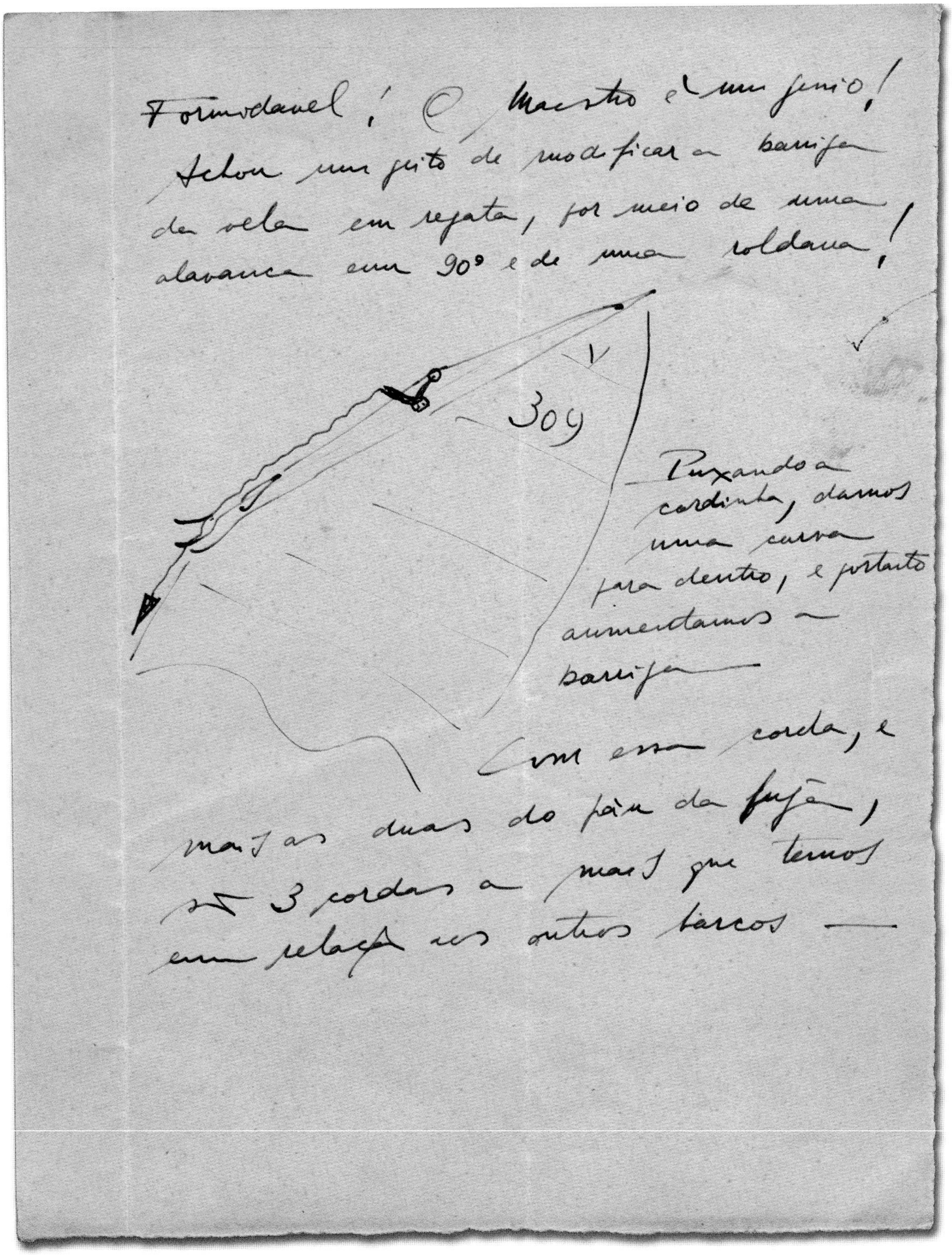

Formidavel! O Maestro é um genio!
Achou um jeito de modificar a barriga
da vela em regata, por meio de uma
alavanca em 90° e de uma roldana!

Puxando a
cordinha, damos
uma curva
para dentro, e portanto
aumentamos a
barriga —

Com essa corda, e
mais as duas do pau da fuja,
são 3 cordas a mais que temos
em relação aos outros barcos —

Documento recolhido pelos organizadores do opúsculo sobre o artista, *c.* 1946. [61]
Ernesto de Fiori é chamado de "maestro" por seus colegas de iatismo.

futurismo e assim sucessivamente, Bardi inventa um de Fiori de "índole reflexiva, nutrida de cultura tão analítica, objetiva, positivista", para dizer, em tal mosaico, que o artista era de "Sachlichkeit" intensa, logo alheia do modismo. Certamente, o "Neue" não consta do texto para se evitar choques com a historiografia, uma vez que Bardi trata de de Fiori em Paris, portanto, de 1911 a 1914; apesar desse cuidado, a história segue confusa, até que Bardi encontra em jornal de 1936/37 trecho de periódico de São Paulo trazido para justificar suas colocações:

> Fugindo de Paris declara que não quer participar das novas festas intelectualistas estetizantes pois ele pertence aos homens da inquietação e da angústia que amadureceram na primeira guerra. É castigado que se move circunspecto, que evita os excessos das desfigurações, das transposições figurativas e das deformações; pouco a pouco, com hesitação, mas com consciência, nega valor aos sonhos, às diabruras, aos automatismos, aos individualismos sem licença, às criancices, aos neo-primitivismos. Quando perguntaram a De Fiori se ele recebera alguma influência da escultura alemã, ele respondeu textualmente: "Ao contrário, a escola alemã foi influenciada por mim e por Lehmbruck, Kolbe e Síntenis"[27].

De Fiori deixou Paris devido à guerra, em 1914, e não pelos motivos alegados por Bardi; no que concerne à palavra "declara" e as que a seguem, são também obras do imaginário do autor do livro. Contudo, a suposta justificativa não provém de sua criatividade: o trecho-fala – última frase – está em reportagem da época da primeira exposição de de Fiori no Brasil, produzida quando o busto do *Conde Matarazzo* é incluído na mostra[28]. Nela, o repórter encena um diálogo com de Fiori: um personagem, que afirma residir em Berlim desde 1913, e diz que lhe saiu bem a cabeça do Capitão da Indústria. Assim, nem Bardi, nem o repórter trazem de Fiori.

Utilizando ainda a mesma reportagem, Bardi arremeda um trecho dela. Lê-se no jornal como se fosse fala do artista: "a escola expressionista alemã, que reinou durante vinte anos, já estava caindo no domínio da caricatura". Bardi, confiante, transforma essa suposta fala em "nota inédita" do artista e agrega à ela um trecho do artigo "A Pesquisa da Arte", este de de Fiori, publicado em 1941:

> Quanto ao expressionismo, pensava [de Fiori] que estivesse decaído em caricatura: encontramos este julgamente em uma nota inédita dele, e um conceito mais geral sobre a pesquisa: "Libertà per lo spirito che cerca la via dell'umanità nelle scienze, nelle arti e anche nella vita pratica, questo è uno dei più sacri diritti dell'uomo, e non meno necessario alla sua esistenza che l'aria che egli respira. Ed a noi artisti non solo la libertà di recerca, ma la convinzione che la ricerca è la massima espressione artistica del tempo nostro, l'unica sua sufficiente ed adeguata forma d'arte"[29].

Destacado este trecho, cita novamente este artigo de de Fiori e afirma que é "outro texto [...] inédito"[30]. Assim, o mosaico ganha novas pedras ou recola as velhas em outro lugar. Bardi escreve em 1947 que de Fiori é "lento na criação"; no livro, essa idéia é enriquecida: "os olhos taciturnos e claros [de de Fiori] modelavam meticulosamente cada elemento". Como a colocação pode não se sustentar, Bardi justifica tal modelagem: "sempre de dificílima resolução". Entretanto, a justificativa não basta, pois confirma a lentidão e meticulosidade trazendo de seu artigo de 1947 o suposto diálogo dele, Bardi, com de Fiori, e o "colóquio" deste com suas estátuas, com uma alteração: enquanto em 1947 faz de Fiori declarar-lhe coisas; no livro, esforça-se por tornar o "colóquio" fala do artista antes de morrer, saindo ele mesmo, Bardi, de cena, como interlocutor. Ao transladar o "colóquio" para o livro, Bardi legitima-o como sendo fala: enquanto em 1947 era declaração em uma data qualquer, no livro é fala que vaga com data marcada. A reproposição do "colóquio" por apelo emocional – "pouco antes de morrer" –, confirma o autor do mosaico como perito articulista: imprime-o no livro que traz trechos de artigos de de Fiori, a que chama "pensamentos", "textos", "várias notas", insistindo no ineditismo deles. Atribuir "declarações" a de Fiori ou agregar uma reportagem a texto do artista é truque que leva e traz histórias, em montagem que disfarça a colagem de cenas diversas.

Na última frase do livro, Bardi anuncia sua intenção de publicar os textos de de Fiori, projeto que não concluiu nem com os artigos deste já publicados que referiu adrede como inéditos, nem com os inéditos, que também constituem parte do material deixado pelo artista. Outro projeto de Bardi era a publicação do estudo do Prof. Wolfgang Pfeiffer sobre a produção escultórica de de Fiori. A revista *Habitat*, ligada ao Masp, ao menos por duas vezes anunciou o lançamento do livro de Pfeiffer que não foi editado.

Entre os anos de 1950 e 1952, Pfeiffer realiza pesquisa para levantar a produção escultórica do artista, de 1911 a 1945. Identifica e localiza obras no Brasil e viaja para a Alemanha com o mesmo propósito. Contando com o álbum de fotografias do artista, Pfeiffer indexa obras que, aliás, faltam em levantamento do decênio de 90 feito na Alemanha. Além de ser o primeiro levantamento da obra do artista após a Segunda Guerra, é o primeiro que visa a documentar a produção escultórica.

Do que foi possível levantar sobre o projeto de Pfeiffer, que possui parte dele, além de lista de obras com as referências de colecionadores e de edições, reproduções fotográficas de obras[31] e biografia, depoimentos de artistas que conheceram de Fiori na Alemanha, o livro teria um capítulo= sobre a escultura[32]. Este acabou sendo publicado em 1952, em alemão, na revista *Intercâmbio*[33]. Nele, Pfeiffer traça genericamente o percurso de de Fiori a partir de descrições de esculturas, destacadamente do período anterior a 1936, em texto que se aproxima às críticas de arte de periódicos europeus. Mesmo ao escrever sobre as esculturas brasileiras resumidamente, Pfeiffer distancia-se em suas considerações sobre a escultura do que se lê na crítica brasileira. Como obra e vida cami-

Anúncio da monografia sobre Ernesto de Fiori.
Reproduz busto de *GUSTAV LINDEMANN*, 1927 (à esquerda) e *ADAM*, 1929. [62] [63]

nham juntos em Pfeiffer, possivelmente ao considerar o número de esculturas modeladas pelo artista no Brasil, poucas se comparadas com as modeladas na Alemanha, ele encontra o motivo disso: após analisar *O Brasileiro, Maternidade* e *Mulher sentada*, obras realizadas para o MES do Rio de Janeiro, Pfeiffer escreve que essas obras "não trazem para de Fiori o sucesso que ele necessitaria" para produzir outros trabalhos escultóricos. Sobre a vida do artista, mantém-se no psicologismo dominante na crítica já exposta:

> De Fiori, em conseqüência disso, passa para a pintura, sua primeira paixão, e aí se mostra despreocupado com relação a esse mundo problemático e de certa forma estranho e hostil. Ao velejar e ao pintar pode ser inteiramente ele mesmo, podendo esquecer, momentaneamente, a problemática insolúvel de sua permanência no Brasil e da impossibilidade de retorno à Europa após 1939[34].

Certamente, Pfeiffer não procura pinturas de de Fiori na Alemanha; no entanto, é estranho que não tenha reparado nas pinturas européias que estavam com a família do artista no Brasil, nas reproduções de alguns quadros em periódicos europeus, nos artigos que tratam dos óleos e guaches anteriores a 1936, que estão no material do artista. Aliás, a conclusão a que Pfeiffer chega sobre a pintura do artista resume o que foi escrito nos anos 1945 e 1946, documentos que também estavam com Gerda. A idéia fixa de que de Fiori é escultor, provém de seu destaque como tal na Europa[35]; daí se segue uma explicação para o pintor supostamente ocasional: o lazer, que reúne a pintura e o esporte náutico.

Ainda no decênio de 50, em exposição que destaca estrangeiros no Brasil, procura-se evidenciar o pintor com a luz do escultor. Em 1954, a Pró-Arte organiza mostra no Masp; certamente para mostrar alemães integrados artisticamente ao Brasil, e destaca de Fiori em "homenagem póstuma". A revista *Intercâmbio*, que divulga as atividades da Pró-Arte, para a qual contribuem estrangeiros, reimprime "Ernesto de Fiori e o derivativo da pintura"[36], de Milliet, e traz um outro texto sobre o artista, possivelmente da redação da revista, que apresenta um novo de Fiori: o exilado infeliz e pouco conhecido torna-se, nesse texto, o imigrante acolhido e revelado na obra de artistas do Brasil, quer como escultor, quer como pintor.

> O Museu de Arte de São Paulo apresentou, em diversas oportunidades, através de exposições individuais, alguns artistas do grupo atualmente reunido pela Pró-Arte. O primeiro dentre todos, a ser distinguido, foi Ernesto de Fiori, quando inauguraram o museu em 1947. De Fiori representava então, como ainda hoje representa, juntamento com o grupo do qual tornou-se a expressão mais característica, o artista europeu que no Brasil encontrou ambiente e recursos para prosseguir na sua atividade criadora, trazendo, ao mesmo tempo, ao país, uma contribuição importante. Como escultor ou como pintor, ele identificou a paisagem e o homem brasileiro à exaltação dos sentimentos que vibraram nos grandes instantes do expressionismo alemão. Aqui a sua arte tornou-se alegre, suas esculturas luminosas, parecendo às vezes tocadas por manchas de cor; os seus azuis, mais puros, com aquela transparência dos céus e das águas que ele singrara com seu veleiro, nos alegres momentos vividos no Brasil. Diríamos que De Fiori

amou nervosamente a nossa paisagem. Foi com inquietante sofreguidão que procurou e encontrou a liberdade para a arte. E, tudo isso, legou ao Brasil e aos artistas cuja influência foi decisiva[37].

Na revista, entre outras, ilustram esse texto de um realismo simplório sobre o reconhecido de Fiori, obras da coleção do Masp, provavelmente pouco conhecidas do público, e um *Auto-retrato*. Uma contribuição desse texto é indicar que se encontram soluções de de Fiori em obras de artistas de São Paulo. No entanto, o texto não avança nesse sentido, antes nos previsíveis elogios ao Brasil que provoca mudanças perceptivas em estrangeiros, por sua luz e cor tropicais. O texto excede-se e o artista torna-se o bem-querer do mundo; mas também a dor do mundo. E de Fiori quase se integra no "movimento artístico" brasileiro.

O seu temperamento, a sua mameira de ser como indivíduo e como artista, representava um ato de fé no homem e no mundo que ele assistiu na luta amarga e impiedosa. De Fiori, de origem italiana, fez-se também artista entre os alemães e entre os brasileiros. Todos disputaram-no, pois viam em De Fiori aquela força superior de amor e franqueza que o identificou a cada mundo onde era possível um mínimo de liberdade condigna com as tradições de cultura. Estamos certos que De Fiori, morto prematuramente em 1945, estaria entre estes artistas que da Europa vieram para participar intimamente do movimento artístico do Brasil.

Esse esforço da revista em prol da inclusão da obra do artista no movimento, também pictórico, do Brasil, é recompensado: dois anos depois, em 1956, de Fiori tem três telas e dois guaches na exposição 50 Anos de Paisagem Brasileira, organizada no Museu de Arte Moderna de São Paulo. O mesmo MAM, três anos depois, divulga "aspectos menos conhecidos"[38] dos trabalhos de de Fiori, como registra periódico de São Paulo, em uma exposição com dezoito guaches e desenhos da coleção da família e das de Gerda Brentani, Rossi Osir e Rebolo Gonsales. Desconhece-se outra nota de arte que registrasse esse evento além da citada; todavia, é pertinente referir essa exposição por seu convite-catálogo, pois, nele, relê-se parte da pelestra de Sérgio Milliet sobre a pintura do artista. Assim, expõem-se pinturas e desenhos de coleções particulares para se divulgar – como se lê no periódico – o que "pouco" se conhece do artista e reiteram-se, entretanto, as idéias sobre a pintura de de Fiori firmadas em 1945.

Em 1960, volta triunfante o artista que não cedeu à "retórica monumental" – como lembrou Bardi – , em um artigo assinado por M. G.[39], na revista *Habitat*[40]. M. G. observa que Lourival é "um dos poucos críticos que se interessaram pelo autor de O Brasileiro", como também anota que se "ignora o acervo acaso existente na Europa"; com tal proposição, e com o exame das obras, tidas como "ainda visíveis[41]" de de Fiori, M. G. conclui, desconsolado:

não é portanto perante a escultura alemã do seu tempo, nem perante a escultura brasileira durante o seu exílio que lhe podemos situar a obra plástica figurativa. Isto é, não o podemos incluir em escolas de lá, a que porventura pertenceu, nem a escolas de cá, que porventura orientou.

Embora esse artigo esteja na revista ligada ao Masp, certamente M. G. desconhecia os textos guardados por Bardi, entre os quais se encontram artigos sobre a escultura do artista escritos por Menotti, Milliet, Cenni e pelo próprio Bardi, a não ser que sua afirmação seja referente ao período anterior a 1946 e que ele imagine que existiam em São Paulo muitos outros críticos. M. G. também ignora o levantamento das esculturas de Pfeiffer; apesar disso, ou por isso mesmo, seu artigo não requenta os anteriores e se concentra na busca de um lugar para de Fiori. Após verificar que vários nomes de escultores europeus, mais velhos que o artista, não o influenciaram e que outros "quase da sua idade" seguiram caminho diverso do de de Fiori, M. G. encontra no Brasil o único figurativo brasileiro que pode lhe "fazer simetria": Figueira. Encontrado o par adequado, quer da vida, quer da obra, M. G. também encontra tanto para de Fiori como para Figueira um Despiau, que lhes é próximo:

> Quer pelas tarefas de mais predileção, tais como bustos e cabeças, quer por uma escola universal plástica estranhamente interrompida pelo destino que liquidou com o figurativismo plástico.

Apesar disso, não nega a "linha de Maillol em de Fiori", como também lamenta a perda dos derradeiros "representantes de uma equipe internacional [...] do figurativismo": de Fiori e Figueira. Novos nomes são listados para completar tal equipe, que, segundo M. G., é herdeira das "fórmulas" da Grécia arcaica, "da Caldeia e do Egito". Refere a escultura do pós-guerra de "solda e bigorna" para encerrar o seu texto com lugar-comum, de praxe:

> A escultura antropomórfica retrocedeu, acabará num retábulo, qual verônica duma situação-limite em cuja periferia trabalharam no Brasil De Fiori e Figueira, esses esquecidos, mas cujo esquecimento há de causar remorsos...

Em 1961, a Galeria de Arte São Luis organiza uma exposição de desenhos e esculturas do artista, possivelmente para venda. Quem escreve para o catálogo é Pfeiffer, que resume seu artigo de 1952 e faz algumas observações sobre a mostra. O destaque é, portanto, para a escultura européia; assim, para introduzir parte de seu estudo, explica que, para bem se entender as esculturas brasileiras expostas na galeria, cumpre estudar as "fases anteriores" de de Fiori. Apesar de a introdução ser uma adaptação quer à exposição, quer ao seu texto, pode-se supor que nele Pfeiffer também indica que as figuras à venda são os bronzes de obras brasileiras, enquanto as outras figuras, fundidas em material diverso, européias, não são negociáveis. Confirmando a lista do catálogo, Pfeiffer reafirma seu olhar de 1952:

> Na presente exposição podemos constatar que apenas algumas obras feitas em São Paulo se aproximam das obras executadas pelo artista em Berlim, e quando isso acontece podemos perceber que foram nos trabalhos não encomendados quando o artista podia trabalhar livremente, participando dele livremente.
>
> Basta contemplar o último auto-retrato de De Fiori, para assegurar quanta ênfase física, quanta expressividade

espiritual e quanta solidez e clareza interna irradiam dessa figura. Tudo isso se deve ao seu sentimento de responsabilidade interior, à sua consciência e respeito pelos valores artísticos absolutos, todos juntos na personalidade desse grande escultor que contribuiu vigorosamente para o destaque da escultura de nosso século[42].

Dessa mostra, também se desconhece artigo de jornal que a registrasse; todavia, algum jornal certamente a noticiou, pois, a Galeria São Luis, na época, era uma das mais importantes da cidade, com suas exposições muita vez destacadas em periódicos. Quanto ao texto de Pfeiffer, certamente ele não foi utilizado em nenhuma nota, uma vez que segue direção distinta da da crítica que era tomada como modelo. Como quer que seja, importa evidenciar que, em intervalos irregulares, escreve-se sobre de Fiori.

Luis Martins relembra o amigo em 1963 em artigo que destaca o pouco conhecimento que se tem de de Fiori. Recordando o "esquecido", também Martins lembra Figueira, como M. G. em 1960, pois são artistas que morreram prematuramente, segundo eles. Martins traça considerações explicativas do esquecimento; delas, retenha-se o que escreve sobre o comércio de arte daqueles anos:

Esse esquecimento é injusto, mas eu julgo encontrar para ele uma explicação: De Fiori morreu antes do tempo. A valorização da arte moderna, no Brasil, é coisa muito recente; só agora, talvez de uns dez anos para cá, se tanto, o público vem-se interessando por ela e tomando conhecimento dos nomes dos artistas de maior valor (com exceção de Portinari, que alcançou a popularidade logo no início da carreira). Os "marchands" (e só agora temos "marchands") valorizam as suas obras. Os jornais ocupam-se largamente deles: os necrológios de Segall, Guignard, Pancetti, Santa Rosa, do próprio Portinari, foram quase apoteóticos. De Fiori, admirado, lembrado e respeitado apenas por um grupo restrito de especialistas, morreu antes do tempo – e seu nome foi rapidamente esquecido[43].

Dois anos depois de Martins, de Fiori é relembrado no Suplemento d'*O Estado de São Paulo*, por ocasião do vigésimo aniversário de sua morte, com a palestra de Milliet, de 1945, acrescida de uma versão introdutória, sob o título: "De Fiori, Pintor"[44]. No mesmo suplemento, também é publicado o artigo "De Fiori, Desenhista"[45], de Paulo Mendes de Almeida, que não só transcreve parte da palestra de Martins como também da de Milliet. Para introduzi-las, Mendes de Almeida escreve que após a morte do artista foi publicada "uma poliantéia ilustrada em sua homenagem", para a qual colaboraram Milliet, Martins, Pinto Alves, Gerda Brentani e Lourival, e conclui, admirado, que quase todos ressaltaram que, no Brasil, de Fiori, "escultor magistral", dedicou-se de "preferência à pintura". Ao destacar o texto de Martins, afirma que as "razões mais profundas" indicadas pelo crítico para essa mudança, possivelmente tenham procedência. Mendes de Almeida, que não discorda do "drama do exilado", por ele chamado de "etiologia", tampouco discorda do raciocínio da "bem-amada", de Milliet. Após esse retorno a 1945, Mendes de Almeida conclui, sozinho:

> O certo é que De Fiori, escultor de grande nomeada, em nossa terra viria, realmente, se entregar com maior afã e freqüência à pintura e ao desenho. Não quer isto dizer que houvesse abandonado a escultura.

Não contente com sua contribuição, Mendes de Almeida recua no tempo e conta que de Fiori começou pela pintura e, apesar de se equivocar em datas, prossegue fiando-se na história do artista:

> somente em 1912, na Alemanha, com vinte e oito anos de idade, veio a optar pelo gênero de arte que o levaria a uma carreira sem dúvida alguma gloriosa. E o fez com a convicção pessoal de que, na pintura, seus caminhos se achavam fechados. E talvez essa circunstância, que é histórica, que consta da biografia do artista, melhor explique, não sua ida para a pintura, mas sua volta a ela, na esperança de haver superado os antigos impasses.

A colagem é quase imperceptível; para justificar o título de seu artigo, escreve que para ele "algumas *réussites*" de telas do artista são "mais desenho colorido do que propriamente pintura". Embora não cite o artigo de Mário de Andrade, de 1941, ou melhor, ainda que em outro texto que escreve em 1974 afirme que quando escreveu este seu artigo de 1965, não conhecia o de Mário, Mendes de Almeida adota a tese do desenho colorido, sem modificá-la. Ao referir as "lutas de guerreiros, em tantas versões construídas", seguindo Mário, escreve que nelas não é "propriamente a cor" que evidencia as formas, pois o artista valoriza principalmente "o traço, a linha vibrando, fremindo – o que caracteriza o desenho"[46].

Quirino da Silva escreve também lembrando o aniversário de morte do artista, também recordando antigas falas sobre de Fiori, palestras de Milliet e de Martins. Inova, todavia, porque traz em seu artigo o comentário de Benet sobre a crítica européia, que Lourival pôs de lado, em 1945. Quirino, sem mencionar sua fonte, escreve que a crítica alemã assegurou que "ilações [...] transcendentais" foram deduzidas a partir da "mistura" do "sangue italiano por parte paterna [...] com o austríaco de sua mãe" para denunciarem na obra de de Fiori "uma luta entre o ideal germânico expressivo e o ideal de beleza greco-latino". A crítica de Benet a tais proposições é certeira; todavia ele não sabia, assim como Quirino e outros que também perderam a geografia: Gorizia, quando o pai de de Fiori nasceu, era área da coroa austríaca[47].

"Lembrança de Ernesto De Fiori" é título do artigo que Emilio Mazza escreve em 1969[48], época em que a pintura de de Fiori começava a ser comercializada por alguns galeristas. No artigo de Mazza há idéias de Martins e de Milliet; porém, como é sobretudo histórico-biográfico, vê-se principalmente Bardi. Mazza traduz, resumidamente, o que Bardi escreve em italiano no catálogo da Bienal de Veneza e no livro, às vezes explicando as idéias lá expostas, outras divergindo, e, assim, produzindo novas histórias.

Ao referir a retórica e o convencionalismo da escultura do "oitocentos" de Bardi, Mazza avança que Degas iluminava a época com "bri-

Lembrança de Ernesto De Fiori

Emilio Mazza

Na primavera de 1936 apareceu, nos meios artísticos e literários de São Paulo, um ...ta de aspecto nórdico ... além do alemão, fa... perfeitamente o italia... Alto e loiro, com claros ...s azuis, os cabelos repar... por um topete zombetei...ente caido sôbre a fronte, ...ava naturalmente a aten... e muitas mulheres volta...se para olhá-lo quando ...ava. Era o escultor Er... De Fiori, vindo de Ber... para rever a mãe e o ir... há tempo estabelecidos ...rasil. Havia deixado in... o seu "atelier" na Buda...rstrasse, onde tencionava ...r. Porém, não voltou ... A guerra deflagrada em ... o reteve em São Paulo, ... morreu em 24 de abril ...945.

...nesto De Fiori nasceu em ...a, em dezembro de 1884, ...ai goriciano de origem ...ontesa e de mãe vienen... Em Roma cursou os estu... clássicos, até quase o fim ...iceu: mas, aos dezessete ... os interrompeu, decidido ...dicar-se à pintura. Par... para Mônaco de Bavária, ... frequentou, na Acade... de Belas Artes, um curso ...esenho e pintura orienta...or Otto Greiner: mas o ...o acadêmico que impera... a época o desagradou, e ...o tempo após regressou a ... Em 1909 partiu para ...res. Como tantos outros ...itos inquietos, que sempre ...udem com a idéia de en...ar em novas terras a paz ...não têm dentro de si, era ...terno migrante, como Ril... como Cecilia Meireles, co... Sergio Milliet. Em Lon... conheceu uma jovem de ... esbelto e quase mas... o que se tornou sua ami... que lembrou muitas vê... quando plasmava figuras ...inas. Viveu em Londres ... mais de um ano, depois ... novamente para Roma. ...1911 — tinha então 27 ... — viajou pela primeira ... para Paris: chegou numa ... de neblina e esperou ... impaciência a manhã pa...r as telas de Cézanne e ...noir. Foram para êle a ...ação de um ideal inatin... De retôrno ao hotel, fi... dois dias fechado em seu ...o, perscrutando-se doloro-somente, resolvido a não mais pintar. Após quatro meses começou a modelar: na felicidade de plasmar havia descoberto a forma expressiva que lhe era mais congenial.

Permaneceu em Paris até 1914, mas no mesmo ano transferiu-se para Berlim, pouco antes do inicio da Primeira Guerra Mundial. Naturalizado alemão, foi enviado para a frente francesa. Mas os massacres da guerra o horrorizaram, e a sua alma se debatia no dilema dos filhos de duas raças que a sorte cega atira uma contra outra. Amigos influentes conseguiram fazê-lo refugiar em Zurique, onde se achava ainda em 1918. São dêste período algumas obras que lhe deram a primeira notoriedade.

Também a escultura de De Fiori nasceu da revolta da jovem geração contra a retórica e o convencionalismo da escultura de fins de Oitocentos — iluminada todavia pelo brilho impressionista de Degas. Os jovens escultores do Novecentos retornam à simples beleza ritmica do corpo humano, sem alusões sociais ou alegóricas. O "Bebedor" de Arturo Martini destroniza alegremente o sofisticado "Pensador" de Rodin. A escultura de De Fiori é inicialmente um retôrno à estrutura humana elementar, uma recriação de Adãos e de Evas de mundo primordial. Suas primeiras figuras viris são simples corpos nus, erectos em sua elástica musculatura, como o "Jovem" de Zurique de 1916; e suas primeiras figuras femininas são apenas jovens mulheres que mostram sua nudez com a cândida impudência dos nus de Renoir, descurantes de esconder a rotundidade dos seios e a sombra escura do sexo. Simples modelações anatômicas, ainda distantes da olimpica majestade das estátuas de Kolbe e da atormentada procura estilistica de um Barlach.

Por isso, já no primeiro após-guerra, De Fiori foi tachado de "arcaico", assim como hoje os jovens **beatniks** qualificam de "matusa" os homens maduros.

Era, sem duvida, um realista: mas de um realismo revivido e meditado, que não foi senão o ponto de partida de uma escultura que foi se afinando gradativamente, para chegar a figurações de grande penetração psicológica, especialmente nos retratos, como os da Mãe, do poeta Ungaretti, do irmão Mário e da sobrinha Giuliana.

Embora conduzisse o trabalho com método desordenado, interrompendo-o com longos periodos de inatividade, a lenta mas segura evolução da sua arte, do realismo e da sensualidade iniciais à espiritualidade das ultimas esculturas, é evidente através da progressão de suas obras. Compare-se, por exemplo, a franca sensualidade da "Jovem agachada", de 1911, modelada em Paris, com a limpida serenidade da "Môça" de Hamburgo de 1929; e o simples naturalismo do "Homem que caminha", de 1921 com a esplêndida empostação estilistica e a pensativa consciência do "Caminhante" de 1938.

As longas pausas aparentemente inativas eram, para êle, fecundos periodos de pesquisa e de meditação. Voltava com a mente aos mestres que amava e dêles recebia, na recordação, a fôrça para recomeçar. A ficha que preencheu em 1929, a pedido de Giovanni Scheiwiller, é muito mais reveladora de suas tendências ideais do que qualquer noticia biográfica: gostava, acima de tudo, da escultura gótica e da greco-arcaica — modelou, em 1917, uma "Banhante" que tem a graça de uma Tanagra — e da grande Pintura italiana, especialmente Giotto, Tintoretto e Guardi. Da Escola francesa moderna, além de Cézanne e Renoir, admirava Courbet e Manet, Matisse e Derain. E agradavam-lhe, de Delacroix, sobretudo os desenhos de guerreiros e de batalhas, tanto que quando a guerra irrompeu na Europa, e lhe chegavam, dela, os ecos dolorosos e distantes, fechou-se — conta Pier Maria Bardi — em um exasperado fervor desenhativo, cobrindo fôlhas e fôlhas de épicas lutas de cavaleiros e de São Jorge matando furiosos dragões.

Nos ultimos anos, como por um retôrno nostálgico às aspirações juvenis, reiniciou a pintar. Foi como uma necessidade de renovação de libertação da esplêndida escravidão da escultura — necessàriamente estática, limitada, monocroma — e de evasão na pintura, que é côr, movimento, liberdade de expansão.

Não é fácil entender à primeira vista a pintura de De Fiori. Cumpre observá-la demoradamente, sem preconceitos, sem se deixar dominar pela impressão inicial de algo precário, de inacabado, de "fruto que parece esperar o dia seguinte para amadurecer" como observou agudamente Luiz Martins. Escultor seguro e afirmado, De Fiori pintava só para si, para a própria satisfação interior, sem se preocupar com julgamentos criticos. Pintava por instinto, sem nunca colocar-se diante da realidade, evocando emoções e recordações e traduzindo-as em um emaranhado nervoso de linhas e tonalidades descobertas de improviso. Não é fácil inteirar-se desta pintura através das reproduções em branco e prêto. Só observando os originais, aproximando-se das telas, descobrem-se com surprêsa, no enrêdo aparentemente apressado, acordes cromáticos e linhas de fôrça brotados da sua férvida imaginação.

A luminosidade e as côres da paisagem brasileira contribuiram, sem duvida, para despertar novamente a sua sensibilidade pictórica. Atraiam-no os verdes intensos das árvores, a ocra vermelha das moitas, os azuis escuros das águas dos arredores de Santo Amaro; e era feliz ao sulcar o lago com o seu rápido barco a vela, ao qual tinha dado o nome de um passarinho, o "Bem-te-vi". Depois, na penumbra do estudio, reconstruia de cor o espelho plumbeo do lago, encrespado pelo vento e matizado pelos reflexos dos barcos e das velas.

Muitas pinturas dêle — paisagens, figuras, naturezas-mortas — estão disseminadas em São Paulo, em casas de parentes e amigos: e seria auspicioso que o "Museu de Arte" — que já possui diversas esculturas de De Fiori — organizasse uma retrospectiva da sua obra de artista no vigésimo-quinto aniversário da sua morte em abril de 1970.

Ernesto De Fiori — Auto-retrato — 1923 (Breslávia, Museu de Arte).

O Caminhante — 1938 (São Paulo).

Retrato de Mãe — 1939 (São Paulo, propriedade Família De Fiori).

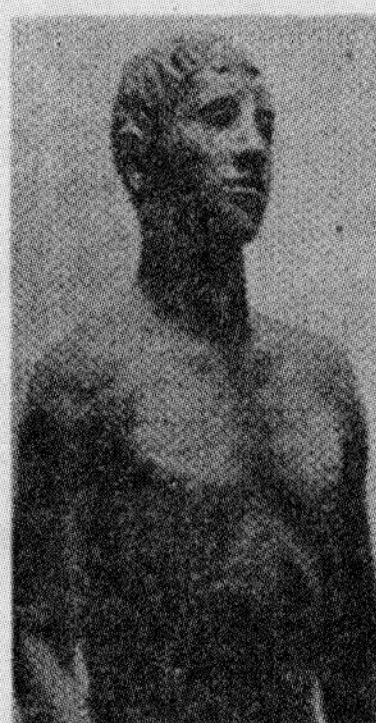

Homem que caminha — 1921 (Buenos Aires).

Retrato de Mário de Fiori — 1936 (São Paulo, coleção particular).

Môça — 1929 (Hamburgo, coleção particular).

Jovem agachada — 1911 (Paris, coleção particular).

Velas sôbre o lago (óleo) — 1943 (São Paulo, propriedade Familia De Fiori).

O Estado de S. Paulo, São Paulo, 6 set.1969. [64]

lho impressionista". Mencionando Martini, refere o "'Bebedor' [que] destroniza alegremente o sofisticado 'o Pensador'", porque a escultura do "novecento" não mais possui "alusões sociais ou alegorias", retornando à "beleza rítmica do corpo humano". Trata-se, nesta história da arte, da humanização da escultura, como se viu em Bardi; assim, Mazza também nela inclui de Fiori com sua escultura de "estrutura humana elementar": "uma recriação de Adãos e de Evas de mundo primordial". À seqüência, que alude a jovens viris e moças pudicas, acrescenta que tais modelagens ainda são distantes da "olímpica majestade das esculturas de Kolbe e da atormentada procura estilística de um Barlach". Diferentemente de Bardi, Mazza não sai da Alemanha para explicar de Fiori; todavia, confundindo-se, faz com que o artista modele em Zurique um jovem, em 1916, para comparar essa obra inexistente a não se sabe que obras de Kolbe e Barlach; é nessa comparação que encontra a razão de a crítica ter "tachado de arcaico" o artista. Mazza também não segue o que Bardi escreve sobre "arcaico", pois interpreta este termo "arcaico" como velho, ou passado ou decadente, e rotula de Fiori com "realismo":

> Era, sem dúvida, um realista. Mas de um realismo revivido e meditado, que não foi senão o ponto de partida de uma escultura que foi se afinando gradativamente, para chegar a figurações de grande penetração psicológica, especialmente nos retratos, como os da Mãe, do poeta Ungaretti, do irmão Mário e da sobrinha Giuliana.

Em Mazza, como se lê, a evolução é esticada ao Brasil; mais extensa do que a de Bardi, que detém o crescimento da escultura do artista na Europa. Outra idéia que Mazza também encontra nos textos de Bardi e a interpreta diversamente de seu autor, é a da lentidão de de Fiori. Enquanto no artigo de Bardi, de 1947, a lentidão é dedicação a uma só obra e, em 1950, dedicação e tormento, para Mazza ela decorre de pausas meditativas. Como vê o movimento do artista, Mazza conta que de Fiori trabalhava "com método desordenado", pois este se interrompia por longo tempo; todavia, as paradas eram ativas, pois, nelas, de Fiori pesquisava "mestres do passado", deles recebendo "a força para recomeçar". Mazza chegou às interrupções e aos mestres sem método: diferentemente do Sr. Dupin, dos contos de Poe, que precisa ver, ouvir e participar da trama das histórias para chegar à carta roubada, ao marinheiro e seu orangotango, Mazza, que faz o percurso inverso, satisfaz-se com a ficha que de Fiori preenche em 1929 para Scheiwiller, com as afirmações de Bardi de 1947 e de seu livro. A fala permanece com Bardi e Mazza prossegue:

> gostava, acima de tudo, da escultura gótica e da greco-arcaica – modelou, em 1917, uma "Banhante" que tem a graça de uma Tanagra – e da grande Pintura italiana, especialmente Giotto, Tintoretto e Guardi. Da Escola francesa moderna, além de Cézanne e Renoir, admirava Courbert e Manet, Matisse e Derain. E agradavam-lhe, de Delacroix, sobretudo os desenhos de guerreiros e de batalhas, tanto que quando a guerra irrompeu na Europa, e lhe chega-

vam, dela, os ecos dolorosos e distantes, fechou-se – conta Pietro Maria Bardi – em um exasperado fervor desenhativo, cobrindo folhas e folhas de épicas lutas de cavaleiros e de São Jorge matando furiosos dragões.

As esculturas e os nomes de artistas que Mazza indica estão na ficha preenchida pelo artista, impressa no livro de Bardi[49]. Ao referir os dragões, Mazza desvia sua história para a pintura, e utiliza a idéia coletiva do retorno às aspirações juvenis, para explicar que de Fiori volta a pintar no Brasil. Abandona o livro de Bardi para fiar-se, então, em Martins e Milliet, sem esquecer a luminosidade e as cores da paisagem brasileira como contribuições para o redespertar da "sensibilidade pictórica" do artista. Mazza afirma que entender a pintura de de Fiori é difícil e que cumpre observá-las "sem se deixar dominar pela impressão inicial de algo precário, de inacabado", mesmo porque de Fiori não se preocupava "com julgamentos críticos". Firmado o escultor, prossegue Mazza:

> De Fiori pintava só para si, para a própria satisfação interior [...]. Pintava por instinto, sem nunca colocar-se diante da realidade, evocando emoções e recordações e traduzindo-as em um emaranhado nervoso de linhas e tonalidades descobertas de improviso. Não é fácil inteirar-se desta pintura através das reproduções em branco e preto. Só observando os originais, aproximando-se das telas, descobrem-se com surpresa, no enredo aparentemente apressado, acordes cromáticos e linhas de força brotados de sua fervida imaginação.

Encerrando seu artigo, Mazza noticia que pinturas de de Fiori estão "disseminadas [...] em casas de parentes e amigos", e solicita ao Masp a organização de uma retrospectiva. Em 1974, a Cosme Velho Galeria de Arte atende à sugestão de Mazza, montando uma "retrospectiva" com quarenta e seis pinturas e seis esculturas – cinco delas do artista[50] –, sem fins lucrativos. Arthur Octávio de Camargo Pacheco, um dos donos da galeria, fala sobre essa iniciativa em uma entrevista:

> mas acreditamos que uma galeria séria não pode ser entendida apenas como loja de quadros" – explica Pacheco. "Ela deve ter uma função paralela e às vezes supletiva em relação aos museus[51].

Na função paralela da galeria, a exposição de de Fiori objetiva também apresentar ao público a pintura do artista que, na época, comercializa-se. No decênio de 70, como se afirma, os comerciantes de arte de São Paulo investem na arte nacional, trazendo artistas dos decênios de 20, 30 e 40, esforço que é recompensado pelo "comprador-investidor"; inexistente, em sentido geral, nos decênios anteriores. Também é nesse decênio de 70 que se firmaram os pesquisadores de arte nacional, realizando estudos e exposições que recontam aqueles anos. A pintura de de Fiori é mostrada pela Cosme Velho no comércio de arte como obra reconhecida pela crítica de época e marginalizada após 1945. Tal novidade, que tem nuances próximas à da história de outros artistas que também estavam sendo divulgados, evidenciam-se em artigo de Pacheco e no texto do catálogo da retrospectiva, de autoria de Paulo Mendes de Almeida.

Paulo Mendes de Almeida, diferentemente de seu artigo de 1965, não transcreve, no seu catálogo, Milliet e Martins, apenas os refere para afirmar posição diversa da deles, relativamente aos motivos do suposto retorno de de Fiori à pintura no Brasil. Destacando que os críticos conheceram o artista[52], lamenta, opinando:

> Pena é que não tivessem interpelado diretamente, pelo menos para a satisfação de uma curiosidade, pois que o assunto não me parece de capital importância, na interpretação de uma obra tão singular. Conquanto brilhantes, de parte a parte, como era de se esperar, os argumentos expendidos, a transcendência estava no fato em si e não nos porquês da sua ocorrência.
>
> O certo é que de Fiori, escultor de grande nomeada, viria recomeçar no Brasil, sua carreira de pintor, convindo ressaltar, porém, que não desde logo, mas alguns anos depois de estar residindo entre nós e continuando a praticar o nobre ofício em que se celebrizara[53].

O "fato em si" não é explicado ou ele está no fato de de Fiori ter recomeçado a pintar no Brasil "não desde logo", no raciocínio de Mendes de Almeida. Essa convicção do crítico, que parece oscilar quando refere a pintura européia de de Fiori é, no entanto, mantida. O que muda é que Mendes de Almeida não segue as afirmações de Bardi e lê, no "derivativo da pintura", de Milliet, que o artista não abandonou totalmente essa arte[54]. A convicção de Mendes de Almeida sobre o retorno à pintura no Brasil permanece, contudo, como em Milliet. Porém, enquanto na palestra Milliet apenas refere o pintor europeu, Mendes de Almeida conclui que o artista pintava raramente na Europa por falta de tempo. Assim, não é apresentada ao público a pintura como lazer, mas sim um escultor e pintor europeu, em que o primeiro, impede o trabalho do segundo, e que ao encontrar "novo afã" no Brasil e "brilho", retorna à pintura.

> Impõe-se aqui lembrar que foi pela pintura que De Fiori começou. Ela teria sido mesmo, a sua primeira... namorada. [...] E, sobretudo, que foi somente aos vinte e oito anos de idade que lhe foi dado optar pelo gênero de arte que o levaria a uma carreira sem dúvida alguma gloriosa. De sorte que, quando com novo afã o grande escultor se entrega à paleta e ao pincel, está voltando a uma velha amizade, da qual, convém dizer, nunca se afastara por completo, rareando apenas, pelas solicitações da escultura, sua freqüentação. E ao voltar, é tão auspicioso, tão brilhante o seu reingresso, que ninguém poderia imaginar que ele tivesse, segundo confessou, algum dia fracassado na pintura.

A idéia de Mendes de Almeida em seu texto para o catálogo é, certamente, encontrar na crítica brasileira anterior a 1946, escritos que lhe possibilitem elevar o pintor, mostrando-o reconhecido no Brasil. Assim, "novo afã" implica "reconhecimento", conceito que se divulga na mostra. O retorno de de Fiori à pintura no Brasil é "brilhante", não faltando "nessa *rentrée*, o apoio da crítica mais autorizada do país": Mário de Andrade. As idéias da época são mantidas, pois a "bem-amada" de Milliet, torna-se "namorada" de Mendes de Almeida; todavia, Mendes produz, partindo de Mário, um novo de Fiori. Não há nos artigos de Milliet e nos de Martins trechos que se ajustem às afirmações de Mendes de Almeida sobre o brilhante retorno à pintura; em Mário, desconsiderando-se o conteúdo do texto, podem-se extrair, teatralmente, frases que sugerem um crítico que reconhece um pintor. A cena tem por diretor Mendes de Almeida: após afirmar que Mário "não esconde seu entusiasmo" ao ver a mostra de 1941, quando de Fiori faz "uma exposição mista", afirma que "o autor de Macunaíma se estende" sobre a pintura, destacando do artigo de Mário: "Reconheço que ele está realmente fazendo uma pintura de pintor e não pintura de escultor", e a "*blitz*-pintura". O aval do crítico é garantia plena, ao menos nesse texto; montagem eficiente para a promoção da pintura, pois, Mário é lidíssimo no decênio de 70 e o termo "*blitz*-pintura" repercute, certamente, ainda hoje. Essa "rentrée", baseada em Mário, obriga Mendes de Almeida a datá-la de 1941. Escapam-lhe os catálogos das exposições de de Fiori na dedicação biográfica de Gerda e os artigos dos críticos que refere, nos quais, sem dúvida, a pintura surge somente em 1941.

As novidades do texto de Mendes e Almeida ecoam na imprensa: vem o "grande Mário"[55], o "eficiente crítico"[56] que reconhece de Fiori, quando este recomeça sua carreira de pintor. Como em 1941, um jornalista escreve que "na exposição [da Cosme Velho] a surpresa são os guaches, de cavaleiros e lutadores"[57]. O pintor europeu não vingou, tanto assim que tampouco aparece no artigo de Pacheco, que evidencia de Fiori, como "Pintor no Brasil"[58].

Pacheco afirma que "o fato" de de Fiori ter voltado a pintar no Brasil "em se tratando de escultor já consagrado, tem intrigado os estudiosos": Mazza, Martins e Milliet. De Martins, destaca o "drama do exilado"; de Milliet, trecho da palestra em que o crítico escreve que a escultura pesava ao artista como tarefa e a pintura era "seu encanto", a ponto de o próprio artista ser apresentado considerando "sem dúvida alguma muito mais expressivas e confidenciais as suas telas que suas estátuas", no que a situação da "bem-amada" é confirmada pelo próprio artista. De Mazza, Pacheco destaca sua interpretação de Martins, iniciada com palavras de Bardi[59]. Pacheco não refere Bardi, todavia, com Mazza confirma os "estudiosos" de de Fiori. O galerista evidenciou as opiniões dos três críticos sobre o retorno do artista à pintura para expor a sua "hipótese" sobre "o fato". A partir de sua experiência como comerciante e, certamente, do seu contato com outras galerias e leilões de arte, Pacheco escreve que nesses locais verifica-se que óleos atendem ao mercado e que "pouquíssimas esculturas são vendidas". Essa resistência à escultura pelo público comprador ocorre tanto em São Paulo como no Rio de Janeiro, "quando já não se pode ignorar a existência de promissor mercado de arte". Se isso ocorre na época da exposição, o que pensar do "acanhado ambiente" dos anos de "1935-1945", pergunta Pacheco. Transportando sua experiência para aqueles anos, e considerando que a permanência do artista no Brasil se "alongava além do esperado", conclui que de Fiori retorna à pintura para "obter maiores recursos para a sua subsistência". Justifica sua hipótese com a exposição de 1941, e confirma a suposta aceitação da pintura de de Fiori no comércio da época com o não menos suposto reconhecimento de Mário de Andrade. Pacheco relata que Mário já conhecia as esculturas do artista e "encantou-se com as pinturas"; por fim, assegura sua hipótese afirmando que a pintura de de Fiori foi "marginalizada logo após a morte". Sua intenção é clara: apresentar o marginalizado pós-45, enfim redescoberto.

Olívio Tavares de Araújo, sem mencionar o marginalizado, acha provável a hipótese de Pacheco e afirma que a "mudança de gênero" não foi "danosa" para o artista, pois Mário de Andrade o reconhece[60]. Em sua crítica e explicação do título de seu artigo, "Último Lampejo", Olívio destaca de um artigo de Milliet o trecho em que se lê que de Fiori é "inclassificável" e "independente [...] independente que faz amar a independência"[61], para concluir:

> Independência, sem dúvida – mas não mais inclassificável, decorridos trinta e tantos anos. Em todos os gêneros (em especial na figura humana e nas marinhas), Ernesto De Fiori se revela uma espécie de último lampejo do expressionismo alemão. Seus gestos são rápidos, suas pinceladas aparentes, os tons em geral fortes e quentes. E ele apreende com felicidade o clima estranho de uma época cuja agonia inicial, na Europa, chegou a testemunhar[62].

É de se notar que, apesar dos esforços de Milliet em vários outros artigos, seus rótulos não foram usados por este crítico de 1974; talvez, por ele, Milliet, só tratar do "expressionismo", não do "pós-expressionimo", apesar da coincidência das explicações dos gestos e das cores. Reynivaldo de Brito acha que a retrospectiva da Cosme Velho é "justiça a de Fiori". Também ele reproduz a suposta história do retorno à pintura no Brasil, interrompido em Paris – o que não faltou no texto de Mendes de Almeida –, e a novidade a partir de Mário de Andrade. Cita as divisões da pintura de de Fiori e interpreta as "batalhas": afirma o crítico, com convicção de psicólogo, que entre "as batalhas, as paisagens aquáticas e as cenas coloquiais", as primeiras são mais intensas porque a participação do artista "na primeira guerra como soldado alemão lhe marcou profundamente"[63]. Além disso, afirma sua preferência:

> Mas é na escultura que De Fiori sobressaiu-se. A "Adolescente" [sic] – um de seus mais belos trabalhos – apresenta a figura de uma mocinha despida, com um pedaço de tecido nas mãos. Outra que gostaria de destacar intitula-se "Homem Caminhando".

Na época da retrospectiva da Cosme Velho, o diretor do Museu de Arte Contemporânea da Universidade de São Paulo realizava pesquisas sobre a vida e obra de Ernesto de Fiori e solicitava a colecionadores o empréstimo de obras para a retrospectiva que organizava. Em novembro de 1975, inaugura a mostra, ocupando todo o espaço expositivo do MAC-Ibirapuera. As fotografias da retrospectiva, os comentários de visitantes e o catálogo que a registra evidenciam que o Prof. Walter Zanini permitiu uma visão de conjunto da obra de de Fiori no Brasil. Seu estudo é o primeiro que visa ao registro da pintura e escultura do artista, tornando-se, por isso, como ele mesmo previa, "subsídio para a abertura dessa perspectiva", referindo-se a futuros "estudos universitários"[64].

Em posse do material de de Fiori e do que foi reunido principalmente por Gerda Brentani até o decênio de 70[65], Zanini constata e indica, genericamente, a falta de estudos sobre o artista e afirma que "a última discussão sobre a obra de Ernesto de Fiori deu-se [...] em 1945", concluindo:

> Nosso meio tem sido avaro com esta figura internacional de primeira linha que os europeus por sua vez ignoram, se a tomarmos em toda a complexidade do desenvolvimento final que apresenta, ocorrido ao longo de seus olhos[66].

Pode-se dizer que, ainda hoje, a Europa desconhece a produção do artista no Brasil, apesar de alguns esforços, como o de Zanini que, em 1992, apresenta um estudo sobre o artista no Brasil em um congresso na Alemanha[67], o de instituições alemãs, como a publicação de um livro incluindo as esculturas modeladas no Brasil, que não chegou a ser lançado[68], e as tentativas do Georg-Kolbe-Museum de Berlim de incluir na retrospectiva do artista, montada em 1992, esculturas brasileiras[69]. Zanini comenta, em 1975, que aguarda a publicação dos estudos sobre o escultor do Prof. Wolfgang Pfeiffer – já referido anteriormente –; assim, é a partir do catálogo de Zanini que se torna visível boa parte da obra de de Fiori. Até 1992, quando é publicado catálogo sobre o artista na Alemanha, é o catálogo de 1975, da retrospectiva no MAC, referência da produção escultórica de de Fiori anterior a 1936, assim como de idéias que a cercam.

Em seu trabalho de 1975, Zanini traz informações do que se encontra em periódicos europeus sobre o artista, acrescentando sua posição própria. Zanini confirma algumas afirmações da crítica sobre as origens nacionais do artista, mas não esquece de destacar a estada de de Fiori em Paris:

> Desde há mais de meio século, a crítica tem ressaltado que as origens ítalo-alemãs do artista, constituem fator básico para o entendimento de sua obra. Há com efeito em De Fiori uma interpretação sintática das tradições plásticas góticas e clássicas. É necessário, entretanto, considerar que a escultura francesa e internacional de Paris muito o influenciou nesses anos de sua vida ali (1911-14), a exemplo do que ocorre com outros seus colegas de nacionalidade alemã. Deve-se recordar o que generalizadamente usufrui da forma regeneradora de Rodin. Mais diretamente, há o peso de Maillol no começo de sua carreira e sua identificação ao espírito introspectivo de Hermann Haller, cujo atelier frequenta em Paris e artista a quem deve seu aprendizado técnico[70].

Em regra, as críticas referem que o pai de de Fiori era italiano e a mãe austríaca; algumas, como se destacou, partem da "mistura do sangue" dos pais do artista e chegam a ilações sobre as obras a partir de tal argumento, como observou Benet, referindo-se à educação alemã do artista. Enquanto em 1971, Zanini alinha-se por aquelas origens, afirmando que em de Fiori "se mesclam os sangues austríaco e italiano"[71], em 1975, opta pela linha educativa, pois escreve que o artista tem "origens ítalo-alemãs". Aliás, de Fiori, que nasceu em Roma, possivelmente estudou por dois "longos semestres" na Academia de Munique[72]. Quanto às ascendências, tomadas em conjunto ou separadamente, explicitam elas as formas alongadas de esculturas do artista com "gótico", "neo-gótico", "ideal germânico", "modernidade"; mas não menos o "clássico", que, apagando o "sorriso arcaico" do Kouros, gira o *contrapposto*. "Clássico" possibilita associações que atendem àqueles que conformam o artista ao que se fixou, historicamente, como renovação escultórica do início do século. A escultura helenística também o permite, pois, como sugere Zanini, ela chega a de Fiori via Maillol. Seguindo-se semelhante raciocínio, pode-se dizer que "tradição" interpreta a conjugação do alongamento e angulosidade "gótica" com o equilíbrio de Maillol; tal equilíbrio elimina o estático do "arcaico" e ainda contém algo da expressividade de Rodin, "mestre" de Maillol, na superfície da obra. Evidentemente, em tais praxes em histórias da arte, cabem, além de de Fiori, outros artistas, como Lehmbruck. Rodin, nessa praxe, serve para indicar o início da renovação escultórica da França, prosseguida por Maillol e outros, como Lehmbruck, Haller e até mesmo Kolbe. Zanini, que conhece os artigos escritos no Brasil e na Europa sobre o artista, apesar de se ter dedicado ao estudo da escultura em geral, segue, em linhas gerais, este roteiro em sua análise de de Fiori.

Afirma o historiador que, inicialmente, a escultura de de Fiori "emerge em índices derivados do mundo helênico de Maillol com alguma ingerência também de Renoir"[73], do que logo se afasta, pois, em esculturas do mesmo ano de 1911, já é outra a "preocupação" do artista. Em o *Sofredor*, Zanini instrui que de Fiori "exprime, no gesto teatral, uma preocupação moral, de alguma afinidade com Minne". Certamente, essa aproximação a Minne, a partir do *Leidender*, é conclusão a que Zanini chega em 1975. Em seu livro sobre escultura, de 1971, escreve que Lehmbruck é influenciado por Minne, e que este tem "propensão para a arte gótica" e uma temática "dominada pelo ceticismo e a melancolia"[74], Na época da publicação de seu livro, é possível que Zanini não conhecesse o *Sofredor*, porém, durante suas pesquisas para o catálogo sobre o artista, ele não só viu reproduções dessa escultura de título sugestivo para aproximá-la a Minne, como também afirma que Lehmbruck e de Fiori são próximos por um "arcaísmo gótico"[75]; logo, a associação Minne-de Fiori é decorrência lógica de tal postulado. Sobre Renoir, Zanini afirma no seu livro, que o artista transpõe "para o volume real os corpulentos e arredondados modelos femininos neoclássicos que o celebrizaram como pintor"[76] no catálogo sobre de Fiori, escreve que Renoir o influencia enquanto assegura que a escultura de de Fiori é de uma "estrutura física delgada". Assim, a influência de Renoir pode emanar de Mazza ou da ficha do artista, de 1929, em que este refere Renoir, todavia, como pintor.

A essas "instâncias preliminares", isto é, à escultura na linha de Maillol e Renoir e à que, em "contraste com a serenidade maiolesca" exprime afinidades minneanas, de Fiori é exposto, na seqüência, segundo "incidência cubista" que, de acordo com o historiador, ocorre entre os anos de 1912-1915. Passando por Pfeiffer, Zanini esclarece essa incidência nas obras, como "depurada e rítmica ordenação geométrica" de três esculturas:

> "Anastasius" e "Ursula", ambas de 1912 e "Dançarino", de 1914-15, todas em gesso (pr.V,VI e VII). Em nenhuma ocasião, todavia, esta característica plástica aprofundar-se-á na visualidade tipicamente tectônica do cubismo. A escultura de De Fiori não terá maiores amarras com o movimento que reconstrói a figura humana por planos geométricos sincrônicos. Anos mais tarde, ele declararia sua aversão pela arte cujos conteúdos limitam-se exclusivamente à própria forma[77].

Enquanto Zanini difere de Pfeiffer pelos termos empregados, este aproxima-se do artigo do crítico europeu Ewald Bender, de 1920, resumindo-o[78]. Zanini também tem Bender como referência para seu estudo sobre o artista, mas, enquanto ele e Pfeiffer, ao explicarem o cubismo, perdem o artista, o crítico europeu procura evidenciar com o cubismo idéias de de Fiori[79]. A esta passagem do texto, Zanini acrescenta excertos de um manuscrito do artista, transcrevendo-os para exemplificar suas colocações e não para evidenciar o conceito de forma do artista. Para Zanini, o cubismo é uma "fase" de de Fiori, que "perdurará até 1915"[80].

> O cubismo fora para ele exclusivamente uma disciplina necessária, "uma parte de nosso método", a possibilidade de procurar "os volumes e suas relações", noutras palavras, uma etapa para suas ambições que "eram maiores e também mais perigosas", uma vez que o "espírito e a alma constituíam seus objetivos finais"[81].

Analisando algo que nomeia de "peculiaridades plástico-psicológicas", Zanini conclui que de Fiori e Lehmbruck são diferentes de outros escultores alemães formados em Paris e influenciados por Rodin e Maillol. Enquanto Lehmbruck e de Fiori consideram o "estudo dos valores [...] de natureza anímica", os outros alemães não, segundo Zanini. Em outro trecho do catálogo, Rodin reaparece em novo contorno. Ao referir esculturas de de Fiori do decênio de 20, conclui que a "riqueza de textura de sua modelagem [é] decisivamente influente nos resultados de sua modelagem".

> O sentido de registrar as nuanças do corpo está presente também quando escolhe a madeira [...], o que faz sua escultura avizinhar-se da sensibilidade representativa da pintura, conotação que vemos reforçar-se no realçamento a cores que também utiliza. Esse elemento pictórico do *bildhauer*, alia-se a um vector da escultura consagrado na visibilidade impressionista de Rodin porém com um avanço no sentido expressionista, em que pese a ausência em sua obra de temas de natureza agressiva[82].

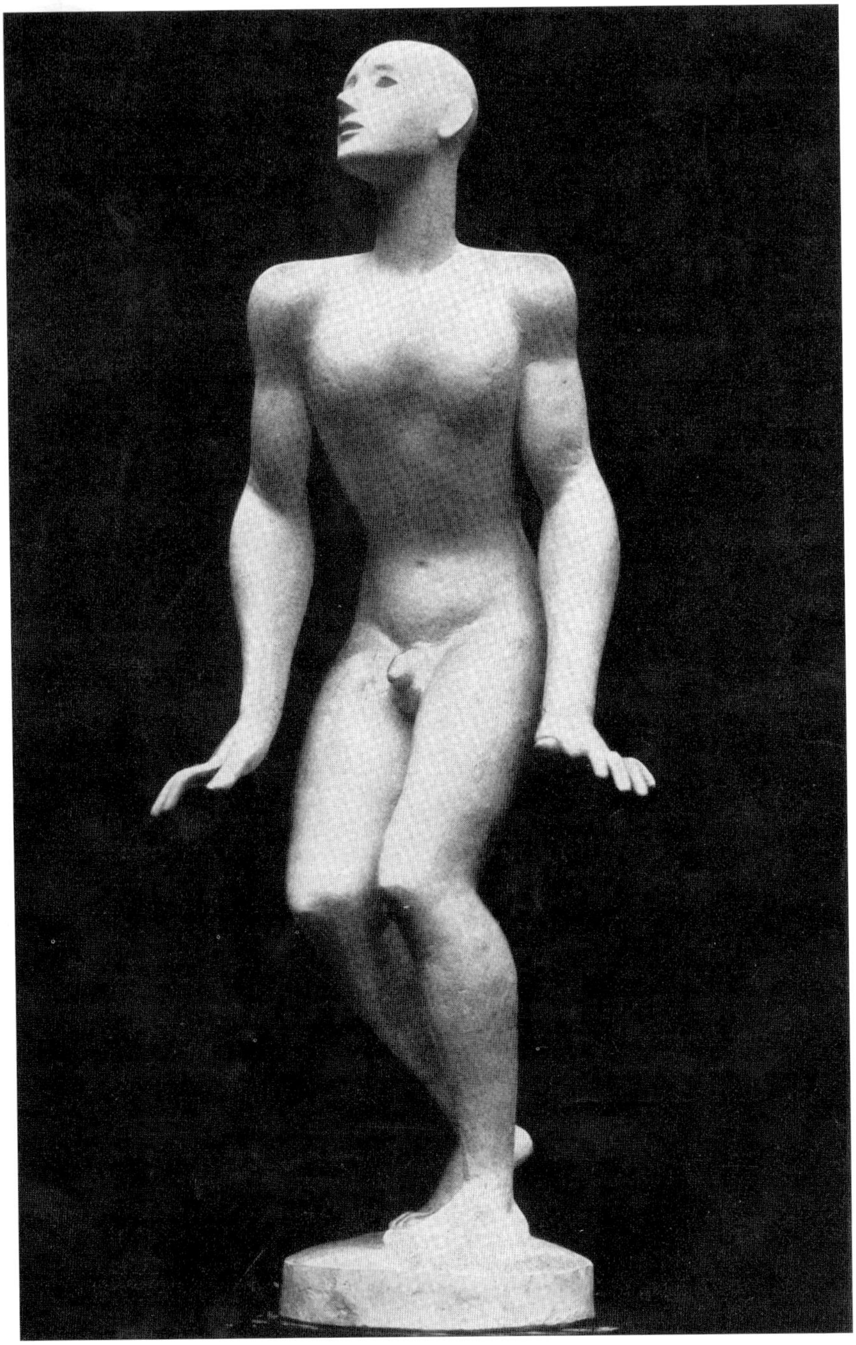

JÜNGLING, 1914. [65]

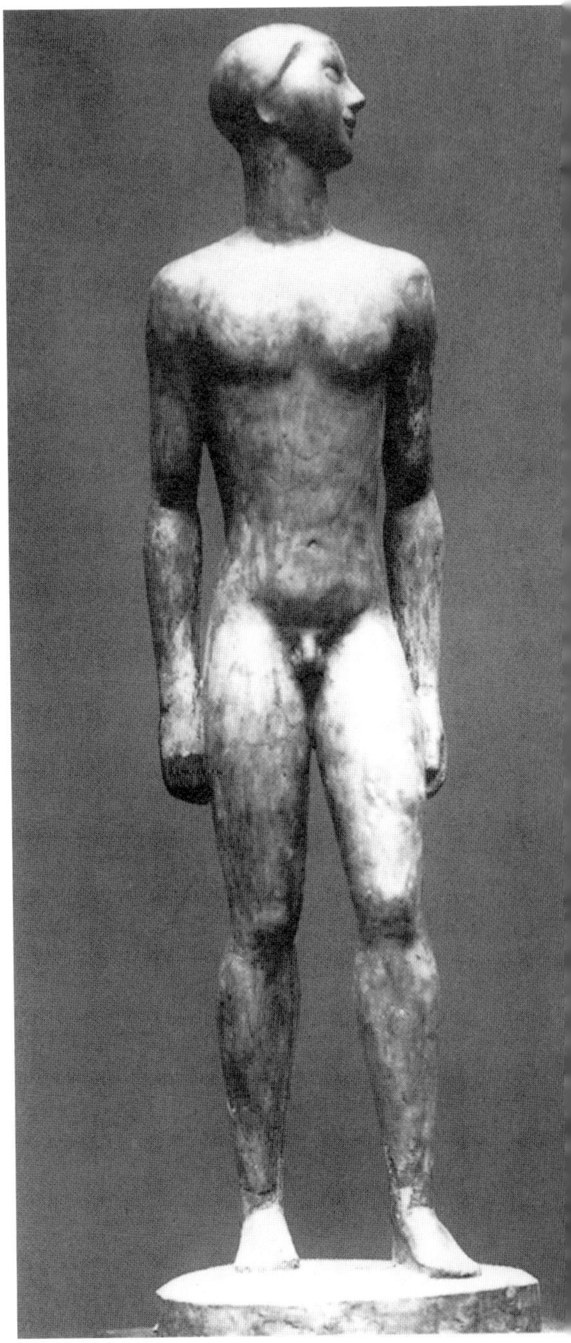

ANASTÁSIUS, 1912. [66]

O "impressionismo" de de Fiori, decênios antes, foi proposto por Milliet, mesmo sem o vetor que Zanini fixa em Rodin. Também Milliet observou esse mesmo "expressionismo" no artista[83], só que seus exemplos tratavam de esculturas brasileiras, enquanto os de Zanini, de européias. Também é da Europa o artigo que Zanini segue como roteiro para a passagem seguinte de seu texto, um artigo de Alfred Kuhn sobre o artista, de 1927[84]. Após referir as *Karyatiden*, de 1924, que estão na diretriz de "visceral capacidade perceptiva", sempre na "tendência crescente" do artista, Zanini escreve que a "atitude futura e final" de de Fiori na Alemanha assinala "alternâncias" entre 1924 e 1936, quando de Fiori modela ora figuras femininas ora masculinas. Acerca da "tendência crescente", na qual estão o "impressionismo" e o "expressionismo", afirma que o artista é "íntegro neste relacionamento interdisciplinar". Para Zanini, as "alternâncias figurativas [...] incluem o atlético", como *Jüngling* da Rathaus de Schönberg, os boxeadores, o *Homem em Marcha* [*Caminhante*] e *O Fugitivo*. Existem duas obras intituladas *Fliehender*, uma datada de 1934; as duas expostas em 1935. Porém, o título permite expatriar de Fiori para o Brasil, fugindo do nazismo. Zanini excogita que o "simbólico 'O Fugitivo' (Der Fliehender), de 1936", foi "exasperadamente modelado em gesso às vésperas de seu abandono definitivo de um país destruído em sua liberdade"[85]. Contudo, como esclarece Zanini, antes de seguir viagem para o Brasil, ainda em 1936, de Fiori modela em "rápida estada em Paris"[86], um nu feminino "de rugosa epiderme"[87]. Pode-se supor que Zanini considera o que Pfeiffer escreve e confirma a passagem rápida nas fotografias de obras do artista que lhe foram cedidas, entre as quais há uma em que está no verso: "Paris". Não há documentação que sustente essa afirmação de Pfeiffer, ratificada por Zanini e, certamente, eles desconheciam um guache de figura feminina que de Fiori pintou no Brasil, nele escrevendo: "Paris 41". Voltando à Alemanha, Zanini refere o túmulo da família Merck, em Darmstadt e trata dos retratos.

Como se viu em outras críticas consideradas, de Fiori participa da humanização da escultura; com essa "humanidade [nele] instaurada", o artista busca, segundo Zanini, a "apreensão do espírito", elevando de Fiori a uma posição "provavelmente inigualável como retratista entre todos os escultores de seu tempo". Zanini retém a maior parte dos artigos escritos no Brasil sobre de Fiori, inclusive os do esquecido Menotti; assim, os retratos de de Fiori não poderiam deixar de ser evidenciados, mesmo porque, também para o historiador, o retrato é "um dos ângulos mais fortes e denotadores da consciência artística de De Fiori."

> Antinaturalista, inspirado em parte pelo realismo da "Neue Sachlichkeit", De Fiori é empenhadíssimo na animação subjetiva dessas imagens retraçadas com decidido acento pictural, "até que elas sejam realmente vivas, até que

WEIBLICHE KARYATIDE MIT ERHOBENEN ARMEN, 1924. [67]

MÄNNLICHE KARYATIDE MIT ERHOBENEN ARMEN, 1924. [68]

WEIBLICHE KARYATIDE MIT ERHOBENEN ARMEN, 1924. [69]

MÄNNLICHE KARYATIDE MIT ERHOBENEN ARMEN, 1924. [70]

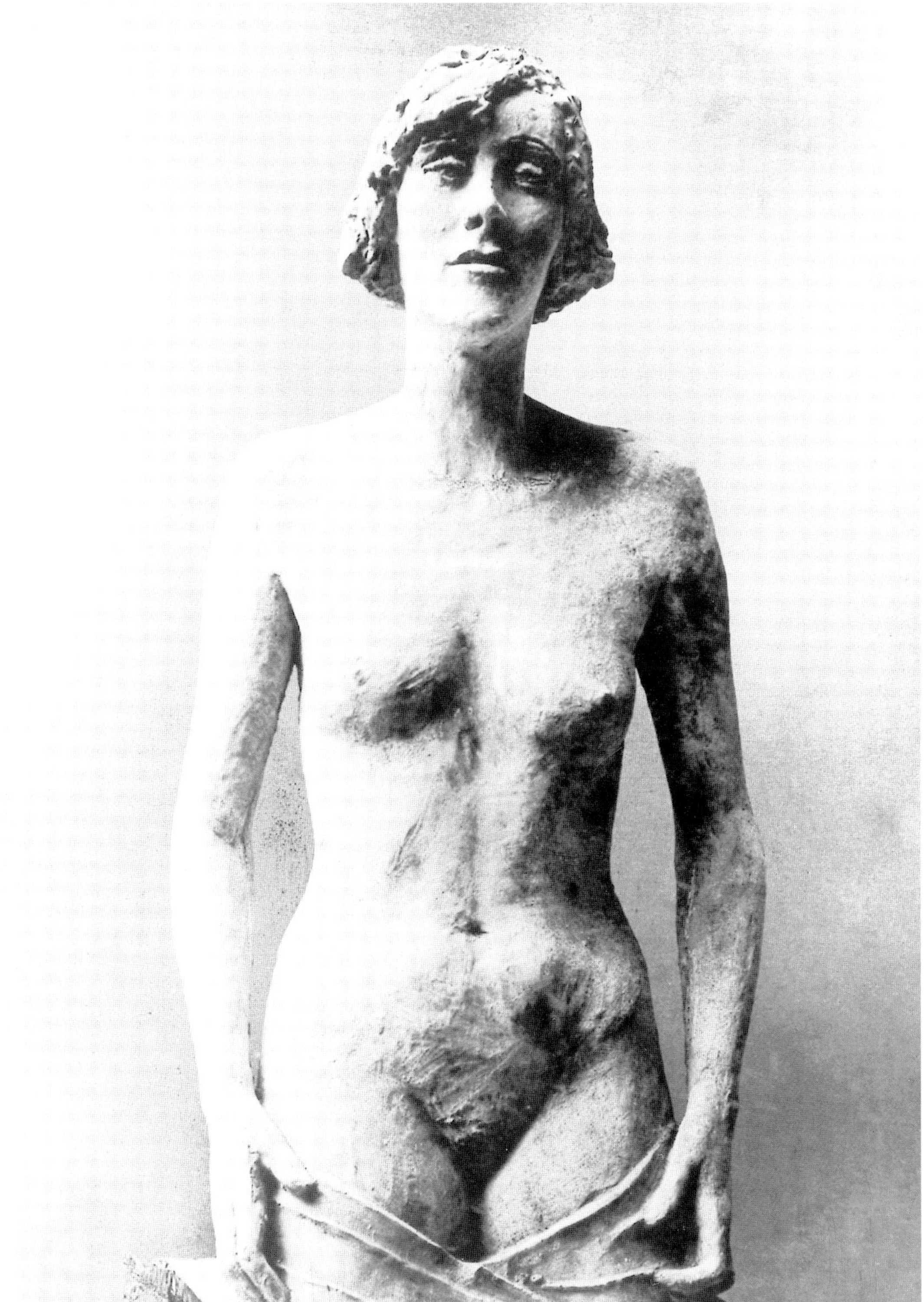

WEIBLICHE KARYATIDE MIT GESENKTEN ARMEN, 1924. [71]

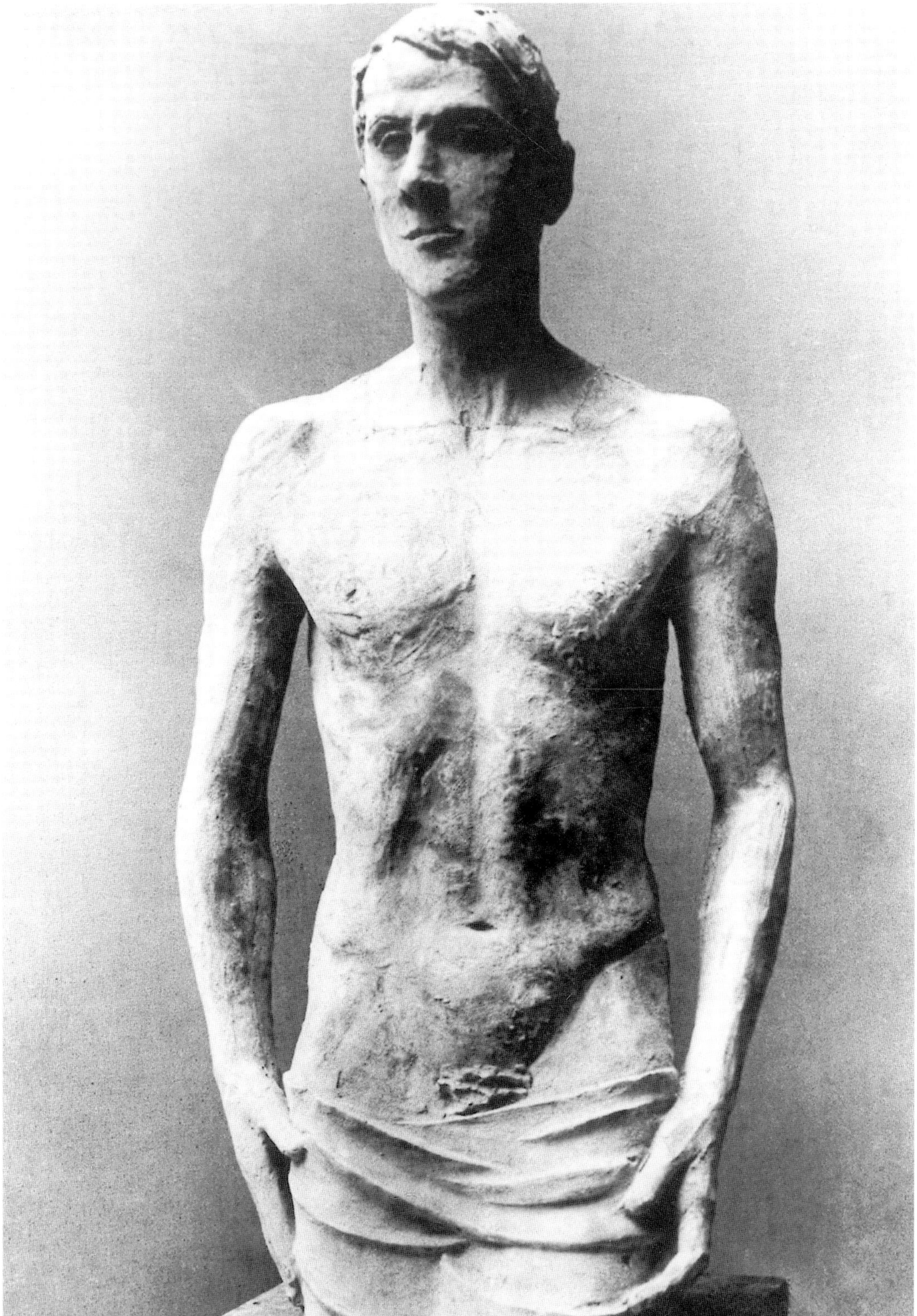

MÄNNLICHE KARYATIDE MIT GESENKTEN ARMEN, 1924. [72]

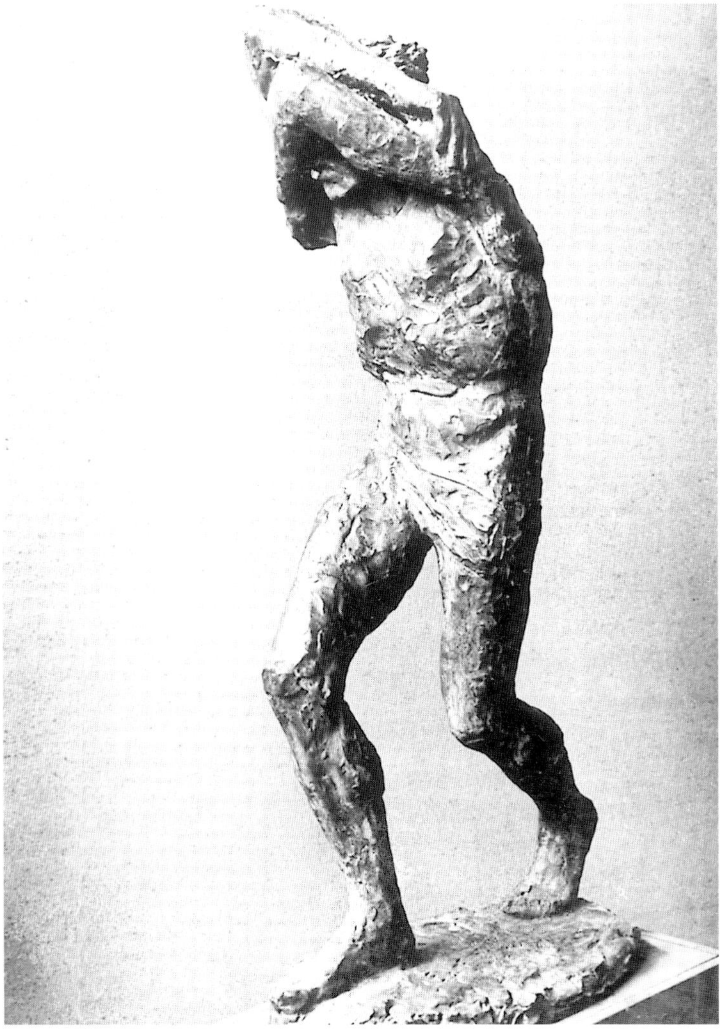

FLIEHENDER, 1934. [73]

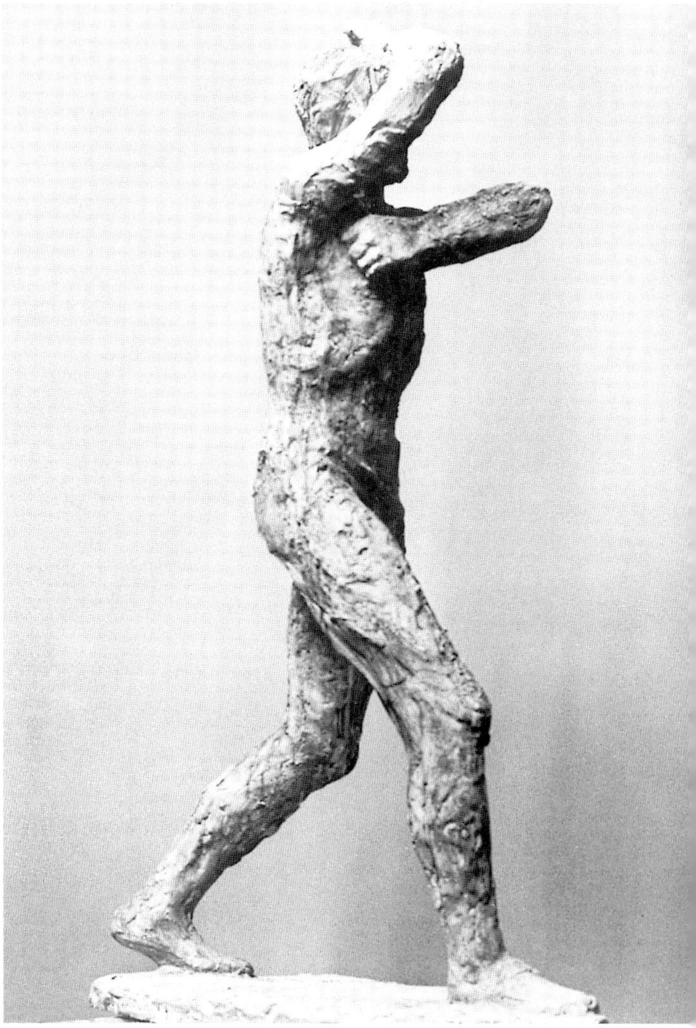

FLIEHENDER, *c.* 1934. [74]

quase não mais nos apercebamos delas, até que se tenham transformado numa similitude da alma"[88].

A "similitude de alma" serve de título a artigo de jornal que anuncia o fechamento da retrospectiva de 1975[89]; todavia, o trecho do manuscrito de de Fiori citado não corresponde ao que Zanini quer: a "Nova Realidade" do decênio de 20 europeu na obra do artista. O retorno à ordem é, possivelmente, fala de Picasso de *c.* 1920; o "verismo", também deste decênio, é italiano; o "novo naturalismo", termos da revista *Das Kunstblatt*, corre pela Alemanha e inclui a noção deste "novo" contra o "expressionismo", o "velho", e, a todos esses termos novos ainda podem agregar-se outros, como o "Realismo Mágico" que se detecta em "Neue Sachlichkeit". Há ainda outras observações sobre esse rótulo que, adjetivado, foi utilizado como sinônimo de "*neuklassizistisch*", como explica estudioso dessa arte[90]. Como todas as novidades podem inscrever-se no novo rótulo, também de Fiori pode ser incluído na "Neue Sachlichkeit", sem explicações, a não ser que Zanini passe, como passa, por Bardi que menciona a "Sachlichkeit", sem "Neue", em de Fiori[91].

No Brasil, segundo Zanini, de Fiori manifesta intensamente, desde as suas "primeiras esculturas [...], as qualidades reveladas na Europa"[92], afirmação que exemplifica com os retratos de Menotti del Picchia, Ungaretti, Giuliana Heins de Fiori, "Greta Garbo, que fez de memória", todos de 1936. Datação de Zanini, que, certamente, envolvido por Greta, esqueceu de observar a data no pescoço desta. "Intensidade", neste trecho do catálogo, deve ser entendida como desenvolvimento, uma vez que Zanini explica que a matéria desses retratos "realçam [...] a virilidade crescente de sua visão manifestada desde os últimos anos em Berlim". Esse crescente também deve ser visto nas esculturas de nus femininos que, segundo Zanini, certamente ainda na chave de Bardi, são fiéis "à simbiose característica de sexualidade efébica e espiritualidade meditativa"[93].

Das obras escultóricas no Brasil, Zanini faz poucas observações, em geral as refere, datando-as e indicando-lhes os colecionadores. Suas análises centram-se nas esculturas que de Fiori modelou para o MES, do Rio de Janeiro, em 1938. Afirmando que Mário de Andrade admirava de Fiori, com base no artigo de 1941[94], ou no texto de Mendes de Almeida de 1974, Zanini escreve que "certamente por intermédio" do escritor, o escultor chegou ao ministro Capanema. Certamente, entre os papéis que Gerda e outros lhe cederam, e sob a montanha de histórias espalhadas em jornais, Zanini perdeu as informações que estão em cartas que de Fiori recebeu. Entre as enviadas por Heuberger, em setembro de 1937, o comerciante informa o artista que os ministros Capanema e Macedo Soares visitaram sua exposição [Rio de Janeiro] e que os dois ficaram "entusiasmados" com os trabalhos[95]; em outra carta, Heuberger informa que o filho do ministro Rodrigo Octávio quer fundir a cabeça de seu pai, modelada por de Fiori[96]. Rodrigo

Octávio, por sua vez, apresenta de Fiori através de carta, a pessoa da sociedade carioca[97]. Essas relações do artista, certamente dispensariam novas apresentações. Nenhum documento do arquivo Gustavo Capanema, onde está a correspondência dele com Mário de Andrade[98], permite sustentar a afirmação de Zanini, e, lembrando-se o que Mário escreveu sobre de Fiori, a "admiração" se desfaz na prova que o historiador aduz.

Sobre as propostas do MES, Zanini escreve que o Ministério pensava em uma escultura "de maior leveza, de sentido geométrico, que ressaltasse também um certo heroísmo", por isso a obra de de Fiori não foi aceita. Esse conceito destacado por Zanini pode provir da equipe de arquitetos, todavia, não do gosto e direção de Capanema, relativamente a *O Brasileiro*, escultura que o ministro cuidava para que lhe saísse a contento, isto é, que seguisse "o rumo dos grandes escultores de hoje: Maillol, Despiau etc"[99]. Para Capanema, *O Brasileiro* seria a principal escultura do MES, o "Ministério do Homem"; escreve-o para o Presidente da República, e acrescenta que esta será a "estátua do homem, do homem brasileiro". Descreve-a: "O homem estará sentado num soco. Será nu, como o Penseur de Rodin. Mas o seu aspecto será da calma, do domínio, da afirmação"[100]. Esta obra divergiria dos conceitos que Zanini tem do projeto do MES. Há também outros equívocos. Sem saber que esse *O Brasileiro* deveria estar sentado, Zanini afirma que *O Brasileiro* do MAC, que está em pé, deveria ter doze metros de altura, como principal obra do MES. Na época da construção do Ministério, Zanini escreveria o que Roquette Pinto mandou para Capanema: "Penso que o homem brasileiro deve ser representado na posição de quem marcha... Sentado? Nunca"[101].

Apesar da confusão, Zanini afirma a existência de outro *O Brasileiro*, concordando com as observações que Lourival faz dessas obras, inclusive citando seu artigo:

> A figura agora no Museu de Arte Contemporânea da Universidade de São Paulo, representando "O Brasileiro" (pr.XLV "a" e "b"), que em sua escala final deveria ter exageradamente 12 metros de altura, contrasta com aquela mais delgada e mais individualizada do Museu de Arte de São Paulo (pr. XLVI), também em gesso, pela presença de caracteres antropológicos generalizados que se aproximam com consciência perceptiva da visão que nós podemos fazer do homem deste país ainda não sedimentado numa possível peculiaridade definitiva. Não há nesta obra, cujos aspectos pictóricos da modelagem servem para acentuar a decisão moral da figura, nenhuma concessão retórica a arrivismos patrióticos ou a "truques de meu-ufanismo [sic]" – como afirmou Lourival Gomes Machado – que em sua interpretação vê nela "o homem sólido que em sua atitude estática e bem plantada compreende que só há força para sofrer e lutar"[102].

Zanini, não só atualiza Lourival, como também a idéia de um homem brasileiro, concluindo que *O Brasileiro* de de Fiori "exprime uma realidade ecológica" que o artista conheceu "não apenas nas cidades mas em suas viagens pelo interior". Os jornalistas que cobrem a retrospectiva de 1975, concordam sobre isso com

Exposição do projeto do Ministério da Educação e Saúde, Rio de Janeiro, organizada pelo Estado Novo, 1939. Maquete do MES com marcação do local onde seria erguida a figura sentada de *O Brasileiro*. [75]

Exposição do projeto do Ministério da Educação e Saúde, Rio de Janeiro, organizada pelo Estado Novo, 1939. Da esq. p/ dir.: *O Brasileiro*, de Ernesto de Fiori; desenho de *O Brasileiro*, autor não identificado; à direita, fotografias da construção do MES. [76]

Zanini; em 1997, há estudioso que, elogiando Zanini como historiador e crítico, discorda, todavia, do professor e afirma que *O Brasileiro* de de Fiori "é um ... ariano"[103].

Entre as figuras brasileiras de de Fiori, Zanini escreve que há uma "alternativa de figura" que lembra "esquemas de estatuária egípcia". Trata-se de uma figura masculina sentada, com mão cerrada sobre a coxa, que é, para Zanini, psicologicamente e de "sensibilidade plástica igual" a *O Brasileiro* do MAC; quanto à outra figura masculina sentada, Zanini a intitula de "Atleta em repouso". Esse atleta esteve na exposição do Estado Novo, em 1939, no MES, representando a escultura que faltava d'*O Brasileiro*, que nunca houve.

Zanini supôs que figura deveria estar no Ministério; não distingui, entretanto, fases de trabalho, o que fez relativamente à encomenda do mesmo MES, de figuras femininas. Analisando estas, chega a identificar que obra é "estudo preparatório" para a "versão final" da escultura que nomeia de "Figura Feminina Reclinada", que é, segundo ele, "a versão em gesso patinado, mais detalhado", que também é do MAC. Considere-se que há na produção de de Fiori, figuras modeladas com soluções próximas; neste sentido, talvez seja possível considerá-las versões de um assunto, nunca, porém, esboços de obras. Zanini imagina tal distinção em função do detalhamento observado na obra, na seqüência do menos acabado ao mais acabado.

Quanto à pintura, Zanini parte de dois olhares do artista, supostamente determinantes de "fases", que possibilitassem uma melhor compreensão delas. Nesta classificação, na primeira fase, de Fiori "obedece mais de perto a visualidade retida pela contemplação ou a experiência sensorial" e faz uma pintura que "sofre mais o controle da relação óptica"; na segunda fase, quando o artista se liberta da primeira, obtém "desenvoltura crescente da composição" e faz uma pintura que "intromete maior carga de subjetividade na representação, criando situações idealizadas". Zanini vê um de Fiori na primeira fase que controla a "realidade objetiva", e, na segunda, outro que, ultrapassando a primeira fase, transborda "todas suas reservas expressionistas", afirmação que reitera em livro de 1983, quando torna a escrever sobre o artista[104]. No catálogo de 1975, certamente não escapou a Zanini a palestra de Milliet com o depoimento do crítico falando que de Fiori "jamais pintou do natural"; logo, assegura o historiador, a pintura da primeira "fase", que sugere, por vezes, "uma apreensão local da atmosfera" com "algumas afinidades" com o "impressionismo", não é "pintura efetuada à maneira impressionista". Definidas as fases, entram as pinturas, cabendo à primeira cenas de mata, beira-rio, animais, fazendas, queimadas e, à segunda, obras em que o artista inclui a figura humana. A primeira fase, das paisagens, começa com a chegada de de Fiori ao Brasil, prosseguindo até *c.* 1939; a segunda, vai de *c.*

FIGURA FEMININA RECLINADA, 1938. [77]

FIGURA FEMININA RECLINADA, 1938. [78]

FIGURA FEMININA RECLINADA, 1938. [79]

FIGURA FEMININA RECLINADA, 1938. [80]

FIGURA FEMININA RECLINADA, 1938. [81] [82]

FIGURA FEMININA RECLINADA, 1938. [83] [84]

FIGURA FEMININA RECLINADA, 1938. [85] [86]

1939 a 1942/43, na qual também se inscreve São Jorge e o Dragão, etc.

Depois das fases, Zanini passa a referir as pinturas sob um novo ponto de vista, a de uma museologia centrada em temáticas, indicando-lhes ora os títulos, ora os nomes dos proprietários e, por vezes, sugerindo as dimensões da pintura. Agregam-se a esta classificação as paisagens sem ou com figuras, que se estendem entre 1936 e 1943, sendo que entre os anos 1940/42 de Fiori também se interessa por cenas urbanas. Após 1939 até *c.* de 1942/43 o artista "capta a ambiência social da aristocracia austríaca e alemã refugiada em São Paulo", em quadros de "grande amplitude", que se intensificam em 1942-43. À estética destas obras com figuras humanas, Zanini associa pinturas de São Jorge e o Dragão que, por vezes, "estendem-se em superfícies de grandes proporções"[105].

Tais divisões, externas à obra de de Fiori, possibilitam supor a existência de idéias em Zanini no que concerne à datação das pinturas, cuja maior parte não é, por sinal, datada. Possivelmente, seu critério é o mesmo que o levou a identificar qual era a primeira escultura e a última da "Figura Feminina Reclinada", na seqüência do menos complexo para o mais complexo; o implícito, na pintura, seria a seqüência de obra sem figura para a com figura, assim como as dimensões crescentes. Ainda que não afirme, como Pfeiffer, que após 1938 de Fiori se dedica mais à pintura devido a falta de reconhecimento do escultor, Zanini também supõe que, em 1938, o artista intensifica sua atividade pictórica, concentrando a produção entre os anos de 1938 a 1943. Sem dúvida, o maior número de quadros datados e assinados pelo artista é dos anos de 1942/43, o que, aliás, pouco significa, quando as datas são tomadas como critérios de classificações primárias. Mesmo em um trabalho de indexação cuidadoso, a classificação e datação da obra de de Fiori por ano fica no impreciso, em nada contribuindo para a compreensão da obra.

A outra preocupação de Zanini foi estabelecer a importância do artista para o "movimento de arte do Brasil" e a "interação" das paisagens de de Fiori na "cultura do ambiente onde se produziram". Interrogando tal cultura, Zanini volta aos artigos produzidos antes de 1946. Afirma que de Fiori valoriza a figuração e contesta a abstração, o que está nos artigos do artista, e, acrescenta, que o artista teria declarado: a "abstração" é responsável "por alienações e pelo divórcio entre arte e público". Zanini encontra esta suposta declaração de de Fiori em reportagem de 1941, a mesma em que Mário de Andrade se concentrou para escrever parte de sua crítica ao artista. Possivelmente, Mário não dispunha de artigos de de Fiori; Zanini tinha à sua disposição tanto os artigos publicados como os não publicados. Nesta reportagem de 1941, que cobre a exposição de de Fiori destacando as batalhas e as obras com São Jorge, o repórter distorce as idéias do artista, como se afirmou anteriormente. Escreve, como se fos-

PAISAGEM-RIO, 1936. [87]

PAISAGEM COM VACAS, 1942. [88]

VISTA DE SÃO PAULO, 1942. [89]

RUA, 1940. [90]

MARINHA, 1943. [91]

VELEIROS DE GUARAPIRANGA, 1943. [92]

PAISAGEM COM DOIS CAVALOS, s/ data. [93]

PAISAGEM COM CASAL E CAVALO, s/ data. [94]

CASAL, 1942. [95]

CASAL, 1942. [96]

se fala de de Fiori, que em sua obra há "uma sensível influência do cubismo e do surrealismo" e que a abstração é responsável pelo "divórcio entre arte e público"[106], afirmações totalmente estranhas aos escritos de de Fiori. Não bastaram a Zanini as críticas feitas pelo artista à abstração, na busca de idéias que lhe permitissem integrar o artista na chamada "pintura paulista". Reforçar a figuração de de Fiori a partir dessa reportagem importa, sabendo-se que, genericamente, as obras de artistas paulistas dos anos 30 e 40 são figurativas. Com a figuração ressaltada, Zanini começa a construção de um de Fiori no Brasil; porém, as idéias vão sendo empilhadas, referindo São Paulo em afirmações alheias a qualquer verificação documental.

De Fiori chegou a um "meio que [o] desconhecia inteiramente", ao qual o artista procurou "desde logo uma forma de adaptação". Esta, segundo Zanini, deu-se através de exposições coletivas e individuais, sendo que, inicialmente, foi Pinto Alves quem o ajudou "a penetrar no ambiente, de onde resultaria sua participação nos salões". Entre os amigos do artista, destaca a importância de Rossi Osir, "essencial", como escreve, pois, com este, de Fiori podia dialogar. Não menciona que artistas se reuniam na casa de Rossi e refere a freqüentação de de Fiori do ateliê de Bruno Giorgi, destacando que lá o artista desenhava "com modelo vivo, em reuniões de trabalho, ao lado, entre outros, do anfitrião, de Alfredo Volpi, de Mário Zanini e de sua aluna Gerda Brentani." Não se sabe se esta afirmação no catálogo derivou de algum depoimento de Giorgi, de 1974/75[107], ou de qualquer outro, sem comprovação documental, na criação de um de Fiori integrado às artes da Cidade.

Sempre procurando amarrar de Fiori, Zanini inverte o argumento. Observa que há influência de de Fiori sobre os artistas do ateliê de Bruno Giorgi, como em outros, a exemplo do "pintor e escultor Joaquim Figueira". Insistindo na "incidência de de Fiori no meio", lista outros nomes de artistas, destacando trechos de depoimentos deles, afirmando que ainda há artistas que relutam "em admitir as lições recebidas" de de Fiori. Esse inventário possibilita Zanini afirmar que a personalidade do artista era "difícil e altiva", o que "despertava raivas incomedidas nos redutos acadêmicos", enquanto demonstrava "interesse pelos artistas locais e pelas exposições da época"[108]. Esta afirmação é praxe na história dos artistas de São Paulo dos anos 30 e 40, que se rebelaram contra os ensinamentos da academia e as normas do Salão Paulista de Belas Artes, que privilegiavam os chamados "acadêmicos". A afirmação de Zanini de que de Fiori se interessava pelos "artistas locais", implica ligação deste aos "modernos" daqueles anos. Possivelmente, Zanini encontra material para essa afirmação a partir do levantamento de catálogos, nos quais confere que de Fiori expõe no Salão de Maio, no Sindicato e no intitulado

Família Artística Paulista e não no Salão Paulista. De acordo com esse raciocínio, pode-se dizer que de Fiori não expõe com os "acadêmicos" e expõe com os "modernos"; Zanini avança ainda mais, ao escrever que de Fiori se interessava pelas exposições e pelos artistas locais, entendendo que isso testemunha a "humildade artística" dele.

> A crítica do tempo, salvo como exceção, entre acertos e erros, soube apreciar e reconhecer seus méritos. Mário de Andrade, que lhe dedicou linhas sólidas, parece contudo não se ter conscientizado dos impulsos que dele derivam para os componentes da Família Artística Paulista, nem dos fatores mais gerais ocasionados pela sua simples presença[109].

Com efeito, em seu ensaio sobre Clóvis Graciano, Mário escreve que os artistas da "Família coincidem com a temática do Impressionismo, refugando o característico original, a triunfalidade de um Kokoschka, todos os paisagistas germânicos (é lembrar, entre nós, as escolhas paisagísticas de Ernesto de Fiori)"; isso desmente Zanini enquanto quer um de Fiori na Família. Também Milliet é criticado, pois o crítico procurou relacionar a pintura de de Fiori a Dufy e Vlaminck; todavia, Zanini perde a argumentação e firma-se no rótulo, escrevendo que "devemos vincular" a obra de de Fiori ao "expressionismo germânico, na corrente menos contagiosamente acerada e freudiana": esquece o historiador a oposição reiterada de de Fiori ao expressionismo na chave do *Parademarsch*.

Nesta linha de rótulos, prossegue Zanini opondo-se a Milliet e à sua tese da "bem-amada", lembrada pelo historiador como o "violino de Ingres". Zanini opõe-se a Milliet pois não há trecho em sua palestra de 1945 que possa sugerir a idéia de um de Fiori integrado à pintura paulista, e repropõe Martins e Lourival em uma costura que desconhece os artigos dos críticos de 1945. Além da idéia de obra inacabada, e de "sentido provisório" que de Fiori "emprestava a esses trabalhos" pictóricos, o "drama do exilado", de Martins, implica o recomeço na nova terra da pintura, como solução adaptativa ao Brasil. Martins não cita qualquer integração de de Fiori à pintura paulista ou suas interações recíprocas; todavia, Zanini extrai desse trecho da palestra do crítico as palavras: "Pela pintura ele [de Fiori] se integrava na nova realidade cultural, fazia-se um homem do novo universo"[110]. Destacadas do texto essas palavras confirmariam Zanini em sua busca de um de Fiori interativo com o ambiente onde produziu suas obras. Reiterando a idéia, destaca outras palavras de Lourival, afirmando que o crítico, ao apreciar as "'marinhas' de Santo Amaro", escreve: "Contribuição decisiva para a paisagística brasileira". Novo equívoco de Zanini, pois Lourival, como se afirmou, considera a escultura do artista não limitada à estreiteza nacional e, colocando a pintura em oposição a esta, assinala o pouco valor dela no rótulo que encontra "paisagística brasileira"[111]. Insiste Zanini:

> Em verdade, De Fiori era quase um recolhido neste universo distante o que entretanto não o impediu, de certa forma, de o penetrar e de se deixar penetrar por ele. Não devemos, por sinal, ter complexos ou excessos de escrúpulo em anexá-lo à Família Artística Paulista[112].

Todavia, é preciso temer anexações. O empenho de Zanini para encaixar de Fiori na suposta Família Artística Paulista não o impede de concordar com os críticos de 1945: ao afirmar que a tese de Milliet "é indefensável", reúne as idéias dos críticos em uma frase que lembra Lourival: "embora a dimensão do escultor seja maior que a do pintor"[113].

Os artigos de jornais que registram essa retrospectiva trazem sínteses da cronologia do artista, que lembram as escritas antes de 1946. A maior parte dos jornalistas de 1975, também retorna à idéia do escultor mais importante que o pintor, e, ao informarem que de Fiori se dedicou mais à pintura no Brasil do que à "terceira dimensão", afirmam que "justamente por isso a retrospectiva do MAC, ao realçar a parte escultórica, torna-se importante"[114]. A novidade desses artigos é o realce que dão à "frustração"[115] do artista no MES, onde suas esculturas não foram aceitas. Mário de Andrade não é exaltado como em 1974, mas é referido como "admirador" do artista.

LUGARES-COMUNS

A biografia que Gerda escreve sobre Ernesto de Fiori, entre 1945 e 1946, trata principalmente dos anos que antecedem 1936. Os textos de estudiosos que se seguem a ela, ao considerarem o artista na Europa, ou a ampliam ou a abreviam na inclusão de novas idéias, como o faz, por exemplo Bardi. De 1947 a 1974, cada autor, ao se apropriar do texto de Gerda, o tem como modelo, ainda que o nome da autora possa não ser mencionado. A autoridade do texto de Gerda decorre de sua amizade a de Fiori como o deixa subentendido Luis Washington em 1947, no agradecimento que dirige a ela, e como o afirma Paulo Mendes de Almeida, em 1974.

O conhecimento dessa amizade nas ocorrências da vida ou mesmo nas idéias de de Fiori desconsidera, em geral, o imaginário de quem relata. Os depoimentos escritos ou orais possibilitam, por vezes, informações. Ficar neles literalmente é correr o risco de se distanciar do objeto; porém, é necessário considerar os depoimentos como meios. Na construção de uma possível biografia de de Fiori, os depoimentos de seus amigos ou conhecidos facultam indícios sobre sua vida, uma vez que se conhecem poucos documentos da mão do artista. Muita vez, os depoimentos são guiados pelo amigo, de modo que a narração atende aos seus desejos; por vezes, entretanto, no exagero ou no direcionamento, pode-se encontrar um ponto de partida. A partir dos excessos, encontram-se tópicas da história da arte nas quais o artista fica incluído; pode-se ter uma pista de obras supostamente destruídas; entre outras possibilidades, pode-se obter nomes ou indicações de pessoas com as quais o artista conviveu. Nesse sentido, os depoimentos de Gerda, assim como um texto dela não publicado, são úteis[1]; é o que acontece quando conta sobre os seus encontros com o artista no ateliê de Rossi Osir ou em reuniões com outros artistas, enfim, do que ela presenciou, após 1939. Quanto ao seu texto biográfico, chega-se, a partir dele, às fontes que lhe serviram de sustentação no traçado da vida e da obra do artista na Europa. Embora afirme que escreve

DER BILDHAUER DE FIORI / VON EWALD BENDER

Wenn es mir gelänge, sehr unpathetisch, ja fast kühl, doch nicht ohne weltmännische Anmut und mit einer vollkommenen Klarheit und Sachlichkeit von seiner Arbeit zu berichten, so wüßte ich, daß ich mir so den Dank dieses Künstlers verdienen könnte. Lohnt die Bemühung? Aber kann mir irgend jemand, sofern er nur jenes stets vorauszusetzende Maß von Einsicht und Geschmack besitzt, sagen, wie er diese Stunde besser verbringen kann, als wenn er sich solche Figuren betrachtet, wie sie hier abgebildet sind? Und dann möge er mir freundlich und kritisch in die Werkstatt eines Bildhauers folgen, der auf den ersten Blick als mehr, nämlich als eine Persönlichkeit von sehr bestimmter und zu einer klaren Stellungnahme herausfordernder Eigenart erkannt worden ist. Solche Menschen sind selten gewesen zu allen Zeiten, sie sind fast unauffindbar in dieser höchst jammervollen Zeit.

Man könnte — und der Erfolg wäre sicher — in der Art eines geschickten Anwalts vorgehen, der seinen Klienten von der rabenschwarzen Schlechtigkeit der Gegenpartei profitieren läßt. Aber so sehr ein Vergleich mit hochgepriesenen Meistern dieser kunstreichen Tage auch reizen würde, so geschähe es doch nicht im Sinne des Mannes, der auf die andern kaum blickt. Was diese machen, geht ihn gar nichts an, und so sind wir wieder einmal der Gelegenheit beraubt, über einen Kunstbetrieb geschmackvoll zu pöbeln, von dem die Chefs der Reklame mit mehr Recht als Stolz sagen dürfen, daß er der wahre Ausdruck der kulturellen, wirtschaftlichen und politischen Gegenwart sei. Immer war es so, daß Künstler von Rang ihre Zeit, anstatt sie zu illustrieren, sie vielmehr zu überwinden getrachtet haben. Ermutigt durch das Beispiel großer Meister der Vergangenheit und manchmal, in Not, von ihrer stärkeren Hand geführt, tasteten sie sich voraus. Wir sind gewiß, daß auch Fiori, den Dada einen Reaktionären nennt, in Tage vorausweist, die schönere sein werden, als diese sind.

Er hat wenig Gefährten auf dem dornenvollen Wege. Jüngere Bildhauer, die hier genannt werden könnten, verlieren in seinem Schatten ihr Gesicht. Der Einzige, der neben Fiori aufrecht steht und dabei noch gewinnt, ist Hermann Haller. Kein Zufall, daß sie sich fanden, und nun Seite an Seite, jeder im eigenen Schritt marschieren.

Haller hat, ungerührt, alle künstlerischen Richtungen der letzten fünfzehn Jahre an ihrem Ursprungsort entstehen und vergehen sehen. Er ist reinen alemannischen Blutes, unkompliziert, und folgt ohne Irren dem Kompaß in seiner Seele. Ernesto de Fiori trägt von Vaters Seite seinen italienischen Namen, die Mutter aber ist Deutsch-Österreicherin. Das bedeutet Kampf, und er hat sich mit allen Teufeln herumschlagen müssen, bis die widerstrebenden Energien sich in dem reinen

Der Leidende, Bronze, 1911/12

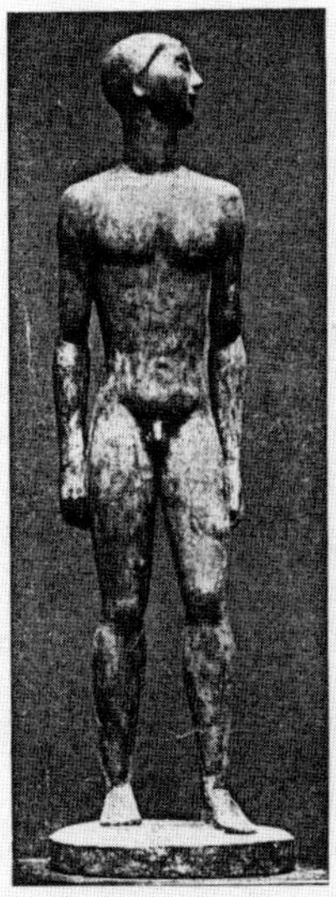

Anastasius, Gips, 1912

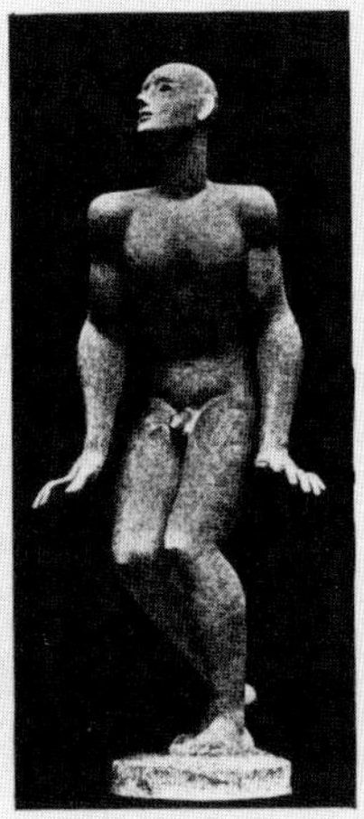

Tänzer, Gips, 1914/15

Ursula, Gips, 1912

vollem Genießen geneigten Elemente seiner Persönlichkeit, die sich auf der Leinwand niederschlagen. Der künstlerische Ernst bei der Arbeit ist aber nicht geringer als wenn er bildhauert.

Es wird über Fioris Bilder gelegentlich an anderem Ort zu sprechen sein. Daß man sie gesonder neben seinem plastischen Werk behandeln kann, ist bezeichnend für die Reinheit der Mittel. So oft e malt, ist Fiori nur Maler, und wenn es auch einige Arbeiten gibt, die erkennen lassen, daß ihr Auto sich eben noch mit plastischen Problemen beschäftigte, so würde man bei der Mehrzahl der Bilder ni auf einen solchen Gedanken kommen. Illusionen von Bildtiefe und plastischer Form sprechen nur s weit mit, wie sie einer Kunst, die mit der Fläche rechnet, dienlich sind. Es sind Probleme der Farbe die ihn vorwiegend beschäftigen, und nur die Klarheit der formalen Dispositionen läßt erkennen daß es einem Maler von Nutzen sein kann, wenn er gelegentlich sich mit der Plastik beschäftigt.

Als Fiori nach Paris kam, war er schon nicht mehr ganz jung, ein Sechsundzwanziger. Di großen Impressionisten in den Museen und Kunsthandlungen, der Anblick Renoirs und endlich da Erlebnis Cézannes revolutionierten seine Erkenntnisse von dem, was eigentlich Malerei sei. Di Ansprüche an sein eigenes Handwerk erhoben sich auf das Niveau der besten Vergangenheit un einer immer noch imponierenden Gegenwart, die ihm der alte Renoir verkörperte. So hohe Forderungen genügte wohl der Wille, nicht aber das Können. Es müssen qualvolle Tage gewese sein. In den kurzen Notizen über sein Leben und seine Arbeit, die er mir zur Verfügung stellte, finde sich der Satz: „Nach vier Monaten großer Katzenjammer und erste plastische Versuche.“

Zeitschrift für bildende Kunst, Leipzig, 1920 (acima e pp. seguintes). [97-104]

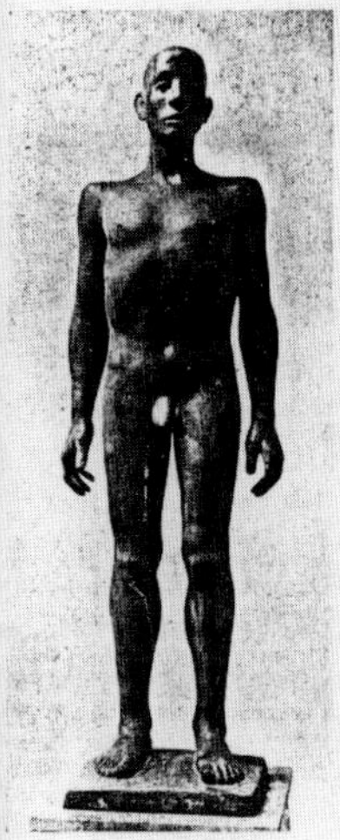

Mann, Bronze, 1917

Badende, Gips, 1917

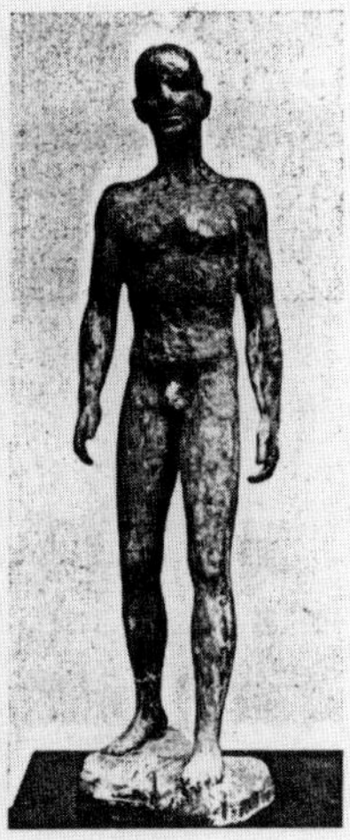

Schreitender I., Bronze, 1919

So kam er zu seinem eigentlichen Handwerk. Es erblühte ihm eine neue Jugend, romantisch, nach den Sternen greifend, die so nahe scheinen, und die immer ferner rücken, je mehr man sich ihnen nähert. In einer Zeit, die an wirklich fruchtbaren plastischen Motiven so arm ist wie die unsrige, mußte die aus einer wahren Empfindung hemmungslos fließende Geste des „Leidenden" weithin wirken. Es war ein glücklicher Wurf, und da die Kenner auch dem Handwerk ihre Anerkennung nicht versagten, machte Fiori seinen ersten künstlerischen Erfolg, der besonders in Deutschland fast unbestritten war.

Wäre Fiori auch an Jahren jung gewesen und ein weniger klarer und kritischer Kopf, so hätte die beglückende Täuschung mindestens so lange gedauert, wie er an der Figur noch arbeitete. Aber bei einem so wachen Intellekt überdauert die Romantik kaum den ersten Impuls. Als er den Jüngling in Gips bei sich stehen hatte, war er schon weit weg von ihm und nahm den Presseerfolg mit einigem Verwundern auf.

Er sah klar, daß der Effekt, den er erreicht hatte, zu jener Gattung von Gefühlsreizungen zählte, die jeder geschickte Schauspieler in seinem Repertoire hat, und auf die das Publikum stets mit den dummen Tränen reagiert. Zeitaltern von großer künstlerischer Kultur wie dem Barock oder Rokoko kann es gelingen, auch im Porzellan das Sentiment und selbst die Ekstase künstlerisch zu gestalten. In unseren Tagen lebt von solcher Geste nur noch der Kitsch.

Aus Fioris Werk sprach eine Ernsthaftigkeit, ja jene echte Frömmigkeit, wie sie dem begabten

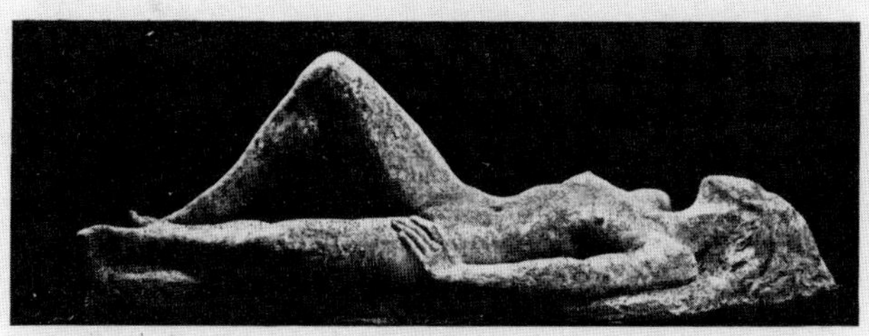

Liegende, Terrakotta, 1918

und hochstrebenden Anfänger immer eigen ist. Kein Gedanke an unlautere Effekthascherei konnte es verunglimpfen. Aber doch durfte es dem aufmerksamen und einsichtsvollen Betrachter, am wenigsten freilich dem Autor selbst, entgehen, daß die Geste dem Akt nur aufgeklebt war. Die Empfindung ist nicht bis in die Einzelform gedrungen, das Bein weiß nicht, was der Arm tut, und ohne die Mimik des Kopfes verliert der Torso auch jenen Hauch lebendiger Empfindung, der leicht auf der Oberfläche haftet.

Wie sollte das nächste Werk des Bildhauers aussehen? Es gab nur zwei Möglichkeiten. Entweder wurde die Geste übersteigert: das war der Anfang vom Ende in Manier. Oder aber Umkehr und neuer Beginn mit bescheideneren Zielen. Er wußte auch jetzt nicht, wie damals, als er in München und Rom zu malen anfing, worauf es im Grunde ankam, d. h. er hatte noch nicht begriffen, was eigentlich Plastik sei. Die Erkenntnis, wohl vorbereitet durch die neuen Einsichten auf dem Gebiet der Malerei, kam ihm diesmal schneller. Mitten in die grüblerische Stimmung, die gleich nach der Beendigung seiner großen Figur einsetzte, drangen befruchtend die Ideen des Kubismus, die eben gerade in Paris formuliert wurden. Das war seine Rettung. Er ging durch den Kubismus hindurch wie durch das Fegefeuer. Vielleicht glaubte er damals, er sei schon im Paradies, wovon heute noch diejenigen träumen, die sich Kubisten nennen. Aber wenn schon die Ideen jener Gruppe der Kunst dienen sollen, dann müssen sie ein Weg sein, niemals das Ziel. Keiner unter den jüngeren Künstlern hat das klarer gezeigt als Fiori; sein Fall kann als Schulbeispiel dienen.

Der Kubismus stieß den Suchenden mit Gewalt auf die reinen und letzten Probleme der Plastik. Nicht der Naturalismus der Empfindung macht den Künstler, sondern die Form. Und selbst in dem abstrakten Kubus ist Ausdruck, Charakter, Schönheit. Was man Figur nennt, menschliche oder tierische Gestalt, muß als Architektur geballter Massen verstanden werden. Die Kuben breiten und türmen sich, jeder Kubus in sich beseelt, zu einem Organismus, der dann sein besonderes Leben führt. Die nächsten Jahre zeigen Fiori völlig im Bann dieses Gedankens, der primitiv ist, aber bis in die Wurzeln dringt.

Er ist in keinem Moment ein dogmatischer Kubist gewesen, er war mehr, ein Künstler auf dem Marsch ins gelobte Land. Die Werke, die entstanden, „Ursula", der Jüngling mit steil erhobenen Armen („Betender"), der Mann mit vorgestreckten Armen, der „Tänzer" tragen zwar alle in ihrer Vereinfachung von Form und Bewegung die Male einer stockschwingenden Schultheorie. Aber niemals verbaute er sich den Weg zur Natur durch jenen Fanatismus des Abstrahierens, der die anderen zur Unfruchtbarkeit verurteilte. Solche Figuren tragen ihre charakteristischen Mängel ohne Scham, an reinen plastischen Qualitäten aber übertreffen sie alle das Frühwerk des „Leidenden". Die Rundheiten dringen tief in die Tastempfindungen des Betrachters ein, erregen sie lustvoll, und irgendwie berichten sie von der Not und der Tugend eines Menschen, der sich sucht, und der Größeres verheißt, wenn er sich erst gefunden hat.

Wie die anderen Kubisten, Archipenko z. B., sucht er durch die Drastik der Bewegung zu er-

Suchende, Bronze, 1918

setzen, was er der Einzelform an sinnlichem Leben nimmt. Die Geste des „Leidenden", die vom Theater kommt, ist noch nicht überwunden. Aber nun erscheint sie motiviert in jedem Detail; sie läuft über den ganzen Körper hin und erzwingt eine optische Einheit, die der verdeutlichenden Unterstützung eines lyrischen Affekts nicht mehr bedarf. Mehr als bisher und später sind diese Werke wesentlich aus dem Augenerlebens geboren, Benennungen wie „Ursula" und „Betender" nachträglich erfunden. Fiori erzog sein Auge und erlernte das Abc plastischer Formensprache. Nichts hätte dem Bildhauer mehr nützen können; aber die Fähigkeit zur Gestaltung optischer Sensationen ist es nicht allein, die den Künstler macht. Jedes Werk, das leben und lange leben will, muß Konfession sein, Niederschlag eines Erlebens, das ganz persönlich ist und doch uns alle angeht. Als sein Handwerk gesichert war, kam der Krieg, und als der für ihn geendet hatte, war Fiori ein Künstler geworden.

Was hatte er erlebt? Nicht mehr, ja äußerlich weniger als Hunderttausende, die überzeugte Soldaten gewesen waren als er. Das Wichtigste war eine tiefe Besinnung auf sich selbst und ein durch die gewaltsame Entfernung aus dem Atelier maßlos heftig gewordener Drang zur Arbeit. Er hatte mehr als andere unter dem preußischen Militarismus gelitten, der die Aufgabe seiner Persönlichkeit erzwingen wollte. Nun, in Zürich, war er sich selbst wiedergegeben, und das Erste, was lange zurückgehalten, nun ans Licht drängte, war das Bekenntnis zur lebendigen, freien Form.

Ihre letzte Schönheit hat diese „Badende", eine mittelgroße in Terrakotta angefangene Figur, erst nach allerlei Überarbeitungen eines Gipsabgusses erhalten und die letzte Hand legte er in diesem Jahr ans Werk. Aber schon die erste Anlage war ein Treffer. Ganz ruhig steht das Mädchen da, kein Gestus stört das leise, aber eindringliche Leben der unbewegten Formen, die — welche Überraschung — zu einem völlig „naturalistischen Akt" sich zusammenfinden. Der Reichtum an Ausdruck, den ein menschlicher Körper haben kann, hatte ihn überwältigt; es war ihm das erste „Porträt", solange er Künstler war, gelungen und damit das erste, ganz persönliche Werk. Alle, halb schon vergessene Theorie, deren er früher zur Überwindung des vulgären Naturalismus bedurft hatte, war von einer Erregung der Seele zurückgedrängt, die ihm sein Werk auch ohne die groben Mittel der Stilisierung vergeistigt hatte. Die Frage Kubismus oder Naturalismus existiert nun nicht mehr. Man muß ehrlich bekennen, was Freude macht oder sonst bewegt, dann entsteht ein Kunstwerk, sofern man überhaupt ein Künstler ist.

Dann kehrte ihm die Erinnerung an den Krieg zurück und verdichtete sich zu einem Bekenntnis, das erschütternd ist in seiner Wahrhaftigkeit: der Mensch, wieder in seinen Urzustand versetzt, der nackte Barbar, Pithecanthropus fast, der erst das Sprechen wieder lernen muß, so tief hat ihn die Maschinerie des Krieges von seiner Kulturhöhe heruntergedrückt. Wieder ein Mindestmaß von Bewegung bei dem Bronzemann; nur die Brust ist mit Atem gefüllt, der bald wieder ausströmen wird.

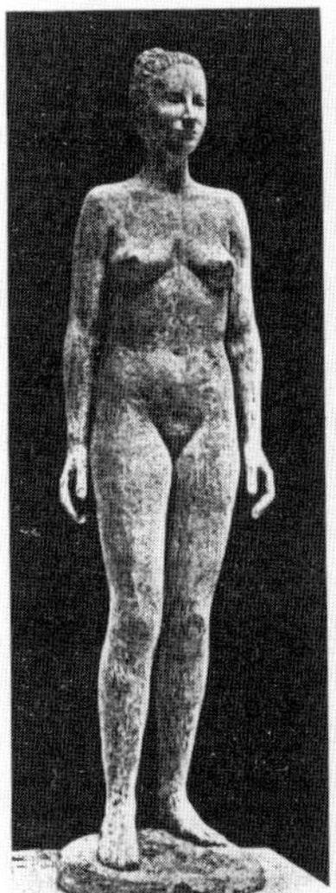

Frau I., Gips, 1919

Mädchen, Gips, 1919

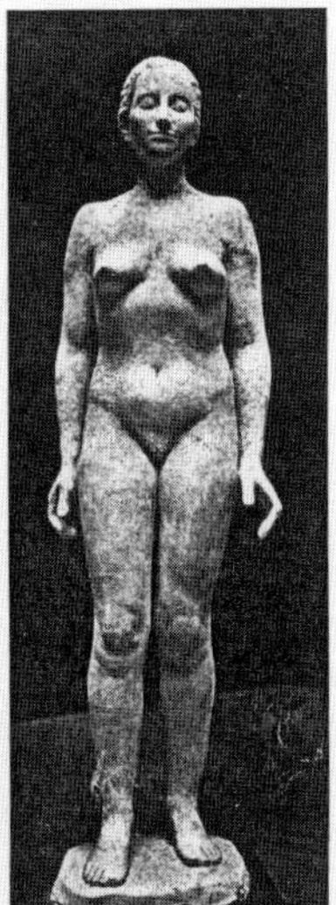

Frau II., Gips, 1919

In ihrer tiefen Ruhe, die dem Auge doch unheimlich beredt wird, so wie es länger verweilt, erinnert die Figur an einige frühere Arbeiten, den „Anastasius" und eine stehende Frau, die um 1912 während eines vorübergehenden Aufenthaltes in Christiania entstanden waren. Damals, in seiner kubistischen Zeit, hatten ihn archaisch-griechische Plastiken, etwa aus der Zeit des Apoll von Tenea, begeistert. Von ihnen aus hatte er den Weg zu den Ägyptern gefunden, und der Mann mit den vorgestreckten Armen aus dem Jahre 1913 hat irgendwie etwas mit dem „Dorfschulzen" zu tun. Nun — 1917/18 — läßt der steif in Front gerichtete Torso mit der breiten Brust und den runden Schultern wieder an Ägypten denken. Aber wie weit hat er sich von der etwas äußerlichen Stilisierung der Vorkriegszeit entfernt. Der „Mann" scheint ägyptischer als er es ist. Würde man den Akt in einen jener gutsitzenden Anzüge mit den gepolsterten Schultern stecken, so ergäbe sich ein über die ganze Welt verbreiteter Männertyp. Es ist der Mensch unserer Zeit, seiner Würde freilich beraubt und völlig erstarrt durch ein ungeheures Erleben.

Das gleiche Thema wird variiert in dem „Jüngling", dessen trostlose Geste zu sagen scheint, daß außer dem nackten Leben fast alles verloren sei. Aber langsam werden die Menschen die Sprache wieder finden, und über die „Suchende" von 1918 und den „Schreitenden" erster Fassung, der im Frühjahr 1919 entstand, geht der Weg zu der zweiten Fassung des folgenden Jahres: ein schlan-

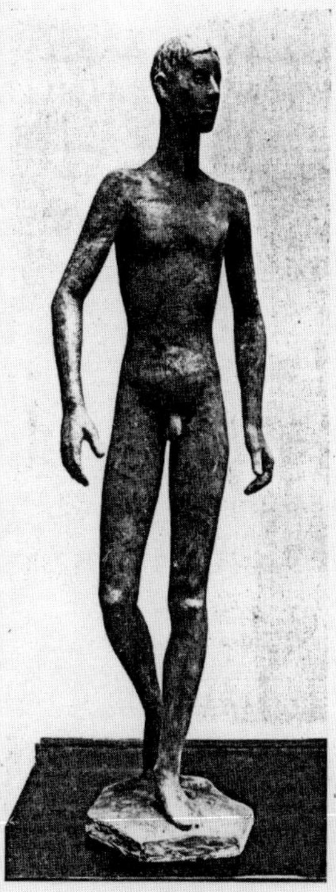

Schreitender II., Gips, 1920

ker Jüngling, der Bürde des Krieges ledig, tritt auf als Botschafter eines neuen Zeitalters.

Seit der „Badenden" von 1917 war ihm jede Figur, näher oder ferner dem Modell, mehr denn je zum Porträt geworden. Er berichtet immer von sich selbst, personifiziert sich mit dem männlichen Akt und bekennt sich zu der Frau, die seine Phantasie beschäftigt. Im Sommer 1919, nachdem er lange Zeit nur gemalt hatte, legte er eine große weibliche Figur an, die er mit dem ganzen Reichtum eines starken Erlebnisses zu erfüllen gedachte. Wieder ein ruhiges Stehen mit vorgesetztem Bein und hängenden Armen. So beredt die Einzelform auch spricht, eine leise Starre wollte von der Figur nicht weichen. Mähnliche Scheu vor der lauten Äußerung des Affekts und Hemmungen künstlerischer Art fesselten die Zunge. Da ließ er die Figur stehen (sie wurde erst später ganz fertig) und baute in wenigen Tagen eine neue zusammen, jenes schlanke „Mädchen" mit der Abwehrgeste, die von jedem Muskel und Gelenk aufgenommen und weiter geleitet, zu einer schönen Geschlossenheit der Linie und Form durchgestaltet ist.

Ganz verständlich aber werden Motiv und Problem erst, wenn man die zweite Fassung der stehenden Frau kennt, die von diesem Intermezzo profitierte. Die bewegtere Geste des Mädchens hatte den Künstler frei gemacht, und nun wächst unter den neubeseelten Händen eine Frauengestalt empor, die mit der ersten nur noch die Äußerlichkeit des Motivs gemeinsam hat. Alle unter einer kalten Zurückhaltung versteckte Empfindung bricht an die Oberfläche. Eine schmerzlichheitere Anmut senkt sich auf die Formen der vornehmen Gestalt und erscheint betont im Kopf mit den geschlossenen Augen, den eine süße Vergeistigung erfüllt. Überall ist die Form geschlossen, die Linien laufen ohne Bruch, und von welcher Seite man auch die Figur betrachtet, ist sie untadelig. Rosa-grünliche Fleischtöne überziehen den Gips und erhöhen die Illusion des Lebens, die der Künstler nun nicht mehr zu scheuen braucht.

Seit dem Beginn dieses Jahres steht Fiori wieder vor der Staffelei und malt, bis eine langsam wachsende Spannung ihn zu dem nächsten plastischen Werk ruft. Die erste Etappe ist erreicht, und es war ein langer und mühevoller Weg. Aber schön anzusehen und von einer imponierenden Konsequenz ist die Kurve des Anstiegs. Von der noblen Geste des „Leidenden", die nicht völlig in Plastik umzusetzen gelang, wendete er sich ab und unterzog sich der strengen Zucht einer für ihn fruchtbaren Theorie. Dann, nach der langen, schwer ertragenen Untätigkeit, warf er die Maske des Nurbildhauers ab und kehrte, wie jeder vom Schicksal Geführte, zu den Anfängen zurück, die, wenn auch oft die Mittel als unzulänglich erkannt werden, immer die wahrste Konfession der Persönlichkeit sind. Nun tritt Fiori in die Mannesreife ein, reicher an künstlerischer Erfahrung, mit sicherem Können und gelassen erwartend, was der kommende Tag an solchen Erlebnissen bringt, die von dem Bildhauer Gestaltung verlangen.

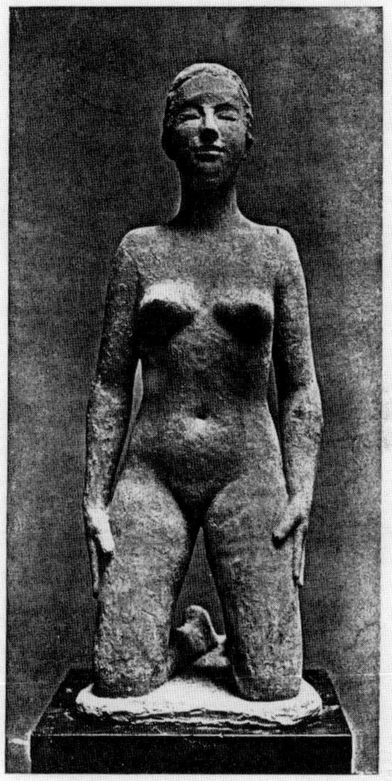

De Fiori, Knieende

sobretudo a partir de "fatos contados pelo mestre [de Fiori] durante os poucos anos de nossa amizade", Gerda também esclarece que, para "compor-lhe a biografia", dispõe de poucos meios: "Algumas revistas, que o próprio De Fiori trouxe para o Brasil, como a *Kunstblatt* e o *Querschnitt* e um opúsculo do *Kunstarchiv* de G. E. Diehl; algumas cartas, de 1909, conservadas por sua família".

A maior parte do texto biográfico de Gerda é interpretação de passagens de artigos europeus – destacadamente do artigo de Ewald Bender – e, por vezes, reaproveitamento de declarações de de Fiori ou de textos seus. As imagens que surgem no texto, aproximam-se ou destorcem as dos artigos que lhe serviram na redação dele; porém, são principalmente as imagens de seu texto as utilizadas por outros que escrevem como que por camadas a biografia do artista; assim, a interpretação da chegada de de Fiori a Paris, em 1911, é ainda hoje habitualmente repetida: de Fiori pára de pintar. A biografia de de Fiori vive recirculando: há acréscimos biográficos como em Mendes de Almeida, mas também há variantes de Bardi, como em Mazza. Gerda nunca perde autoridade como amiga do artista.

Para seu texto do catálogo da Bienal de Veneza e seu livro, ambos de 1950, Bardi pinça e destorce, realçando do texto de Gerda, o que lhe parece preciso para destacar de Fiori enquanto personagem de escultor grandioso, morto em um País distante, onde não por acaso também retorna à pintura. Bardi recorre, mais do que Gerda, a descrições que pormenorizam teatralmente passagens da vida do artista. A proximidade ao artista é recurso que, nessas cenas, contribui para legitimar afirmações que, todavia, não se confirmam. Gerda a ela apela e Bardi, que em 1947 afirma que o artista lhe declarou algo, em seus dois textos de 1950, como se viu, não reitera a encenação, ao mesmo tempo em que não descuida de encenar uma proximidade a de Fiori, inexistente. Mazza, em 1969, apesar de criativo, ao copiar trecho do livro de Bardi, acrescenta: "conta Pietro Maria Bardi". Como Mazza segue Bardi e este é guiado em suas referências biográficas por Gerda, indiretamente Mazza repete elementos que estão em Gerda. Mendes de Almeida, em 1974, conhecia bem os textos de Bardi; porém, as datas e os destaques biográficos que traz para seu texto não caem nos exageros de Bardi, pois se fiam em Gerda. Recontando a vida do artista na Europa, Mendes de Almeida ratifica a autoridade da amiga de de Fiori, escrevendo: "segundo informa Gerda Brentani, sua amiga e fervente admiradora, ao lhe traçar uma breve biografia, com informes certamente hauridos em conversa com o próprio artista". Mendes de Almeida acrescenta no catálogo um depoimento próprio sobre o artista; embora afirme tê-lo conhecido pouco, assegura alguma proximidade a de Fiori, afirmando que advogou em seu favor; na seqüência, discorre sobre o artista, possivelmente a partir de conversas com outros ou do próprio texto de Gerda.

Em 1975, Zanini atualiza, como escreve, a biografia do artista[2], referindo, tanto no texto quanto na cronologia do catálogo, dados de obras, exposições em que de Fiori participa e trazendo informações colhidas em artigos e livros. Essa atualização, camada também de alguns dados de obras européias, é feita a partir de correspondência sua com museus europeus e, possivelmente, a partir dos pedidos de empréstimo de obras para a Bienal de Veneza, que Bardi lhe cede[3]. A nota bibliográfica escrita por Scheiwiller, que está no livro de Bardi, também é utilizada por Zanini para a indexação de exposições européias. Comparando-se o texto de Gerda com a cronologia ou passagens do texto de Zanini, vêem-se diferenças entre ambos, como na hipótese respectiva deles de que de Fiori entra na academia de Munique após terminar o ginásio e após não ter terminado o liceu. Porém, tendo o material do artista, Zanini recorre às interpretações de Gerda, de críticos brasileiros e de pessoas que o conheceram no Brasil para tratar de Fiori na Europa.

***

São dois os principais artigos de periódicos europeus que servem de fonte para a biografia de de Fiori, anterior a 1920: "Der Bildhauer de Fiori", de Ewald Bender, publicado na revista *Zeitschrift für bildende Kunst* e "Ernesto de Fiori", de Karl Scheffler, publicado em outra revista, *Kunst und Künstler*. Como toda fonte, deve-se considerar a inscrição dela.

A crítica de arte publicada em periódicos alemães dos decênios de 10, 20 e início do de 30, tem importância para o debate artístico que, muita vez, é prosseguido em diversos lugares. Alguns periódicos daqueles anos privilegiam idéias artísticas e artistas, como *Der Sturm* e *Die Aktion*, ambos de Berlim. Outros, como a revista *Zeitschrift für bildende Künstler*, também de Berlim, e *Kunst und Künstler*, de Leipzig, fazem-no sem privilegiar ninguém. Esses debates, por vezes, estendiam-se aos jornais de notícias. Na época, a atividade da crítica em periódicos contribui decisivamente para a aceitação de idéias e obras. Sustentando uma idéia, a crítica divulga obras, considerando-as sob vários aspectos, sobretudo de atualidade, genericamente, o *Zeitgeist*, complexo que pode conter o mundo dos ratos, o necrotério, o proletariado, o movimento da cidade, a crença no porvir, o humor, as noções de *Goethedeutsche*, em que o artista parte do individual (visão, intuição, ocasião) e aspira ao todo, e de *Schillerdeutsche*, em que parte da idéia, da especulação, para chegar ao individual (forma). Esse complexo faculta o debate daquelas anos.

Quando Bender publica seu artigo de 1920 sobre de Fiori, expõe suas idéias acerca da arte, criticando artistas que não valorizam obras de mestres do passado – introdução do artigo –, idéia a partir da qual introduz de Fiori. A divulgação da obra e da vida do artista importam, pois, de Fiori reingressava na Alemanha e, genericamente, era artista pouco conhecido.

Antes da Primeira Guerra, de Fiori começa a ter algumas de suas esculturas referidas em críticas gerais de arte, chegando alguns críticos a elogiar sua escultura, como em um artigo sobre o 30º Salon des Indépendants[4], no qual se afirma que a expressão de de Fiori "é nova e peculiar", sem a "afetação diária da sensibilidade moderna". Em 1914, Coquiot inclui o nome do artista em seu livro a partir de uma crítica de Gustave Kahn, sobre outro artista, na qual este defende a idéia de que a "escultura é uma arte tão vasta que as tendências mais opostas podem coexistir". Coquiot a reproduz para evidenciar que a escultura de de Fiori é realizada entre o modelado vivo e o modelado por planos simples[5]. Em 1915, de Fiori engaja-se na guerra, abandonando-a em 1917, quando passa a viver em Zurique, onde desenha, pinta, esculpe. Em 1918, Willi Wolfradt escreve um artigo analisando esculturas de de Fiori, anteriores à Guerra[6]. De 1919, quando expõe na Kunsthaus de Zurique, conhecem-se dois artigos de jornal da cidade que trazem considerações sobre sua obra. Em um deles, o crítico destaca as esculturas, concluindo que estão vinculadas ao "sentimento do tempo", e afirma, genericamente, que as pinturas não são menos interessantes[7]. No outro artigo, o crítico dedica atenção tanto às esculturas, quanto às pinturas, e abre seu artigo afirmando que não é comum um artista apresentar-se como pintor e escultor ao mesmo tempo[8]. Apesar de os artigos tratarem da pintura do artista, é como escultor que de Fiori irá circular.

Em 1920, ano em que de Fiori muda-se para Berlim, Bender escreve seu artigo sobre "O escultor de Fiori", divulgando-o através de suas esculturas, impressas no periódico, e de dados biográficos, escritos a partir de anotações que o artista lhe cedeu – como escreve –, sem apagar, contudo, o pintor. Fala genericamente sobre a família do artista, a escolaridade deste em Roma, o início de sua aprendizagem artística em Munique, a sua procura ulterior de uma linguagem pictórica em Roma, onde freqüenta o ateliê de Otto Greiner e, depois, sozinho, estuda as obras de Hodler. Escreve sobre os meses vividos pelo artista em Londres e sobre a sua chegada a Paris, quando começa a esculpir. Nesta passagem do texto, Bender transcreve trecho das anotações que o artista lhe cedeu, como afirma. O crítico intercala comentários sobre obras com afirmações sobre o artista; refere os locais onde algumas obras foram modeladas e, em alguns lugares do texto, afirma que de Fiori pinta. Em um deles, esclarece que o artista alternava seu trabalho escultórico com o pictórico:

> Freqüentemente ele pinta, de Fiori é apenas pintor, e se há algum trabalho que deixa reconhecer que seu autor também se ocupa de problemas escultóricos, tal pensamento não ocorreria ao se observar a maior parte dos quadros. Ilusões da profundidade da tela e da forma plás-

tica entram em jogo na medida em que servem a uma arte que conta com a superfície. São problemas de cor que o ocupam sobretudo, e apenas a clareza das disposições formais deixa reconhecer que pode ser útil a um pintor ocupar-se ocasionalmente da escultura[9].

Scheffler, crítico que também reapresenta de Fiori, fornecendo referências biográficas, detém-se na afirmação de que de Fiori, sendo um alemão-romano, é um *Schillerdeutscher* enquanto analisa a escultura, a partir da qual traça o percurso do artista[10]. Estende-se em considerações sobre os anos que de Fiori vive em Paris mais do que Bender; reproduz obras que não constam na publicação do outro crítico, inclusive uma pintura do artista, de *c.* 1919. Sobre a pintura, Scheffler observa que os quadros de de Fiori são "dignos de nota enquanto trabalhos de escultor", e que eles ainda não chegam "ao ponto de poderem ser aceitos em um círculo de julgamento sério", acrescentando que, ao se olhar os quadros, "sente-se, principalmente, quão inteligentemente de Fiori se decidiu ao conduzir duas maneiras de sentir em duas formas de trabalho distinto". Como Bender, Scheffler reafirma a coexistência da pintura e da escultura.

Há ainda um terceiro artigo sobre de Fiori, também publicado em 1920, que não serviu de fonte para as biografias de Gerda e Zanini, pois o crítico Max Raphael[11] trata principalmente de analisar obras e de expor suas próprias idéias, como, aliás, faz a maior parte das críticas européias sobre o artista. Assim, o artigo de Bender é a fonte principal, já que Scheffler, no que concerne à biografia do artista, reitera-o.

GERDA BRENTANI

Ernesto De Fiori nasceu em Roma, em 1884. O pai era italiano e a mãe austríaca. De quanto me foi dito, deduz-se que ambos eram excepcionais por suas qualidades. O pai, jornalista, trabalhava para importante jornal de Viena – o "Freie Presse". Viajava muito, era de temperamento alegre e pouco apegado à família, liberal em seus conceitos. A mãe, belíssima, viveu amargurada pelos hábitos pouco burgueses do marido. Assim, cresceu Ernesto em ambiente pouco sereno. Um irmão, dois anos mais velho[12], foi seu companheiro de brinquedos. De Fiori não falava espontaneamente de sua infância. Descreveu-me, porém sua terrível timidez de adolescente. Recordou os anos escolares como anos de tortura. Uma gagueira, que ele dizia tremenda, colocava-o em ridículo perante os companheiros. Abstrato, sonhador, era pouco sociável e os estudos não o atraiam; às vezes até os vencia com dificuldade. Contudo, desde menino, tinha mão muito hábil e se divertia talhando em madeira barquinhas e barcos a vela. Curioso como De Fiori permaneceu fiel a essa paixão pelo barco, seu esporte preferido durante toda a vida e feito com maestria[13].

WALTER ZANINI

1884 – Ernesto de Fiori nasceu a 12 de dezembro em Roma, de mãe austríaca, Maria de Fiori Unger e de pai italiano, Roberto de Fiori. Seu pai destacou-se como jornalista da "Freie Presse", de Viena, tendo sido seu correspondente político em Roma. Fez estudos ginasiais e não chegou a terminar o liceu. A artista Gerda Brentani, que privou com ele em São Paulo, afirma, em 1946 (Bibl. "Vários"), que De Fiori "cresceu em ambiente pouco sereno", conseqüência do pouco apego do pai à família, um pai entretanto de concepções liberais e cuja cultura influenciou sua formação. Tímido, "era pouco sociável e os estudos não o atraiam" – acrescenta. O crítico Ewald Bender em 1919 refere-se ao seu precoce desejo de tornar-se pintor. No ginásio demonstrava engenho para construir pequenas embarcações, antecipação de seu interesse futuro pelos esportes náuticos[14].

Gerda Brentani relata um vezo infantil e observa, surpresa, a longevidade do barquinho. É possível que ela tenha ouvido essa história do artista; todavia, a mesma história se encontra no artigo de Bender. Escreve o crítico que de Fiori recortava barcos a vela "no tempo de ginásio, mais como esportista e por interesse mais técnico do que artístico", para jogar com a idéia de que essa "inclinação da mão" talvez significasse que, com o tempo, "o pincel não seria suficiente" para de Fiori, tópica do encômio latino. Agrupando os dois textos, Zanini encara a tópica como predisposição ao esporte excluindo, como Gerda, o jogo latinizante de Bender. Na seqüência, Bender diz que de Fiori, "no princípio", queria ser desenhista e pintor, trecho que leva Zanini a concluir por tal "precoce desejo". A afirmação de que o artista não chegou a terminar o liceu, de Zanini, possivelmente segue o mesmo raciocínio de Mazza, ou a própria informação deste, que escreve que o artista "cursou os estudos clássicos até quase o fim do Liceu". Entretanto, nada se sabe sobre os estudos iniciais de de Fiori. Além das indicações do artigo de Bender, que não afirma ter o artista parado os estudos, mas, antes, que ele fez o "Abitur", conhece-se apenas a ficha que de Fiori preenche para Scheiwiller, na qual consta que freqüentou escola elementar, ginásio e o liceu em Roma[15]. A partir desta ficha, Mazza conclui pelas inclinações de de Fiori – como se viu –; possivelmente, de olho nela, conclui também pelo estudo inconcluso do artista, pois, na linha de escolaridade impressa na ficha, a última palavra, após "ginásio", está riscada, certamente por de Fiori, que anota acima dela: "Liceo". Essa ficha, sem dúvida, foi perscrutada por Mazza, tanto assim que observa em seu artigo que o pai de de Fiori era de Gorizia, informação que não foi notada por outros. Quanto ao temperamento do artista, Zanini passa a palavra a Gerda.

Mendes de Almeida, que segue a biografia de Gerda, possivelmente também recolheu nesse mesmo texto detalhes sobre o temperamento do artista, sobre o qual também escreve depois de afirmar que conheceu de Fiori através de Rossi Osir e que seu contato com ele não atingiu o "grau de amizade". Na ocasião, como escreve, teve a "oportunidade de bem aquilatar a inteireza do seu caráter, o perfeito cavalheirismo de suas atitudes. Em poucas palavras, nesse caso (que não chegou a juízo) De Fiori preferiu perder, embora cheio de razões, para manter aquela superior elegância no comportamento, que era o seu apanágio". Na seqüência larga o depoimento e segue tratando do artista:

> Não era homem de fáceis intimidades, pelo contrário. Conquanto atencioso, era pessoa reservada, mais de ouvir do que de falar, salvo quando, a tantas, vencia uma certa inibição que, diziam, provinha de uma gagueira que nunca lhe notei. Nesses momentos, não muito freqüentes, refulgia todo o brilho da sua inteligência e despontava o sal de sua graça, no expender conceitos ou no narrar fatos acontecidos em sua vida, não pobre de aventuras, e de uma sábia experiência dos homens e, sobretudo, das mulheres...[16]

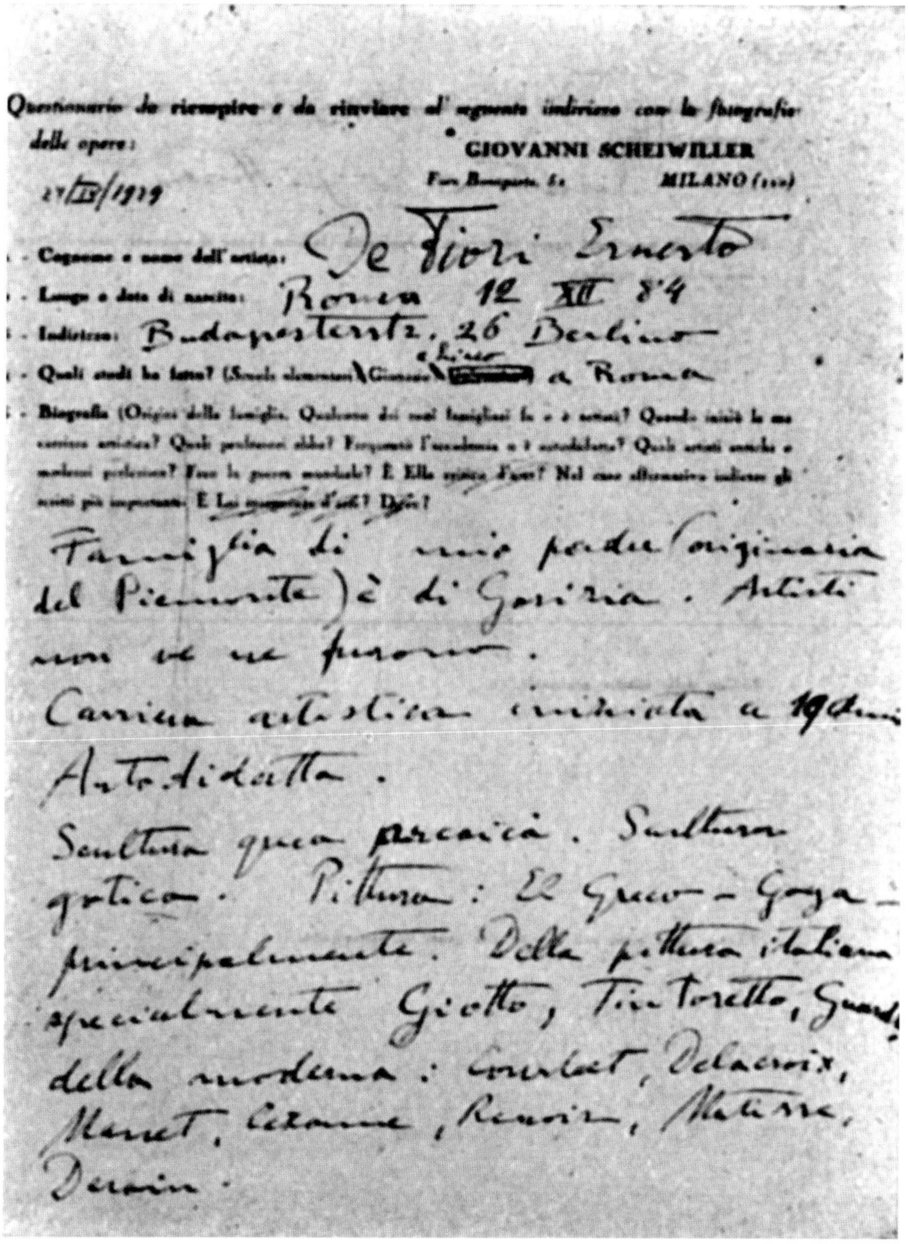

Questionario da riempire e da rinviare al seguente indirizzo con le fotografie delle opere:

GIOVANNI SCHEIWILLER

MILANO

27/IX/1929

- Cognome e nome dell'artista: De Fiori Ernesto
- Luogo e data di nascita: Roma 12 XII 84
- Indirizzo: Budapesterstr. 26 Berlino
- Quali studi ha fatto? (Scuole elementari) Ginnasio e Liceo a Roma
- Biografia (Origine della famiglia. Qualcuno dei suoi famigliari fu o è artista? Quando iniziò la sua carriera artistica? ... È Lei ... d'arte? Dove?

Famiglia di mio padre (originaria del Piemonte) è di Gorizia. Artisti non ve ne furono.

Carriera artistica iniziata a 19 anni.

Autodidatta.

Scultura greca arcaica. Scultura gotica. Pittura: El Greco – Goya – principalmente. Della pittura italiana specialmente Giotto, Tintoretto, Guardi; della moderna: Courbet, Delacroix, Manet, Cezanne, Renoir, Matisse, Derain.

Ficha preenchida por Ernesto de Fiori para o Editor da coleção Arte Moderna Italiana, Milão, Giovanni Scheiwiller, 1929. [105]

Em outras passagens de seu texto, Mendes de Almeida também se guia por Gerda. Esta, após valorizar a mestria de de Fiori como velejador, segue seu texto a partir dos 17 anos do artista.

GERDA BRENTANI

Já aos 17 anos, De Fiori sabia firmemente que queria pintar. Existem ainda alguns dos seus primeiros trabalhos: paisagens dos arredores de Roma. Quando tinha 18 anos, perguntaram-lhe, certo dia, se a pintura lhe agradava. "Sim" – respondeu ele – "a minha pintura". E foi essa firme convicção do próprio valor que o acompanhou sempre e ajudou-o a suportar todas as contrariedades encontradas em sua longa carreira artística. Essa certeza foi uma couraça que protegeu sua personalidade excessivamente suscetível e sensível.

De Fiori deveu ao pai a liberdade e os meios com que pôde estudar. Terminado o ginásio em Roma, partiu para Mônaco. Matriculou-se na academia, no curso de desenho e pintura de Otto Greiner. Mas Greiner não aprovou a maneira pessoal com que de Fiori desenhava e lhe afirmou que ele, na realidade, não tinha talento. Desgostoso, De Fiori regressou a Roma. Disse-me que a única coisa que aprendera em Mônaco fora este axioma: ninguém pode ensinar a desenhar e a pintar pois o artista deve descobrir por si mesmo as próprias possibilidades, os próprios meios – só um talento muito robusto pode sobrepor-se ao ensino acadêmico.

De volta a Roma, conheceu as obras do suíço Hodler. Entusiasmado durante algum tempo, produziu telas hodlerianas das quais existe ainda um auto-retrato. Logo, porém, descobriu o maneirismo de Hodler e partiu para Londres, em 1909, em busca de outros mestres. Ali permaneceu 14 meses, trazendo, ao regressar duas coisas: um fracasso para sua pintura e uma amarga desilusão amorosa. Divertida a tentativa de De Fiori ao querer vender uma tela para a galeria Christie. O quadro, enorme, representava um barco com 4 remadores em tamanho natural! De Fiori, de cutway e cartola, apresentou-se à diretoria da galeria que, depois de ver a tela, aconselhou a não pintar mais ou deixar Londres. Uma jovem da alta sociedade conheceu De Fiori que, elegante e bonito, logo a conquistou. O amor era grande e resolveram casar-se. Mas depois a moça se arrependeu, apavorada à idéia de desposar um artista desconhecido e rompeu o noivado. Profundamente abatido, De Fiori fugiu de Londres. Essa aventura não seria interessante se não houvesse deixado traços profundos. De Fiori, não só repetiu em todas as suas esculturas o mesmo tipo de mulher: corpo esbelto, efébico, traços nitidamente nórdicos – mas, como se deduz de suas confidências, nunca mais pôde apegar-se verdadeiramente, nem confiar sinceramente em mulher alguma.

De Londres, De Fiori regressou à casa paterna e persistiu ainda na pintura tipo Hodler – Flechtheim possui as telas dessa época; De Fiori, porém, falava delas com horror.

WALTER ZANINI

1903 – Quer dedicar-se à pintura e viaja de Roma para Munique onde estuda um ano na Academia de Artes. Torna-se aluno de desenho e pintura de Otto Greiner que o desencoraja. A ida a Munique é a primeira de uma longa seqüência de viagens.

1904 – Novamente em Roma, toma contato com a obra do expressionista Ferdinand Hodler. É o início de demorada fase do jovem pintor De Fiori marcada pela influência do artista suíço.

1909 – Permanece em Londres por 14 meses, quando prossegue no seu trabalho de pintor. Vive então uma experiência amorosa com uma jovem de corpo elegante e efébico que procurará retraçar seguidamente mais tarde em suas esculturas.

1911 – Depois de um retorno a Roma, faz a primeira viagem a Paris [...].

A matriz da biografia de Gerda está no catálogo da exposição-homenagem ao artista, no Instituto dos Arquitetos do Brasil, de 1945, quiçá, escrita pela própria Gerda. A comissão responsável por essa mostra foi composta por

Francisco Matarazzo Sobrinho, Rino Levy, Mario de Fiori, Sérgio Milliet, Luis Martins, Lourival Gomes Machado, Carlos Pinto Alves, Quirino da Silva e Sigismondo Brentani. Certamente, o jornalista esqueceu de anotar o nome da esposa de Sigismondo, que ficou com o material do artista. A proximidade de dados entre a breve biografia do catálogo e a escrita por Gerda não é critério que justifique a autoria; todavia, há indícios disso, pois quem a escreve conhece parte desse material do artista, Gerda, Sigismondo ou alguém próximo a eles, como Carlos Pinto Alves; na época dessa exposição de 1945, Gerda e Pinto Alves estavam trabalhando para a confecção do opúsculo sobre o artista onde está a biografia escrita por Gerda[17]. No catálogo do IAB[18] também consta Mônaco como local dos estudos acadêmicos de de Fiori; nisto uma observação de Bardi, certeira; ele lê Mônaco, em Gerda, e como italiano sabe que é "Monaco di Baviera"[19], portanto, acerta que de Fiori fora para Munique, o que Gerda esqueceu de dizer na biografia [*c.* 1946], e passou desapercebido em Mendes de Almeida[20], mas não em Walter Zanini, possivelmente ao ler Bardi e ao ver "München" em Bender.

Considere-se que de Fiori não ingressou na academia de Munique em 1903, tampouco foi nessa escola que estudou com Greiner, nesta história, seu desencorajador. Aliás, supõe-se que de Fiori tenha freqüentado o ateliê de Greiner em Roma, a partir do texto de Scheffler, que traz comentários sobre esse aprendizado de de Fiori, e do artigo de Bender. Mesmo sendo rápida essa passagem no texto de Bender, ele deixa claro que o estudo do artista foi em Roma, suposição verossímel. O equívoco interpretativo de Gerda decorre, certamente, de Bender ter escrito que a arte "do país no qual vive novamente de Fiori", oferece ao artista "ainda menos do que a academia de Munique", explicando, na seqüência, que de Fiori dirigiu-se "novamente a um artista alemão", Greiner. Roma não aparece nesta frase. Se esta passagem propõe dificuldades, lendo-se o artigo de Scheffler, esse detalhe da biografia do artista esclarece-se:

> Em Roma pensava tornar-se pintor. Desenhou muito, relacionou-se com Greiner, aluno de Klinger, e caiu na sua maneira de estudar com excessivo detalhismo, perdendo de vista o todo[21].

Porém, o texto de Bender é a referência principal. O restante do trecho do texto deste crítico, que trata de Greiner, possivelmente suscita interpretações que evocam lugar-comum da biografia de artistas geniais. Bender escreve que de Fiori trabalhou sob orientação de Greiner, "cujo hábil trabalho manual, mas não muito genial"[22]; Gerda escreve que o professor de de Fiori "afirmou que ele não tinha talento", certamente, passando-lhe desapercebido que o "cujo" da citação supra era Greiner. Na época da publicação do artigo de Bender, o crítico escreve que em de Fiori permanece de Greiner "apenas a memória de uma personalidade rara e fortemente cunhada de virilidade", sugerindo, com isso, que nada desse estudo permanece na obra de de Fiori. Scheffler não refere essa suposta opinião de de Fiori, pois destaca que o "conhecimento do detalhe da forma", que o artista adquire com Greiner, não é perdido, "de forma alguma", pois tal conhecimento dá ao escultor segurança na modelagem de imaginação[23]. Bardi não passa por Scheffler, mas não perde o "desgostoso" artista que "retornou a Roma" de Gerda para antecipar o suposto abandono da pintura pelo mesmo, afirmando que de Fiori deixa Munique persuadido, em parte, de que não nascera pintor[24]. Muito depois, o crítico Mazza confirma o professor Greiner em Munique.

Apesar dos equívocos, Gerda, que durante algum tempo foi incentivada em seus trabalhos artísticos por de Fiori, certamente ouve do artista algo próximo ao que ela diz como se fosse "axioma", que ele teria trazido de Mônaco. É a própria autora que permite entender a citação, não como axioma daquele ano, antes, como convicção do artista, sem data, pois escreve em seu texto:

> Não me compete falar de suas opiniões artísticas. Sei apenas que alguns conselhos dele recebidos constituem, para mim, leis absolutas: não há verdadeiro ensino em arte, o mestre pode apenas ajudar o desenvolvimento do senso crítico do aluno mas não lhe deve mostrar como deve trabalhar; cada qual deve encontrar seus próprios meios de expressão e produzir apenas por necessidade íntima e por puro prazer, despreocupadamente e livre; não existem regras, tudo é permitido, só o resultado da obra revela seu valor; o tema é importante só enquanto serve de trampolim para o artista, de ponto de partida, mas não aumenta o valor da obra de arte[25].

Ao reescrever este trecho como se fosse o axioma aprendido em Mônaco – no início do texto –, Gerda também acrescenta a própria opinião. Mendes de Almeida entende que a opinião de Gerda, que segue o axioma e está após o travessão, é fala do artista; assim, transcreve tanto o que Gerda escreve como sendo fala do artista quanto a opinião dela, entre aspas, atribuindo a montagem a de Fiori. O professor Zanini apenas confirma que o professor de desenho e pintura da academia de Munique, Greiner, desencoraja de Fiori. Quanto ao ano de ingresso de de Fiori na academia, seguindo-se o texto de Bender, basta fazer uma conta a partir da data que saiu impressa no artigo, para chegar-se a 1903, como erra Zanini. Gerda, mais atenta no cálculo, dá apenas a direção, após referir as idades do artista, aleatoriamente. Mendes de Almeida interpreta a proposição de Gerda e afirma que o artista seguiu para Mônaco após completar o ginásio com 17 anos. Bardi, na nota biográfica do seu livro, e Mazza, no seu artigo[26], também afirmam os 17 anos, embora saibam que é Munique a cidade para a qual de Fiori se dirigiu.

A concordância dos que escrevem sobre de Fiori está nas referências seguintes: Hodler, Londres e Paris. Zanini classifica a obra do suíço de expressionista, inovando a historiografia, pois afirma no texto do catálogo de 1975 que na exposição estão dois "quadros onde apare-

PAISAGEM, s/ data. [106]

ce nitidamente a influência do duro e disciplinado expressionismo hodleriano [...], obra em que Ernesto de Fiori se auto-retrata com traços enérgicos e tons de granulação diáfana que realçam sua figura apolínea (pr.A) e outro [...], uma paisagem luminosa, matérica, de passagens tonais equilibradas"[27]. Sem dúvida, foi prudente a referência a Hodler, uma vez que ao se considerar a reprodução em preto e branco da pintura *Mural, c.* 1908/09, de de Fiori, a construção das figuras e a disposição simétrica delas faz supor que o artista considera soluções, nada expressionistas, de Hodler. Bender afirma que as pinturas anteriores a 1911 são feitas sob a influência desse artista suíço. Ainda que de Fiori tenha observado pesquisas de trabalhos de Hodler na produção de suas pinturas até 1911, as outras reproduções que se conhecem das pinturas de 1910 e 1911 têm soluções diversas relativamente às da pintura *Mural.* Como quer que seja, reunindo-se o que se conhece das obras que de Fiori pinta após *Mural* e antes de 1911, nenhuma delas têm soluções próximas às das duas telas referidas por Zanini. Além dessa interpretação hodleriana, Zanini firma sua afirmação em anotação que, segundo ele, está no verso da tela com paisagem: Parioli-Roma 1904. Na referência de Bender, as pinturas de de Fiori sobre a influência de Hodler são feitas após ele ter estudado com Greiner e depois de 1905. Como Zanini preferiu, nesta passagem sobre a vida do artista, a biografia de Gerda, pôde propor Hodler, sem pensar em Greiner; porém, no que concerne ao número de anos da influência do artista suíço, Zanini optou por seguir Bender, que escreve: "por vários anos [de Fiori] permaneceu sob sua influência [Hodler], até 1911, quando chegou a Paris e viu outros"[28]. O *Auto-retrato*[29] analisado por Zanini como hodleriano-expressionista também está indicado em Gerda como sendo de influência hodleriana, mas não a paisagem, como indica o historiador; talvez, isso se deva ao fato de Gerda ver a paisagem com soluções distintas das do *Auto-retrato* ou então para evidenciar que a influência de Hodler em de Fiori é passageira. Mendes de Almeida endossa Gerda, escrevendo que o artista "tocado [...] se deixa influenciar por elas [obras de Hodler], produzindo alguns quadros, entre os quais um "auto retrato", em que transparece nítida filiação. Seu entusiasmo, porém, em breve arrefece, já o incomodava o maneirismo de seu êmulo"[30].

Bender conta que de Fiori viu reproduções de obras de Hodler em Roma, o que também afirma Scheffler, sendo que os dois críticos diferem em outro detalhe: enquanto Bender escreve que de Fiori, Haller e Hofer "viram" as tais reproduções[31], após o que a ingênua alma de de Fiori foi invadida subitamente pelo poder sugestivo dessa personalidade[32], Scheffler escreve que o estímulo vindo das reproduções foi acentuado quando ele [de Fiori] passa a conviver com Haller e Hofer[33]. Gerda não transcreve nenhuma dessas histórias e Bardi, que não adere à tese do maneirismo, decide-se por des-

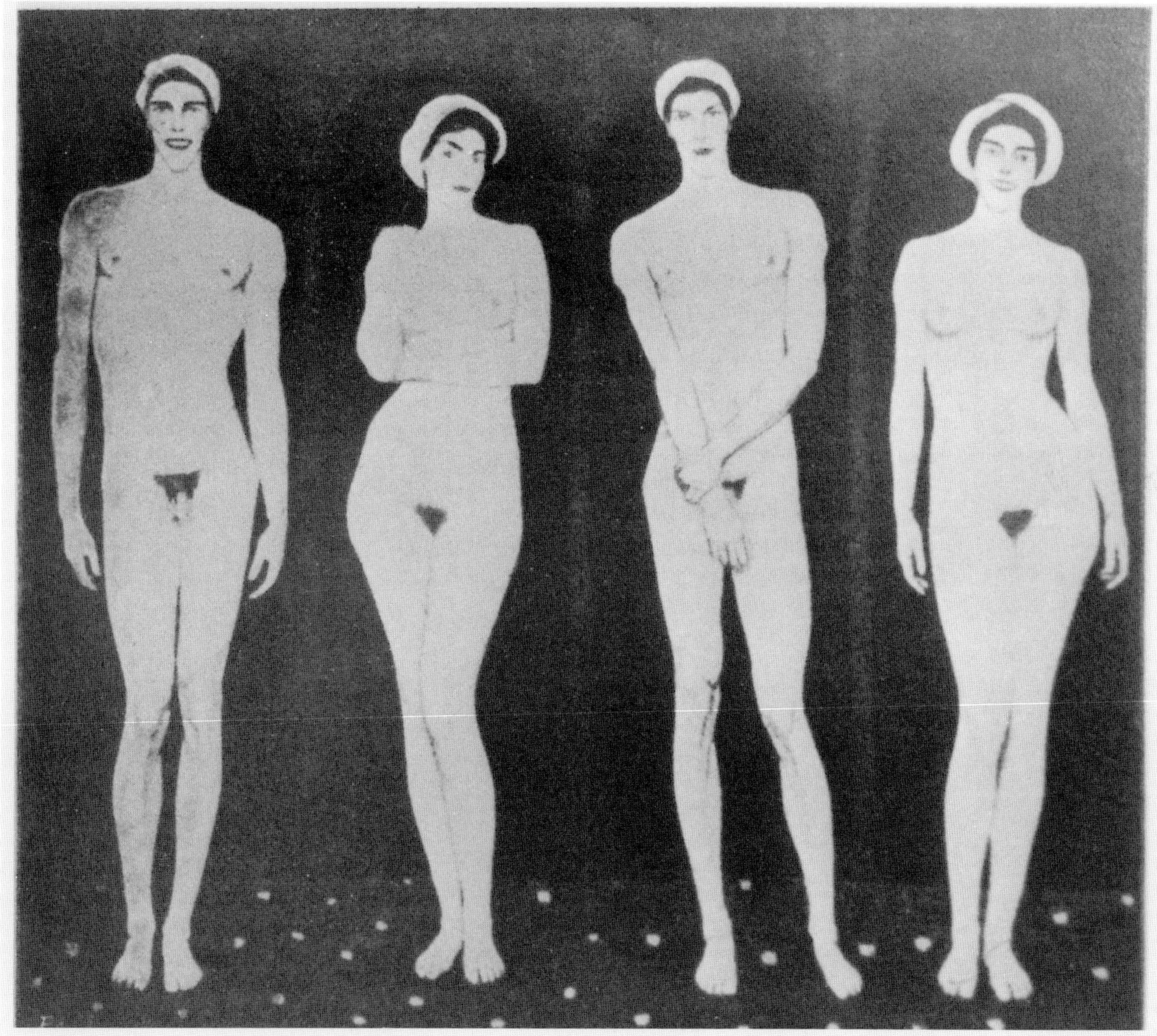

MURAL, *c*. 1908/09. Pintura exposta na Internationale Kunstschau de Viena, 1909. [107]

crever a chegada de de Fiori às obras de Hodler em drama fantástico; assim, o "decepcionado e medroso" de Fiori descobre "que alguém [...] tinha aberto uma mostra de arte chamada 'Secessão'" – o artista estava em Roma – e "pouco a pouco encontrou os artistas afins: o entusiasmo inteiro foi para Hodler"[34].

História não menos fantástica sobre de Fiori-Hodler encontra-se no texto da estudiosa de Egon Schiele, Alessandra Comini[35]. A autora afirma que de Fiori estudou em Munique em 1901, onde foi "exposto a Hodler", cuja mais evidente influência sobre de Fiori está na tela *Mural* – referida anteriormente[36]. Além desta obra, não se sabe que outras pinturas ela observa para avançar esta afirmação, não menos genérica do que as que se encontram em artigos e livros sobre a influência de Hodler em de Fiori; possivelmente são estas as fontes que lhe servem para a sua afirmação. É certo, entretanto, que as proposições de Comini não visam ao percurso de de Fiori, sendo este indicado para mostrar a influência de Hodler na tela *Mural* e para indicar que a "feitura singular" desta obra influencia Schiele. A pintura *Mural* é composta de quatro nus com turbantes, o que leva Comini a concluir que essa singularidade pode ser observada em "grande grupo de composições" de Schiele. Prossegue a autora com outras generalidades para demonstrar o interesse de Schiele pelo "artista italiano", como escreve. Seguindo os seus argumentos, fundados em associações livres, bastar-lhe-ia ter indicado a influência de Hodler em *Mural*, sem recurso a exposições de de Fiori a Hodler, em Munique, ou sua suposta entrada na academia em 1901; a menos que a história dos "17 anos", de Gerda, via nota biográfica do livro de Bardi, tenha chegado às mãos da estudiosa.

Por volta de 1908/09, de Fiori viaja para Londres, possivelmente para divulgar sua pintura; sabe-se que, em 1909, de Fiori expõe a tela *Mural* e outras duas pinturas de mesmo nome na International Kunstschau de Viena[37]; as outras informações disponíveis sobre a estada de de Fiori em Londres são do decênio de 90, de origem alemã[38]. Há, todavia, histórias que procuram ilustrar os "14 meses" – presumíveis – durante os quais o artista lá se encontrava. Bender conta:

> Em Londres, em 1909, ele aparece com uma tela gigante "Die Ruderer" [*Remadores*] (supõe-se como era a aparência desse quadro, que foi destruído) e se apresenta como elegante homem jovem (com cartola!) a negociante de arte; pensava conquistar o mundo inglês através desse caminho. Mas não foi feliz, como lhe predisse o primeiro espanto do negociante de arte, após ter visto seu quadro. Em todo caso, exercita-se por catorze meses em Londres, retorna a Munique ainda sob a influência de Hodler (a Galeria Flechtheim em Düsseldorf ainda possui pinturas desse tempo, que atualmente pregam susto no artista)[39].

Gerda, sempre imaginosa, enriquece o caso da galeria dando nome a ela, pondo fraque no apenas "elegante homem" em Bender, e quatro remadores na tela, suposta grande. Porém, Gerda, que deixa a Europa devido à guerra, esquece-se desta, desconsiderando os anos que separam o artigo de Bender da biografia que escreve; por isso, pôde afirmar que o *marchand* do artista "possui as telas dessa época". Entretanto, sabe-se que Flechtheim deixa as suas galerias da Alemanha por volta de 1933.

A "experiência amorosa" de Londres chama-se Jessie [Jessy] Fistrick, de quem, até hoje, não se tem qualquer imagem, mas apenas referência escrita. Na descrição da Inglesa, certamente Gerda fixa o modelo na obra que de Fiori fez em 1924, chamada *Engländerin* – não se sabe se o título foi dado pelo artista ou por Flechtheim. Ao descreve-la como "tipo" recorrente em de Fiori, Gerda restringe as pesquisas do artista; todavia, a idéia é incorporada à biografia dele. Bardi não refere o amor como Gerda, apenas afirma que de Fiori encontra em Londres o tipo de sua figura, ampliando, fantasista no convencional, a descrição do imaginário de Gerda: "moça delicada, muito pequena, com seios de adolescente, com membros finíssimos, figura dórica, nu quase masculino, apesar disso mulheril, efeminada[40]". O encontro de de Fiori com seu tipo londrino requer, obviamente, encenação. Mazza a transcreve, resumidamente, tornando a Inglesa amiguinha de de Fiori[41]; Zanini sucumbe à história de Gerda, o que não acontece com Mendes de Almeida, que reafirma o amor pela via negativa da desilusão. Talvez, de Fiori tenha mencionado seu casamento com Jessie a Gerda; talvez tenha tratado da escultura *Engländerin* com ela, como afirma um amigo do artista, Gabriele Mucchi, que diz tê-la ouvido de de Fiori. Mucchi conhece de Fiori em Berlim, *c.* 1928/29, onde trabalham em ateliês próximos, no último andar da Kunstgewerbeschule; os dois artistas chegam a se corresponder em data posterior à chegada de de Fiori ao Brasil. Ao contar sobre o artista em seu livro de memórias[42], Mucchi comenta algumas obras de de Fiori, escrevendo sobre *Engländerin*:

> É da sua mão uma outra figura em movimento, sobre a qual pode-se fazer as observações: é a Inglesa, uma jovem nua, mas calçada com sapatos de saltos altos, movendo-se com passo indolente. São duas ou três versões desse esplêndido nu de peito pequeno, de ancas apenas sugeridas, as espáduas levemente cadentes – uma figura doce e misteriosa. De Fiori me disse que viu essa jovem em um palco de Londres.

O comentário de Mucchi sobre essa escultura segue o de outras obras que de Fiori resolve no movimento de caminhar. Não há versões de *Engländerin*; há dois outros nus de sapatos de saltos altos, modeladas na mesma época, que têm soluções próximas, como no movimento a que Mucchi chama "indolente": *Amerikanerin* e *Schlendernde*[43]. As três figuras são divulgadas em periódicos europeus, sendo *Engländerin* a mais destacada; há, inclusive, artigos escritos a partir dessa escultura: um de Robert Walser[44], outro de Hermann von Wedderkop[45], ambos de 1925. Este distingue *Engländerin* em artigo para a revista *Der Querschnitt*, ligada à galeria de Flechtheim. Von Wedderkop escreve que *Engländerin* é o "meio certo encontrado: nem mulher, nem moça", e afirma que essa "dama" não posou para o artista, mas que de Fiori a viu, como viu outras "trezentas mil", em um "Londoner music hall". Com isso, o crítico evidencia que em de Fiori a criação é uma "maneira visionária". Mucchi também deixa claro que a figura não tem o objeto como referente, enquanto Gerda a identifica como objeto de desejo, assim, impossível de ser reduzida a modelo. Contudo, Gerda propõe uma descrição da Inglesa, o tipo de mulher que de Fiori "repetiu em todas as suas esculturas", como escreve. Ora, a descrição da Inglesa que rompe o noivado com o "artista desconhecido" é a sua visão da obra *Engländerin*; escultura divulgada em publicações, possivelmente a obra mais reproduzida do artista em revistas européias, cujo título pode incitar associação. Gerda decide que a jovem que de Fiori "conquistou" em Londres é o tipo das esculturas do artista; com isso, preenche uma lacuna da biografia com informação aleatória, ao mesmo tempo que, com a imagem que constrói, restringe a modelagem de figuras femininas a "corpo esbelto, efébico, traços nitidamente nórdicos". É possível que Gerda tenha engendrado essa fusão entre mulher-obra, associando alguma fala de de Fiori, com o artigo de von Wedderkop, que está reproduzido, assim como *Engländerin*, no Kunstarchiv, publicação referida por ela no início da biografia do artista.

Como em Gerda, esse é o tipo em Bardi, Mazza e Zanini. Com a Inglesa, Bardi exercita suas faculdades retrospectivamente premonitórias, e afirma que "para o pintor incapaz [é] a descoberta de sua vocação de escultor"[46]. Mendes de Almeida, mais chão, não incorpora o tipo, enquanto afirma que de Londres de Fiori "traz apenas a suspeita, quase certeza, de seu fracasso como pintor e o amargo travo de uma desilusão amorosa"[47]. Segundo Gerda, depois de Londres o artista "regressou à casa paterna", de onde segue para Paris, o que Mendes de Almeida apenas planeja. Bardi leva de Fiori diretamente para Paris, no texto, não na nota biográfica do mesmo livro[48]. Mazza, ao ler Gerda na nota biográfica de Bardi, entende por casa paterna a volta do artista a Roma, itinerário também seguido por Zanini. Assim o "retorno a Munique", indicado em Bender[49], transforma-se em regresso a Roma, sendo que todos concordam, inclusive Bender, em seguir viagem com descrições da vida de de Fiori em Paris.

GERDA BRENTANI

Ano decisivo para De Fiori foi o de 1911. Conheceu Paris e as telas de Cézanne e Renoir o impressionaram. Perdeu a coragem de pintar. Ele próprio diz numa carta: "Estive dois dias fechado em meu quarto com o rosto virado para a parede. Não posso continuar." Depois escreve – "Após quatros meses de horrível Katzenjammer, fiz as primeiras tentativas plásticas".

Seu grande talento para a escultura foi logo reconhecido. Nos primeiros trabalhos nota-se a influência de Maillol. Uma "mulher agachada" é, parece, a primeira escultura acabada de De Fiori. Depois segue-se um adolescente que constituiu o primeiro grande êxito do escultor. Exposta essa escultura em Colônia, em 1912, foi citado pelos críticos e muito elogiada. Disse o "Kunstblatt" de então: "Entre os jovens escultores que mais se fizeram notar, citamos Lehmbruck e o ítalo-tedesco De Fiori". Imediatamente depois a "Berliner Sezession" expôs a mesma figura. Outro grande êxito. Não sei se a última guerra poupou algumas dessas primeiras figuras, que se encontravam em Berlim. Como são ainda dramáticas, o adolescente está todo retorcido sobre si mesmo num gesto doloroso e inquieto. As figuras de então têm uma inquietação quasi literária e são bem diferentes dos trabalhos posteriores.

Admirável a firmeza de De Fiori que, ainda jovem, já não se deixava influenciar pelo êxito. A fase Maillol estava passada – superada. De 1912 a 1914, De Fiori viveu em Paris; estudou com muito interesse a escultura cubista que, sem constituir uma solução artística, era uma tentativa inteligente de pesquisa da forma pura. De Fiori chegava a ver a escultura como uma arquitetura resultante da reunião de volumes. "Ursula" e "Ballerino" são frutos dessa época.

Em 1914, De Fiori estabeleceu-se em Berlim onde encontrou um círculo de amigos inteligentes e afetuosos. De Fiori contava então 30 anos, idade em que muitos artistas ainda se encontram em plena infância de sua evolução. Inquietos ainda, outros erravam por suas pesquisas, sofrendo influência dos movimentos modernistas. Mas De Fiori, desde os primeiros passos, seguia seu caminho; nem o êxito, nem o ambiente puderam afastá-lo daquilo que ele julgava poder fazer: esculpir sem se preocupar com escolas. Naturalismo, cubismo eram tendências que o não afetavam. Dizia de Fiori: "Quero esculpir o homem não pertubado pelos acontecimentos, em perfeito repouso, concentrado em si próprio – uma possibilidade olímpica sem a agitação efêmera da existência cotidiana. Não é o sofrimento que enaltece o homem mas a maneira de suportá-lo[50].

WALTER ZANINI

1911 – [Em Paris] permanece até 1914. Conhece Matisse e Picasso e participa do círculo de artistas do Café du Dôme. Um fato decisivo que então lhe ocorre é a impressão desnorteante sofrida diante da pintura de Renoir e sobretudo de Cézanne, confronto que o leva a fechar-se por dois dias no seu quarto "com o rosto virado para a parece, decidido a não mais pintar". Somente depois de quatro meses de penoso *Katzenjammer*, decide-se recomeçar. Mas o faz enquanto escultor. De Fiori tem então 26 anos de idade. Hermann Haller, que vive em Paris desde 1907, sem aproximar-se das novas tendências, dirige-o em seu aprendizado técnico. Maillol num primeiro momento e mais tarde Degas, enquanto escultor, atraem seu interesse. Ele começa também a absorver elementos da estruturação cubista na organização da figura, fase que perdurará até 1915. De Fiori realiza a "Figura Feminina Agachada", de influência maiolesca e entre 1911 e 1912, uma contrita e dramática figura de jovem ("O Sofredor"). Ao serem expostas em 1912 na "Die Internationale Ausstellung des Sonderbundes", de Colônia e na "Seccessionausstellung" de Berlim, estas obras despertam atenção. Uma das características da obra escultórica de Ernesto de Fiori, será a sua freqüente dimensão menor que a natural.

1912 – É citado por Paul Ferdinand Schmidt no "Zeitschrift für bildende Kunst", de Leipzig, que louva a figura do adolescente de 1911. Hans Siemsen dedica-lhe breve artigo na "Deutsche Kunst und Dekoration", de Darmstadt.

1913 – Participa novamente da "Berliner Secessionausstellung", mostra a que comparecerá em várias outras oportunidades.

1914 – Participa em Paris do 30º Salon des Indépendants, e o marchand Flechtheim expõe suas esculturas em Düsseldorf. O "Dançarino", de 1914-15, marca o fim da influência cubista em sua obra. Figura na Prima Esposizione Libera Futurista, promovida pela Galeria Sproviera, de Roma, que o inclui entre os que apresentam pinturas e desenhos[51].

De Gerda a Zanini conta-se e reconta-se o abandono da pintura pelo artista em 1911, após ter visto Cézanne e Renoir. O equívoco mais explorado na história de de Fiori, já anunciado na homenagem a ele prestada no IAB, no catálogo da mostra: "E Paris lhe revela Cézanne e Renoir [...] a pintura é abandonada e a escultura passa a ser o instrumento de sua expressão plástica"[52].

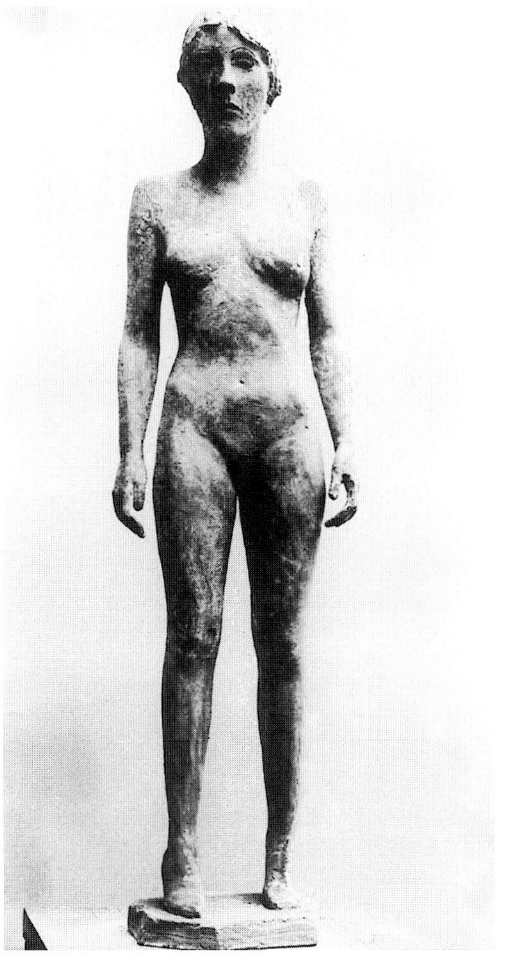
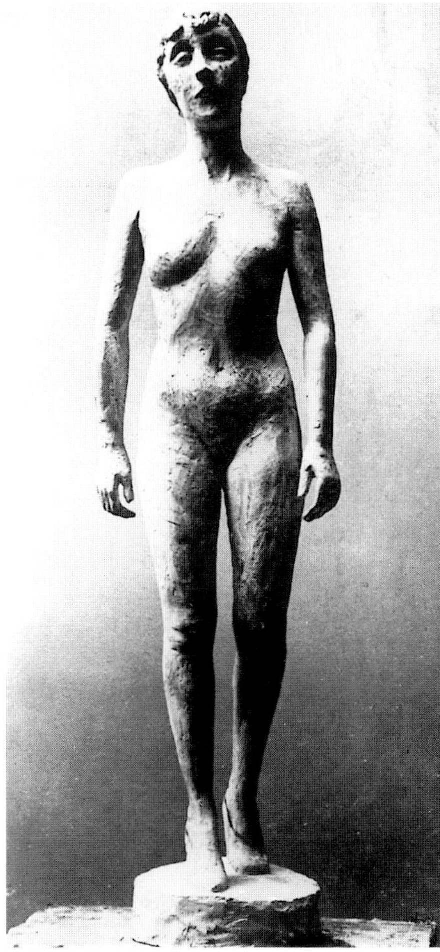

ENGLÄNDERIN, 1924; *AMERIKANERIN*, 1924; *SCHLENDERNDE*, 1924. [108] [109] [110]

HOCKENDE, 1911. [111]

Essa narrativa é explicada, em Gerda, que faz o ato do abandono, "perdeu a coragem de pintar", desenvolver-se em duas cenas. A primeira cena, Gerda pode tê-la deduzido de alguma carta do artista, ou de sua própria imaginação, para dramatizar ainda mais o começo do escultor famoso, que já é anunciado na segunda cena. Na primeira, o artista passa dois dias com o rosto virado contra a parede; na segunda, o mesmo passa quatro meses de ressaca [*Katzenjammer*]; passa a não querer mais saber da pintura, o que o faz decidir-se pela escultura. Reencenadas em Bardi, Mazza, Mendes de Almeida e Zanini, às vezes com variações que as revalorizam, as duas cenas escritas por Gerda passam a valer como prova do abandono da pintura, certamente por serem apresentadas pela amiga, e, talvez, por serem indicadas como documentos escritos pelo artista. Gerda evidencia a primeira cena a partir de uma suposta carta de de Fiori; a segunda, suspende a carta da primeira cena, podendo o leitor se decidir sobre se a frase que compõe a segunda cena está na mesma carta "transcrita" na primeira cena ou não. Entretanto, para escrever a segunda cena, Gerda só dispõe do artigo de Bender, que escreve: "após quatro meses de profunda ressaca, a primeira procura escultura"[53]. O crítico informa que essa frase está "nas curtas anotações sobre sua vida e trabalho, que ele [de Fiori] colocou à minha disposição"; é certo que Gerda não teve acesso a essas anotações de 1920. Ainda que a frase possa ser do artista, Bender a refere para evidenciar que "ter visto Renoir e [...] ter vivenciado Cézanne revolucionaram" os conhecimentos de de Fiori sobre "o que seria propriamente pintor". O destaque visa a distanciar a produção anterior a 1911 das obras produzidas a partir de então, pois as "pretensões do artista sobre seus próprios trabalhos" crescem em termos de exigências, segundo Bender[54]. É o fim de Hodler, nesta narrativa; por isso o crítico escreve que as telas anteriores a 1911, que ainda estão [em 1920] na Galeria Flechtheim "pregam susto no artista"[55]. Porém, prossegue Bender, as altíssimas pretensões de de Fiori "podem ser suficientes para o querer, mas não para o poder", do que conclui o crítico que "devem ter sido dias dolorosos"[56] para o artista. Em nenhum momento do texto, Bender afirma que o artista pára de pintar; antes, explica que de Fiori modelava desde 1911 e que, quando não conseguia "fazer escultura ou continuá-la, ele pintava, acalmava-se e aclarava-se. Ainda hoje [1920] ele trabalha assim"[57]. Quando trata das primeiras esculturas que foram consideradas pela crítica em 1912, Bender escreve que após o "colapso da pintura", isto é, após o insucesso do pintor em Londres, de Fiori "salva-se na escultura"[58], ele é reconhecido como artista. Como Gerda pinça trechos deste artigo, desentendendo-os, pode-se supor que a cena do rosto virado contra a parede, não deriva de carta do artista, mas sim dos "dias dolorosos" que ela lê em Bender; também o título do ato encenado: "colapso da pintura" torna-se "perdeu a coragem de pintar".

As imagens que surgem de seu texto são as que permanecem. Para Bardi, que destaca o escultor europeu, as cenas de Paris importam; assim, no texto, antes de fazer o artista experimentar as telas de Cézanne, lança treva e neblina na primeira cena:

> Chegou em Paris em uma noite de neblina e esperou até a manhã para procurar, ávido, as telas de Cézanne. Encontrou-as, e: "Depois fiquei dois dias fechado no meu quarto com o rosto contra a parede, decidi a nunca mais pintar"[59].

Na nota biográfica do livro de Bardi, de Fiori também vê a "beleza das pinturas de [...] Renoir"[60], como está em Gerda. Em Mazza, a mesma cena do texto de Bardi é montada em um quarto de hotel de Paris: torna-se angustiante[61]. Mendes de Almeida exclui de seu roteiro o pernoite – como Zanini –, e leva de Fiori diretamente "ante as telas de Cézanne e Renoir", onde o artista "deslumbra-se [...] tanto, que perde a coragem de pintar". Mendes de Almeida reencena a cena em que de Fiori fica de rosto virado, afirmando que ele a escreveu "em carta endereçada a um amigo"; não indica o destinatário, mas, admirado, cai no lugar-comum da coincidência dos grandes artistas:

> Curioso é aqui recordar que pelo mesmo transe passaria o nosso Di Cavalcanti, quando de seu primeiro contato, "em pessoa", com as telas dos grandes mestres da pintura, em sua primeira viagem à Europa. Também o grande Emiliano sentiu-se, por muito tempo, impossibilitado de pintar. Pensou em desistir para sempre. Felizmente não desistiu, para nunca[62].

Segue Mendes de Almeida com os quatro meses de *Katzenjammer*, em seu texto, "trauma". Essa encenação na biografia de de Fiori, porque cega, destaca a escultura. Ao evidenciar tais imagens, Zanini pouco considera as informações que lhe chegam às mãos de textos europeus; prefere produzir novas imagens a partir de Gerda e Bardi. No início de seu texto do catálogo de 1975, faz de Fiori confessar "a interrupção de 1911, diante do impacto de Cézanne em Paris"[63]; adiante, reitera o "choque e a dissuasão em Paris [...] ao ver trabalhos de pós-impressionistas e essencialmente de Cézanne, o que provoca seu desvio para a escultura"[64]. Na seqüência das imagens, observa que no artigo de Scheffer, de 1920, está reproduzida uma pintura do artista, e que Siemsen[65], outro crítico europeu, visita o ateliê do artista em 1929 "e depara com alguns quadros". Certamente, Zanini não se deteve neste artigo, pois Siemsen parte justamente do pintor e do escultor para explicitar que o artista não é um "especialista"[66], alguém que se dedica a apenas uma coisa. Porém, como Zanini acredita que Siemsen apenas "depara" com quadros no ateliê de de Fiori, conclui: "prova de que 'incidentalmente' De Fiori não abandona a linguagem de outrora"[67]. Páginas depois desta conclusão, Zanini revê sua posição e retorna à história do abandono da pintura em 1911, isto na cronologia[68]; anos depois, permanece com a idéia do abandono em texto que escreve para a publicação que coordena sobre história da arte no Brasil:

A pintura marcara o início de sua carreira, entre 1903 e 1911, dentro de característica hodlerianos. A seguir, ele a deixou de lado[69].

A narrativa de um de Fiori apenas escultor antes de 1936 vigora ainda hoje também na Alemanha, embora desprovida das cenas de Gerda, que são repetidas até Zanini. Apesar de Gerda, Mendes de Almeida e Zanini referirem a pintura européia do artista, ou é a própria encenação que os restringe ao escultor, ou é a impossibilidade de pensarem um pintor que não teve sua obra destacada pela crítica européia. No que se refere à Alemanha, esse equívoco impede, até mesmo, a localização de pinturas de de Fiori. Há referência à pintura em Bender, em Scheffler, em Siemsen, nos dois artigos de jornal de Zurique, entre outras, talvez desconhecidas no Brasil, bem como a uma exposição exclusivamente de pintura, que Flechtheim organizou em sua galeria, possivelmente no final do decênio de 20, que está em artigo de jornal[70], guardado por Gerda ou familiares do artista e entregue a Zanini[71].

Após chegar ao "grande talento [...] logo reconhecido" do escultor, Gerda afirma, como a maior parte dos críticos, que nos primeiros trabalhos de de Fiori "nota-se a influência de Maillol" e, tanto ela como Zanini, referem as exposições de Colônia e de Berlim, como também as esculturas *Kauernde* [*Mulher agachada*] e *Jüngling* [*Jovem*], como obras reconhecidas pela crítica, sempre conforme Bender[72]. Isto já consta resumidamente do catálogo do IAB, de 1945[73]. Na seqüência, há diferentes opiniões sobre a biografia do artista. Gerda colhe em Bender a informação de que de Fiori segue de Paris para Berlim; contudo, o "desde abril de 1914 em Berlim" deve tê-la confundido, pois afirma que de Fiori se estabelece na cidade[74], acrescentando a esta interpretação do "desde", outro trecho que está em Bender: a história do artista que não se deixa levar pelo êxito[75]. Gerda também escreve que o "naturalismo" e o "cubismo" não afetavam de Fiori, acrescentando a este conceito um trecho que lê de estrevista do artista, de 1925, aqui referida anteriormente: "Quero esculpir o homem não pertubado..."[76]. Este trecho, na tradução de Gerda, também é aproveitado no livro de Bardi. Para Gerda, em Berlim de Fiori se sentia "isolado", isto no cenário que ela montou de "amigos inteligentes e afetuosos". Enfim, solitário e "desligado da velha pátria que durante tantos anos nunca pode rever", e como "todos os amigos mais caros partiram", o artista foi para as trincheiras alemãs[77]. Mazza não resiste: "a alma [de de Fiori] se debatia no dilema dos filhos de duas raças". Gerda não firma a data que de Fiori ingressa na "frente francesa", escrevendo, genericamente, que a guerra de 1914 a 1918 interrompeu "a atividade artística de de Fiori". Mazza e Mendes de Almeida fixam-na no "eclodir do conflito". Exceção é Bardi, que, prudentemente, conduz o artista "italiano" diretamente para Zurique, no livro lançado na Itália em 1950. Os demais concordam em que de Fiori se naturaliza alemão e segue para a guerra, como soldado, sem desconfiarem de que ele ingressou na luta como italiano e como correspondente de jornal. Zanini só discorda dos outros estudiosos no que se refere à época, e manda o artista para a "frente francesa" em 1916[78], fiando-se na história contada na família de Fiori.

Gerda relata pormenorizadamente a guerra; conta que após de Fiori ter freqüentado "uma escola de pioneiros" e não ter passado nos exames, diante da possibilidade de retornar às trincheiras, sofre "uma psicose", amigos para salvá-lo, conseguem "transferi-lo para Suíça, o que lhe permitiu readquirir o equilíbrio psíquico e curar-se completamente". Luis Washington que, até este ponto de seu artigo de 1947, transcreve Gerda, por vezes, naturalmente, deixando de lado algumas palavras dela, interpreta-a, internando de Fiori em "sanatório suíço"[79]. Mendes de Almeida retém da narrativa de Gerda sobre a escola de pioneiros a idéia de "peripécias que chegaram a ser divertidas". No trecho dos pioneiros, que tem até um violinista, Gerda pensa, atribuindo a passagem a de Fiori, que a "monotonia, a sujeira, a lama, o fedor da trincheira, a vida em comum com simples soldados ainda são coisas suportáveis"; adiante, mantém-se próxima a de Fiori, "coisa insuportável [...] é a disciplina prussiana, o modo arrogante de alguns superiores", como se lê no artigo "Parademarsch"[80], este do artista. Mendes de Almeida, talvez identificando que uma das fontes de Gerda para este trecho da biografia é o artigo referido, escreve:

> Passado algum tempo, porém, amigos influentes conseguem retirá-lo das trincheiras, onde, mais do que os perigos, o desconforto, a lama, a sujeira e o mau cheiro, era-lhe insuportável a rigidez da disciplina prussiana – segundo informa Gerda Brentani [...]. Realmente, muitos anos mais tarde, em artigo publicado a 10 de maio de 1942 em "O Estado de São Paulo", De Fiori comenta, com indisfarçada irritação, o célebre "passo de ganso" do exército alemão em parada, e que tão bem simboliza aquela disciplina, conquanto hajam outros exércitos, posteriormente, adotado o arrogante "passo"[81].

Quanto a saída de de Fiori da guerra, formam-se dois partidos; enquanto Mazza e Mendes de Almeida afirmam, seguindo Gerda, que "amigos influentes" retiram o artista da guerra, Zanini, a partir de um depoimento do sobrinho de de Fiori, que o conheceu em 1936, afirma que "graças à intervenção de seu pai junto a amigos influentes", de Fiori é removido; em 1917, "transfere-se para Zurique"[82].

Gerda preenche a biografia do artista até 1936, interpretando o artigo "Ich modelliere Hindenburg"[83], escrito por de Fiori, sem se esquecer de mostrar sua proximidade ao artista; abrevia um artigo de periódico alemão, no qual se lê uma narrativa sobre a recusa de Max Reinhardt das seis cariátides por ele encomendadas ao artista para seu teatro de Berlim[84]; menciona as outras duas esposas de de Fiori, Marta e Barbara, "apenas na ordem cronológica", como escreve; afirma que deixa a outros "a tarefa de descrever sua vida [do artista] em São Paulo", e termina seu texto com um depoimento:

O "PARADEMARSCH"

O passo de parada dos alemães foi, se não me engano, inventado pelo pae de Frederico o Grande, que não éra muito versado em arte grega.
Desde então esse modo de marchar tem se mantido na Alemanha,apesar de todas as tentativas feitas por muitos alemães para suprimil-o. Ésse passo é como uma fé, como uma réza executada com as articulações inferiores. E o nacional-socialismo apropriou-se dela cuidando-a, aperfeiçoando-a, desenvolvendo-a até tornal-a um rito ameaçador e macabro, uma especie de procissão de obcecados..

Mas aqueles que não o querem, encontram-se militarmente falando, em optima companhia.

A ultima pessôa que procurou acabar com o terrivel "parademarch" foi ninguem menos que Hindemburg, se não Ludendorf, por mais paradoxal que pareça...

No inverno de 1917 quando achava-me num curso de oficiais em Spandon, foi-nos feita a leitura pelo nosso comandante de um edital assinado por Ludendorf, proibindo o "parademarch".
Dado o mal estar que causava entre bôa parte do exercito ele não devia ser mais executado.

O comandante olhou-nos cheio de dor e desafio e disse cavamente " nós continuaremos a fazer o parademarch"! Assim fez, e nem por isso foi castigado..
E'evidente que este passo, chamado irreverentemente pelo francezes, passo de ganso, deve ter qualidades misteriosas, muito mais fortes do que possa parecer áqueles homens levianos e superficiais que julgam as coisas deste mundo sob um ponto de vista mais estético que moral.

O fáto é que o passo de ganso, pela primeira vez, desde que foi inventado, passou faz dois anos a fronteira alemã para apoderar-se das pernas menos diciplinadas, mais liberais e individua-

-2-

listas de todo o continente europeu. Falo das optimas pernas do soldado italiano...

E como se isso não fosse bastante fantastico, pulou o oceano e entrou victorioso, quem o diria, na Rep. Argentina. Os livres e cavalheirescos filhos dos Pampas adotaram-no e o cultivam,pratica do-o não só com profunda convicção, como tambem com uma perfeição digna daqueles grandes dansarinos que bem conhecemos....

O "parademarch" entrou na America, na terra que se orgulha de sua liberdade tradicional, entrou como coisa de pouca monta, sem pagar alfandega, sob as feições de um pequeno exercicio de ginastica...

Mas na realidade, elà significa um grande sucesso do nacional socialismo. Ele prepara os espiritos para a compreensão dessa dou trina e significa nada menos que a victoira final do nazismo não coisa tão impossivel como muitos liberais, democratas, e outros arterioscleroticos imaginam...... Pois onde se renunciou a liberd e a dignidade das proprias pernas virá dia em que se renunciará a liberdade e dignidade da propria alma, aceitando-se sem demora e repugnancia uma doutrina que hoje nos parece anti humana e anti-christã.....

Bôas esperanças temos em uma paz que satisfaça todos os povos inclusive o povo alemão, mas talvez a paz seja outra, talvez a pa do "parademarch"....

Estamos a procura de uma ilha perdida no fundo do oceano Pacifico. Quando todos os povos tiverem se acostumados a levantar as pernas rijas, nos dias de festa, e os braços cada dois minutos,pa lá nos retiraremos a ensinar a dignidade da arte grega aos selva e tambem aos animais... Não será tempo perdido.......

-x-

Variante do artigo "Parademarsch",
publicado em *O Estado de S. Paulo*, São Paulo, 10 maio 1942. [112] [113]

Contudo, De Fiori não foi verdadeiramente feliz em São Paulo. Poucos puderam ver e compreender a profunda melancolia do Mestre que, após haver conhecido a glória e o êxito, foi obrigado a produzir sem incentivo e a procurar expansão para sua forte personalidade em um pequeno e restrito grupo de amigos. Estes amigos não poderão esquecê-los jamais.

Bardi e Mazza seguem outro roteiro: analisam obras, escrevem histórias, como se viu. Mendes de Almeida trata do "instante de fastio, o qual perdurou até o ano de 1932, aproximadamente", em Berlim, prosseguindo o texto com citações de artigos do artista, até fazê-lo chegar no Brasil pelo Rio de Janeiro, em 1936, e depois seguir a São Paulo, como Gerda[85]. Zanini escreve a sua cronologia do artista, até 1935, referindo as esposas do artista, as obras e os locais em que elas se encontram [1975]; indica algumas exposições e algumas publicações sobre o artista. De 1936 a 1945, sua cronologia importa, pois, embora por vezes aceite como documentos artigos que colocam frases na boca do artista, traz informações pertinentes, além de indicar as fontes que lhe serviram para a redação[86].

Outras idéias que não se justificam, também são produzidas na cronologia e no texto de Zanini; destaca-se uma que tem a sua contrapartida: lugares-comuns de pensamentos catastróficos. Enquanto Zanini afirma que a obra *Adão*, segundo ele de 1929, foi "salva no ateliê de De Fiori, em Berlim, que fora atingido por uma bomba", na Europa, há quem afirme que de Fiori se suicidou no Brasil[87].

ELEMENTOS CRÍTICOS E BIOGRÁFICOS

Os artigos que tratam da biografia de Ernesto de Fiori fazem-no nascer em 12 de dezembro de 1884, confirmando documentos; porém, há outros documentos que registram o dia 13 de dezembro do mesmo ano. De Fiori é o segundo filho de Maria Unger de Fiori (Cilli, Império Austro-húngaro – atualmente Áustria, 1857 – São Paulo, Brasil, 1941) e do redator Robert [Roberto] de Fiori (Gorizia, Império Austro-húngaro – atualmente Itália, 1854 – Munique, Alemanha, 1933)[1]. De acordo com documento de 9 de março de 1916, Robert de Fiori declara residir em Roma desde 1881, onde trabalha como correspondente do jornal vienense *Neue Freie Presse*. Em outro documento de Robert de Fiori, datado de 20 de dezembro de 1915, lê-se que seu primeiro filho, Marius [Mario] de Fiori, nasce em 17 de julho de 1883, em Roma; todavia, na carteira de habilitação de Mario, expedida em São Paulo em 1945, consta que ele nasce em Cilli, Áustria, e tem nacionalidade italiana. Ainda neste mesmo documento de Robert de Fiori, lê-se que "Ernst" nasceu em 13 de dezembro 1884, em Roma. Desconhece-se o registro de nascimento de Ernesto de Fiori; ainda assim, de acordo com documentos preenchidos pelo próprio artista, ele nasce em Roma, quando seus pais já moravam na cidade.

Sobre os estudos iniciais de Ernesto de Fiori não há qualquer informação comprovada; conhece-se apenas a ficha que ele preenche para o editor Giovanni Scheiwiller, em 1929, na qual assinala seus estudos em escola elementar, ginásio e liceu em Roma – documento referido anteriormente. Dos anos anteriores à sua viagem a Munique, em 1904, conhece-se uma fotografia, na qual se vê de Fiori segurando dois quadros: um *Auto-retrato* e uma paisagem com veleiros. Sob a fotografia, que está em álbum de sua família, lê-se: "suoi due prime quadri", "1900". Deste ano a 1904, não há qualquer outra informação sobre atividades artísticas de de Fiori e, considerando-se o que o artista escreve na ficha de 1929, inicia sua "carreira artística" aos 19 anos, indicando, com isso, que começa a se dedicar às artes plásticas no ano

Lê-se sob a fotografia do álbum da família de Fiori:
"Ernesto de Fiori, 1900", "suoi due prime quadri". [114]

Fotografia do álbum da família de Fiori,
c. 1906/07 (p. seguinte). [115]

em que viaja para a Alemanha. Data de 30 de abril de 1904 a matrícula de de Fiori na Akademie der bildenden Künste [Academia de Artes Plásticas] de Munique[2] na classe de desenho de Gabriel von Hackl; outras informações sobre seus estudos na Academia não são verificáveis, uma vez que a maior parte dos arquivos foi queimada durante a guerra[3].

A partir do artigo de Ewald Bender, referido anteriormente, que traça a biografia sumária do artista[4], pode-se supor que de Fiori estuda em Munique por dois semestres; se assim for, retorna à Itália em 1905. Em Roma, possivelmente, recebe informações artísticas do pintor e litógrafo alemão Otto Greiner[5]. Uma fotografia que reproduz de Fiori pintando um nu masculino, tendo o modelo ao lado da tela – encontrada no álbum de sua família entre fotos de 1906 e 1907 –, sugere estudos pictóricos de de Fiori em Roma.

Nessa época, conhece o artista suíço Hermann Haller e o alemão Carl Hofer[6], que estudam em Roma a expensas do mecenas suíço Theodor Reinhart. Segundo Bender, os três vêem reproduções das pinturas de Ferdinand Hodler; depois, de Fiori pinta "sob a influência" do artista suíço. Como se viu anteriormente, o crítico Scheffler escreve outra narrativa. Considere-se ainda o depoimento de Hofer, do decênio de 50, no qual o pintor relembra os tempos de Roma, contando que ele, Haller e de Fiori se encontravam nas praias do Tibre; porém, nessa época, nunca conversavam sobre arte, e acrescenta: "eu nunca vi o que ele [de Fiori] fazia naquele tempo, ele nunca foi ao meu ateliê"[7]. É possível que de Fiori comece a falar sobre artes com Haller e Hofer somente em anos posteriores. Os três artistas vão se encontrando nas diversas cidades em que vivem; pode-se afirmar que, por vezes, Haller e de Fiori realizam pesquisas artísticas que têm soluções próximas.

Consta em biografias de Hofer[8] e de Haller[9] que, em 1908 e 1909, respectivamente, eles deixam Roma e seguem para Paris. Nessa época, de Fiori viaja para Londres, de onde, em março de 1909, vai a Munique; supõe-se que para divulgar sua pintura. Em localidade próxima a Munique, conhece o escritor e colecionador Karl Sternheim e sua esposa Thea. Esta escreve em seu diário: "hoje pela manhã visitou-nos um jovem pintor italiano: de Fiori. Um homem muito bonito, loiro e de aparência botticellesca"[10]. É principalmente a partir do diário de Thea Sternheim que se obtêm informações genéricas sobre a vida e a obra de de Fiori[11], até hoje, principal fonte relativamente aos anos de 1909 a 1914 do artista.

Ainda em 1909, volta para Londres, onde prossegue com seus trabalhos de pintura; nesse ano, expõe[12] na Internationale Kunstschau [Mostra Internacional de Arte] de Viena três pinturas intituladas *Mural*; conhece-se a reprodução de uma delas[13], que sugere soluções encontradas a partir das obras de Hodler, como se observou anteriormente.

Em 5 de março de 1910, chega uma carta de de Fiori aos Sternheim, "com o desejo", como escreve Thea, de o artista "permanecer algumas semanas conosco"[14]. De Fiori hospeda-se na residência do casal, a fim de terminar os preparativos para a montagem de sua exposição de pinturas em Munique[15], inaugurada em abril[16], possivelmente na Galeria Tannhauser[17]. Em 22 de março, Thea escreve que o "querido hóspede", mostra-lhes pinturas realizadas em Londres, que, segundo ela, "demonstram significativo progresso"; destaca a tela *Pierrot mit Mädchen* [*Pierrot com moça*][18]. Durante a estada de de Fiori com os Sternheim, ele pinta retratos da família: de Thea, de Klaus, filho do casal, e, possivelmente, um de Thea com Klaus[19]. Dessas obras, localiza-se hoje apenas o retrato de *Klaus Sternheim*, um guache s/tela, de 41 x 35 cm, do Sprengel Museum, de Hannover.

A partir de 1910, os Sternheim apóiam de Fiori por alguns anos, tanto financeiramente, pela aquisição de suas obras, como divulgando seus trabalhos. Através deles, conhece o colecionador Alfred Flechtheim, seu futuro *marchand*, intelectuais e outros artistas que freqüentam o Palais Bellemaison – casa dos Sternheim em Höllriegelskreuth, local próximo a Munique –, muitos dos quais colaboradores da revista vanguardista *Hyperion*, fundada por Karl Sternheim[20].

Em maio de 1910, o florido tio "Blümchen"[21] – como Klaus chama de Fiori –, segue para Londres, parando antes em Düsseldorf para pintar "as crianças"[22], possivelmente dois quadros: um retrato de Moiby e outro de Agnes[23]. No final de maio, as obras chegam à casa de Thea, que anota que elas não têm a mesma qualidade pictórica que o seu retrato, embora as considere "significativas na singeleza"[24]. Um dia antes da viagem de de Fiori, Thea anota que ele está deprimido[25]; alguns dias depois, escreve para o artista, aconselhando-o a viajar para Londres e resolver sua relação com Jessie [Jessy] Fistrick[26]. O artista casa-se com Jessie em 18 de julho, segundo ele próprio registra em documento[27].

Em novembro desse mesmo ano, 1910, possivelmente já separado de Jessie[28], de Fiori chega à casa dos Sternheim, desejando permanecer com eles durante algum tempo[29]. Ainda nesse mês, chega à Bellemaison, uma caixa com pinturas do artista. Thea escreve que ela e Karl querem comprá-las "a qualquer preço", sendo sua preferida *Die nackte Frau mit gelöstem Haar* [30] [*Mulher Nua com Cabelo Solto*], obra que pendura em seu quarto de dormir[31].

No final do mês de novembro, de Fiori e Maier-Graefe seguem para Munique, onde se encontram com o pintor Basilici; possivelmente de Fiori viaja com ele para o Tirol[32]. Em dezembro, está novamente na Bellemaison; nessa época, pinta o retrato de Karl Sternheim. No dia 7 de dezembro, em uma discussão sobre "coisas artísticas", Karl e de Fiori acabam entrando em choque, pois, o escritor defende van

KLAUS STERNHEIM, 1910. [116]

Gogh, vociferando contra Cézanne[33], enquanto de Fiori valoriza Cézanne[34]. No dia seguinte, Thea aconselha o artista a deixá-los por algum tempo e a hospedar-se em um hotel. Paga-lhe 1400 marcos por suas "duas últimas pinturas"[35]. Apesar do desentendimento, o casal permanece apoiando de Fiori. Segundo Thea, o artista procura contatos em Munique, "visita Cube e a família Götz"[36].

Em janeiro de 1911, de Fiori registra residência na Kugelmüllerstraße 78 b (junto a Armin), Munique. Em fevereiro, vai à casa dos Sternheim: restaura o retrato de Karl, "lamenta a estupidez de Munique", e quer seguir para Paris[37]. No dia seguinte, 26 de fevereiro, o casal visita o pintor; Thea escreve que vê vinte quadros iniciados em "novo estilo", que pouco lhe agradam[38]. No início de março, Thea encontra o artista, que, segundo ela, "parece infeliz"[39]. Em 13 de março, de Fiori vai à casa dos Sternheim e fala novamente em seguir para Paris[40]; poucos dias depois, despede-se do casal, que promete procurá-lo em Paris[41]. Em 24 de março, de Fiori registra sua partida de Munique[42].

Na capital francesa, o artista reencontra Haller e Hofer[43]. Prossegue com suas pinturas; depois de alguns meses, começa a modelar. É possível que de Fiori, como anota Bender em seu artigo de 1920, recebe informações sobre modelagem de Haller. Em Paris, freqüenta o Café du Dôme[44], lugar de encontro de artistas, inclusive dos do chamado "círculo alemão de Matisse", de críticos e colecionadores: Otto von Waetjen, Marie Laurencin, Hans Purrmann[45], Rudolf Levy[46], Friedrich Ahlers-Hestermann, Oskar e Margarete Moll, Alfred Flechtheim[47], Julius Meier-Graefe, Heinrich Tannhauser etc. Na cidade, conhece o pintor alemão Hugo Troendle, de quem se torna amigo; o escultor Arturo Martini[48]; segundo a pesquisadora Beatrice Vierneisel, de Fiori também mantém contato com outros artistas italianos que vivem em Paris[49].

Em maio, os Sternheim passam alguns dias na capital francesa; encontram-se com de Fiori. Thea anota em seu diário que o artista alugou um ateliê no Boulevard Raspail, e que "vai mal financeiramente, com isso sofre, de modo que não se consegue reconhecê-lo"[50]. Karl, Thea e de Fiori visitam a coleção de Druet, onde vêem obras de van Gogh, possivelmente falsas, segundo Thea, e um "significativo Gauguin". Também visitam a "coleção Pellerin", onde vêem obras de Cézanne: "durante todo o retorno, discussão sobre Cézanne"[51]. Em setembro, os Sternheim estão novamente em Paris, visitam de Fiori e vêem suas três primeiras esculturas; Thea escreve sobre a *Kauernde* [*Mulher Agachada*] e a *Schreitendes Mädchen* [*Moça Andando*]. Os três vão ao ateliê de Lehmbruck[52].

Possivelmente, como escreve Vierneisel, no verão desse ano de 1911, de Fiori hospeda-se na casa de Hermann Haller e de sua primeira esposa, Gerda von Waetjen, na costa do Atlântico[53].

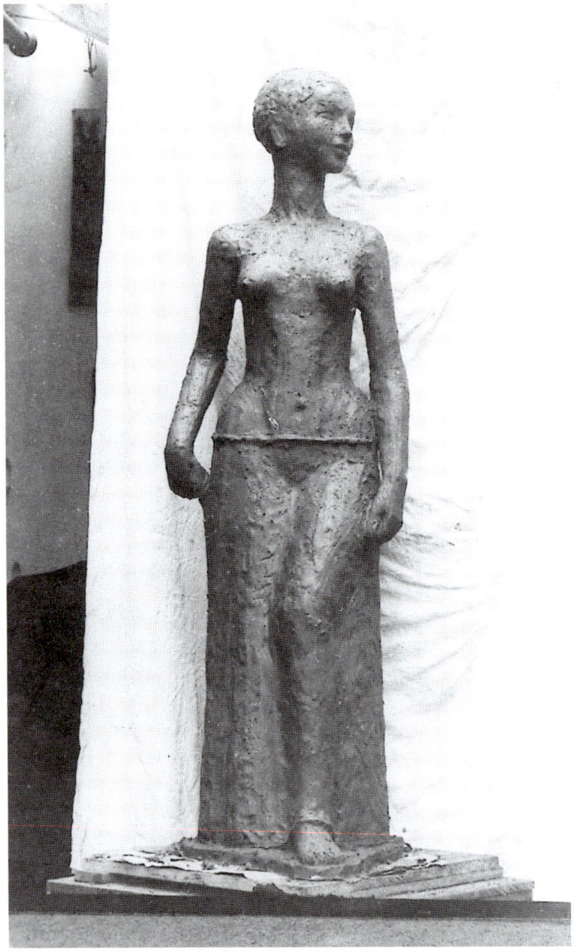

MÄDCHEN MIT LANGEM ROCK, 1911. [117]

SCHREITENDES MÄDCHEN, 1911. [118]

Ernesto de Fiori. Cabaret.

CABARET, c. 1910. [119]

Alfred Hagelstange, diretor do Wallraf-Richartz-Museum de Colônia, em fevereiro desse ano, vê pinturas de Ernesto de Fiori na casa dos Sternheim, quando pensa em adquirir alguma obra do artista para o Museu, segundo Thea[54]. Em outubro, Hagelstange inclui a pintura *Cabaret*, de de Fiori, da coleção de Joseph Mauel, na exposição Kunst unserer Zeit in Cölner Privatbesitz. Ausstellung des Cölnischen Kunstvereins aus Anlaß des fünfzigjährigen Jubiläums des Wallraf-Richartz-Museums in Cöln [Arte de nosso Tempo em Coleções Particulares de Colônia. Exposição da Associação de Artistas de Colônia em Comemoração ao Jubileu de Cinqüenta Anos do Museu Wallraf-Richartz]. Conhece-se apenas a reprodução em preto e branco desse óleo s/tela, de 168 x 105 cm, constante do catálogo da mostra. Em novembro desse ano, 1911, chegam à casa dos Sternheim, Bellemaison, "novos quadros" de Ernesto de Fiori, os quais Thea admira[55].

Em fevereiro do ano seguinte, Thea recebe do artista fotografias de uma escultura em "tamanho natural"[56]. Em maio, os Sternheim visitam de Fiori em Paris, e vêem, em seu ateliê, uma escultura de "Jovem nu", como escreve Thea, também em tamanho natural[57]. Possivelmente, "Jovem nu" é *Jüngling*, obra posteriormente chamada de *Leidender* [*Sofredor*]. Supõe-se que esta seja a obra que Karl oferece para o conde Kessler em Paris, como "Statue von Nijinsky"[58].

Thea também anota em seu diário que de Fiori está apaixonado por uma norueguesa, "uma beleza loira de vinte e um anos"[59], a senhorita Thaulow, filha do artista Frits Thaulow. Bender, em seu artigo de 1920, escreve que em Christiania (Oslo), pátria da família Thaulow, de Fiori modela *Anastasius* e uma mulher em pé[60]. Certamente, esse artigo e a informação do diário de Thea são as fontes para que Vierneisel conclua que de Fiori passa, por vezes, tempos em Christiania[61].

Nesse ano de 1912, o artista participa da Internationale Kunstausstellung des Sonderbundes Westdeutscher Kunstfreunde und Künstler zu Coeln [Mostra de Arte Internacional da Associação Especial dos Amigos da Arte e Artistas dos Alemães do Ocidente, de Colônia][62]. Expõe as esculturas *Kauernde Frau* [*Mulher Agachada*] e *Jüngling* [*Jovem*][63], na sala com pinturas de Picasso[64], em cujo catálogo se lê que é italiano[65]. Também expõe nessa mostra uma pintura, *Spaziergänger* [*Passeante*], que é mostrada com as de artistas franceses[66] como Bonnard, Braque, Derain, Denis.

A galerie Neue Kunst-Hans Goltz, de Munique, organiza a Erste Gesamt-Ausstellung [Primeira Exposição Geral], com trabalhos dos artistas do *Der Blaue Reiter* e vários artistas modernos, incluindo *Jüngling* [*Jovem*], de de Fiori, um bronze da escultura que foi exposta em Colônia. Entre outros artistas, integram essa exposição: Braque, Cézanne, Derain, Gauguin, van Gogh, Heckel, Jawlensky, Kirchner, Klee, Marc, Matisse, Picasso, Utrillo, Vlaminck. Nes-

NG, 1911. [120]

JÜNGLING, 1911. [121]

sa época, obras de de Fiori são negociadas pelo galerista Goltz, possivelmente seu representante na Alemanha.

Em 1913, de Fiori continua residindo em Paris, na rue Notre Dame des Champs, 99, Montparnasse, de acordo com o catálogo da Berliner Secession. Na exposição de outono, Herbstausstellung – Berliner Secession, expõe uma figura de mulher, posteriormente intitulada *Ursula*. A simplificação das formas e a pesquisa de movimentos também são observadas em duas outras esculturas que se conhecem a partir de fotografias, como a própria *Ursula*, que estão na seqüência do álbum em que o artista registra a maior parte de suas esculturas: *Stehendes Mädchen*, 1912 e *Große männliche Figur*, 1912/13. Ainda neste ano, também participa da XXXVIº Berliner Secession, com uma escultura, e da IIº Gesamtausstellung da Galerie Neue Kunst-Hans Goltz, Munique, com cinco esculturas. Goltz continua negociando as obras de de Fiori; no final deste ano, quando Alfred Flechtheim inaugura sua galeria em Düsseldorf[67], que permanece aberta até o início da Primeira Guerra Mundial, o agora *marchand* – que de Fiori conheceu em Munique e, por vezes, encontrou em Paris –, também negocia pinturas e esculturas dele. Possivelmente, após 1921, Flechtheim torna-se seu *marchand* exclusivo. Data desse ano de 1913, *Kopf* [*Cabeça*], uma modelagem em forma oval que recorda pesquisas de Brancusi.

Em 1914, de Fiori participa do 30º Salon des Indépendants, Paris, e da exposição Der Dôme[68], organizada em Düsseldorf, com *Jüngling* [*Leidender*]. Entre outras coletivas na Alemanha, expõe em Bremen a escultura *Anastasius*, que é oferecida em gesso por 800 marcos, em bronze por 1100 marcos e a *Jünglingfigur*, oferecida em bronze por 4000 marcos[69]. Nessa época, críticos de arte começam a referir o nome de de Fiori como escultor, em artigos sobre exposições coletivas. Alguns o situam ao lado de Lehmbruck[70]; um crítico que escreve sobre o Salon des Indépendants destaca a escultura que o artista expõe, afirmando que ela "evoca o novo", sem a "afetação diária [...] da arte moderna, [...] isto é seriedade"[71]. Ainda em Paris, de Fiori modela o nu masculino *Jüngling* [*Jovem*], posteriormente chamado *Tänzer* [*Dançarino*]; após esta obra, tem-se notícia de outra escultura do artista somente em 1917.

Em dezembro de 1914, Thea escreve em seu diário que depois de quase um ano de silêncio, de Fiori envia carta a Karl Sternheim; conta o artista, segundo Thea, que ele está em Berlim, após ter permanecido quatorze dias preso na França como espião. De acordo com o que Thea escreve, de Fiori solicita a Karl que o recomende a pessoas influentes, para que possa seguir para o "fronte da Rússia como correspondente italiano"[72]. Em janeiro de 1915, os Sternheim estão em Berlim, conversam com de Fiori[73]. Segundo Thea, eles aconselham de Fiori a seguir para a Suíça[74]; como escreve Karl em seu livro de memórias, o "patriotismo militante" do artista pouco lhes agrada.

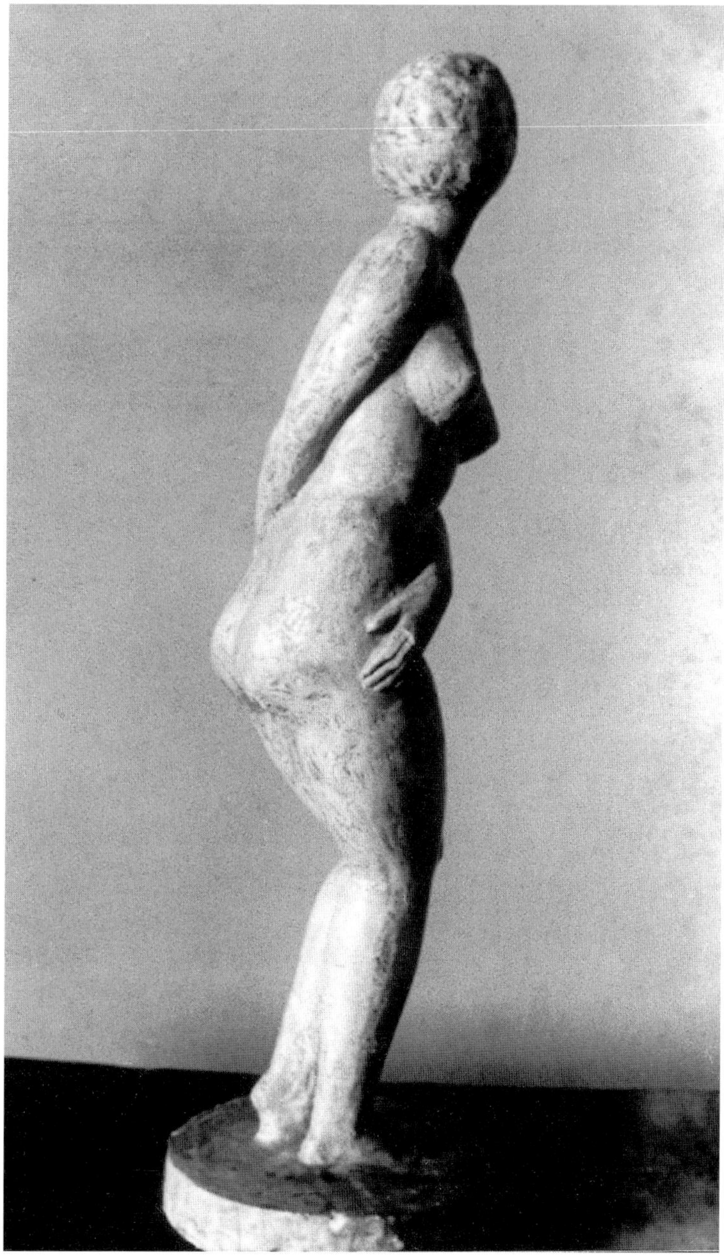

A, 1912. [122]

URSULA, 1912. [123]

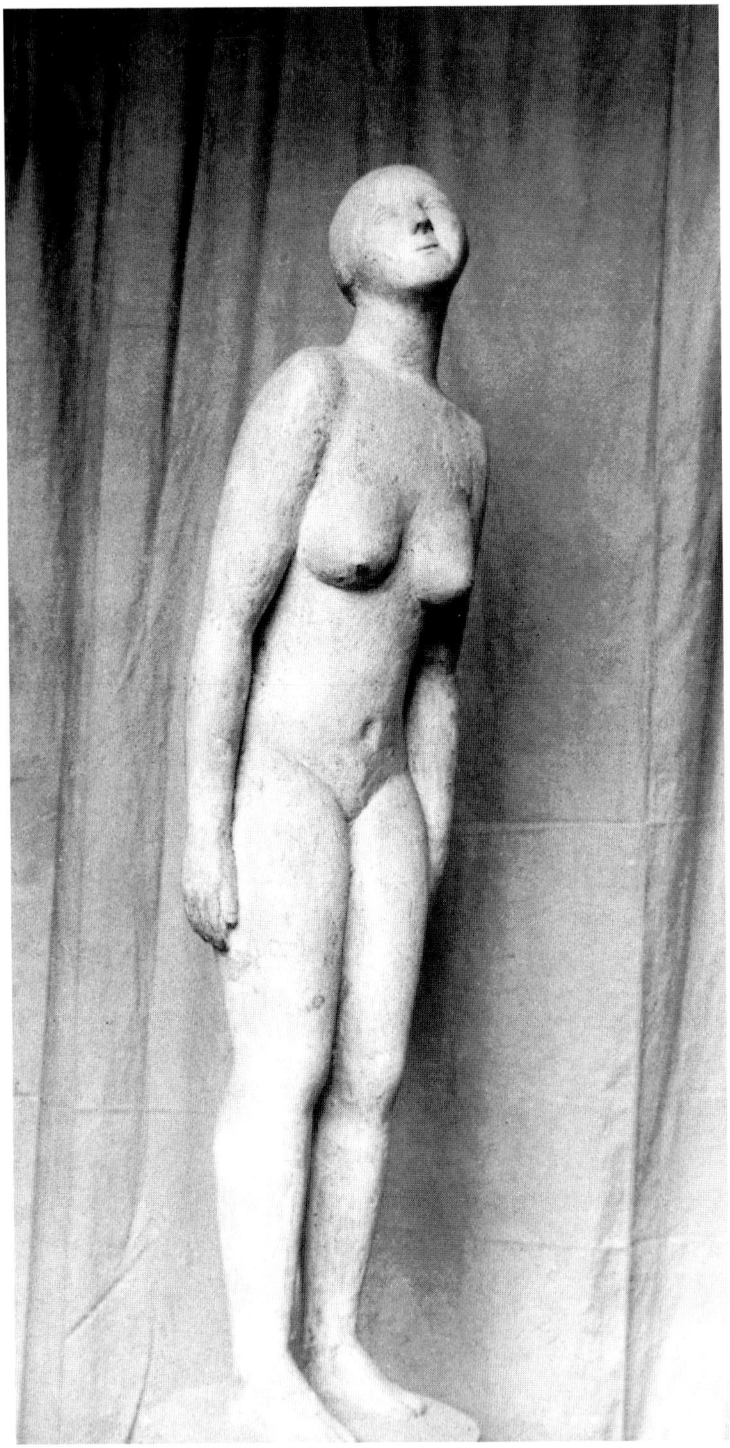

STEHENDES MÄDCHEN, 1912. [124]

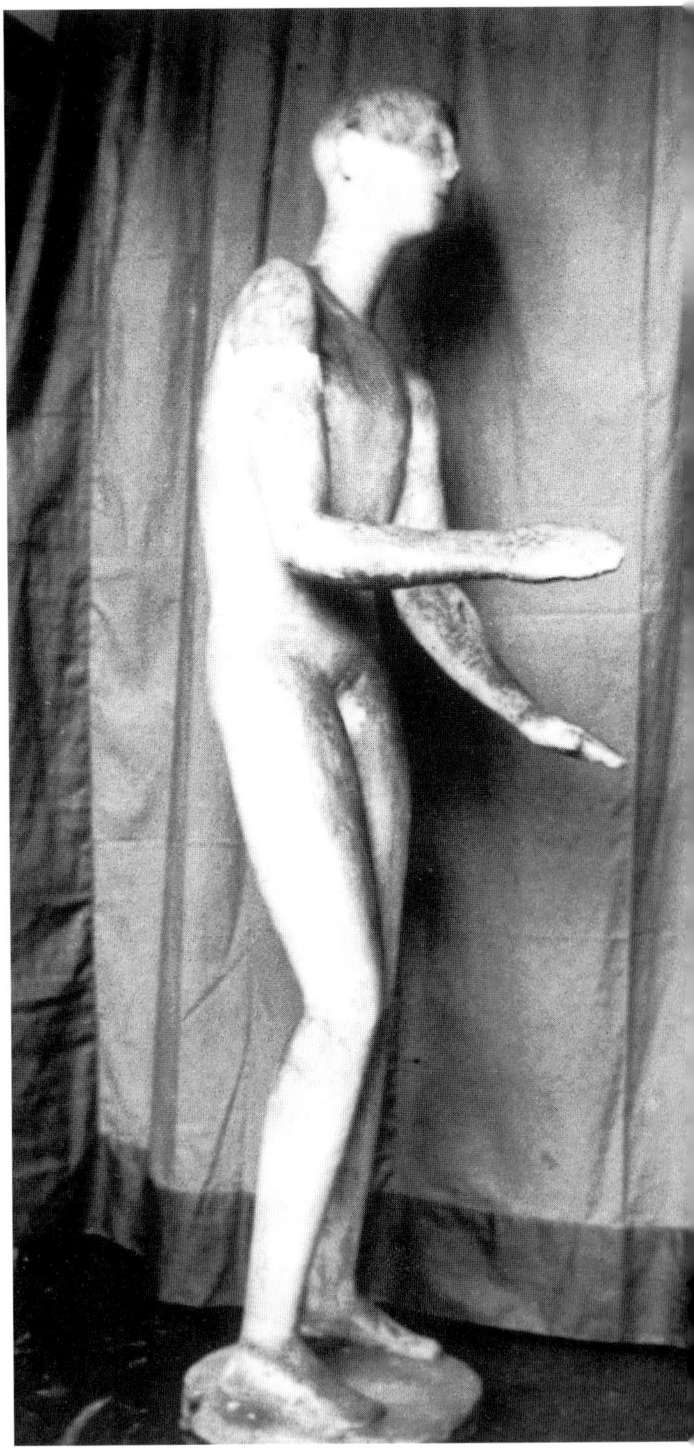

GROßE MÄNNLICHE FIGUR, 1912-13. [125]

Segundo Vierneisel, ao ingressar na guerra, o artista segue para a Polônia e passa a escrever para um jornal italiano; após maio, prossegue a pesquisadora, de Fiori obtém a cidadania alemã e segue como soldado para o fronte ocidental. Também informa que, nessa época, de Fiori altera tanto os dados sobre religião quanto os da data de nascimento, de 12 para 13 de dezembro[75]. As informações sobre o destino de de Fiori ao ingressar na Guerra, Vierneisel obteve, certamente, do documento referido anteriormente, de Robert de Fiori, de 1916[76]; assim, por ser fonte secundária, vale apenas como indicação. Nessa época, investigava-se sobre as possíveis atividades de Robert de Fiori como espião, que ele, evidentemente, nega; ao referir os filhos, explica que ele tem a "desolação" de seu filho mais velho, Mario de Fiori, servir como médico no exército italiano. Também cita Ernesto de Fiori, explicando que este serviu como soldado italiano, mas que, depois, naturalizou-se alemão e que serve, na época de seu depoimento, como "artilheiro na 15ª bateria do primeiro Garde-Feldartillerie-Regiments im Felde, an der deutschen Westfront". A seguir, Robert afirma que se Ernesto de Fiori morasse em Viena, teria se tornado soldado austríaco, pois ele "conhece e aprecia *die österreichische Armee*"; prossegue informando que seu filho trabalhou "em nossa (*österreichischen*) missão como correspondente de guerra em um jornal neutro italiano, na Polônia e Galicia". Robert trata de evidenciar que permanece fiel ao ideal da Dreibund [Tríplice Aliança], e que sempre trabalhou para a Áustria; as referências a Ernesto de Fiori podem ser equivocadas.

Desconhece-se o jornal italiano para o qual de Fiori trabalha como correspondente de guerra; tampouco se sabe a data em que o artista pede cidadania alemã, possivelmente após o ingresso da Itália na guerra (maio 1915); depois, faz um curso de oficiais em Spandau, como está em texto que o artista escreve sob o título "Parademarsch"[77]. A última informação do texto de Vierneisel sobre a data de nascimento do artista é equivocada, pois, quando de Fiori preenche declaração de residência em Munique, em janeiro de 1911 – Münchner Meldebogen [Ficha de registro] –, assinala como data de nascimento: 13 de dezembro de 1884[78]. Como documento do artista da época da guerra, conhece-se apenas um de "Legitimação", que o habilita como correspondente de guerra; possivelmente do início de 1915, expedido pela K. u. K. Kriegspressequartier [Imprensa de Guerra, Imperial e Real], no qual está que ele é italiano. [Protocolo de acampamento nº 113].

De Fiori permanece na guerra até 1917; até esta data, algumas obras do artista são expostas em coletivas da Alemanha[79]. Em 1916, duas de suas pinturas, *Promenade* [*Passeio*] e *Reiter* [*Cavaleiro*] e uma escultura *Jüngling* [*Tänzer*] são incluídas na Zweite Ausstellung der Freien Secession [Segunda Exposição da Secessão Livre] de Berlim[80].

JÜNGLING, 1914. [126]

Deixando o fronte, vestido de oficial, de Fiori visita os Sternheim em La Hulpe, nas proximidades de Bruxelas. Thea escreve que ele vem do fronte francês e que diz ter sido burrice participar na guerra[81]. Em agosto de 1917, de Fiori chega a Zurique, onde passa a morar na Pension Tiefnau, Steinwiesstraße, onde seu pai também se hospedava – do que foi possível estabelecer – desde o ano anterior.

Reencontra Haller, que, tendo deixado Paris, está em Zurique desde 1914, assim como Hofer, que chega à mesma cidade também em 1917, após ter participado da guerra[82]. Convive com os artistas suíços, entre eles Hermann Hubacher, Fritz Huf e, possivelmente, durante os anos em que vive na cidade, também freqüenta o círculo de artistas que se reúnem ao casal Paul Cassirer e Tilla Durieux, no Hotel zum roten Schwert. Nesse ano, trabalhos seus são mostrados em exposições da Alemanha: Berlim e Munique. Em Zurique, conhecerá a escultora Marta Junghann, que será sua segunda esposa.

Em 1918, Willi Wolfradt publica artigo sobre de Fiori na revista *Das Kunstblatt*[83], no qual estão reproduzidas esculturas que o artista modelou antes da Guerra. Possivelmente, como indica crítico de arte do periódico *Zürcher Post*, do ano seguinte, em 1918 de Fiori expõe esculturas na galeria "Tanner"[84].

Em maio, de Fiori escreve a seu amigo de Munique, o pintor Hugo Troendle, contando que a escultura *Frau* [*Mulher*] está terminada, *Adan*[85] já está passado para o bronze e logo chega o *Narziß* [*Narciso*] para ser cinzelado; também conta ao amigo que está pintando muito: "sínteses pictóricas [...] do ambiente que me circunda"[86]. Em junho, Troendle visita de Fiori e registra em seu diário que vê esculturas fundidas em bronzes e, "com muito interesse", a tela *Flußbild mit Ruderer* [*Rio com remador*][87].

Em texto do escritor Otto Flake, encontram-se indicações sobre os anos em que de Fiori vive em Zurique. Em *Damals in Zürich*, relata um encontro que ele e de Fiori tiveram com os dadaístas Arp, Luzian Neitzel, Archipenko, Tzara e Waldemar Jollos. Flake escreve que, em Berlim, teve notícia desse "mítico povo de argonautas", com o qual se senta em março de 1918, no Café Odeon: "Jollos gostaria de não pertencer a isso, e de Fiori encolhe os ombros..."; prossegue Flake, escrevendo que, depois, de Fiori lhe esclarece que não "gagueja com os dadaístas"[88], pois leva a arte a sério. Na carta acima referida, que de Fiori envia para Troendle em maio de 1918, o artista afirma que lhe agrada saber que em Munique – onde Troendle mora –, existem "mais idiotas do que" em Zurique, referindo-se aos dadaístas, e acrescenta: "Aqui também dão voltas muitos cachorros sem donos (Dada etc.) e urinam um aqui outro ali". Em seguida acrescenta que "se esquece rapidamente a raiva, pois há [...] muita gente sensata".

No segundo semestre, os dadaístas inauguram a exposição Die Neue Kunst [A Nova

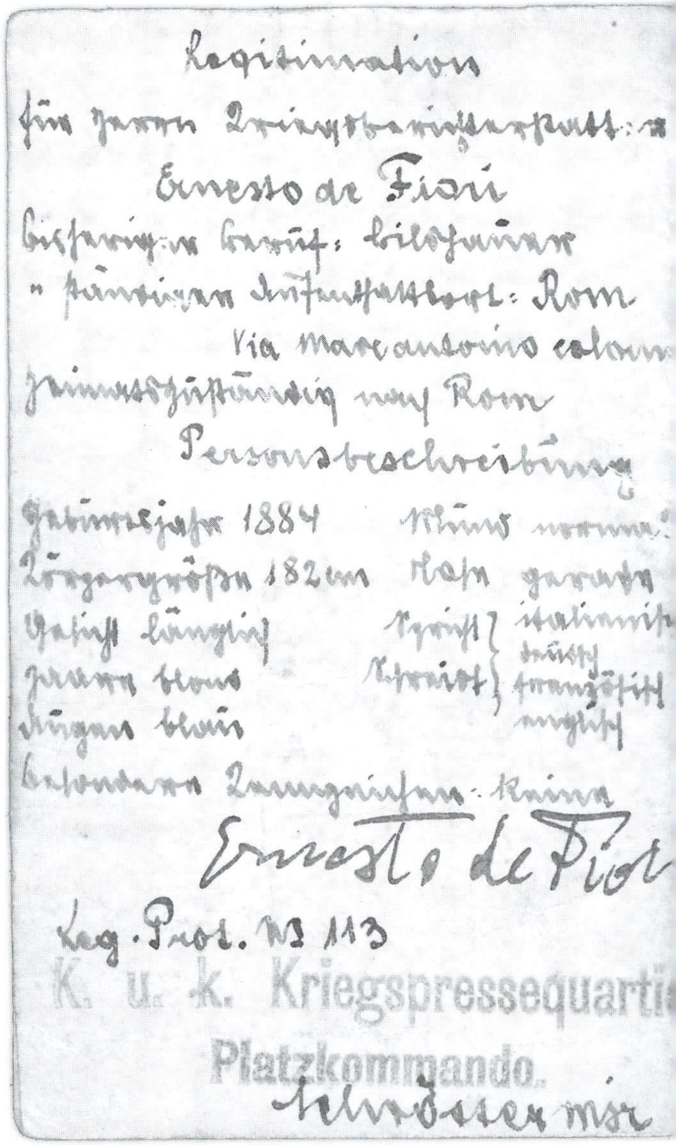

Legitimação de Ernesto de Fiori como
correspondente da Primeira Guerra Mundial, 1915. [127] [128]

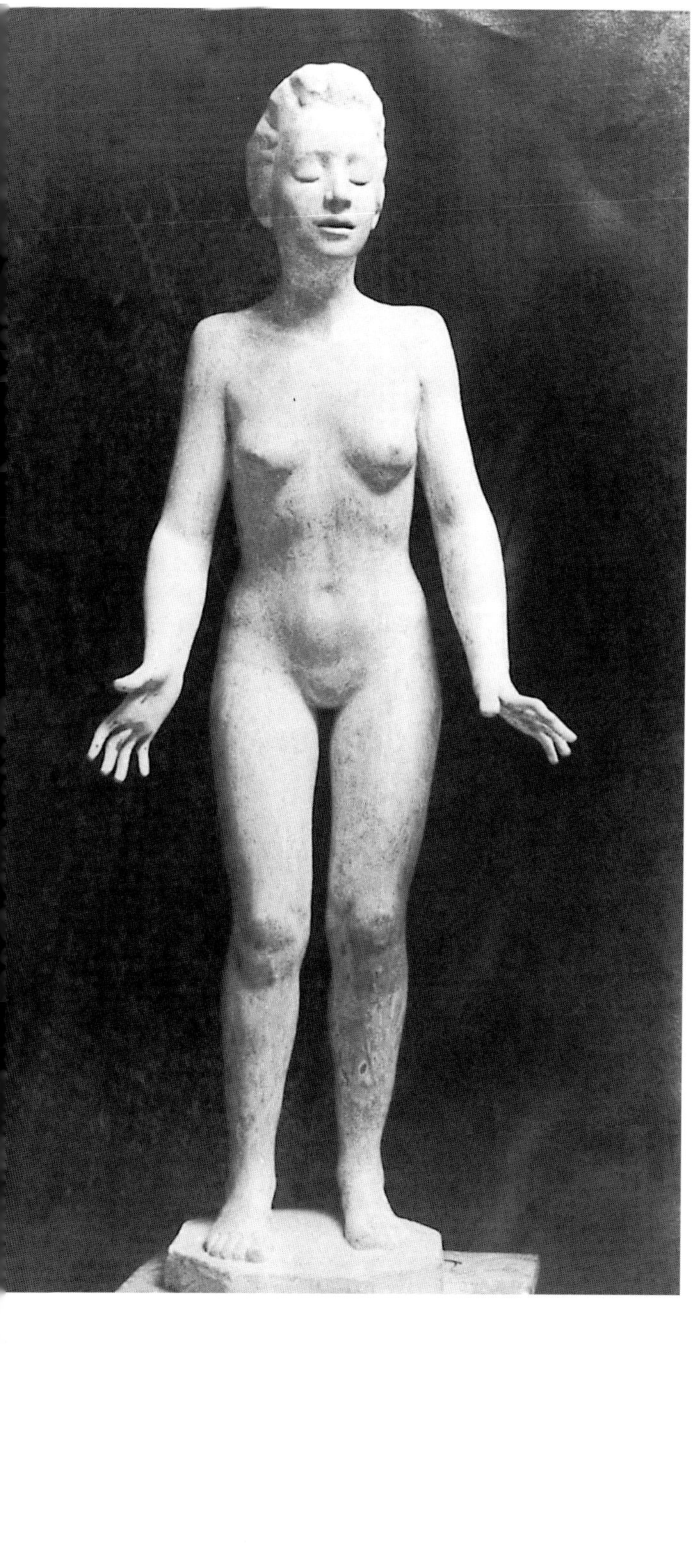

SUCHENDE, 1918. [129]

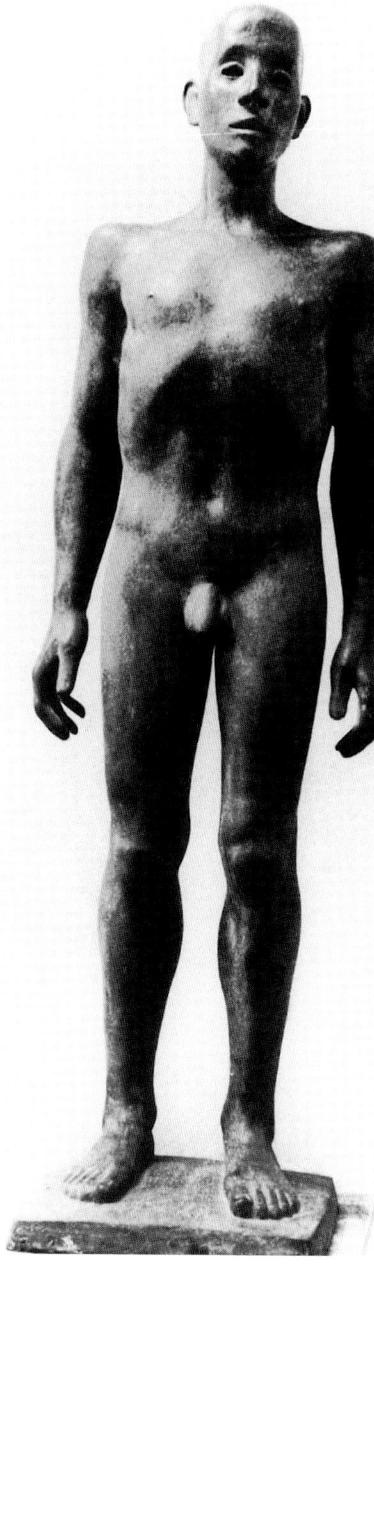

MANN, 1918. [130]

Arte][89]; na introdução do catálogo, Waldemar Jollos expõe as propostas da "nova arte" dos artistas. De Fiori também quer uma arte moderna; todavia, não aceita como "arte" os trabalhos que os dadaístas realizam. Em outubro, opondo-se aos dadaístas, em parte à introdução de Jollos, publica "Von 'Neuer Kunst'" ["Da 'Nova Arte'"][90], artigo no qual escreve que ele também quer uma arte que não se fixe na aparência do mundo, assim como também busca um sentimento de mundo de sua época, – como Jollos anota na introdução do catálogo – ; porém, não aceita como arte as "brincadeiras" dos dadaístas, tampouco a arte que "escorre por entre os dedos", referindo Picasso e seus "medíocres" seguidores, e os "borrões à maneira de Kandinski". Em dezembro, Jollos publica artigo criticando de Fiori; naturalmente, defendendo Kandinsky, Arp, Klee, Picasso[91].

Através de cartão que envia a Troendle, de Fiori afirma que não vai responder a tal crítica, pois Jollos escreve um artigo "muito idiota e muito pessoal"; conclui: "Você sabia que ele é semelhante a um burro? Eu não muito, do contrário não o teria mencionado"[92]. A ironia dos dadaístas a de Fiori prossegue por mais algum tempo. No mês seguinte à exposição que o artista participa na Kunsthaus de Zurique, Walter Serner publica na revista *Dada* uma *Glosse* satírica, na qual se lê: "de Fiori já pinta quase como um Waldmüller"; em revista ulterior, é retificada a comparação: "provavelmente, agora ele [de Fiori] pinta como Carolus Duran"[93]. A ironia, que procura evidenciar um de Fiori reacionário, também é utilizada por Max Ernst, o Dadamax, em uma litografia[94] que inclui em seu álbum *Fiat modes pereat ars*, lançado na época.

Desconhece-se resposta direta de de Fiori aos dadaístas; porém, ainda em 1919, explicita seu processo de criação no artigo "Wie eine Statue entsteht" ["Como se Ergue uma Estátua"][95]. Neste artigo, evidencia-se que não há pré-concepção em de Fiori, antes, a figura é produzida durante o próprio processo da modelagem, inconscientemente. Muita vez, como explica de Fiori, casualmente: "com um toque involuntário do dedo no nariz: de repente o nariz tem uma expressão própria, arrebatadora. O artista se espanta e, subitamente, como que saído desse nariz, diante de seu espírito, está o homem inteiro".

No cartão postal que de Fiori envia a Troendle falando de Jollos, conta ao amigo que segue trabalhando vagarosamente: "estudos escultóricos com modelo e pinturas de imaginação"[96]. Nesse ano, 1919, expõe em Berna com Haller, Hubacher, Hodler e Lehmbruck[97], assim como em coletiva de Zurique, onde mostra sete esculturas, oito pinturas e uma série de aquarelas e desenhos. Conhecem-se dois artigos de jornal que destacam a participação de de Fiori nessa exposição da Zürcher Kunsthaus como escultor e pintor. Entre as esculturas expostas, como escreve o crítico de jornal local, de Fiori expõe uma figura feminina que "segue tatean-

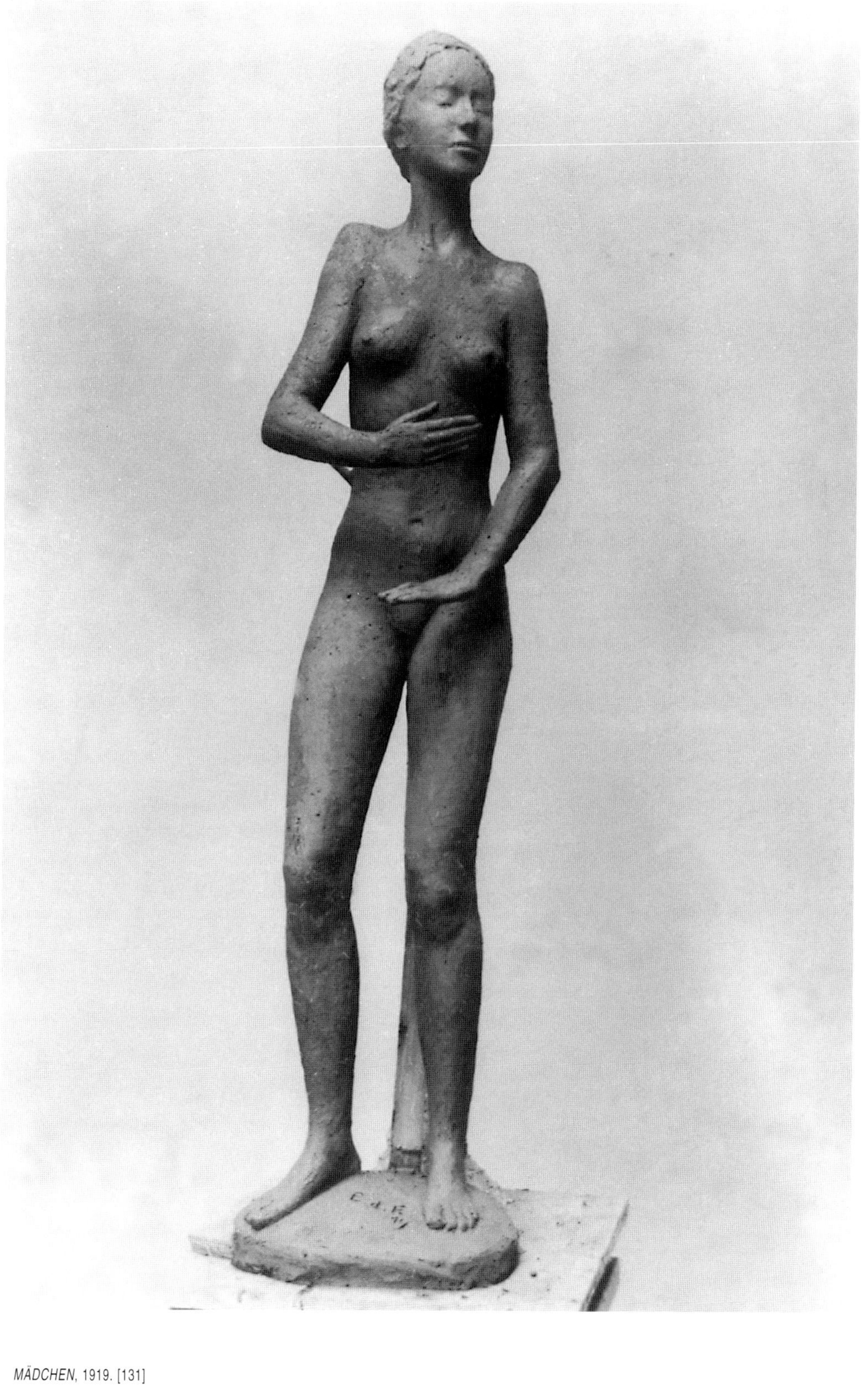

MÄDCHEN, 1919. [131]

te, com olhos fechados, algo sonânbula", obra que pode ser *Suchende*, de 1918, ou *Mädchen*, em cujo plinto, ainda em barro, lê-se "1919". Entre as pinturas, refere um dos críticos que cobre a mostra, que estão expostas *Selbstporträt* [*Auto-retrato*], *Lesende Frau* [*Mulher Lendo*], *Winterlandschaft* [*Paisagem de Inverno*], duas telas nomeadas *Tischgesellschaften* [*Convivas*] e, sobre as aquarelas, o crítico escreve que de Fiori expõe "Phantastesstücke", de cores atraentes; entre elas, *Bunte Papagei* [*Papagaio Colorido*] e, como motivo, "Adão e Eva"[98].

Na Alemanha, de Fiori também participa de exposições coletivas em 1919, como as das cidades de Mannheim e Munique. Nessa época, a Galeria Fritz Gurlitt, de Berlim, negocia obras suas[99]: *Liegendes Mädchen*, de 1918/19, é reproduzida na revista *Das Kunstblatt*, com autorização dessa galeria. Também a Galeria Flechtheim, de Düsseldorf, após sua reabertura, recomeça a negociar trabalhos do artista.

Vierneisel escreve que em 31 de março de 1920, de Fiori registra sua partida de Zurique, indicando a cidade de Munique como destino[100]. Em abril, Marta de Fiori [Junghann] escreve a Troendle, enviando o endereço deles em Berlim – Wichmannstraße 20 –, e afirma que seu marido, de Fiori, já está trabalhando e "tem pouco tempo"; acrescenta: "agora ele está pintando o meu retrato"[101].

O crítico Max Raphael escreve, em 1920, que de Fiori deixa Zurique, "cidade na qual amadureceu e se desenvolveu como artista, mais além da característica da contemporaneidade", acrescentando a opinião: "Não é por acaso que de Fiori andou entre jornalistas em Zurique para conduzir uma afiada polêmica contra os dadaístas. Ele nasceu antidadaísta, futurista, expressionista, cubista, justamente por ser artista. Para ele não há nenhuma egocêntrica auto-adoração nem excentricidade formal, antes o sentimento eterno da humanidade e das leis da arte plástica"[102]. No já destacado artigo de Ewald Bender, que trata da obra do artista e traz informações biográficas, o crítico afirma: "Estamos também seguros de que de Fiori, que é considerado pelos Dadas um reacionário, será no futuro melhor do que eles"[103]. Karl Scheffler também escreve sobre o artista nesse ano e traz algumas informações biográficas[104]. Bender e Scheffler, como se afirmou anteriormente, tratam principalmente da escultura de de Fiori e mencionam sua pintura. Nesses três artigos está reproduzida a maior parte das esculturas modeladas até a época das publicações e no artigo de Scheffler também está reproduzida a pintura *Liebespaar* [*Casal Amoroso*].

Nesse mesmo ano de 1920, é publicado o romance *Nein und Ja* [*Sim e Não*] de Otto Flake, no qual o escritor relata as discussões artísticas de Zurique. Entre outros, são personagens: Ernesto de Fiori – Arigo; Otto Flake – Lauda; Tristan Tzara – Lisbao; Annette Kolb – Madeleine Betz; Hugo Ball – Fünfkorn; Hermann Haller – Sello; Hans Arp – Hans;

WINTERLANDSCHAFT, *c.* 1919. [132]

LIEBESPAAR, *c.* 1919. [133]

Francis Picabia – Hispanofranzose. O escultor Arigo, como de Fiori, opõe-se às idéias dadaístas[105].

Em novembro, de Fiori escreve a Troendle, afirmando que nunca duvidou de que o amigo sairia da "penumbra"; pergunta-lhe se gostaria de que ele, de Fiori, acertasse a participação dele em uma exposição coletiva na Gurlitt. Conta ao amigo que está trabalhando na *Große Frau* [*Mulher Grande*], "que logo vai ser fundida em bronze", e no *Schreitender Jüngling* [*Jovem Andando*][106]; que pinta alguma coisa, procurando "(mais com cores terrosas) chegar às artimanhas de Cézanne (da minha maneira, evidentemente)". Cézanne "é o único através do qual se pode realmente prosseguir", escreve de Fiori, e admite que Troendle o ajudou um pouco nisso[107]. No final da carta, escreve que protelou sua exposição.

Certamente, de Fiori refere nessa carta a Troendle a sua exposição individual, inaugurada em 1921, na Galeria Gurlitt. Joachin Kirchner escreve um longo artigo sobre essa mostra, relatando o percurso do artista através da análise de suas esculturas[108]. Max Osborn também trata dessa exposição, afirmando que a obra do artista não precisa de título, "pois pode a tudo chamar: Eine Figur". De Fiori pertence "aos nossos mais finos talentos", prossegue o crítico, ainda que não seja dos mais fortes[109]. Ainda em 1921, Alfred Kuhn publica artigo no qual também destaca o percurso do artista a partir da análise de suas obras[110]. Max Raphael, que também viveu como imigrante na Suíça, tem seu livro *Idee und Gestalt* [*Idéia e Forma*] publicado; neste trabalho, faz um estudo sobre a arte a partir de obras, entre outros, de Lehmbruck, Haller, Hofer, de Fiori; sobre este, como alguns críticos, também afirma que desconhece outro escultor contemporâneo mais significativo[111].

Nesse ano, 1921, de Fiori participa de duas exposições coletivas em Berlim: a Freie Sezession [Secessão Livre], onde expõe cinco desenhos e duas esculturas, e a Große Berliner Kunstausstellung [Grande Exposição de Berlim], mostra que reúne quatro associações de artistas, a Verein Berliner Künstler, a Freie Sezession, o Novembergruppe e a Bund deutscher Architekten. Em Hamburgo, tem trabalhos na XVI Ausstellung des deutschen Künstlerbundes Hamburg: uma escultura em bronze e outra, *Stehender Jüngling* [*Jovem em pé*], em madeira; na produção do artista, esta é a primeira obra em madeira de que se tem notícia.

Segundo Vierneisel, possivelmente a partir de Grzimek[112], em 1921, de Fiori, Haller, Kurt Edzard e Fritz Huf alugam o ateliê que foi de Louis Tuaillon, em Berlin-Halensee[113]. Do que foi possível levantar, nessa época, de Fiori freqüenta o círculo de artistas que reúne, entre outros, Haller, Hofer, Huf, Max Pechstein, Emil Rudolf Weiss, Renée Sintenis, Karl Walser.

No final do ano, Alfred Flechtheim abre filial de sua galeria de Düsseldorf em Berlim[114];

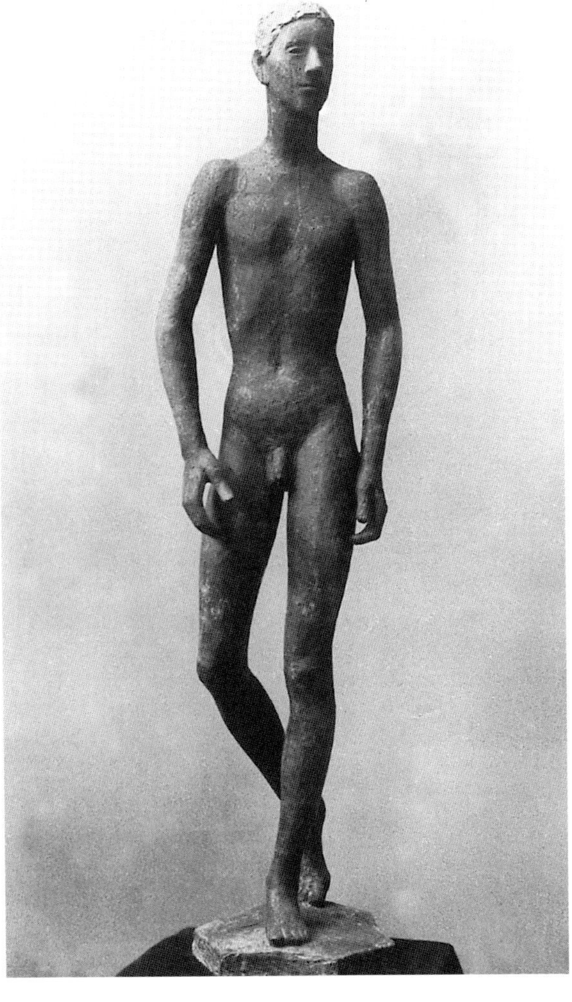

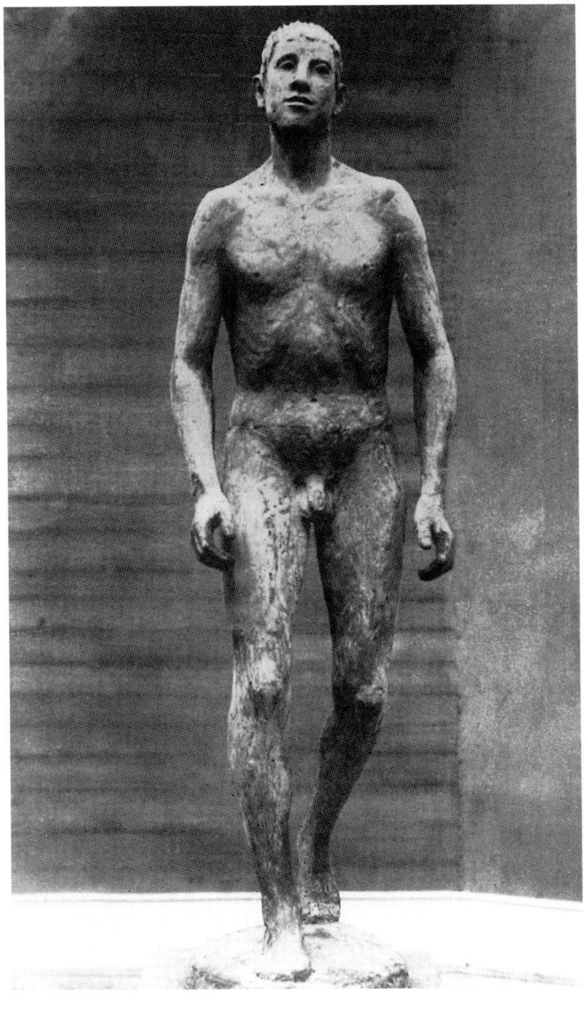

JUNGE, 1920. [134]

GROßER SCHREITENDER, 1921. [135]

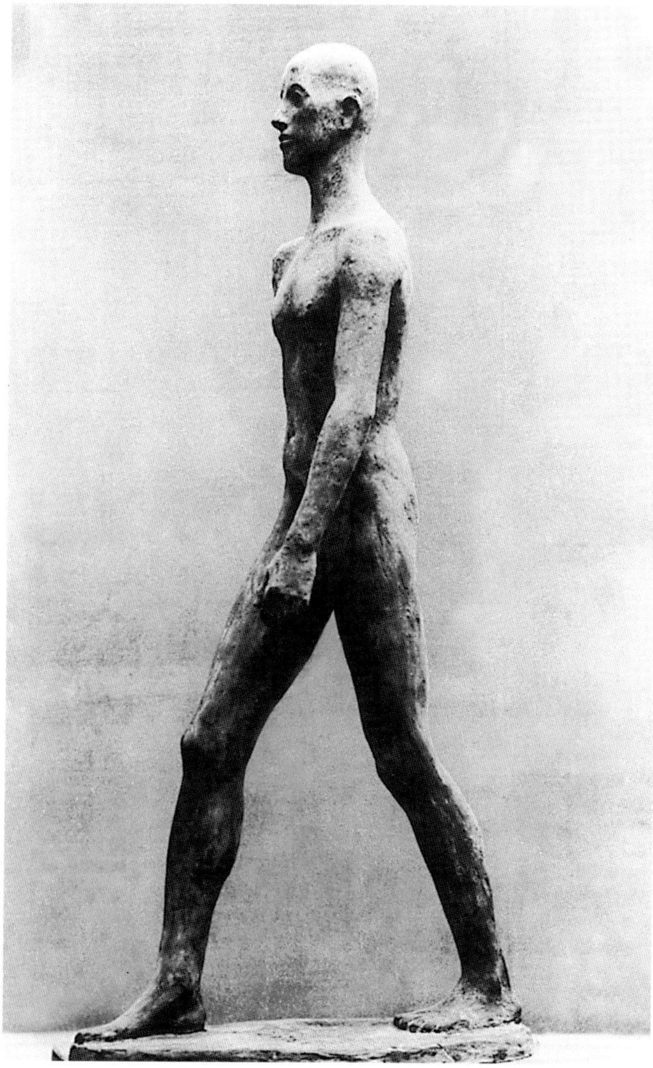

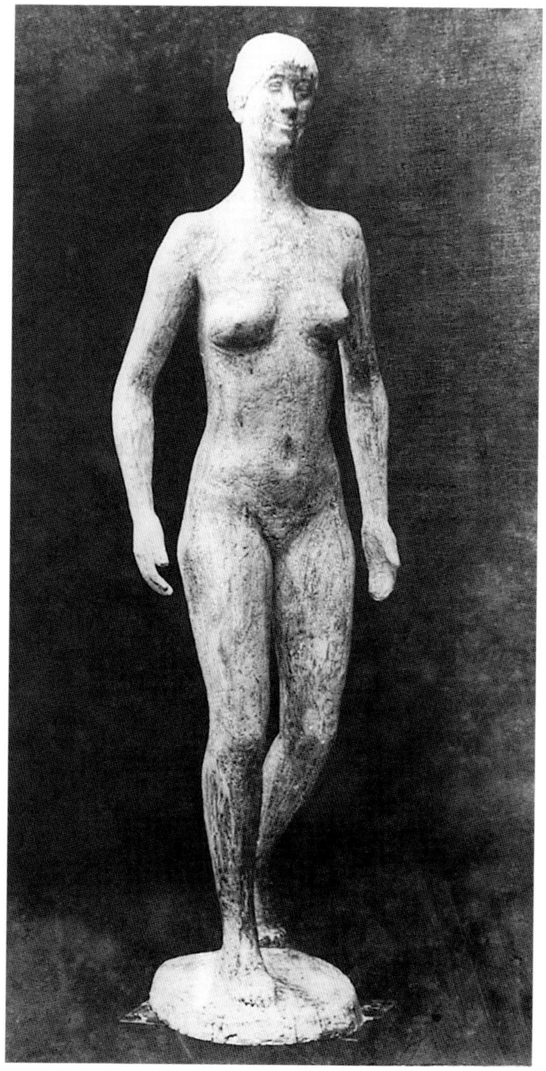

SCHREITENDER, 1921. [136]

SCHREITENDE, s/ data. [137]

daí a 1933, é possível que o *marchand* passe a representar de Fiori com exclusividade.

Em 1922, possivelmente, é terminada a construção da casa-ateliê de de Fiori em Herrsching, Ammersee, projetada por Roderich Fich. Em fotografias da parte interna da casa, vêem-se pinturas do artista.

Flechtheim organiza a exposição Das Schwedische Ballet [O Balé da Suécia], quando o balé se apresentava em Berlim. A proposta do *marchand* foi a de que os artistas de sua galeria produzissem trabalhos sobre o tema. De Fiori participa da mostra com o busto de *Carina Ari*, a primeira bailarina do balé, e com desenhos; entre outros artistas, também integram essa exposição: Haller, Hofer, Nils von Dardel, Marie Laurencin, Fernand Léger, Picasso, Renée Sintenis. De Fiori também participa, nesse ano, de outras exposições coletivas na Alemanha.

No início de 1923, os franceses invadem o Ruhr; de Fiori escreve uma carta a Flechtheim expondo sua posição política civilista. Contra as posturas diretivas, de Fiori afirma que os franceses, "que pintam tão bem", nem ao menos chegam a uma postura "militarista". Pede ao *marchand* para divulgar o civilismo, em prol da Europa. Em arte, o militarismo é por ele denunciado no "expressionismo alemão", que, para o artista, é "primo em primeiro grau do Parademarsch". A arte repugna direções limitantes, o que evidencia em seus textos ulteriores, na crítica ao nazismo e à arte engajada. Flechtheim publica esta carta de de Fiori na revista de sua galeria, *Der Querschnitt*[115], considerada pelo artista como "civilista".

Os primeiros retratos modelados por de Fiori, de que se tem informação, datam de 1919 e 1920 [três obras]; de 1922 e 1923, três outros retratos e um *Auto-retrato*. Embora seja pequeno o número de retratos de que se tem referência, considerando-se que Vierneisel indica que nesse ano de 1923 Flechtheim monta em Berlim a exposição Neue Bildwerke von Ernesto de Fiori [Novos retratos de Ernesto de Fiori], supõe-se que o artista tenha modelado outros, ainda não identificados.

De Fiori escreve a Hugo Troendle, em 1923, agradecendo o convite que o amigo lhe fez para participar de exposição em Munique, possivelmente a Secession[116]; porém, de Fiori diz que neste ano não é possível enviar nenhuma obra. Conta ao amigo que tem uma figura quase pronta em Herrsching, mas que não pode ir até lá para terminá-la. Permanecerá em Berlim até o final de junho, seguindo depois para Herrsching, onde passará o verão. Convida o amigo para visitá-lo, contando que a casa ficou muito bonita[117].

Wilken von Alten publica um artigo sobre de Fiori na revista *Der Cicerone*, em 1923, recontando o percurso do artista através de suas obras: *Anastasius* e *Ursula*, a redução da forma, assim, o cubismo; *Badende*, forma que é vida, o que também observa em *Mann*; *Suchende* e outras obras de 1917 a 1918, vivem algo

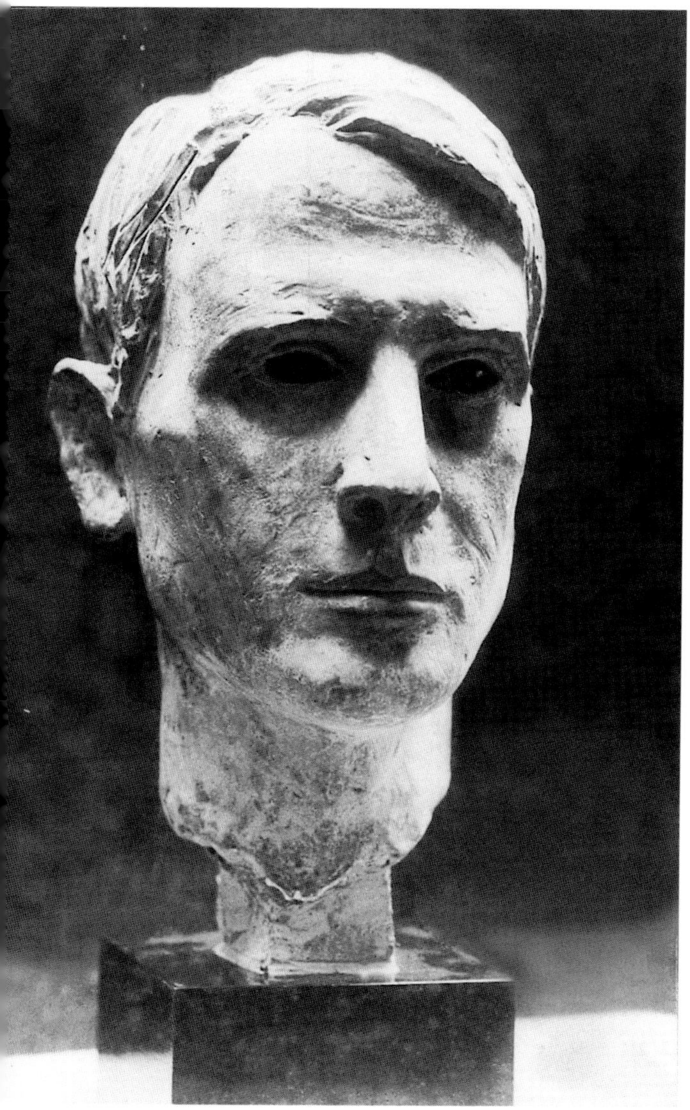

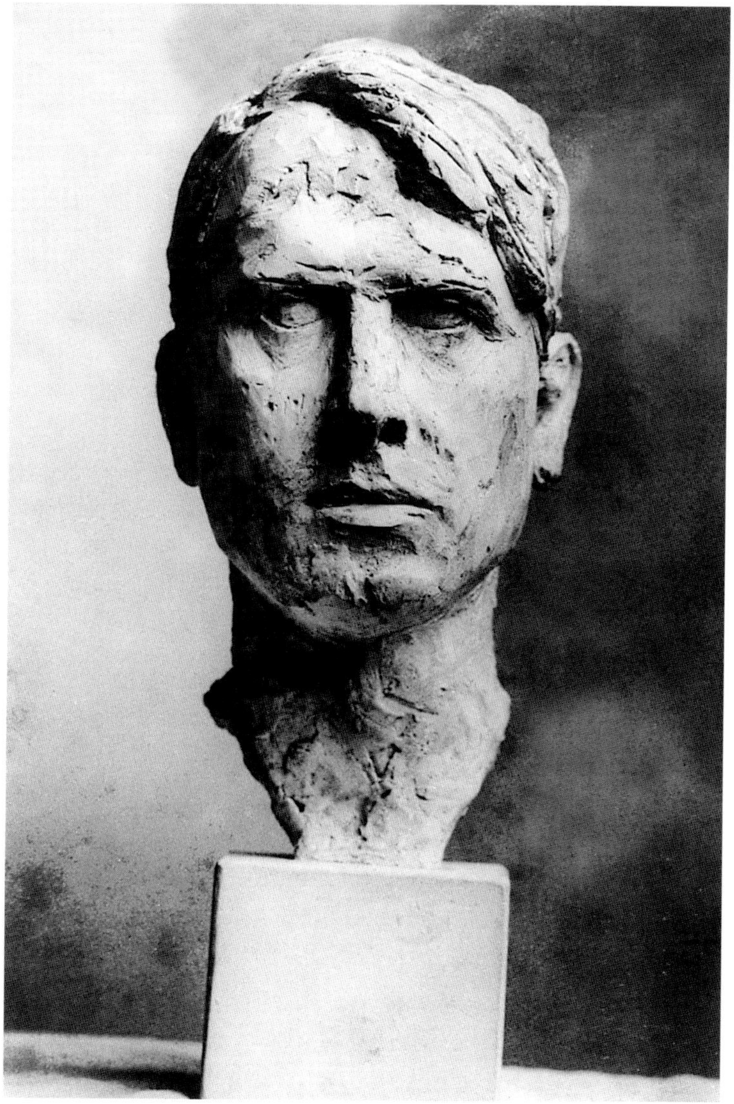

SELBSTBILDNIS, 1923. [138]

SELBSTBILDNIS, 1926. [139]

do *âge d'arain* de Rodin; *Mädchen* e as duas mulheres de 1920 são como a existência tranqüila. Von Alten prossegue com suas análises em chaves estabelecidas; o crítico elogia de Fiori afirmando que não é possível compará-lo a nenhum outro artista. Observa, por fim, que o artista "influenciou-se pouco" de obras da atualidade e do passado[118].

A revista *Der Querschnitt*, em 1924, anuncia a venda de litografias de *Boxer*, realizadas por de Fiori; por vezes, em publicações posteriores dessa revista, encontram-se ofertas de outras litografias suas.

Neste ano, de Fiori modela nus femininos com sapatos de saltos altos, entre os quais *Engländerin* [*Inglesa*] – exposta em coletiva de Stuttgard[119] – e *Amerikanerin* [*Americana*]. No ano seguinte, como se destacou anteriormente, são publicados dois artigos cujo tema é a escultura "Engländerin: Fioris 'Engländerin'", de Hermann von Wedderkop, que sai na revista *Der Querschnitt*, e "Ernesto", de Robert Walser, artigo publicado no periódico *Berliner Börsen-Courier*.

A pedido do arquiteto Kaufmann, mas para Max Reinhardt, em 1924 o artista modela seis *Karyatiden* [três figuras femininas e três masculinas] para o Teatro Die Komödie, de Berlim. As obras não são aceitas. A recusa é registrada na imprensa por Hans Jacob, que escreve: "Quando Reinhardt viu as estátuas observou: 'Elas precisam cair fora – do contrário o público olharia mais para elas do que para o palco!' Ele mandou afastar as cariátides sem rodeios. Reinhardt como protetor das artes"[120]. Fritz Stahl[121] [1924/25] e Wolfradt[122] [1925] também comentam em periódicos as *Karyatiden*.

Em fevereiro de 1924, Thea Sternheim anota em seu diário que encontra o crítico Carl Einstein, de Fiori e sua esposa na exposição de George Grosz, na galeria de Flechtheim; esta é a última anotação que se conhece do diário de Thea Sternheim sobre de Fiori[123].

Neste ano, o artista está residindo na Delbrückstraße, Berlin-Grunewald, segundo Vierneisel, uma vila de ateliês[124]; possivelmente, após separar-se de Marta Junghann. A escultora deixa Berlim e passa a residir em Herrsching[125], na casa-ateliê de de Fiori, onde permanece até cerca de 1932, e, possivelmente até 1930, assina "Marta de Fiori Junghann"[126]. Em fotografias da parte interna dessa residência de Herrsching, vêem-se trabalhos de Marta.

Em 1925, vários artigos escritos por de Fiori são publicados: "Der Deutsche und der amerikanische Filmschauspieler"[127] ["O Alemão e o Ator de Filme Americano"], "Gloria Swanson"[128], "Ein Interwiew mit Fritz Stahl"[129] ["Uma Entrevista com Fritz Stahl"], "Architektur und Plastik"[130] ["Arquitetura e Escultura"], "Über 'Abstration' und "Naturalismus"[131] ["Sobre 'Abstração' e 'Naturalismo'"].

Na "Entrevista com Fritz Stahl", de Fiori agradece pelo artigo do crítico – possivelmente sobre as *Karyatiden*, acima referido –, evidenciando com seu texto a inversão de valores da época; em "Arquitetura e Escultura", expõe noções acerca de cada uma dessas artes. A intransigência de de Fiori com clientes evidencia-se em seus artigos; a afirmação de que a arquitetura assim como a escultura devem surgir sem preconceitos e sem "estilo", antes da "forma do espírito que nos move" é, possivelmente, crítica a Reinhardt. Uma escultura não é adorno, segundo de Fiori, tampouco uma "boa arquitetura" precisa de ornamento, assim como uma "boa escultura sempre encontrará um lugar numa boa arquitetura." No artigo "Sobre 'Abstração' e 'Naturalismo'", de Fiori inverte as noções que são tidas como opostas por críticos e artistas da época. De Fiori escreve este artigo respondendo a uma pergunta que Paul Westheim fez circular entre artistas e críticos através de sua revista *Das Kunstblatt*[132]: "Ein neuer Naturalismus??", um questionamento do crítico sobre a arte do pós-guerra. Em de Fiori, o naturalismo espelha-se na abstração, reenviando esta àquele, e vice-versa; "uma quádrupla oposição", supérflua, segundo o artista; assim, insolúvel na oposição enquanto conceitos distintos, pois a oposição ocorre entre os conceitos de "espiritual" e "material", correspondentes a "essencial" e "inessencial". A abstração, "teoria fria", não alcança "a altitude celeste da idéia pura", como a arte "naturalista" da quádrupla oposição supérflua. A obra requer a natureza e a abstração, harmonias de formas que não se fixam no objeto-referência, antes o ultrapassam, e não se fixam na simples harmonia intrínseca das formas.

Ainda em 1925, é publicada a entrevista que de Fiori concede a Bernard Guillemin, em periódico de Berlim: "Ernesto de Fiori über die Tugenden. Ein Gespräch"[133] ["Ernesto de Fiori sobre as Virtudes. Uma Conversa"]. De Fiori diz apreciar o boxe, uma arte que integra corpo e alma, assim como a escultura. O trecho deste artigo que refere o boxe, republicado anos depois em periódico brasileiro, evidencia que de Fiori valoriza a harmonia da forma, não a "semelhança". A escultura é harmonia das virtudes que o artista modela enquanto trabalha, percebendo o modelo. Em textos ulteriores, de Fiori explicita que o modelo não é senão o assunto, portanto, algo secundário à arte. Nessa mesma entrevista de 1925, de Fiori diz que está escrevendo uma "tragisches Lustspiel" [comédia trágica]; no original deste texto, que não foi publicado, lê-se o título: *Menschen im Frühling oder Das Gefängnis* [*Pessoas na Primavera ou a Prisão*][134].

Na exposição de outono da Akademie, Berlim, são mostrados dezoito trabalhos do artista. De Fiori participa de outras coletivas na Alemanha, como a do Jubileu da Grosser Kunstausstellung de Düsseldorf, na qual expõe *Die Amerikanerin* e, em Zurique, da Internationale Kunstausstellung [Exposição Internacional], na qual expõe nove esculturas, entre as quais *Schlenderndes Mädchen.*

Por vezes, encontra-se em revistas do período informação sobre a compra de obras de artistas por instituições, como acontece com a revista *Das Kunstblatt*, de 1925, que anuncia que a cidade de Chemnitz adquiriu a escultura *Stehender Mann* [*Homem em Pé*], de Ernesto de Fiori, para a coleção de arte local[135].

Em 1926, três bustos modelados por de Fiori são expostos na mostra d'Arte del Novecento Italiano, possivelmente por sugestão de Arturo Martini[136], artista que de Fiori conheceu em Paris. Devido ao "nacionalismo" da mostra, discute-se na Itália a "italianità" do artista[137]. O *marchand* Flechtheim que, através das exposições de sua galeria, evidencia sua contrariedade a "identidades", como *marchand* e amigo do artista responde aos organizadores da exposição do Novecento: de Fiori é um "escultor europeu", não um "político" ou um "soldado"[138]. Ao expor sua convicção de que não é correto um artista se importunar com coisas políticas e militares, e que a luta de um artista é pela "grande arte do mundo", Flechtheim reitera idéias de de Fiori[139].

O livro *Die Kunst des 20. Jahrhunderts* [*A Arte do Século XX*], de Carl Einstein, é publicado em 1926. O escritor e crítico de arte deprecia a obra de Ernesto de Fiori; após o lançamento do livro, crítico e artista se encontram na galeria de Flechtheim e discutem. Jornais de Berlim divulgam que Einstein, um "ferido de guerra", sofreu um "atentado"[140]. De Fiori responde às críticas publicando o artigo "Mein Attentat"[141] ["Meu Atentado"], no qual explica que fez apenas "uma repreensão ao Dr. Einstein", pois ele não sabia o que tinha escrito. Ironizando os jornalistas que noticiaram a ocorrência, de Fiori afirma que se tivesse cometido um atentado, teria previsto "surpreender sua vítima" e teria utilizado os punhos; estendendo a ironia ao crítico, escreve: "Eu não sabia que o Dr. Einstein é um ferido de guerra. Seus melhores amigos também não o sabiam. Ele mesmo devia não saber até há bem pouco tempo". Em outra edição do livro de Einstein, a passagem sobre de Fiori não consta; todavia, naquela época, o incidente repercute: o preço das esculturas do artista caem. Em junho, Albiker escreve um bilhete para Hofer, no qual comenta a queda dos preços das esculturas que, segundo ele, arruinará de Fiori em pouco tempo[142].

A coleção Kunstarchiv[143], organizada por Gustav Eugen Diehl, reúne artigos de von Alten, Guillemin, Szittya e von Wedderkop sobre Ernesto de Fiori, publicando-os no 11º número dessa publicação[144], incluindo o texto "Degas der Bildhauer", do próprio artista. Essa edição ilustrada contém uma relação de sessenta obras do artista e traz os seus respectivos colecionadores. De von Wedderkop é reimpresso o artigo "Die 'Engländerin'"; de Guillemin, a entrevista de 1925, excluindo o último trecho que pede a opinião de de Fiori sobre "o caso" dos artistas Kolbe – Lederer. Von Alten registra que de Fiori é escultor, mas que, "às vezes, ele acredita amar mais a pintura do que a escultura"[145]; depois acrescenta que de Fiori "pinta com pesar"; todavia, escreve que esta observação é mais biográfica do que "significativa para o conhecimento de sua arte, que é a escultura"[146]. Szittya escreve a primeira parte de seu artigo procurando explicar a personalidade do artista; no final desta parte, traz uma informação que importa, uma vez que em de Fiori a tensão é força produtora: "Freqüentemente admirei obras de arte em companhia de Fiori (inclusive as suas); apesar disso, eu sempre tive a sensação de que ele entendia os objetos como poucos (por vezes, de maneira próxima à minha); todavia, frente às verdadeiras obras de arte, ele sempre se espantava estranhamente, uma vez que vinha com perguntas angustiadas, e estas perguntas angustiadas não eram dirigidas para mim, antes para a obra de arte, e que produziam em Fiori crises periódicas, nas quais ele não tinha nenhuma coragem de afirmar a sua experiência, não acreditava encontrar modelo para a sua experiência e via até mesmo como inimigo o seu companheiro. Nessa admiração singular e nessa crise singular, Fiori se formava um verdadeiro artista, e aqui se abre o prospecto que possibilita observar esse escultor"[147]. No artigo "Degas der Bildhauer", de de Fiori, também publicado nesse ano na revista *Der Querschnitt*[148], no elogio à escultura de Degas, o artista evidencia, no ricochete, seu desejo inflexível: a arte que vem do espírito não se dobra às leis, tampouco ao objeto. Perguntando o que é a escultura de Degas, de Fiori afirma: "É a ordem? É a clareza? É a beleza? Não, nada disso. O mais selvático e impetuoso naturalismo! Um escavar no inexprimível. A paixão pela indiscrição! A monomania pela escrafunchagem! É possível que daí saia alguma arte? Ainda que se suponha que não [...] Mas é assim."

Ainda em 1926, Bruno Werner publica artigo sobre o artista na revista *Die Kunst*, de Munique[149], no qual destaca principalmente os bustos modelados por de Fiori, entre eles o *Selbstbildnis* [*Auto-retrato*], de 1923 – há um outro *Selbstbildnis*, possivelmente modelado em 1926. Segundo Werner, a escola do cubismo, que de Fiori atravessou, não é tão evidente no "retrato do artista" como é nas figuras[150].

De Fiori participa de coletivas na cidade de Berlim e, em uma delas, expõe três desenhos. Em Düsseldorf, Flechtheim organiza a exposição: Heinrich Nauen – Neue Stilleben, Ernesto de Fiori – Portraitbüsten. Como o título indica, com naturezas-mortas de Nauen e bustos modelados por de Fiori. Nessa cidade, de Fiori também participa de uma coletiva com uma escultura e uma pintura, *Ruderer auf dem Zürichsee* [*Remador no lago de Zurique*].

Possivelmente, no final do ano de 1926, de Fiori se casa com a atriz Barbara Diu [Alexandra Mironowa]; em outubro, ela faz plástica no nariz e o artista faz desenhos da atriz com bandagens no nariz; lê-se em um deles: *Jour de l'opération 24. X. 26*[151]. Em carta da escultora Käthe Seele a Hugo Troendle, do início de 1927, a artista escreve que a nova mulher de de Fiori é "muito ambiciosa, quer se tornar uma

'Star'"[152]. Em 1928, de acordo com levantamento de Vierneisel, por ser casada com de Fiori, a atriz russa adquire a cidadania alemã. Ainda de acordo com a pesquisadora, eles se separam em 1932. Possivelmente, Vierneisel localizou algum documento oficial com esse data; todavia, do que foi possível estabelecer, esse casamento dura até *c.* de 1929/30.

Em 1926/27, Hans Cürlis filma a segunda parte de *Schaffende Hände – Die Bildhauer* [*Mãos Criadoras – Os Escultores*]; para esse filme, de Fiori modela uma figura feminina. Os outros escultores que participam dessa filmagem são: Lederer, Kolbe, Belling, Steger, Sintenis[153] e Hitzberger[154]. Somente o trecho do filme com de Fiori é conhecido atualmente[155].

O texto de Emil Szittya sobre de Fiori, publicado no Kunstarchiv nº 11, traduzido para o italiano, é publicado em 1927 na coleção Arte Moderna Italiana, da Hoepli de Milão, seguida, como na publicação do ano anterior, da catalogação das esculturas do artista. Esse mesmo artigo de Szittya é publicado ainda nesse ano na revista *Der Querschnitt*, com o título: "Ernesto de Fiori, der Porträtist". Justificando o título, Szittya acrescenta uma terceira parte ao seu artigo, evidentemente, sobre os bustos que de Fiori modela e, na quarta parte, composta por duas frases, escreve em uma: "agora de Fiori viaja para Colônia"[156]. Alfred Kuhn também publica um artigo sobre o artista, traçando novamente seu percurso desde 1911, quando de Fiori começa a modelar[157].

É publicado em periódico de Berlim o artigo "Plastik"[158] ["Escultura"], de de Fiori. Neste texto, como em ulteriores, o artista reafirma sua luta pela harmonia entre o "atual e o eterno", correspondentes, respectivamente, à forma e à vida, evidenciando Degas, que em suas esculturas as fundiu. Rodin, "pitoresco", ignora a abstração; segundo o artista, foi o cubismo que possibilitou a compreensão de que a "pantomima e o gesto trágico" têm um papel secundário na arte. Maillol, "frio", volta à simplicidade harmônica do corpo; Degas é a "unidade perfeita". Essa unidade é a fusão harmônica da abstração e da natureza tornada visível, como se evidencia em outros textos do artista, de anos posteriores. Nestes artigos, quer trate da pintura, quer da escultura, o artista reitera a secundariedade do assunto, sempre destacando que a forma nasce do espírito; afirma que a forma surge por si mesma, por isso mesmo, recusa-se a seguir as regras.

Em 1927, de Fiori reside na Budapester Straße 26. Por essa época, pinta retratos de Barbara: *Bildnis Barbara Diu* [*Retrato de Barbara Diu*], *Bildnis Barbara Diu sitzend* [*Retrato de Barbara Diu Sentada*] e *Barbara Diu sitzend*[159]. Também é desse período a pintura *Die Mannequins*. Nesta obra, observam-se soluções pictóricas que se aproximam das de telas que o artista pinta no Brasil.

De Fiori participa, nesse ano de 1927, de várias coletivas na Alemanha. Em Berlim, entre outras, da exposição de primavera da Preu-

BILDNIS BARBARA DIU SITZEND, s/ data. [140]

BILDNIS BARBARA DIU SITZEND, s/ data. [141]

BILDNIS BARBARA DIU, s/ data. [142]

ßische Akademie der Künste, na qual expõe o retrato de *Emil Flechtheim*, e duas figuras: [*Stehende Frau mit gekreuzten Beine*][160] e *Fliehende Frau*, obras significativas para entender o questionamento do artista sobre o movimento. Nesse sentido, considere-se uma figura feminina que tem os braços flexionados em posições distintas e um dos pés apoiado sobre elevação do plinto, obra que se conhece de fotografia. Na Secession dedicada ao esporte, expõe duas litografias: *Auf halbe Distanz* [*A meia Distância*] e *Die Finten* [*A Finta*], e uma escultura: *Boxer*. Na exposição inaugural da Galeria Thannhauser, em Berlim, são incluídas duas esculturas de de Fiori; na exposição comemorativa dos trinta anos da casa de fundição Noack, de Berlim, três trabalhos[161], sendo dois bustos: *Luise Dumont* e *Gustav Lindemann*. Na coletiva da Galeria Flechtheim, intitulada Das Problem der Generation. I.Teil: Die Deutschen Galerie Flechtheim [Problema de geração. Primeira parte: A Galeria alemã Flechtheim], o *marchand* incluiu nove esculturas do artista e, em sua galeria de Düsseldorf, organiza exposição com pinturas de Hofer e esculturas de de Fiori.

Em 1928, de Fiori trabalha em uma sala-ateliê no último andar da Kunstgewerbeschule [Escola de Artes e Ofícios], na Prinz-Albrecht-Straße 8, Berlim. O pintor Gabriele Mucchi e sua esposa, a escultora Jenny Wiegmann [Genni] chegam a Berlim; Mucchi aluga um dos ateliês da Kunstgewerbeschule[162], quando conhece de Fiori. Em 1994, em entrevista, Mucchi relembra passagens daqueles anos, contando que de Fiori se dedicava à escultura e, às vezes, à pintura[163]. Em seu livro de memórias, Mucchi refere os temas das pinturas de de Fiori daquela época: "pintava cenas da vida mundana com homens de fraque e senhoras elegantes, paisagens de lagos com barcos em regata, e grandes quadros de inspiração fantástica"[164].

Em 1928, é publicado o artigo do artista "Ich modelliere Hindenburg"[165] ["Eu Modelo Hindenburg"]. Neste artigo, de Fiori conta sobre as duas sessões em que Hindenburg posou para que ele fizesse o seu retrato; sobre a primeira, relata o desagradável encontro entre eles, até o momento em que defende "o prestígio das artes diante da personificação do poder estatal". Supondo que a pouca simpatia de um pelo outro do início é um mal-entendido, de Fiori prossegue contando que, ao terminar esta primeira sessão, Hindenburg lhe estende a mão, quando responde algo como: "'Lamento', digo e mostro-lhe minhas mãos barrentas: 'Mãos sujas são a nobreza do escultor'". De Fiori evidencia a liberdade, que é da arte, em seus conceitos. Sobre a segunda sessão, de Fiori descreve outra cena, demonstrando a consideração recíproca. Esta relação é o que torna possível a modelagem para o artista. A partir da fala do Presidente do *Reich*, que, ao pedir desculpas, explica que "essas poses constantes o cansam muito", de Fiori externa sua crítica a pintores e escultores. Com isso, retoma uma fala de Hindenburg da primeira sessão, que diz, criticamente,

DIE MANNEQUINS, *c.* 1927. [143]

STEHENDE, 1927. [144]

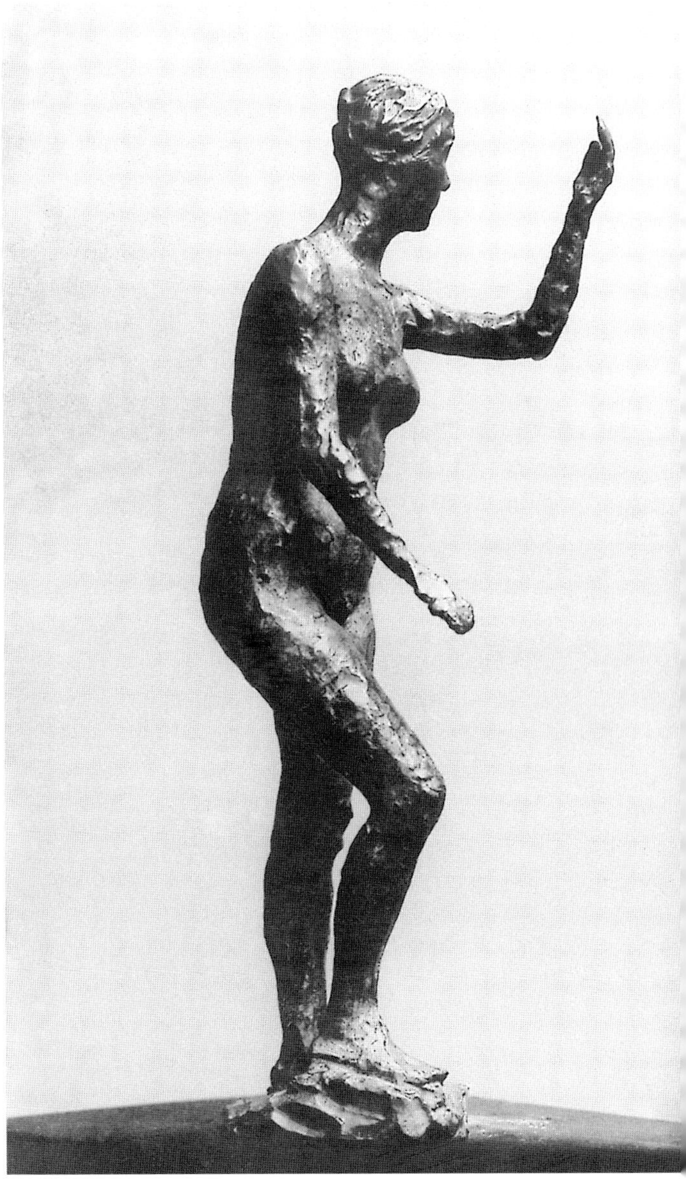

FRAU, *c.* 1928. [145]

que os escultores "de hoje modelam tudo em flocos". A intransigência de de Fiori reaparece: como a harmonia da forma é imprescindível à arte, a fusão, "flocos", indica o seu oposto. No final desse artigo, afirma, como em artigo de 1919, que a arte pode surgir, subitamente, de um toque de dedo: "'Bom retrato', diz ele [Hindenburg], apalpando a testa, 'mas aqui sou um pouco diferente!' Tateio o barro, meio indeciso, então ele diz com um ousado movimento do polegar: "Eu faria assim!" Eu também fiz assim [de Fiori], pois, de fato, ele tinha razão".

Nesse ano, de Fiori tem trabalhos em coletivas nas cidades de Berlim, Düsseldorf, Frankfurt a. M., Hannover[166], e na Exposition D'Art Olympique, da IX Olympiade Amsterdam, na qual expõe *Boxer I* e *Boxer II* – datam de 1927 e 1928 as esculturas do boxeador Max Schmeling, modeladas por de Fiori. No artigo "Boxer und Sänger" ["Boxeador e Cantor"][167], publicado por volta de 1928/29, o artista escreve que a "flexibilidade do espírito" de Schmeling é "parte de seu sucesso". Comparando-o ao pugilista Dempsey, um americano autêntico, afirma que Schmeling é "mais europeu". Relata que fez estudos das ações de Schmeling enquanto ele "simulava golpear contra um oponente invisível", destacando o "frescor natural, físico e espiritual" que observa no boxeador. A luta de corpo e alma, harmonia dessa arte, é evidenciada por de Fiori na entrevista de 1925. Ainda nesse artigo de *c.* 1928/29, resumidamente, reconta as sessões com Hindenburg.

Ainda em 1928, O crítico Willi Wolfradt escreve um artigo destacando os bustos modelados por de Fiori[168]. Em 1929, Hans Siemsen publica um artigo – já referido – sobre o artista, no qual relata que de Fiori pinta e esculpe, insistindo em que de Fiori não é um "Fachmann" [especialista], por isso mesmo é artista[169].

No artigo de Siemsem, reproduzem-se bustos e figuras modelados pelo artista, sendo duas destas em madeira. Pertencem a museu da Alemanha outras duas esculturas em madeira do artista: *Stehende* [*Mulher em Pé*], *c.* 1927/28[170], e *Mädchen*, de 1928[171], como o *Stehender Jüngling*[172], de *c.* 1920. Há outra escultura em madeira, *Mädchen*, de 1929, em coleção particular também da Alemanha, anteriormente da coleção da amiga do artista Marie Louise von Prittwitz[173]. Desconhece-se o paradeiro das demais esculturas em madeira de de Fiori, que estão em fotografias do álbum do artista. Considerando-se que para o artista é a matéria maleável que permite fixar uma visão plástica, como está em artigo de 1919, e que a forma de uma escultura pode surgir subitamente, é verossímil afirmar que de Fiori modelava no barro, talvez fundindo no gesso, para depois mandar passar o trabalho para a madeira[174].

De Fiori reside, em 1929, na Budapesterstraße 26. Neste ano, participa de coletivas nas cidades de Berlim, Darmstadt, Duisburg, Düsseldorf, Kassel e Colônia, expondo, em várias delas, o *Porträt des Reichspräsidenten Hindenburg* [*Retrato do Presidente do* Reich

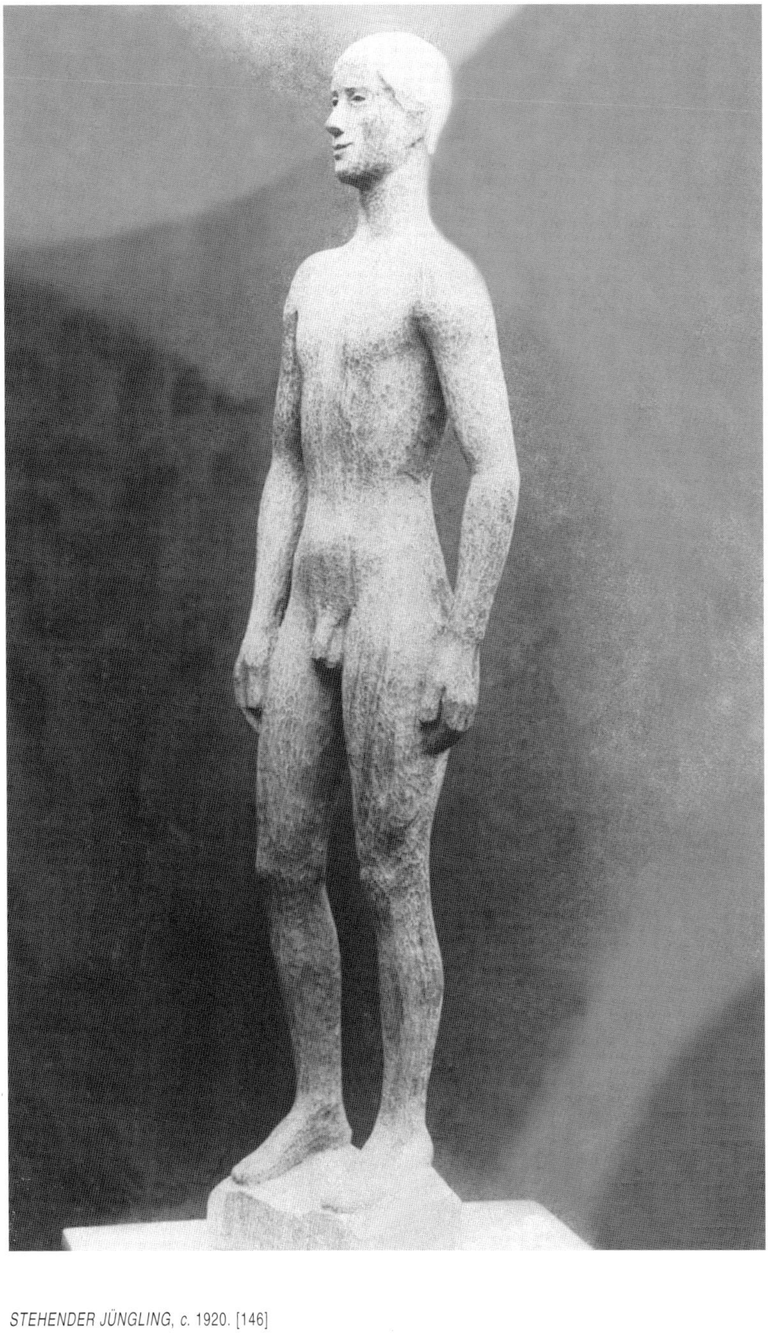

STEHENDER JÜNGLING, *c.* 1920. [146]

MÄDCHEN, 1928. [147]

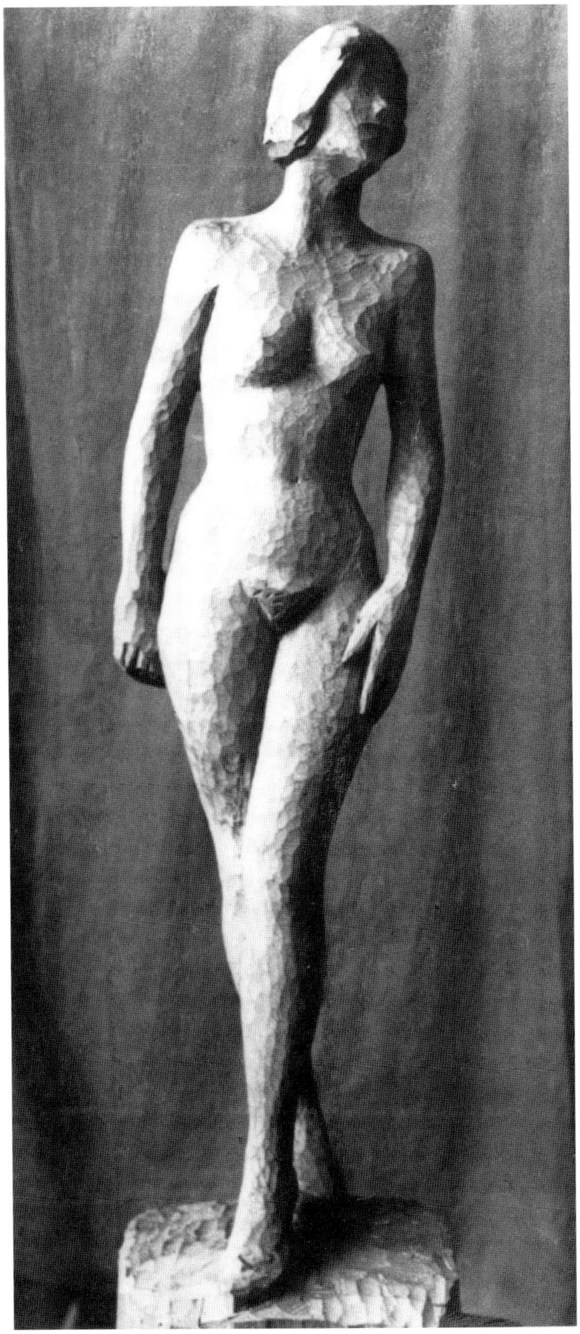

STEHENDE FRAU, s/ data. [148]

STEHENDE FRAU, s/data. [149]

FLIEHENDE, s/ data. [150]

Hindenburg]. Na 58º Berliner Secession expõe a pintura *Die Mannequins*, de *c.*1927, que se conhece de reprodução, em preto e branco, impressa em revista que cobre a exposição[175].

Possivelmente, em 1929, de Fiori, Mucchi, sua esposa Genni, e a prima desta, por quem de Fiori estava enamorado, como escreve Mucchi, viajam pelo mar Báltico. Depois, talvez nesse mesmo ano, de Fiori viaja para a Itália com Mucchi[176]. Data de abril[177] de 1929, a ficha que o artista preenche para o editor da Hoepli de Milão, Giovanni Scheiwiller[178], talvez, preenchida na Itália, na viagem com Mucchi. Em 1931, Mucchi deixa Berlim e segue para outra cidade da Alemanha; depois, permanece durante alguns anos na França e, em seguida, fixa-se novamente na Itália. De Fiori mantém contato com Mucchi, ainda que esporadicamente, mesmo após chegar ao Brasil, em 1936[179].

Na segunda metade do decênio de 20 ou início do seguinte, Flechtheim organiza exposição de pinturas de de Fiori em sua Galeria. O crítico que registra essa exposição escreve que as *Personen* das pinturas de de Fiori surgem do espaço em "harmonia congruente" com esse mesmo espaço que as circunda. Evidencia que esse "talento pictórico" em de Fiori, desvia-se de sua tendência à escultura, ainda que não em todos os quadros; porém, é preciso observar que há telas que datam de 1919 e que, nas posteriores, o artista desenvolveu-se, segundo o crítico. Através desse artigo sobre esta exposição de pintura, da qual não se tem outra referência, sabe-se que de Fiori mostra: "Landschaft des südlichen Städtchens mit dem Boot" [Paisagem da vila do sul com barco], 1919; "Drei im Vordergrund sitzenden Frauen" [Três mulheres sentadas no primeiro plano]; "Interieur mit Frauen"; outra também referida como "Interior com mulheres"; *Landschaft* [*Paisagem*] e "Der Künstler mit der Palette am Tisch sitzend von vielen Personen umgeben" [O artista com paleta sentado à mesa com pessoas ao redor][180]. Possivelmente, exceto *Landschaft*, os demais títulos aqui listados são referências do crítico às pinturas.

A revista *Die Dame*, em 1930, publica artigo "Berliner Künstler in ihren Ateliers" ["Artistas Berlinenses em seus Ateliês"], registrando os pintores Rudolf Großmann, Hans Meid, Emil Orlik, Willy Jaeckel e Max Pechstein, e os escultores Fritz Klimsch e Ernesto de Fiori. Na fotografia do ateliê do artista, vêem-se pinturas que, eventualmente, são de sua autoria.

Nesse ano de 1930, a cidade de Berlim adquire a escultura *Jüngling* [*Jovem*]; o bronze, que data de 1926/27, é assentado na praça Rudolf-Wilde-Park; durante a Segunda Guerra Mundial, a obra é destruída, possivelmente derretida: segundo Vierneisel, isso ocorre em 1940[181].

Data desse ano, 1930, a figura que de Fiori modela de um menino com barquinho para a fonte do Carl-Duisberg-Gymnasium, de Leverkusen: *Brunnenfigur Knabe mit Schiffchen*. Outro trabalho desse ano é uma medalha, a única que se conhece modelada pelo artista: *Medaille*

A. W. Cramer[182]; possivelmente, como a figura de menino com barquinho, a medalha é um trabalho encomendado. Supõe-se que a maior parte dos retratos modelados por de Fiori seja obra feita a partir de negociações; quanto às figuras por ele realizadas, são poucas as feitas por encomenda: *Karyatiden*, de 1924; *Poseidon*, de 1929, que não é assentada na firma que a encomenda[183]; *Brunnenfigur Knabe mit Schiffchen*, de 1930; possivelmente *Stehender Jüngling mit Tuch* [*Jovem em Pé com Toalha*], também de 1930 – vê-se na toalha um barco e lê-se "PE KA TUCHE", marca de um escritório de negócios[184] –; Figuren zum Grabmal Merck [Figuras para o Túmulo Merck], de 1934/35: I. *Fackelträger* [*Porta-archote*], II. *Mädchengruppe* [*Grupo de Moças*], III. *Knabenfigur* [*Figura de Menino*]; IV. *Knabenfigur*[185]. Estas obras modeladas para o túmulo da família Merck foram assentadas no cemitério de Darmstadt; as duas figuras de meninos, não mais se encontram no túmulo[186]. As poucas figuras modeladas por de Fiori para atender encomendas confirmam suas idéias.

Em 1930, o artista participa de exposições coletivas na Alemanha, entre as quais, uma que tem por objeto o esporte como fator cultural, Der Sport als Kulturfaktor, na qual expõe a figura do boxeador Schmeling; da 59º Berliner Secession, expondo uma figura feminina em madeira, *Mädchen* [*Moça*]; da exposição de primavera da Preußische Akademie der Künste, onde também expõe uma *Mädchen* em madeira e um bronze nomeado *Neptun*[187]. Ainda nesse ano, integra a 62º Secession de Berlim, com apenas um trabalho, a pintura: *Zirkus*.

O prefeito de Berlin-Schöneberg, Emil Berndt, em 1931 escreve ao redator do jornal *Berliner Lokalanzeiger*, Walter Harnisch, dizendo que a imprensa tem noticiado pouco de Fiori, apesar de ele ser um dos mais importantes escultores da Alemanha[188]. Mucchi, em seu livro, escreve que de Fiori "tinha feito um nome", mas que os alemães aceitavam sua escultura com reserva, pois "distante do expressionismo de Lehmbruck, do goticismo de Barlach, e também da elegância de Georg Kolbe, agora em grande voga"[189].

Durante a estada de Marlene Dietrich em Berlim, de dezembro de 1930 a abril de 1931, de Fiori modela dois bustos da atriz[190], atualmente em museus da cidade. Consta do catálogo da 64º Berliner Secession, de 1931, que o artista expõe um dos bustos e uma pintura de Marlene Dietrich; conhecem-se apenas os dois bustos que o artista modelou da atriz e não há qualquer outra referência à pintura de Dietrich, podendo ser equivocada a indicação do catálogo. Nesta mostra da *Secession* de Berlim, de Fiori expõe a pintura *Bildnis Barbara Diu*. O artista também participa de outras coletivas na Alemanha e nas cidades de Nova Iorque e Zurique, entre outras[191].

Nesse ano de 1931, a revista *Fronte*[192], de Roma, publica um artigo do artista sobre escultura: "Scultura"[193]. De Fiori afirma que a arte "abstrata" é "um beco sem saída", ao mesmo

FACKELTRÄGER, 1934. [151]

MÄDCHENGRUPPE, 1935. [152]

KNABENFIGUR, 1934/35. [153]

tempo que um "sinal de liberdade". Como nos artigos anteriores, evidencia que a arte é tanto abstrata quanto ligada à natureza – o que não significa naturalismo. Estende-se, neste artigo, sua explicação sobre o assunto na escultura: o corpo humano. Este é secundário, uma vez que o escultor tem o corpo humano, nu ou vestido, que se equivalem, como meio para chegar ao seu objetivo final que é, antes de tudo, a alma. Em de Fiori, o corpo humano é o que permite apresentar o divino, na escultura; e o divino é o objeto invisível de cada arte. Na harmonia dos volumes o artista dá à sua escultura "vida e caráter", que é alma. Não sendo a natureza modelo, é no processo do trabalho, que rejeita regras, que a forma é configurada. Não há forma-modelo, há forma-que-surge na modelagem que vai se harmonizando: "relações e proporções específicas dos membros, movimentos específicos desses membros em relação ao tronco dão a uma estátua vida e caráter, portanto alma".

Em maio de 1932, a Galerie Flechtheim inaugura a exposição 111 Porträts zeitgenössischer Bildhauer [111 Retratos de Escultores Contemporâneos], com obras de Archipenko, Barlach, Degas, Despiau, Lehmbruck, Maillol, Matisse, Renée Sintenis e dez bustos modelados por de Fiori. A capa do catálogo reproduz um dos bustos que de Fiori modelou de Marlene Dietrich. O artista expõe em outras coletivas na Alemanha e tem uma escultura na exposição itinerante levada às cidades escandinavas. Também participa da exposição Lebendige deutsche Kunst [Arte Alemã Viva], organizada por Flechtheim e Paul Cassirer. Esta é a primeira das três mostras que seriam organizadas sob este título na Galeria Flechtheim, de Berlim; a segunda ainda é montada em 1933.

Após a nomeação de Hitler[194], aumenta o poder do Nacional-socialismo [NSDAP]. A chamada *Säuberungsaktion* [ação de limpeza], que desde o decênio de 20 está presente em cidades da Alemanha[195], nas artes, com a Kampfbund für Deutsche Kultur [União de luta pela cultura alemã], organizada por Rosenberg, intensifica-se a partir de 1933. Goebbels é chamado para ser ministro da propaganda, em março de 1933, e, em setembro deste ano, começa a organizar a Reichskulturkammer [Câmara de cultura do *Reich*], com o objetivo de controlar a vida cultural da Alemanha a partir de várias câmaras. Entre estas a Reichskammer der bildenden Künste [Câmara de Artes Plásticas do *Reich*]. Todos os que tivessem qualquer ligação profissional com a arte e a cultura tinham de fazer parte dessas câmaras. Assim, as associações de artistas, a partir de 1933, vão sendo extintas, até 1937, quando é terminada a organização da Câmara de Artes Plásticas[196].

Considere-se que o exercício dessa Câmara de Artes é contraditório, o que não exclui os horrores cometidos. As contradições ocorrem, em parte, pela ação da Studentenbund NS [União dos estudantes nacional-socialistas] dirigida pelo pintor Otto Andreas Schreiber. A

Studentenbund defende os expressionistas [sob este rótulo, como é praxe, reúnem-se vários artistas de tendências diferentes] como os representantes da arte alemã[197], contrariamente às idéias da Kampfbund de Rosenberg[198]. As contradições são evidentes, ao menos até 1937; muita vez, a exclusão de obras de exposições, deu-se, certamente, pelo gosto da comissão que inspecionava a mostra. Durante o regime nazista, encontram-se catálogos de exposições que registram o nome de artistas modernos que têm um trabalho retirado da mostra e outro trabalho não excluído. Pode-se ver, em exposições de galerias, obras de artistas modernos, na mesma época em que obras desses artistas são retiradas de exposições oficiais, pois consideradas degeneradas. Em 1933, obras de Beckmann, Schmidt-Rottluff, Feininger, Klee e outros, estão em galerias importantes que continuam divulgando a arte moderna. Do que foi possível levantar, de Fiori não teve obra enviada para as exposições sobre as quais tenha sido colada a tarjeta dos nazis que a eliminasse da mostra, ainda que, em 1937, algumas de suas obras tenham sido retiradas de museus como Entartete Kunst, arte degenerada.

Emil Berndt, que em 1931 escreve ao redator do jornal *Berliner Lokalanzeiger*, em 1933 envia carta ao presidente da província de Brandenburg e Berlim, Wilhelm Kube, solicitando que ele interceda junto ao ministro Rust, no sentido de facultar a de Fiori uma das cadeiras livres de escola de Berlim[199].

Poucos dias após Gottfried Benn pronunciar-se sobre a necessidade do sacrifício pessoal em favor da razão do Estado, de Fiori escreve artigo onde afirma que, "por mais que ele possa, como cidadão, pertencer ao Estado, como artista ele só se curva a um poder, o poder das leis artísticas, as que Deus colocou em sua alma", com o irônico título: "Wie können wir Künstler der Regierung helfen?" ["Como Nós Artistas Podemos Ajudar o Regime?"][200]. Neste artigo, de Fiori expõe sua oposição à arte *kitsch*, na qual inclui artistas da modernidade que abdicam da liberdade para se submeter a algo que lhes é exterior. Assim, pode-se dizer que "expressionismo", "kitsch", "arte engajada" se equivalem em de Fiori.

A idéia de que a arte não segue comandos nem regras distancia o artista do cidadão. De Fiori, em textos posteriores, escreve vários artigos, como cidadão, atacando principalmente o nazismo. Seus artigos e manuscritos evidenciam que a arte jamais se submete a comandos ou trata de questões políticas. Mucchi escreve que de Fiori não tinha posição política definida, mas que tinha idéia clara e era antifascista[201], o que se confirma nos textos que o artista escreve nos decênios de 30 e 40.

Nesse ano de 1933, a Kustgewerbeschule, assim como todos os ateliês do prédio da escola onde, possivelmente, de Fiori ainda mantinha ateliê, são embargados pela GESTAPO.

Após Flechtheim deixar a Alemanha, a sua galeria de Düsseldorf passa a ser de Alex Vömel que, em março, inaugura a exposição 30 deutsche Bildhauer [30 Escultores Alemães], incluindo obras de de Fiori. A galeria de Berlim é fechada e seu ajudante, Curt Valentin, passa a trabalhar na livraria *Buchholz*, onde abre espaço para exposições, continuando a expor artistas modernos. De Fiori tem obras mostradas em coletivas de cidades da Alemanha[202].

Data de 23 de agosto de 1934 o passaporte do artista, expedido em Berlim, de acordo com a "certidão de desembarque" de de Fiori no Brasil. Neste ano, de Fiori está morando em uma casa-ateliê na Buchenstraße 3, em Lützowviertel[203]. Viaja para Roma, onde realiza dois bustos de Adriana del Giudice e, possivelmente, uma figura feminina[204]. Supõe-se que o artista fez essa viagem para a Itália, a fim de tratar de questões familiares e ponderar sobre a "vida" italiana. Todavia, considerando-se a intransigência do artista com regimes totalitários e seus escritos políticos ulteriores, certamente de Fiori não se transferiria, na época, para esse país; como escreve Mucchi, de Fiori era "antifascista". Ricardo del Giudice, marido de Adriana, anos depois, escreve no verso de uma das fotos dos bustos modelados por de Fiori, que o artista "sentia ter que deixar a Europa".

Entre este ano de 1934 e o seguinte, modela esculturas para o túmulo da família Merck, assentadas no cemitério de Darmstadt, referidas anteriormente. Data de 1934 a escultura nomeada *Fliehender* [*Fugitivo*], possivelmente, a outra figura que traz o mesmo nome, também seja deste ano. Ainda neste ano, integra a comissão de trabalhos da Berliner Secession, organizada sob o título Zusammenschluß 1934 [União 1934], dirigida por Adolf Strübe, que se propunha continuar expondo obras modernas. A primeira e única exposição que eles conseguem montar é inaugurada em janeiro de 1935.

Em 1934, o artista participa da exposição *Zeichnungen deutscher Bildhauer der Gegenwart* [Desenhos de Escultores Alemães da Atualidade], na livraria Buchholz, onde Curt Valentin organiza exposições. De Fiori mantém contato com Valentin, inclusive após deixar a Alemanha. No ano seguinte, expõe esculturas e desenhos na mesma galeria. Entre as esculturas, constam do catálogo[205] os dois "Fliehender" e uma "Fliehende" ["Fugitiva"]. No catálogo está reproduzido um desenho do artista, figura feminina, de 1933. Há uma fotografia no álbum de de Fiori de uma escultura de figura feminina em madeira, resolvida com movimento próximo ao do desenho desse catálogo. Considerando-se que os dois fugitivos são modelados com os dois braços cruzados na altura da cabeça, cobrindo o rosto, e que tanto o desenho reproduzido no catálogo como a escultura que se conhece por fotografia são resolvidos com o mesmo gesto, é possível que a *Fliehende*, exposta na Buchholz, é a escultura em madeira que está em fotografia do álbum do artista. Registram essa exposição alguns colunistas de jornais[206], que elogiam os bustos modelados pelo artista, destacando o de

Wilhelm von Bode, modelado após a morte do ex-diretor geral dos museus de Berlim[207]. Dois jornalistas também referem o busto de *Frau von Prittwitz* [Marie Louise von Prittwitz]; de Fiori mantém correspondência com ela após chegar ao Brasil. Ainda em 1935, tem obras em coletiva de Berlim e de Munique[208], como também em exposições do ano seguinte.

***

Contrariamente ao que ele chama "Segunda Alemanha, a Alemanha hitlerista"[209], de Fiori embarca em Hamburgo com destino ao Brasil, em 1936, a bordo do navio Antonio Delfino, deixando seu ateliê montado na Budapesterstraße. Desembarca no porto de Santos em 6 de agosto; segue para São Paulo, onde sua mãe e o irmão Mario de Fiori residem[210]: Rua Groelândia, 1147.

Desde sua chegada até o final deste ano, publica artigos em jornal da Alemanha. O artigo "Die Lange Fahrt" ["A Longa Viagem"], é um relato de acontecimentos de sua viagem de Hamburgo a Santos[211]. Em novembro, são publicados dois artigos que, já no título, evidenciam as viagens do artista no Brasil: "Wenn ein Künstler reist..." ["Quando um Artista Viaja..."]: no primeiro, relata suas impressões do País[212] e, no segundo, sua viagem pelo rio Paraná até Guaíra[213].

Ao menos até meados de 1939, de Fiori procura contatos que lhe facilitem viajar para os Estados Unidos[214]; é o que se lê em cartas que lhe enviam: de Rochester, Michigan, um amigo lhe escreve em 1937, fornecendo-lhe informações sobre o País – como de Fiori solicitou –, e oferece sua casa para o artista, com insistência[215]. Em carta postada em Boston, sem data, uma amiga escreve que "eles" estão "contentes com a visita dele [de Fiori] a Nova Iorque"; informa a data em que retornarão para a Cidade e solicita ao artista que a avise com antecedência, caso ele queira que ela lhe reserve um hotel[216]. Nas cartas que o *marchand* Curt Valentin[217] envia dos Estados Unidos a de Fiori, também se confirma a intenção de o artista deixar o País. Em carta de outubro de 1937, Valentin escreve que está esperando por de Fiori desde o ano anterior; todavia, aconselha que ele permaneça no Brasil, "se ganha para viver"; na carta de julho de 1939, o galerista retoma o assunto da viagem de de Fiori a Nova Iorque[218].

Certamente, um dos motivos que levam de Fiori a enviar cartas para os EUA é a falta de comércio de arte no Brasil. Nesses anos que antecedem a Segunda Guerra Mundial, de Fiori também procura divulgar seus trabalhos no exterior; entre outras cartas enviadas ao artista, as de Valentin registram o recebimento de fotografias de obras do artista: em uma delas, o *marchand* escreve que está sem dinheiro, do contrário, faria a "cabeça Garbo chegar até ele"[219]; em outra, informa que de Fiori não deve lhe remeter obras antes que ele "lhe forneça instruções sobre os caminhos das formalidades alfandegárias"[220]. Possivelmente, durante os nove anos que reside no Brasil, de Fiori não envia trabalhos para o exterior.

Seu amigo Gabriele Mucchi faz com que obras de de Fiori apareçam em periódicos da Itália. Ao menos até 1939, os dois artistas mantêm contatos e Mucchi, em suas cartas, sempre propõe maneiras de divulgar as obras de de Fiori e informa quais os periódicos que publicaram artigos sobre ele[221]. Certamente, na correspondência com Mucchi, de Fiori conta episódios da vida, como também sobre a dificuldade de se vender obras no Brasil; em 1994, Mucchi falou dessa dificuldade e afirmou que de Fiori sentia falta de atividade cultural no Brasil. Em carta datada de 1936, Mucchi escreve: "certamente o país deve ser magnífico", referindo-se à paisagem, e conclui: "Peccato, come mi scrivi, che ci sia poca vita intellectuale: come se fa?"[222] Marie Louise von Prittwitz, possivelmente em carta também de 1936, escreve: "Você conseguiu tudo em Hamburgo ou Deus me fará acusações? Então, seu macaco, sempre tudo de bom, e seja um pouquinho razoável, descanse e divirta-se"[223].

Nesse ano, 1936, publica no jornal da colônia italiana de São Paulo o artigo "La Scultura e i suoi Ostacoli"[224] ["A Escultura e seus Obstáculos"]; em dezembro, escreve "Chiacchiere sull'arte" ["Fala sobre Arte"], texto que é publicado em janeiro do ano seguinte[225]. No primeiro artigo, de Fiori expõe que a arte não deve se submeter ao gosto do público, que está interessado na "semelhança da estátua com o defunto". Nisto, sua crítica ao naturalismo enquanto cópia. Na crítica às obras naturalistas, de monumentos, está implícita a idéia de exageros, de literatura, comumente observada em trabalhos de encomenda. O comércio não tem ligação conceitual com a arte, por isso mesmo, "quase sempre exige do artista um estilo que não lhe é espontâneo". Artistas escravos do público, artistas bolchevistas, estão para de Fiori na mesma chave do "Parademarsch", que subjuga a vontade do artista, impedindo que este "interprete a natureza, à luz da própria experiência sensual e espiritual". Neste artigo, de Fiori apenas refere a pintura, enquanto no outro, escrito no mesmo ano e publicado em 1937, trata da pintura. O naturalismo, em "Chiacchiere sull'arte", é detalhe, exatidão. Como escreve, em obras de mestres do passado, é possível apreciar o detalhe em trabalhos que são harmônicos; nestes, o detalhe é necessário. No lado oposto, estão os abstratos, que se afastam da natureza, com isso, do assunto, imprescindível, ainda que secundário. Negando o assunto, nega-se o passado, assim, a própria arte.

No mês de dezembro de 1936, o artista abre sua primeira exposição individual no Brasil, na galeria Guatapará, mostrando ao menos uma escultura modelada na Alemanha – como se afirmou –, outras figuras possivelmente produzidas no Brasil, bustos, como o de Ungaretti, desenhos e pinturas, entre as quais a conhecida

GRETA GARBO, 1937. [154]

como *Pescador e Ilha*. Vários artigos de periódicos de São Paulo registram essa exposição – referidos anteriormente –, destacando o artista como escultor e retratista.

Na Alemanha, em 1936, a escultura *Reiter*, datada deste ano, consta do catálogo da Olympische Kustausstellung [Exposição da Olimpíada]; de Fiori também expõe em outras coletivas: uma em Berlim, na qual mostra o busto da atriz Marianne Hoppe, e duas em Hamburgo, de onde embarca para o Brasil.

Em 1937, Kurt Martin[226] escreve para o ministério da cultura de Karlsruhe, Alemanha, para esclarecer a aceitação de trabalhos do escultor Voll na exposição Deutsche Bildhauer der Gegenwart [Escultor Alemão da Atualidade], na *Kunsthaus* de Zurique: historia a exposição, suas mudanças no tempo até o envio de sua carta ao ministério; lista os nomes dos artistas arrolados inicialmente e escreve que o Reichspropagandministerium excluiu: "Barlach e de Fiori".

Em Berlim, a Reichskammer der bildenden Künste [RdbK] [Câmara de Artes Plásticas do *Reich*][227] envia comunicado para o ateliê de de Fiori naquela cidade, informando que aguardam o retorno dele à Alemanha, onde deverá regularizar imediatamente sua situação[228]. Indicam, com tal papel, que de Fiori tem de integrar o livro de sócios da Câmara de Artes Plásticas[229].

Obras do artista são listadas como Entartete Kunst; embargadas, são retiradas de museus da Alemanha, entre elas *Mann* [*Homem*], de 1918, da Hamburger Kunsthalle; *Kniende* [*Ajoelhada*], de 1922, da coleção do Museum der bildenden Künste de Leipzig[230], o *busto de Marlene Dietrich*, de 1931, da Galeria Nacional de Berlim[231]; dois trabalhos gráficos do Museum Gelsenkirchen. A Dra. Doris Edler – diretora deste museu na época em que se realizou a pesquisa –, afirma[232] que consta de uma carta de 26 de outubro de 1937, pertencerem ao museu um "bronze" [*Stehende Frau*] de de Fiori e "três trabalhos gráficos", um *Boxer* e dois outros chamados de *Schreitender nackter Mann*. Estes dois trabalhos foram retirados da coleção do museu em agosto de 1937; quanto aos outros dois trabalhos, não foram localizados documentos acerca deles; porém, o museu possui atualmente apenas o bronze de de Fiori. Muitos dos trabalhos embargados do artista retornaram aos museus; outros não têm paradeiro conhecido e, ao menos a *Kniende*[233], de 1911, que pertencia à Städtische Kunsthalle de Mannheim, não retornou à coleção do museu, segundo a Dra. Inge Herold[234].

Em 1937, o *marchand* Curt Valentin viaja da Alemanha a Nova Iorque, onde, em 1939, inaugura oficialmente a Buchholz Gallery[235]; todavia, já em 1937, envia correspondência a de Fiori em papel timbrado dessa galeria nos Estados Unidos. Em carta de 21 de outubro de 1937, Valentin escreve a de Fiori que viu a exposição Entartete Kunst, em Munique, e que nenhuma obra do artista estava nela. Em catálogo que reconstitui a exposição através de fotografias das salas, não se localiza obra do artista; tampouco seu nome consta no catálogo dessa mostra de 1937. A partir da documentação consultada do *Nazizeit*, não há indícios de que obras de de Fiori chegaram a ser expostas em Munique. Considerando-se o que consta do catálogo Deutsche Bildhauer 1900-1945 Entartet, a obra *Jüngling*, de 1911, chegou a ser enviada a Munique em julho de 1937; porém, mesmo esta obra não é mostrada na exposição, retornando em abril de 1939 à Kunsthalle de Mannheim[236].

Não faltam críticas de de Fiori ao Brasil, o que pode ser observado a partir dos artigos que o artista escreve sobre a sua viagem, referidos anteriormente. Em 1937, escreve para Carlos Pinto Alves que não vai para a fazenda do amigo devido a uma gripe, "com dor de garganta e muito pessimismo"; espera rever Pinto Alves em São Paulo, "qui est maitenant, un vrai desert de tristesse"[237]. Entretanto, de Fiori mantém-se no País. Já em 1937, participa do Iº Salão de Maio, com três bustos e uma escultura de nu feminino, e do Iº Salão da Família Artística Paulista[238], em São Paulo. Ainda em 1937, segue para o Rio de Janeiro, onde modela o busto de Henrique de Toledo Dodsworth, na época interventor do Rio de Janeiro, do ministro Rodrigo Octávio, da cantora Gabriella Besanzoni Lage; bustos que, ao lado de outros modelados em São Paulo e de figuras, como a do boxeador Schmeling – modelada na Alemanha – são expostos na Nova Galeria de Arte, de Theodor Heuberger. Como se afirmou anteriormente, em notas de arte dos jornais da colônia alemã e da italiana da Cidade, destaca-se essa exposição do "escultor europeu".

Do Rio de Janeiro, de Fiori envia carta a Pinto Alves, externando receios: "C'est une grande ville, une très belle ville, dans laquelle un sculpteur pourrait passer sa vie en faisant les images des demons de cette terre – ils n'ont pas encore été faits, car on fait encore du naturalisme burgeois français du XIX./En somme on pourrait travailler ici, mais – MAIS! j'ai très peur que personne ne voudra de moi./En tout cas j'attends vos amis. Après on verra"[239].

Retorna a São Paulo e mantém correspondência com Heuberger para saber sobre as vendas das obras que estão na galeria do Rio de Janeiro. Em uma das cartas do galerista a de Fiori – como se afirmou –, Heuberger conta que os ministros Macedo Soares e Gustavo Capanema foram ver a exposição e ficaram "entusiasmados" com as obras e, nas cartas enviadas por ele, sempre refere ao artista a dificuldade em vender obras nesses tempos "políticos". Na carta que refere a visita dos ministros, Heuberger escreve que estará em São Paulo brevemente, para procurar um local para abrir uma filial de sua galeria[240].

Neste ano de 1937, de acordo com o que consta no opúsculo de *c.* 1946, de Fiori é "apresentado à sociedade de São Paulo por Carlos Pinto Alves numa reunião na casa do Dr. Roberto Simonsen. Nesta ocasião Ernesto realizou uma palestra: 'Como se faz uma escultura'"[241]. Possivelmente, a palestra referida é um manuscrito do artista, em francês, no qual ele explicita como constrói um retrato. O título referido no opúsculo é próximo ao do artigo que de Fiori publica em 1919. Não consta do manuscrito este título; porém, há conceitos que reafirmam o artigo de 1919. Nesse manuscrito-conferência, o artista explicita que, para se fazer um retrato, busca-se o "equilíbrio entre espírito e matéria" e não a "semelhança": por isso, no retrato, o modelo possibilita ao artista o "equilíbrio entre a paixão interna e a externa". O desejo de de Fiori não é cair no naturalismo, que destrói as "nuances que dão vida" à obra, tampouco parar no cubismo, que é o esqueleto. O artista também não pode seguir um "estilo", pois, procurar um é limitar-se à "imitação". Em de Fiori, chegar à forma é ultrapassar o cubismo, a armação compositiva, esqueleto, da obra; chegar ao espírito do retratado é harmonizar modelador, modelo e modelagem.

Ainda em 1937, é publicado em jornal da colônia alemã de São Paulo o artigo "Europäische Kultur in Brasilien" ["Cultura Européia no Brasil"][242]; em jornal da Alemanha, o artista apresenta seu texto sobre o Mundo Brasileiro: "Brasilianische Welt"[243].

Em 1938, na Alemanha, obras de de Fiori embargadas no ano anterior, retornam aos museus, assim como as de outros artistas. Ainda hoje, desconhece-se o paradeiro de algumas das obras embargadas, como das litografias do museu de Gelsenkirchen, de algumas esculturas e de desenhos do artista de coleções particulares[244]. Pode-se supor que algumas foram queimadas nas demonstrações nazistas, ou negociadas por algum *marchand*, dentro ou fora da Alemanha. Outra hipótese é a de que obras de de Fiori tenham sido negociadas pela própria Kommission zur Verwertung der Produkte entarterter Kunst [Comissão para aproveitamento do produto de arte degenerada]. Porém, é difícil estabelecer relações a partir de documentos nazistas, em geral pouco claros; desconhece-se o que os nazistas faziam com as obras ou que pessoas negociavam as obras "aproveitáveis". Há apenas algumas referências genéricas sobre isso, como a negociação de obras através de leilão em Lucerna. No Schloß Niederschönhausen estavam obras recolhidas pela comissão de aproveitamento da arte degenerada; em uma das reuniões, de novembro de 1938, são riscadas de uma lista obras que seguiriam para o leilão da Galeria Fischer, em Lucerna: pinturas de Munch, de Slevogt, duas esculturas de Sintenis e "esculturas do italiano de Fiori", por evidentes "razões de política externa[245]".

Nesse ano, 1938, a RdbK prossegue na tentativa de obter a inscrição de de Fiori em seu livro de sócios; exige do dirigente de artes plásticas da Gau Berlin a "comprovação da sua origem [de de Fiori], certificado de conduta política e o resumo de seu cadastro judiciário"[246].

Em 21 de novembro, a Gau Berlin envia à *Polizei*, dados e endereço do artista[247]. Neste documento, lê-se que de Fiori nasceu em 12 de dezembro de 1884 em Roma e que deve encontrar-se desde há um ano no Brasil. No mesmo documento, encontra-se um comunicado datado de 9 de dezembro do mesmo ano, no qual se lê: "Ernesto de Fiori, escultor, nascido em Roma em 12.12.84, protestante, nacionalidade alemã, é locatário na Buchenstr. 3, Berlim W 35. Há 2 anos encontra-se em viagem ao exterior. Supostamente, deve voltar neste inverno. Ele ainda não se desfez de sua residência. Sobre sua atual permanência, a Sra. v. Prittwitz, pode, supostamente, dar informação"; acrescenta-se o endereço da amiga do artista. Em 29 de dezembro desse mesmo ano, é enviado um outro comunicado à RdbK[248], no qual está o mesmo relato sobre a viagem e o retorno de de Fiori e a afirmação para a Câmara de que outras informações sobre o artista serão levantadas; não se cita von Prittwitz.

Em 1938, em São Paulo, de Fiori participa do IIº Salão de Maio; neste mesmo ano, desloca-se novamente para o Rio de Janeiro, onde modela esculturas para o Ministério da Educação e Saúde [MES][249]; porém, as esculturas não atendem aos anseios da comissão local: as figuras masculinas, conhecidas atualmente sob o título de *O Brasileiro*[250], assim como as modelagens de figuras femininas, entre as quais *Maternidade*, não satisfazem as pretensões nacionalistas oficiais, muita vez, coincidentes com as do ministro Gustavo Capanema[251].

Em fevereiro de 1939, de Fiori escreve a Capanema solicitando um documento que comprove que ele trabalhou para o Estado. Segundo o artista, assim seria mais fácil obter o seu visto de permanência[252]. Em março, Capanema envia o "atestado" de que o artista necessita, como escreve, para regularizar a situação no Brasil[253].

Em 15 de maio de 1939, a RdbK solicita a Gau Berlin que lhe seja participado o que se sabe sobre o retorno do "supracitado" [de Fiori] à Alemanha. Informa que o procurador do artista "revelou, em 15 de junho de 1938, que F. poderia ser encontrado, possivelmente", através de von Prittwitz[254]. Envia o endereço dela, assim como o de Paul Seiffhart, o procurador do artista em Berlim.

Quem foi atrás do advogado de de Fiori, certamente ficou desolado: segundo a Gau Berlin dirigindo-se ao Herr Präsident der Reichskammer der bildenden Künste, Paul Seiffhart informou "que nada sabe sobre um retorno de Ernesto de Fiori. Pelo contrário, este permanece, como antes, em Roma"[255]. Apesar da incerteza do destino, a RdbK localiza o endereço do irmão do artista no Brasil.

Data de 7 de setembro a carta da Reichskammer der bildenden Künste dirigida a de Fiori no Brasil. A Câmara comunica ao artista que, como ele está morando no exterior, não

MATERNIDADE, 1938. [155]

se encontra mais "em condição de continuar mantendo a sua associação". Recomenda a de Fiori que se inscreva como sócio na organização estrangeira da frente de trabalho alemã [DAF], pois, assim, ele pode usufruir das "organizações de auto-ajuda da DAF" e conseguir folhas informativas da RdbK. De Fiori também é informado que, "para simplificar", o endereço dele foi enviado para a DAF, que entrará em contato com ele. Está no final desse comunicado: "Se o Senhor resolver voltar à Alemanha e exercer sua profissão novamente, peço que me informe. Então, farei com que o Senhor, após verificação das condições legais, seja membro da Câmara".

Poucos dias depois, em 25 de setembro, outra carta é enviada a de Fiori pela RdbK, na qual não está a "recomendação" para que o artista se dirija à DAF, mantendo-se as demais afirmações da carta anterior.

Nessa época, von Prittwitz escreve para de Fiori lembrando que ele reclama do silêncio dela, mas que lhe enviou correspondência, na qual agradece pelas "belas fotos". Nessa carta, agradece novamente pelas fotos e escreve que não chama de Fiori pelo apelido – Blümelein –, pois o sensor pode desconhecê-lo e considerá-lo "um sinal secreto"; informa que o ateliê de Berlim ainda não foi alugado, mas que Fredi [seu marido] tem se esforçado para tanto[256].

Curt Valentin escreve a de Fiori, contando que montou a exposição Deutsche Kunst em museu dos Estados Unidos e que incluiu uma escultura dele, *Hockende* [*Mulher Ajoelhada*]. Conta ainda que planeja realizar exposições em três grandes museus daquele País e que vai incluir obras dele[257].

Em 1939, de Fiori participa do II$^{\underline{o}}$ Salão da Família Artística Paulista e do III$^{\underline{o}}$ Salão de Maio; realiza uma exposição individual na galeria Casa e Jardim, expondo desenhos, pinturas e esculturas. Algumas das esculturas desta mostra foram modeladas para o MES, e a maior parte das obras é pintura. A crítica de São Paulo valoriza a escultura e afirma que de Fiori expõe pinturas. Franco Cenni, como se viu, escreve sobre a pintura, criticando-a.

Neste ano, o artista publica três textos em periódicos de São Paulo: "Der 'Salao de Maio'"; "Mit oder ohne Dach?" ["Telhado Plano ou Inclinado"] e um texto no catálogo de sua individual, este também publicado, ainda no mesmo ano, na revista *Intercâmbio*[258], do Rio de Janeiro, e na revista *Acrópole*[259], de São Paulo. No artigo sobre o Salão de Maio, de Fiori observa que os problemas da arte dessa mostra "são os mesmos e inevitáveis problemas que, desde há alguns decênios, movimentam a arte européia". Refere o "naturalismo", "fotografia colorida", e a arte "abstrata" que implica a consideração do "cubismo". Segundo o artista, esses problemas significam o início de uma "nova grande época da história da arte". Continuar a "tradição", como escreve em artigo de 1918, ou considerar as "características" próprias da arte de "todas as grandes épocas de cultura", como está nesse artigo de 1939, não significa prosseguir com as descobertas plásticas das obras passadas ou segui-las; deve-se considerar que a arte não existe sem história, sendo, assim, eterna. Além disso, não é possível fazer arte distanciando-se categoricamente de "qualquer representação", do contrário se faz artesanato, um "belo tapete ou uma decoração de parede", isto é, abstracionismo. Também se deve superar "qualquer impulso de imitação [...] do nosso vivenciar óptico" na pintura e na escultura, como afirma. No artigo, de Fiori não avança nas explicações de seus conceitos sobre a "interpretação da natureza", o que, entretanto, faz no texto do catálogo de sua exposição individual. Neste, diz que em arte não há regras ou leis, antes harmonia, que não se explica ou analisa, mas a que se chega pelo espírito. Em arte, o artista harmoniza-se consigo mesmo e com o mundo visível. Neste visível repousa a eternidade da arte, pois a missão do artista é tornar "visível o invisível". Em de Fiori, a arte nem é imitação nem abstração: arte implica a compreensão de uma e de outra, no processo do seu próprio trabalho.

No início de 1939, de Fiori escreve para Jorge Griesbach, comunicando que o filho dele estragou "barbaramente" desenhos seus; trabalhos de quase três anos, afirma o artista, que deveriam valer em torno de 40 e 50 contos[260]. Jorge responde a de Fiori pedindo alguns dias "antes de apresentar sua posição", pois deseja consultar pessoas que estão fora de São Paulo[261]. Alguns dias depois, Jorge novamente escreve ao artista, dizendo que ele não pode fazer nada[262].

De Fiori escreve para Mucchi sobre esse episódio: em seu livro de memórias, ao contar que o artista tinha sorte com as mulheres e pouca sorte com as esposas, Mucchi acrescenta às "storie terribili" que se passaram com o artista, uma de São Paulo: "um marido ciumento entrou à força no seu ateliê e destruiu uma centena de desenhos: nus para os quais a sua esposa havia posado"[263]. Talvez seja este o caso que Paulo Mendes de Almeida relata e "que não chegou a juízo", no catálogo referido anteriormente, sobre o artista, de 1974.

Em 1939, chega a São Paulo Gerda Brentani, que diz ter conhecido de Fiori, no mesmo ano, no ateliê de Paulo Rossi Osir. Gerda afirma que foi por incentivo do artista que ela passou a se dedicar às artes plásticas. Nessa época, segundo ela, de Fiori morava em uma casa "minúscula [...] na rua dos Ingleses [...], modestíssima e praticamente sem encomendas e sem trabalho". E acrescenta: "Bastante infeliz"[264].

A partir deste ano, localizam-se textos e anotações de de Fiori sobre política. Alguns são publicados e outros, como o intitulado "Possibilità di Pace?", de 1939, possivelmente não[265]. Neste texto, de Fiori escreve que existem duas Alemanhas, "uma nazista e outra antinazista [...], uma profundamente humana e civil, pronta a entendimentos e mesmo a perdoar os inimigos passados e presentes; a outra nacional-socialista, cheia de ressentimento por aqueles 14 pontos do Presidente Wilson, sabotados pela Entente". A clareza é exemplar: afirma que a Alemanha nazista prepondera sobre a outra devido à massa de indiferentes e aproveitadores, mas que a razão mais forte se deve às promessas "anglo-francesas". Chamberlain e Daladier pedem para acabar com Hitler, mas fingem esquecer o Tratado de Versalhes, os sete milhões de desempregados da Alemanha, e a adesão deles mesmos a Hitler.

Através de cartas, de Fiori recebe algumas informações sobre o seu ateliê de Berlim, que, possivelmente, foi desalugado em 1939. No final deste ano, o artista se desfaz desse ateliê, como seu advogado comunica à Gau Berlin, em fevereiro de 1940[266], acrescentando: "Er lebt in Brasilien".

Em 1940, Rossi Osir abre sua oficina de azulejos artísticos, a OSIRARTE, em São Paulo. Certamente, de Fiori esteve lá e, possivelmente, lá pintou algum azulejo: conhecem-se dois deles com São Jorge e o Dragão[267]. Nesse ano, o artista participa do IIIº Salão da Família Artística Paulista expondo dois bustos e a pintura *Regata na Tempestade.*

Vinda do Rio de Janeiro, chega a São Paulo a exposição Do Neoclássico de David às Tendências Inaugurais do Século XX. De Fiori escreve sobre ela em "A Exposição de Pintura Francesa", artigo publicado em jornal de São Paulo[268], no qual faz observações breves sobre os quadros da mostra. Afirma que a natureza morta de Cézanne é superior à de Gauguin, pois "seja como harmonia abstrata, seja como representação da natureza, [aquela] é de maior sensibilidade e vitalidade." Considere-se ainda o que de Fiori escreve sobre um retrato de jovem, de Ingres: "Esta obra tem toda aquela frescura e simplicidade que escasseiam nas suas outras obras aqui expostas, um pouco fatigantes e isentas de certa dose de imprevisto, que não deve faltar em uma obra de arte".

Ainda em 1940, de Fiori publica "Do Bom e do Mau Gosto", no qual expõe os seus conceitos sobre pintura. Esse artigo é uma versão de "Von guter und schlechter Kunst" ["Da Boa e da Má Arte"], publicado em periódico da Alemanha, em 1939[269]. Neste artigo, de Fiori evidencia que não é o assunto que faz a arte, mas é como motivador que o assunto lança o artista na natureza, esta entendida como harmonias pictóricas que secundarizavam o assunto. Critica o naturalismo como sentimentalismo de leigos. Também critica o cubismo por se guiar somente pelo intelecto; abandonando a natureza, ele não é mais que "pobre e frio calculador, privado da graça de qualquer luz divina". A pintura é harmonia, como escreve, "de cor e de forma", livre de "sentimentalismo" e de "cálculo".

Em 1941, participa do Iº Salão de Arte promovido pela Feira Nacional das Indústrias com dois trabalhos: *Batalha* e *São Jorge*, e abre a

DUAS MULHERES EM INTERIOR, 1940. [156]

DUAS MULHERES CONVERSANDO EM INTERIOR, s/ data. [157]

O JANTAR, 1942. [158]

CASAL COM MENINO, 1942. [159]

sua terceira individual em São Paulo, com desenhos, guaches, pinturas e esculturas. Como se destacou, as críticas de jornais chegam à pintura de de Fiori, embora continuem a valorizar a escultura.

Neste ano, o artista publica três artigos sobre arte: "Entrevista Comigo Mesmo"[270], "A Pesquisa na Arte"[271], e "Os Monumentos"[272]. Neste, reafirma conceitos, destacando que a escultura não tem assunto: ela não serve para representar "fatos" ou "idéias filosóficas", devendo ser simples, oposta ao "naturalismo". De Fiori, mais uma vez, destaca que a arte não é servil. No artigo "A Pesquisa na Arte", ele insiste em que a arte é "pesquisa de formas e valores", o que exclui convenções presentes ou passadas. A arte é feita de muitas experiências, erros e dúvidas. Cita Flaubert e Cézanne, incansáveis. Afirma, como em artigos anteriores, que o problema da arte atual é "criar uma nova arte" que traga o "estado de espírito deste século, tão profundamente diverso dos séculos anteriores". Esta atualidade da obra, distancia, neste sentido, a arte das "formas clássicas". O outro artigo publicado neste ano, "Entrevista Comigo Mesmo" que, como se observou anteriormente, pode ter sido escrito para retificar um artigo escrito sobre sua exposição individual, no qual o repórter indica que de Fiori "volta ao assunto" e que em sua pintura há "surrealismo", ou ainda para rebater a crítica que Mário de Andrade escreve com base nessa reportagem. De Fiori afirma que a boa pintura "é sempre abstrata", embora não prescinda das formas e cores "que os espíritos assumem nesta terra": a vida das plantas, das nuvens, de todas as coisas. Mas pintar uma idéia também é possível, como escreve, referindo as batalhas e os São Jorges. Visionariamente, de Fiori vê cavaleiros em luta cósmica, de luz e trevas, um assunto eterno e não histórico. Através dele, os artistas, como em todos os tempos, podem evadir suas paixões políticas. De Fiori não se aproxima, com esta colocação, da política, antes da atualidade da arte. A arte que serve à política, a arte engajada, como escreve em carta a Sérgio Milliet de 1942[273], é condenada, pois arte não se submete a desejos externos ao artista, na mesma chave do "expressionismo", que está em texto escrito anos antes. Com batalhas e São Jorges, de Fiori traduz em fusões de cores e formas a eterna luta entre o bem e o mal, como afirma.

Data desse ano [1941], a série de caricaturas que faz de Hitler, desenhos em que de Fiori ridiculariza a fala carregada do *Führer* escrevendo vogais repetidas, o gesto da mão, o passo do ganso. Algumas batalhas e São Jorges, guache ou óleo, também datam desse ano, outras do ano anterior e, possivelmente, do seguinte. Aliás, a maior parte das pinturas assinadas e datadas é de 1942 e, principalmente, do seguinte. Considerando-se isso, pode-se confirmar que, na produção do artista realizada no Brasil, a datação é irrelevante, uma vez que soluções pictóricas de obras da-

GERRECCHHTIKEITH! (SÉRIE DE CARICATURAS DE ADOLF HITLER), s/ data. [160]

SAUDAÇÃO A HITLER, s/ data. [161]

tadas podem ser observadas em obras anteriores ou ulteriores.

Do que foi possível estabelecer, em 1942, de Fiori passa a residir numa casa da Alameda Rio Claro, 251, cedida por Francisco Matarazzo Sobrinho.

Neste ano, publica dois artigos sobre política: "Tomada de Posição"[274] e "Parademarsch"[275]. Neste, critica o passo de parada alemão; no manuscrito deste artigo, de Fiori escreve que o passo de ganso é um "rito ameaçador e macabro" – Há uma tela, conhecida como *Saudação a Hitler*, na qual de Fiori simboliza crítica semelhante à desse artigo. Em "Tomada de Posição", desenvolve suas idéias antinazista e antifascista. Esse movimento de idéias ainda se apreende em manuscritos, dos quais um propõe a "Resistência espiritual contra o hitlerismo"[276].

Possivelmente, as invenções *Floating Torpedonet* e *Catapulting Torpedotraps* datam deste ano. De Fiori as explica em carta de sete de maio de 1942, dirigida ao National Inventors Council, Washington; todavia, não se sabe se de Fiori chega a enviá-las ao órgão americano[277]. Nesta carta, o artista escreve que seu pai é austríaco, descendente de italianos, e que sua mãe é austríaca, que seu passaporte é alemão e que vive no Brasil há cerca de seis anos. O artista acrescenta que esses inventos são concebidos a partir de seus conhecimentos náuticos.

Sem dúvida, sua prática de velejador permite-lhe desenhar engenhocas para combater submarinos alemães. Desde jovem, de Fiori pratica esportes e, no Brasil, dedica-se especialmente ao iatismo. Após chegar a São Paulo, freqüenta o Yacht Club Itaipu[278]. Em 1942, através de companheiro de iatismo, pede demissão deste clube para concorrer em regatas pelo Yacht Club Paulista[279]. No material de de Fiori, está uma carta de Mariano J. M. Ferraz, diretor do Yacht Club Paulista, a Carlos Pinto Alves. Mariano escreve que, em 1943, o artista vence várias regatas, o que também ocorre no ano seguinte. Também escreve que de Fiori foi "velejador do Clube dos Caiçaras do Rio de Janeiro", acrescentando: "Era de um conhecimento técnico incomparável e de uma perícia sem par, grande parte dos adiantados conhecimentos técnicos de nossos veleiros é devido a DE FIORI"[280]. Existem folhas de cadernos de conhecido do artista, possivelmente de um dos que com ele velejavam, com anotações sobre o "Maestro"; em uma delas, lê-se comentários sobre uma peça que de Fiori colocou na vela do barco para melhor aproveitamento do vento. Em 1944, como capitão de equipe, segue para Florianópolis, representando a Federação Paulista de Vela e Motor.

Em São Paulo, em 1944, participa da Exposição de Pintura Moderna Brasileiro-Norte-Americana com duas pinturas, do IX Salão do Sindicato dos Artistas Plásticos[281] com uma *Composição* e realiza sua quarta exposição individual. Conhecem-se poucas referências em jornal sobre essa mostra, possivelmente, pouco registrada.

FIGURA FEMININA, 1943. [162]

FIGURA DE MULHER, 1943. [163]

CEIA, 1943. [164]

VISITANTES, 1943. [165]

NÁUFRAGOS, 1943. [166]

Em setembro de 1944, Norberto A. Frontini[282] envia carta a de Fiori de Buenos Aires. Escreve sobre o periódico portenho, *Correo Literario*, para o qual se traduziram artigos de Mário de Andrade, de Sérgio Milliet e outros. Quer publicar nele um artigo sobre o artista; pede que de Fiori envie fotografias de esculturas e pinturas e indaga sobre possível autor desse estudo: "Quizà el mismo Sergio? O Martins? Si Mário pudiese escribir seria magnifico, pero me parece dificil, al menos eso creo, por seu modo de ser." Cumprimenta Martins, Tarsila e Rossi[283].

Possivelmente, neste ano, de Fiori viaja para Campos do Jordão, de onde escreve a Rossi Osir. Pede ao amigo que consulte um médico homeopata, pois quer saber se existe um medicamento para ele: conta o que vem sentindo há uns quatro ou cinco meses, desde seu retorno de Florianópolis[284].

Morre em 24 de abril de 1945. Na certidão de óbito lê-se: "cirrose hepática – colapso cardíaco"[285]. É enterrado no Cemitério do Redentor, São Paulo.

Em outubro, é aberta, como se viu, exposição póstuma, na sede do Instituto dos Arquitetos do Brasil.

S/ TÍTULO, 1943. [167]

PAISAGEM DE SANTO AMARO, 1944. [168]

NATUREZA MORTA, 1944. [169]

VELEIROS, 1945. [170]

NOTAS DOS CAPÍTULOS

Recepção da Obra de Ernesto de Fiori no Brasil

1. Em texto de 1991, publicado na revista *Vozes*, 1992, com base em documentação secundária, supus que de Fiori, antes de embarcar para o Brasil, viajou para Paris. No entanto, após consultar fontes primárias, não posso sustentar a suposição.

2. "Diariamente, [...] na Galeria Guatapará, a exposição que ali vem realizando o famoso escultor Ernesto de Fiori, tem sido visitada pelo que São Paulo possui de mais elegante e culto, numa constante efervescência de curiosos e entendidos. São ao todo trinta trabalhos, entre quadros a óleo e desenhos e as esculturas, na maioria retratos da nossa sociedade, gênero em que Ernesto de Fiori se excede a si mesmo: plasmador no barro de fisionomias como de Marlene Dietrich, Dempsey, Hindenburg e outros tantos trabalhos expostos nos maiores museus do mundo.

"Ernesto de Fiori nasceu em 1884 em Roma tendo fixado residência depois da Grande Guerra na Alemanha e encontra-se ora entre nós a passeio e em visita a pessoas de sua família." "Exposição Fiori" – recorte de jornal, biblioteca Masp.

3. Em 1948, Menotti del Picchia doa seu retrato esculpido por Ernesto de Fiori para o Museu de Arte de São Paulo; escreve um texto no qual afirma crer que essa modelagem foi a primeira que o artista fez no Brasil – publicado no *Diário de S. Paulo*, São Paulo, 4 jan. 1948. Em 1936, de Fiori modelou bustos de seus familiares – como o de Mario e Sergio de Fiori – e de recém-conhecidos, entre os quais, possivelmente pouco antes da inauguração de sua exposição na galeria Guatapará, o de Menotti del Picchia.

4. Assina a "Nota de Arte" do jornal *Diário de S. Paulo* o jornalista "M" (poss. Menotti del Picchia), que trata do busto da consulesa Castruccio: "Na cabeça da Consulesa da Itália, obra literalmente magistral, descobre-se toda a potência criadora desse artista tão simples e tão surpreendente. Di [sic] Fiori não abusa do seu virtuosismo técnico: procura fazê-lo desaparecer nas suas obras. A escultura vive ali por si mesma, não como uma arte, mas como a necessidade que o homem teve para exprimir uma criatura viva". M. "Exposição Di [sic] Fiori". *Diário de S. Paulo*, São Paulo, [17 dez. 1936].

5. De acordo com os jornais, o busto do conde Matarazzo é colocado na exposição nos últimos dias do ano de 1936. O *Correio de S. Paulo*, de 31 dez., anota que a exposição "acaba de ser enriquecida com a cabeça do conde Matarazzo, verdadeiro 'capolavoro' do gênero". No início de 1937, o *Fanfulla* registra sobre a Cabeça, que se "può classificarsi senz'altro tra le opere più riuscite, di quante questo artista universalmente noto ha realizzate nella sua breve permanenza in São Paulo", uma vez que de Fiori, prossegue o jornalista, "scolpendo con la solita sicurezza tecnica il suo nuovo lavoro ha profondamente intuito e superbamente realizzato lo spirito di questo suo modello d'eccezione,

rivelando tutte quelle caratteristiche anatomiche che meglio ne riflettono sul volto l'intima sensibilità". "La Mostra De Fiori". *Fanfulla*, São Paulo, [9 jan. 1937].

Também os *Diários Associados* [*Diário da Noite*, dez. 1936/jan. 1937] anunciam a entrada do busto do "grande capitão da indústria", com uma "Palestra com o Escultor Ernesto De Fiore [sic]" – título da reportagem. Escreve o repórter:

"– E sobre sua exposição?

"– Ainda permanecerá aberta alguns dias. Aliás, acabo de acrescentar a ela meu último trabalho. Veja esta cabeça do Conde Francisco Matarazzo. Saiu-me bem o trabalho, porque me impressionei com a expressão de energia e de espírito vivo, da cabeça do grande capitão da indústria.

"O escultor Ernesto De Fiore [sic] pousou então para a nossa objetiva diante da cabeça do Conde Matarazzo".

6. "Nas cabeças que di [sic] Fiori esculpe não se vê nenhuma preocupação de criar 'um estilo' próprio, tentando assim impor uma personalidade estandizada através de uma maneira. Ao contrário. É o modelo que impõe automaticamente ao artista o processo da realização. Permanecendo aderente à verdade, de Fiori cria em cada obra uma verdade integral, isto é, fixa na greda a forma em função de dinamismo e o espírito da pessoa retratada. Dissemos 'espírito' para evitar um erro de interpretação, uma vez que se poderia imaginar que ele crie, na reprodução desse 'espírito', uma atitude." M. "Exposição Di [sic] Fiori". *Diário de S. Paulo*, São Paulo, [17 dez. 1936].

7. HELIOS [Menotti del Picchia]. "De Fiori". *Diário da Noite*, São Paulo, [16 dez. 1936].

8. "À sombra de uns pinheiros, a longa figura do mestre trabalhando numa cabeça já quase completamente realizada na greda cinzenta e plástica. Posando para o escultor, vimos gente da família dos *Diários*: o poeta e escritor Menotti del Picchia. Rumamos para lá. Conseguimos, através da habilidade diplomática do modelo, entrar logo na intimidade do modelador.

"– O mestre Ernesto De Fiori já quase fala o português. Em dez palavras, entende oito. Das duas que faltam, ele as adivinha. Quer aprender nossa língua. Fale, portanto, com ele, nossa linguagem... – disse-nos o diretor da *A Cigarra*." "Ernesto De Fiori – Mestre da Escultura 'O Brasil Reservar-se-á para Dizer uma Palavra Nova ao Mundo' – Afirma o Grande Artista ao Diário de São Paulo". *Diário de S. Paulo*, São Paulo, [3 dez. 1936].

9. "Ernesto De Fiori Vai Expor Alguns dos seus Trabalhos em S. Paulo. Gosta do Brasil porque Aqui Há Paz para o Espírito e Estímulo para a Arte – O Ineditismo Sempre Faz um Grande Bem para a Alma – O Artista Italiano Palestrou Hoje com a 'Folha da Noite'". *Folha da Noite*, São Paulo, [8 dez. 1936].

10. "Ernesto De Fiori – Mestre da Escultura". *Diário de S. Paulo*, São Paulo, [3 dez. 1936].

11. Ernesto de Fiori. "Die lange Fahrt". *Deutsche Allgemeine Zeitung*, Berlin, 20 set. 1936.

12. "Ernesto De Fiori Vai Expor Alguns dos seus Trabalhos em S. Paulo". *Folha da Noite*, São Paulo, [8 dez. 1936].

13. Considerando-se artigos do período, escritos em periódicos de São Paulo e do Rio de Janeiro, observa-se a disputa entre as cidades para se fazerem notar como centro de importância cultural do País.

14. Pelo menos a escultura do boxeador Max Schmeling, *c.* 1928, modelada na Europa, estava na exposição: na fotografia publicada no jornal *Folha da Noite*, [8 dez. 1936], que anuncia a exposição, vê-se a escultura do boxeador e lê-se na legenda: "O escultor Ernesto de Fiori ao lado de alguns trabalhos que irá expôr ainda esta semana em São Paulo". O jornal da colônia alemã de São Paulo indica que, na exposição, também há figuras, entre as quais Schmeling: "Auch die figürlichen Arbeiten, so die Gestalt eines Schreitenden und eine Kleinplastik des deutschen Meisterboxers Schmeling, erregen immer wieder die Bewunderung der Besucher". *Deutsche Zeitung*, São Paulo, [dez. 1936/jan. 1937] – recorte de jornal, biblioteca Masp. O *Correio Paulistano*, de 30 dez. 1936, lista as esculturas expostas, entre as quais *Max Schmeling*.

15. *Deutsche Zeitung*, São Paulo, [dez. 1936/jan. 1937] – recorte de jornal, biblioteca MASP.

16. "Ieri sera si ebbe la chiusura dell'esposizione d'arte del maestro Ernesto De Fiore [...] La sala reunì la più eletta rappresentanza dell'intellettualità della collettività italiana e tedesca di São Paolo. Erano presenti il R. Console Generale d'Italia M.O. Castruccio con la Consorte Da. Elisabetta Castruccio Adamoes, il Console Generale di Germania, dotto. Speiser, col console dott. Zimmermann e signora, i fratelli dottori Prado con le rispettive signore, gli esimi artisti brasiliani Olga Mary e Raul Pedroza, i signori Covarik e altre personalità cittadine e numerosi giornalisti. La riunione si protrasse animatissima fino ad ora inoltrata della sera lasciando in tutti il piacere e la soddisfazione di aver reso omaggio all'arte e ad un grande artista." *Fanfulla*, São Paulo [26 jan. 1937] – recorte de jornal, biblioteca Masp.

17. "Entre os presentes conseguimos guardar os seguintes nomes [...] pintores Paulo Rossi e sra., Hugo Adami, Olga Mary e Raul Pedroza, escultores Joaquim Figueira, Ottone Zorline, Baptista Ferri, Furest Munoz, Miguel Locoselli, pintores prof. Helios Geelinges [sic], Volpi, Pennacchi, Mario C. Pacheco, Rebollo, escultores Elisabeth Nobiling, Galileu Emendabili, pintores Vittorio Gobis, Balloni, Pinto Alves, pintor Euclydes Fonseca e muitos outros. Tanto o escultor Ernesto di [sic] Fiori como seu irmão dr. Mario di [sic] Fiori e sra. foram da mais extrema gentileza para com todos os convidados. Oferecendo-lhes doces e bebidas num bem estar e familiaridade que se prolongou até as 23 horas." "Uma Belíssima Reunião Artística e Social". *Correio de S. Paulo*, São Paulo, [26 jan. 1937].

18. *Correio de S. Paulo*, São Paulo, [26 jan. 1937]. É legenda da fotografia: "Tendo ao centro a estupenda cabeça do Conde Francisco Matarazzo e sentado o escultor Fiori, os presentes posam para o 'Correio de São Paulo'".

19. A maioria dos títulos das obras de Ernesto de Fiori foram atribuídos por seus familiares, galeristas, historiadores, museólogos.

20. "Na Galeria Guatapará [...] prosseguirá aberta por mais alguns dias a exposição dos últimos trabalhos de escultura e pintura do grande artista, italiano de nascimento, Ernesto de Fiori, autor de obras que se encontram nos maiores museus oficiais e galerias particulares da Europa e Estados Unidos.

"Tendo vindo a São Paulo, em visita a parentes, Fiori realizou aqui uma série de notáveis retratos os quais formam a maioria dos trabalhos ora expostos, inclusive do Conde Francisco Matarazzo, cujo poder de expressão tem despertado desusado interesse, assim como também o do escritor Menotti del Picchia, do dr. Mario de Fiori, da consulesa da Itália, do poeta Ungaretti e outros tantos.

"Ernesto de Fiori, como se tem dito várias vezes e não é demais repetir, é considerado na Alemanha um mestre e além do mais um dos inspiradores da nova corrente de arte ali predominante, de individualismo na força e simplicidade e equilíbrio arquitetônico na forma e no conjunto." "Continua Aberta a Exposição Fiori". *Correio de S. Paulo*, São Paulo, [12 jan. 1937].

21. Franco Cenni. "Ernesto de Fiori". *Fanfulla*, São Paulo, [8 dez. 1936].

22. "Vogliamo essere sinceri ancora una volta, come del resto sempre? L'ammirevole arte di Ernesto de Fiori sta creando, oggi, in un circolo non del tutto ristretto d'imprecisabili persone un curioso malinteso che la logica e l'onestà c'impongono di rilevare con tutta franchezza, ad uso dei dubbiosi, di quelli che sbagliano con buona fede (perdonabilissima nella maggioranza dei casi) e di quella la cui persistenza in un errore banale non suona certo ad onore della loro sensibilità artistica nè tanto meno della loro serenità di giudizio.

"Si è detto (e si continua a dire) di questo scultore la cui fama ha da tempo varcato i confini di tutti gli Stati e le cui opere figurano nelle più rinomate gallerie d'arte moderna, si è detto che la sua maniera di modellare, personalissima e nervosa, lascia in non pochi osservatori la vaga impressione di un'opera non del tutto compiuta. E qui bisogna intendersi bene su di una elementare questione di principio: dev'essere considerata 'completa' soltanto l'opera che presenta la superficie esterna ben lisciata, ripulita e chiara, o piuttosto questa 'completezza' non la dobbiamo ricercare ben più in fondo, nell'essenza spirituale assai più che nella materialità costruttiva? Che importa la levigatezza tecnicamente perfetta in un marmo che non vibri di nessuna forza interiore, e che importa se l'artista nella sua ansia creativa lascia sull'opera l'impronta viva di un travaglio febbrile, quando quest'opera ci conquista e suscita in noi un'emozione sincera, mille volte più significativa di qualsiasi fredda constatazione materialistica o tecnica che solo può rivelare l'assenza di una sensibilità critica apenna normale?

"Lo so: questa mia elementare 'messa a punto' spiacerà a molti amici miei, a tutti quelli che, più o meno gentilmente, s'incaricano di farmi sapere, volta a volta, come e quanto dissentano da ciò che periodicamente io vado scrivendo, quelli che ancor oggi muoiono d'amore per oleografiche forme, sorpassate nello spirito più ancora che nel tempo, quelli che dopo aver finito di inghiottire alcune limpide verità sopra una recente mostra di pittura si trovano oggi nuovamente di fronte alla netta affermazione dello stesso principio ... ma per un caso inverso, naturalmente." Franco Cenni. "Ernesto de Fiori". *Fanfulla*, São Paulo, [8 dez. 1936].

23. "[...] l'artista presenta numerosi ritratti di persone ben note tra noi, evidenziando così con esempi alla portata di tutti l'essenza eminentemente spirituale della sua opera che all'aridità del gesso sa trasfondere un reale senso di vita. Si veda per questo l'armonioso ritratto della signora Castruccio, perfetto nella serena espressione del volto oltre che nei lineamenti esterni, si vedano anche attentamente i ritratti della famiglia de Fiori, la finissima testa della signorina Manginelli, la maschera vigorosa di Ungaretti o quella più tormentata di Menotti del Picchia e si concluda con noi che artisti di tale vigore espressivo sono rari davvero, oggi, sotto qualunque cielo." Franco Cenni. "Ernesto de Fiori", *Fanfulla*, São Paulo, [8 dez. 1936].

24. "Ernesto De Fiori – Mestre da Escultura". *Diário de S. Paulo*, São Paulo, [3 dez. 1936].

25. Menotti del Picchia. "De Arte". *Diário de S. Paulo*, São Paulo, 12 dez. 1936.

26. Sabe-se, até o momento, que em 1930, Theodor Heuberger funda a Sociedade Pró-Arte, objetivando intercâmbio musical e artístico com a Alemanha. Em 1935, funda a revista *Intercâmbio*, onde são publicadas as atividades da Sociedade e artigos culturais diversos. Em 1936, Heuberger abre a Nova Galeria de Arte na Av. Rio Branco, Rio de Janeiro, onde organiza exposições e mantém venda permanente de objetos de arte decorativa, expostos pela Galeria. Dois anos depois, inaugura filial da galeria em São Paulo, na sobreloja da esquina da rua Marconi com a Barão de Itapetininga, a galeria Casa e Jardim.

27. Segundo o crítico das "Notas de Belas Artes", P. A. Press, do *Jornal do Brasil*, Alfredo Zangerl é um "talentoso artista que busca nos pictóricos arrabaldes de Petrópolis, as suas sugestivas inspirações". "Exposição de Esculturas de Ernesto de Fiori e Águas-fortes de Zangerl". *Jornal do Brasil*, Rio de Janeiro, 15 ago. 1937.

28. A revista *Intercâmbio*, Rio de Janeiro, 1937, ligada à galeria de Heuberger, destaca os bustos de: Henrique de Toledo Dodsworth, Francisco Matarazzo, Rodrigo Octávio e o da cantora Besansoni Lage.

29. "Esposizione di Scultura Ernesto de Fiori". *L'Italiano*, Rio de Janeiro, 22 ago. 1937.

30. "Esposizione Ernesto de Fiori". *L'Italiano*, Rio de Janeiro, 19 ago. 1937.

31. "Der Interventor besucht den 'Neuen Kunstsalon'". *Deutsche-Rio Zeitung*, Rio de Janeiro, 5 set. 1937.

32. *Schreitender* – escultura nomeada de *Homem em Marcha* em ano posterior à morte do artista – também foi exposta em São Paulo, 1936, como se vê na fotografia reproduzida no artigo "Uma Belíssima Reunião Artística e Social". *Correio de S. Paulo*, São Paulo, [26 jan. 1937]

33. "Lob des Boxer", trecho da entrevista "Ernesto de Fiori über die Tugenden. Ein Gespräch", publicada no jornal *Berliner Börsen-Courier*, Berlin, 1º ago. 1925, e na publicação sobre o artista do *Kunstarchiv*, n. 11, de 1926. Possivelmente, o colunista que republica parte dessa entrevista em jornal de São Paulo, *Deutsche Zeitung*, a recebe de de Fiori.

34. "Mancher wird sich vielleicht wundern, wenn er hört, dass Fiori oft nach Sitzungen, die vielleicht 1/4 bis zu einer halben Stunde dauern, völlig ausgeschöpft, ermüdet und mit dem Bedürfnis nach Ruhe, nach Alleinsein ist. Höchste Konzentration, äussertes Einfühlen." MAR. "Ernesto de Fiori im 'Neuen Kunstsalon'". *Deutsche-Rio Zeitung*, Rio de Janeiro, 22 ago. 1937.

35. Ver correspondência de Gustavo Capanema, arquivo CPDOC/FGV, Rio de Janeiro.

36. HELIOS [Menotti del Picchia]. "Di [sic] Fiori". *Diário da Noite*, São Paulo, 5 jun. 1939.

37. Em seu artigo "A Crítica", Menotti escreve: "Eu penso que a crítica é uma função aristocrática, que deve ser exercida pelos estetas. O sentido das multidões é medíocre, mesmo porque a humanidade não pode ser só composta por artistas. A arte não é para as massas: é para os eleitos.

"O Penseur, de Rodin, o Fauno de Dardé, o Hércules, de Bourdelle, criações ciclópicas, com requintes de gosto, não são acessíveis à fauna obscura e ignorante das maiorias. Despertam-lhe o riso... Geralmente só o 'bonito', o 'teatral', o 'aparatoso' agradam às multidões.

"Entretanto, nada mais criminoso que recomendar ao público as realizações cenográficas e medíocres; isso é cultivar o mau gosto. A função do crítico, pois, deve ser interpelar e vulgarizar aquilo que é soberbo e está acima da compreensão comum. Isso é educar. Por isso mesmo o crítico deve ser arguto, munido de um conhecimento seguro da arte boa, e ao mesmo tempo possuir uma intuição estética requintada. [...] Eles [os críticos] penetram as 'intenções' do artista e as popularizam, tornando-as acessíveis. Certas obras de arte estão acima do critério do seu tempo; são vanguardistas, são os pródromos de uma corrente nova. Os críticos 'sentem', por esse instinto quase profético de que são dotados, essa orientação nova e a aceitam e proclamam. Para, porém, se exercer esse mister, são necessárias uma educada sensibilidade e uma intuição estética profunda. A missão, portanto, não pode estar à mercê de qualquer indivíduo [...]". HELIOS [Menotti del Picchia]. "A Crítica". *Correio Paulistano*, São Paulo, 29 set. 1920. Reimpresso: Yoshie Sakiyama Barreirinhas (org.). *Menotti del Picchia. O Gedeão do Modernismo: 1920-22*. Rio de Janeiro/São Paulo, Civ. Brasileira/S.E.C, 1983, pp. 155-156.

38. HELIOS [Menotti del Picchia]. "Di [sic] Fiori". *Diário da Noite*, São Paulo, 5 jun. 1939.

39. *Idem, ibidem.*

40. HELIOS [Menotti del Picchia]. "A Crítica". *Correio Paulistano*, São Paulo, 29 set. 1920.

41. Franco Cenni. "Ernesto de Fiori". *Fanfulla*, São Paulo, [6 jun. 1939]. – recorte de jornal, biblioteca MASP.

42. Cenni escreve: "De Fiori reserva uma grande surpresa ao público (não a nós)", referindo-se às pinturas do artista. "Ernesto de Fiori". *Fanfulla*, São Paulo, [6 jun. 1939] – recorte de jornal, biblioteca Masp.

43. Franco Cenni. "Ernesto de Fiori". *Fanfulla*, São Paulo, [6 jun. 1939] – recorte de jornal, biblioteca MASP.

44. "Ausstellung Ernesto de Fiori". *Deutsche Zeitung*, São Paulo, 1939 – recorte de jornal, arquivo MAC/USP.

45. Franco Cenni. "Ernesto de Fiori". *Fanfulla*, São Paulo, [6 jun. 1939] – recorte de jornal, biblioteca MASP.

46. "Ausstellung Ernesto de Fiori". *Deutsche Zeitung*, São Paulo, 1939 – recorte de jornal, arquivo MAC/USP.

47. "Um Mestre da Escultura Moderna". *Ilustração Brasileira*, mar. 1940, pp. 10-12.

48. Sérgio Milliet. "Família Artística Paulista". Recorte de peródico – arquivo MAC/USP –, no qual está reproduzido texto de apresentação do catálogo da III Exposição da Família Artística Paulista.

49. "Ausstellung Ernesto de Fiori". *Deutsche Zeitung*, São Paulo, [21 mar. 1941] – recorte, biblioteca MASP.

50. *Idem, ibidem.*

51. *Idem, ibidem.*

52. Sérgio Milliet. "Ernesto De Fiori". *O Estado de S. Paulo*, São Paulo, 22 mar. 1941.

53. S. de Santo Adolfo [Sérgio Milliet]. "Ernesto De Fiori". *Planalto*, São Paulo, 15 maio 1941. Republicado

no livro *Pintura quase Sempre*, Porto Alegre, Livraria do Globo, 1944, pp. 253-256, e sob o título "Um artista: De Fiori", no *Diário da Noite*, São Paulo, 25 abr. 1945.

54. S. de Santo Adolfo [Sérgio Milliet]. "Ernesto De Fiori". *Planalto*, São Paulo, 15 maio 1941.

55. *Idem, ibidem*.

56. Sérgio Milliet. "De Fiori". *O Estado de S. Paulo*, São Paulo, 2ª quinzena de mar., 1941.

57. "Ausstellung Ernesto de Fiori". *Deutsche Zeitung*, São Paulo, [21 mar. 1941].

58. S. de Santo Adolfo [Sérgio Milliet]. "Ernesto De Fiori". *Planalto*, São Paulo, 15 maio 1941.

59. De Fiori vive de sua arte e, vendendo pouco no Brasil, por volta de 1940, a família Matarazzo passa a apoiá-lo, cedendo-lhe residência e encomendando-lhe bustos. Possivelmente, parte dessas modelagens foi feita em troca da hospedagem. Os óleos, guaches e desenhos permanecem com a família de Fiori até meados do decênio de 60, quando começam a circular entre galeristas e colecionadores.

60. "São Jorge Espetando a Lança na Bocarra do Dragão Simboliza a Eterna Luta entre o Bem e o Mal". *Diário da Noite*, São Paulo, 21 mar. 1941.

61. "Numa entrevista que deu recentemente a um dos vespertinos de São Paulo, Ernesto de Fiori se pronunciava francamente favorável ao ressurgimento da importância do assunto na pintura, censurando os pintores que o abandonaram." Mário de Andrade. "Ernesto de Fiori". [*Diários Associados*, 2 abr. 1941] – recorte de jornal, arquivo IEB/USP.

62. Mário de Andrade. "Ernesto de Fiore". [*Diários Associados*, 2 abr. 1941] – recorte de jornal, arquivo IEB/USP.

63. Ainda hoje, raramente se encontram reproduções de obras do artista em livros e revistas; possivelmente, *Engländerin* é a obra que mais foi reproduzida até 1941.

64. Mário de Andrade. *Mário de Andrade–Oneyda Alvarenga: Cartas*. São Paulo, Duas Cidades, 1983, p. 278. (Carta datada de 14 set. 1940.)

65. Nesse artigo, Mário critica as idéias que Sérgio Milliet expõe no livro *Pintores e Pinturas*. Artigo datado de 17 mar. 1940, publicado no livro *O Empalhador de Passarinho*. São Paulo/Brasília, Martins/INL–MEC, 1972, pp. 221-225.

66. Artigo datado de 27 mar. 1939, publicado em: *O Empalhador de Passarinho*. São Paulo/Brasília, Martins/INL–MEC, 1972, pp. 101-107.

67. 1. Mário de Andrade. "Do Desenho". Ensaio publicado no livro *Aspectos das Artes Plásticas no Brasil*. Belo Horizonte, Itatiaia, 1984, pp. 65-66. Na 2ª ed., de 1975, lê-se que este ensaio é recorte de jornal, sem data e sem título. 2. Mário de Andrade. "Do Desenho". Ensaio que escreve para o álbum *Mangue*, de desenhos de Lasar Segall. Reimpresso na *Revista Acadêmica*, n. 66, nov. 1945, pp. 3-6. Em *Mangue*, Mário explicita que a aquarela e o guache são "processos intermediários". A aquarela é a arte que participa tanto do desenho como da pintura; por isso mesmo, menos perfeita e incompleta. O guache é "matéria sensualíssima e enganosa, subterfúgio de facilidade". Mário evidencia a hierarquização das "artes de cor" em sua estética, na qual inclui o "pastelista", também um "artista menor".

68. Carta datada de 26 mar. 1941. Mário de Andrade. *Querida Henriqueta: Cartas de Mário de Andrade a Henriqueta Lisboa*. Rio de Janeiro, José Olympio, 1991, p. 45.

69. "Mas se qualquer pintura, peixe, cubo ou 'A Lição de Anatomia' tem assunto, a verdade é que este deriva das realidades do desenho que a pintura implica e não da própria pintura. O desenho é que é um processo de conhecimento intelectual (assunto), tanto assim que dele derivam o hieroglifo e, em seguida, a escritura ideográfica. E disto é que vem a sua maior possibilidade de expressão descritiva de um assunto intelectual, e, consequentemente, a sua maior liberdade de composição. Esta liberdade de composição é tamanha que podemos lançar um pedaço de perna, um pé, um ombro e pescoço no quadrângulo de papel branco, sem que ninguém exija mais do que isso, ao passo que não se poderá fazer o mesmo num quadro de pintura sem preencher o resto do quadrângulo. E se o não fizermos não se tratará mais de uma pintura propriamente mas de um dese-

nho pintado. Enfim, se pode dizer que a diferença essencial entre a pintura e desenho é que este é fundamentalmente centrífugo, ao passo que a pintura é centrípeda, obrigando pois, a composições fechadas." Mário de Andrade. "Ernesto de Fiori". [*Diários Associados*, 2 abr. 1941] – recorte de jornal, arquivo IEB/USP.

70. De Fiori expõe essa tela na sua individual de 1939, na galeria Casa e Jardim, São Paulo, e no III Salão da Família Artística Paulista, Rio de Janeiro, 1940.

71. Desconhece-se outro artigo do escritor sobre as obras do artista; sabe-se apenas que Mário refere estatuetas de de Fiori no artigo que escreve sobre Bruno Giorgi e "escolhas paisagísticas" do artista no ensaio sobre Clovis Graciano: 1. "A Escultura de Bruno Giorgi". *Revista Acadêmica*, nov. 1945, p. 20. (Número homenagem a Bruno Giorgi); 2. "Ensaio sobre Clovis Graciano". *Revista do Instituto de Estudos Brasileiros*, USP, 1971, p. 161.

72. Ernesto de Fiori. "Entrevista Comigo Mesmo". *O Estado de S. Paulo*, São Paulo, 30 abr. 1941.

73. Luis Martins. "Ernesto De Fiori". [1942/43] – recorte de jornal, arquivo MAC/USP.

74. Luis Martins. "Ernesto De Fiori". [1944] – recorte de jornal, arquivo MAC/USP.

75. Sérgio Milliet. "Ernesto De Fiori". [*O Estado de S. Paulo*, 8 jan. 1944] – recorte de jornal, arquivo MAC/USP.

76. *Idem, ibidem.*

77. C. M. "Ernesto de Fiori". *O Estado de S. Paulo*, São Paulo, [6 jan. 1944].

78. ODETTE. "Exposições". *Diário de S. Paulo*, São Paulo, [8 jan. 1944].

79. CAPITU. "Crônica". *O Estado de S. Paulo*, São Paulo, [14 jan. 1944].

80. Carlos Pinto Alves. "Ernesto De Fiori". *Jornal de S. Paulo*, São Paulo, 25 abr. 1945.

81. "Com Ernesto De Fiori Desaparece um dos Maiores Valores da Arte Contemporânea – O Grande Escultor Faleceu Ontem nesta Capital". *Diário de S. Paulo*, São Paulo, 25 abr. 1945.

82. Ciro Mendes. "Ernesto de Fiori" – recorte de jornal, biblioteca Masp.

83. Sérgio Milliet. "Um Artista: De Fiori". *Diário da Noite*, São Paulo, 25 abr. 1945. Republicação do artigo "Ernesto De Fiori", *Planalto*, São Paulo, 15 maio 1941, ass.: S. de Santo Adolfo.

84. Luis Martins. "Ernesto de Fiori". *Diário de S. Paulo*, São Paulo, 28 abr. 1945.

85. Luis Martins. "Sobretudo não Morrer". *Diário de S. Paulo*, 2 jun. 1945. – recorte de jornal, arquivo MAC/USP.

86. Lê-se no *Jornal de S. Paulo*, São Paulo, 26 out. 1945: "Inaugura-se no dia 27 de outubro [...] Edifício Esther (sub-solo) sob o patrocínio do Instituto dos Arquitetos do Brasil, uma exposição comemorativa em homenagem ao escultor e pintor Ernesto de Fiori, falecido em São Paulo. [...] Organizam esta exposição os senhores Francisco Matarazzo Sobrinho, Rino Levy, Mario de Fiori, Sérgio Milliet, Luis Martins, Lourival Gomes Machado, Carlos Pinto Alves, Quirino da Silva e Sigismundo Brentani".

87. "Homenagem Póstuma a Ernesto De Fiori – Pintor e Escultor Anti-fascista". [*Hoje*, São Paulo, 27 out. 1945.]

88. Luis Martins. "Ernesto De Fiori". *Diário de S. Paulo*, São Paulo, 25 out. 1945.

89. "Ernesto de Fiori". *Jornal de S. Paulo*, São Paulo, 26 out. 1945.

90. Luis Martins publica sua palestra n'*O Jornal*, Rio de Janeiro, [2 dez. 1945] – recorte de jornal, biblioteca do Museu Nacional de Belas-Artes, Rio de Janeiro –, e versão dela sob o título "A Pintura de Ernesto De Fiori" no *Diário de S. Paulo*, São Paulo, [5 dez. 1945]. As publicações são reunidas no opúsculo dedicado a de Fiori, *c.* de 1946.

91. Luis Martins. "A Pintura de Ernesto De Fiori". *O Jornal*, Rio de Janeiro, [2 dez. 1945] – recorte de jornal, biblioteca do Museu Nacional de Belas-Artes, Rio de Janeiro.

92. Luis Martins. "A Pintura de Ernesto De Fiori". *Diário da Noite*, São Paulo, [5 dez. 1945].

93. Cartas de Ernesto de Fiori a Sérgio Milliet, publicadas na revista *Habitat*, São Paulo, out./dez. 1950.

94. Sérgio Milliet. "Ernesto De Fiori e o Derivativo na Pintura". *Diário da Noite*, São Paulo, 17 dez. [1945].

A palestra de Milliet também está reproduzida no opúsculo dedicado ao artista, *c.* 1946.

95. Luis Martins. "A Pintura de Ernesto De Fiori". In: Carlos Pinto Alves; Gerda Brentani; Lourival Gomes Machado; Luis Martins; Sérgio Milliet. *Ernesto de Fiori.* s/ ed.; s/ data. [Opúsculo, *c.* 1946].

96. Quirino da Silva. "Ernesto De Fiori". *Diário da Noite*, São Paulo, 19 nov. 1945.

97. Lourival Gomes Machado. "A Escultura de Ernesto De Fiori – I – Elogio do Artista". *O Estado de S. Paulo*, São Paulo, 1º dez. 1945; "A Escultura de Ernesto De Fiori – II – Esplendor e Decadência da Estátua". *O Estado de S. Paulo*, São Paulo, 2 dez. 1945; "A Escultura de De Fiori – III – A Escultura em Crise". *O Estado de S. Paulo*, São Paulo, 6 dez. 1945; "A Escultura de De Fiori – IV – O Artista e os Temas do Mundo". *O Estado de S. Paulo*, São Paulo, 8 dez. 1945.

98. Alexander Heilmeyer. *La Escultura Moderna y Contemporánea. Con un Apendice Titulado Facetas Post-rodinianas Original de Rafael Benet.* Barcelona, Labor, 1928.

99. *Jüngling* [*Jovem*] está traduzido para o espanhol, em Benet, por "Adolescente". O nome da obra *Badende* [*Banhista*] foi impressa em Benet como "Bañistas" – Lourival entende que existem mais de uma *Banhista.* Todavia, o crítico não arrisca com Benet que, após à obra "Adolescente", de Fiori modela o "Sufrimiento", um ano depois. "Sufrimiento" é corruptela de *Leidender* [*Sofredor*], título também atribuído à escultura *Jüngling* [*Jovem*].

100. Ainda sobre "Adolescente", Lourival escreve para explicá-lo: "Lehmbruck, seu companheiro de tendência formal, lança mão do adelgaçamento da figura como recurso de espiritualização 'a posteriori', De Fiori recorre ao mesmo traço morfológico para estabelecer toda a estrutura da figura, fixando de antemão, 'a priori', o esquema emocional que será também a linha construtiva do todo. É assim que nasce esse rapaz exageradamente magro, de cabeça jogada sobre a curva reduzida e fugidia da espádua, fino e espiritual, como as figuras góticas". Lourival Gomes Machado. "A Escultura de Ernesto De Fiori – I – Elogio do Artista". *O Estado de S. Paulo*, São Paulo, 1º dez. 1945.

101. Lourival Gomes Machado. "A Escultura de Ernesto De Fiori – II – Esplendor e Decadência da Estátua". *O Estado de S. Paulo*, São Paulo, 2 dez. 1945.

102. Lourival Gomes Machado. "A Escultura de De Fiori – III – A Escultura em Crise". *O Estado de S. Paulo*, São Paulo, 6 dez. 1945.

103. *Idem, ibidem.*

104. *Idem, ibidem.*

105. *Idem, ibidem.*

106. *Idem, ibidem.*

107. Lourival Gomes Machado. "A Escultura de De Fiori – IV – O Artista e os Temas do Mundo". *O Estado de S. Paulo*, São Paulo, 8 dez. 1945.

108. *Idem, ibidem.*

109. *Idem, ibidem.*

110. Lourival Gomes Machado. "O Artista De Fiori". [nov.] 1945 – recorte de jornal, arquivo MAC/USP.

111. C. M. "Ernesto de Fiori". *O Estado de S. Paulo*, São Paulo, 6 jan. 1944.

112. "São Jorge Espetando a Lança na Bocarra do Dragão Simboliza a Eterna Luta entre o Bem e o Mal". *Diário da Noite*, São Paulo, 21 mar. 1941.

113. Lourival Gomes Machado. "O Artista De Fiori". [nov.] 1945 – recorte de jornal, arquivo MAC/USP.

Divulgação da Obra de Ernesto de Fiori

1. Quirino da Silva. "De Fiori – Mestre Romântico". *Diário da Noite*, São Paulo, 8 fev. 1946.

2. Carlos Pinto Alves. "Palavras Ditas no 'Sindicato dos Artistas Plásticos'/Galeria Prestes Maia/ em 7-II-46." Texto datilografado, identificado pelo autor – arquivo MAC/USP.

3. Pinto Alves escreve: "Um extraordinário naturalista inglês – Bates – que nos meados do século passado esteve no Amazonas e deixou escrito um livro delicioso e encantador sobre sua viagem – que consiste numa desordem geral da implantação das árvores, na

variedade das essências crescendo no mesmo local, numa visível luta brutal pela vida, de arbustos cipós, árvores e trepadeiras; tudo em contraste com os apolíneos bosques da civilizada Europa ocidental. E Bates arrisca, de passagem, explicar certos característicos da alma do homem brasileiro plasmada por essa paisagem, e eu arriscarei formular...". Carlos Pinto Alves. "Palavras Ditas no 'Sindicato dos Artistas Plásticos' [...]".

4. Documentação no acervo do MAC/USP.

5. Carlos Pinto Alves. In: Carlos Pinto Alves; Gerda Brentani; Lourival Gomes Machado; Luis Martins; Sérgio Milliet. *Ernesto de Fiori*. s/ed.; s/data. [Opúsculo, *c*. 1946]

6. No catálogo da exposição póstuma no IAB, 1945, são expostos óleos e guaches dos colecionadores: Mario de Fiori; Biblioteca Municipal; Sigismondo Brentani; Giuliana Heins [de Fiori]; Max Lövenstein; Carlos Pinto Alves e Rino Levy.

7. Luis Washington. "Ernesto De Fiori". *Jornal de S. Paulo*, São Paulo, 30 nov. 1947].

8. Com esse artigo, Washington também encerra sua contribuição para aquela coluna do jornal, que lhe dedica uma homenagem, escrevendo que o crítico "manteve sua seção diária [...] ora analisando as obras de nossos artistas contemporâneos, ora comentando o trabalho dos mestres do passado. Luis Washington manteve sua seção num nível acessível ao povo, expondo seus pontos de vista pessoais em matéria de Artes Plásticas". Luis Washington. "Ernesto De Fiore". 30 nov. 1947.

9. "(Os dados biográficos de Ernesto de Fiori são devidos a Gerda Brentani, grande admiradora do pranteado artista)". Luis Washington. "Ernesto De Fiore". 30 nov. 1947.

10. A primeira inauguração do Museu de Arte deu-se em outubro de 1947. Em 1950, Quirino da Silva noticia em sua coluna de arte a "reabertura-inauguração" do Masp: "Hoje, [...], reabrem-se ao público as portas do Museu de Arte, que esteve por uns tempos fechado para reformas. [...] A cerimônia da inauguração será realizada com a presença do presidente da República, do sr. Nelson Rockefeller, que presidirá a cerimônia, de altas autoridades e representantes da sociedade paulista e carioca. O sr. Nelson Rockefeller veio especialmente dos Estados Unidos, a fim de presidir o ato inaugural. Fato significativo é que, no ato da inauguração, serão plantados pés de café no alto do edifício dos Diários Associados, simbolizando a amizade entre o Brasil e os Estados Unidos". Quirino da Silva. "Reabertura do Museu de Arte". *Diário da Noite*, São Paulo, 5 jul. 1950.

Sobre as inaugurações do Museu de Arte ver: Fernando Morais. *Chatô - O Rei do Brasil*. São Paulo, Companhia das Letras, 1994, p. 485.

11. Na biblioteca do Masp, o jornal com o texto "Fiore [sic], Escultor Humano", de Bardi, está identificado como sendo publicação do *Diário de S. Paulo*, 1º dez. 1947. No catálogo da retrospectiva de Ernesto de Fiori, de 1975, escrito por Walter Zanini, o historiador não registra a publicação desse artigo em jornal de São Paulo, anotando-a como sendo do *O Jornal*, do Rio de Janeiro, de 1º fev. 1948. É possível que o artigo de Bardi tenha sido publicado nas duas cidades.

12. Possivelmente, erro gráfico, pois, no início do artigo, a data de nascimento era 1882; ano que coincidia com, segundo o autor, "outro renovador italiano Umberto Boccioni".

13. O Instituto Lina Bo Bardi e Pietro Maria Bardi informa que o casal chegou ao Rio de Janeiro por volta de outubro de 1946 e em São Paulo em 1947. Ver ainda: Fernando Morais. *Chatô - O Rei do Brasil*. São Paulo, Companhia das Letras, 1994, p. 476.

14. Quirino da Silva escreve em sua coluna de arte: "Notícias recentes de Roma informam já estar constituída a comissão que se encarregará da organização do mundialmente conhecido certame de arte. Nele estão, por exemplo, o pintor Carlo Carrà, o louvado pintor Morandi, o professor Longhi, o historiador da arte Pallucchini e outros. [...] Entre outras iniciativas, pretendem os organizadores da bienal prestar uma justa e já tardia homenagem ao notável artista Ernesto de Fiori, que, por mais estranho que pareça, passou tão desconhecido na Itália, quanto no Brasil, onde veio a falecer". "Um Artista". *Diário da Noite*, São Paulo, 13 jan. 1950.

15. Em uma das notas de arte publicadas sob o título "XXV Exposição Bienal de Arte de Veneza", Quirino da Silva informa que foi conferido a Carlo Carrà o Grande Prêmio da Bienal, e acrescenta: "O diretor do Museu de Arte de São Paulo, P. M. Bardi, fez em 1930 a primeira monografia sobre esse pintor". *Diário da Noite*, São Paulo, 27 jun. 1950.

16. Scheiwiller cita em sua bibliografia artigo de Carrà sobre o "Novecento": Carlo Carrà. "Il Novecento alla Ribalta". *L'Ambrosiano*, Milano, 3 mar. 1926.

17. No catálogo sobre Ernesto de Fiori publicado pelo Georg-Kolbe-Museum, 1992, a pesquisadora Beatrice Vierneisel escreve que de Fiori participa da mostra com um *Auto-retrato* e os bustos de Benjamino Gigli e do Capitano Sarrocchi.

18. Emilio Szittya. *Ernesto de Fiori*. Milão, Hoelpi, 1927. (Arte Moderna Italiana, n. 9). O texto de Szittya é uma tradução do que consta na publicação sobre o artista do *Kunstarchiv*, n. 11, Alemanha, de 1926. Nesta, estão reunidos artigos sobre o artista escritos por von Alten, Guillemin, von Wedderkop e o artigo "Degas o Escultor", escrito por de Fiori.

19. Em 1950, após a Bienal de Veneza, Bardi negocia com a Galeria de Arte Moderna de Roma uma figura feminina, que de Fiori modela no Brasil. No jornal que registra a "consagração" do artista, consta que essa escultura é mostrada na Bienal de Veneza. Lê-se no jornal: "A Galeria Nacional de Arte Moderna de Roma que é sem dúvida o mais completo museu dedicado à arte contemporânea italiana, acaba de endereçar um pedido ao Museu de Arte de São Paulo a fim de que seja incorporada ao seu acervo uma estátua do escultor italiano Ernesto de Fiori. O Museu de Arte, possuidor de uma expressiva coleção de obras de De Fiori – coleção esta doada há três anos pelo irmão do artista sr. Mario de Fiori – mandou fundir uma estátua para aquela instituição. [...] Figurou esta estátua na exposição póstuma que a Bienal de Veneza organizou sob a orientação de Scheiwiller, P. M. Bardi e Carrá. "Consagração de um Artista. Uma Estátua de De Fiori para a Galeria de Arte Moderna de Roma". *Diário de S. Paulo*, São Paulo, 29 out. 1950.

Lê-se no inventário da Galleria: "Inv. 4616. Nudo Femminile, 1942, bronzo, cm 47 x 20 x 10. dono del Museo d'Arte Moderna di San Paolo del Brasile 1951".

20. P. M. Bardi. *Ernesto de Fiori*. XXV Biennale di Venezia, 1950, p. 39.

21. "No ultramar tornou-se triste e descontente, tentando novamente a pintura, por um prazer de um pecado de juventude [...]." P. M. Bardi. *Ernesto de Fiori*. XXV Biennale di Venezia, 1950, p. 39.

22. No artigo "A Pesquisa da Arte", de Fiori explicita conceitos artísticos e, mostrando como um artista "moderno" deve trabalhar, escreve: "Nós modernos não temos tradição. É verdade que conhecemos todas as épocas artísticas, todos os estilos, todas as escolas desta terra, mas este conhecimento é apenas intelectual; nenhuma dessas escolas vive realmente em nosso sangue, pois não se pode chamar escola a anarquia artística que estourou (necessária e benéfica tempestade) nos campos do espírito europeu nestes últimos trinta e cinco anos. Nesta anarquia, que vem desde o fim da grande época artística do século passado, deveríamos encontrar o caminho do êxito, deveríamos recolher as pedras esparsas, separá-las, medi-las, adaptá-las e com isso tentar reconstituir aquela imagem da nossa consciência, chamada arte". Bardi refere a última frase.

23. P. M. Bardi. *Ernesto de Fiori*. Milano, Ulrico Hoepli, 1950, pp. 5-6.

24. Em seu artigo, Martins indica a nota como sendo do jornal *Correio da Manhã*, Rio de Janeiro, 27 abr. 1945. Luis Martins. "Sobretudo não Morrer". [*Diário de S. Paulo*], 2 jun. 1945 – recorte de jornal, arquivo MAC/USP.

25. "Fomos ver a exposição do artista para ter uma impressão dos seus trabalhos. Pelas paredes da saleta da Casa e Jardim, uma infinidade de guerreiros pelejando, guerreiros de todos os tipos, cavalgando corcéis fogosos que empinam ao fragor da luta. E vários São Jorge. São Jorge quase se poderia dizer que é uma constante na pintura atual de De Fiori.

"– Por que tanto São Jorge assim, De Fiori? Você é devoto de São Jorge?...

"A bochecha de De Fiori se contrai num sorriso mole. Diz que não, que não é devoto de São Jorge, que é outra razão de pintar São Jorge enfiando a lança na bocarra do dragão.

"– É a guerra que me impressionou. E se eu pinto São Jorge espetando a lança na garganta do dragão, eu quero, antes de tudo, simbolizar a luta, a eterna luta, que se trava desde que o mundo é mundo, entre o bem e o mal." "São Jorge Espetando a Lança na Bocarra do Dragão Simboliza a Eterna Luta entre o Bem e o Mal". *Diário da Noite*, São Paulo, 21 mar. 1941.

26. P. M. Bardi. *Ernesto de Fiori*. Milano, Ulrico Hoepli, 1950, pp. 5-6.

27. *Idem*, p. 10.

28. "Palestra com o Escultor Ernesto de Fiore [sic]". *Diários Associados*, São Paulo [*Diário da Noite*, dez. 1936/jan. 1937] – o recorte de jornal com a chamada desta reportagem encontra-se na biblioteca do Masp.

29. P. M. Bardi. *Ernesto de Fiori*. Milano, Ulrico Hoepli, 1950, pp. 10-11. Trecho do artigo "Pesquisa na Arte", de de Fiori, publicado n'*O Estado de S. Paulo*, 22 out. 1941: "Liberdade para o espírito que procura o caminho da humanidade nas ciências, nas artes e até na vida prática, eis um dos mais sagrados direitos do homem e não menos necessário à sua existência do que o ar que respira! E nós artistas não só a liberdade de pesquisa, mas, acima de tudo, a convicção de que a pesquisa é a máxima expressão artística do nosso tempo, a sua única suficiente e adequada forma de arte".

30. Lê-se no livro supra-citado de Bardi, p. 11: "In un altro suo scritto inedito sul monumento parla con entusiasmo degli romani, della statua di Cesare, ma dice: 'Noi moderni non abbiamo tradizione. E' vero che noi conosciamo tutte le epoche artistiche, tutti gli stili, tutte le scuole di questa terra, ma questa nostra conoscenza è solo intellettuale; messuna di queste scuole vivie realmente nel nostro sangue, poichè non si può chiamare scuola l'anarchia artistica che imperversò (necessaria e benefica tempesta) sui campi dello spirito europeo in questi ultimi trentacinque anni. Da questa anarchia che seguì la fine della grande epoca artistica del secolo passato, noi dobbiamo trocare la via di uscita, dobbiamo raccogliere le pietre sparse, sceglierle, misurarle, adattarle e cercare con esse di ricostruire quella immagine della nostra coscienza che si chiama arte'". A citação é trecho do artigo "Pesquisa na Arte", de de Fiori, citado em nota anterior.

31. Pfeiffer não mais possui todas as fotografias das obras que levantou, cedidas a pesquisador alemão em meados do decênio de 70. Ainda assim, é possível identificar a maior parte das obras que seria reproduzida no seu livro a partir do álbum do artista, fonte para o levantamento de Pfeiffer: sob algumas fotografias consta um "X", marcado em giz branco, que indica a seleção das obras.

32. Quando Bardi negocia a escultura de de Fiori com a Galeria de Arte Moderna de Roma, em 1950, lê-se em jornal: "Procurando ainda acentuar a importância do patrimônio deixado pelo escultor, o Museu está preparando uma grande monografia, de autoria do sr. Wolfgang Pfeiffer e prefácio de Quirino da Silva. O livro sobre de Fiori será editado graças à colaboração dos srs. Samuel Ribeiro, Fulvio Morganti, Francisco Matarazzo Sobrinho, Joaquim Bento Alves de Lima e o Departamento de Cultura da Prefeitura". "Consagração de um Artista. Uma Estátua de De Fiori para a Geleria de Arte Moderna de Roma". *Diário de S. Paulo*, São Paulo, 29 out. 1950.

33. Por volta de 1975, Pfeiffer cedeu, além das fotos, cópia desse livro a pesquisador da Alemanha que, na época, estudava de Fiori. O pesquisador comprometeu-se a publicar o estudo de Pfeiffer em seu trabalho, acordo que foi firmado por escrito; porém, o pesquisador não terminou seu trabalho. Capítulo desse estudo está publicado em alemão na revista *Intercâmbio*, Rio de Janeiro, 1952; como o estudo de Pfeiffer é o primeiro realizado após a morte de de Fiori, publicou-se o capítulo, traduzido por Mônica Udler Cronberg, no catálogo *Ernesto de Fiori. Uma Retrospectiva*. São Paulo, Pinacoteca do Estado de São Paulo, 1997, p. 51, pp. 57-59 e p. 61.

34. Wolfgang Pfeiffer. "Ernesto de Fiori". *Intercâmbio*, Rio de Janeiro, 1952, pp. 31-39. Introduz esse ar-

tigo: "Von Dr. Wolfgang Pfeiffer, Direktor des 'Museu de Arte Moderna', São Paulo. Deutsche Fassung eines Kapitels der demnächst als Publikation des 'Museu de Arte de São Paulo' erscheinenden Monographie über Ernesto de Fiori als Bildhauer."

35. A única passagem sobre o pintor no estudo de Pfeiffer é a que se destacou, mesmo porque o objetivo de seu estudo é o escultor europeu, como se afirmou. Pfeiffer termina seu estudo resumindo a escultura de de Fiori: "Ao se olhar novamente o conjunto das esculturas de Ernesto de Fiori, sem dúvida se percebe como mais marcantes as modelagens dos jovens e das moças, começando pela *Badende* [*Banhista*], indo para o *Schreitender Jüngling* [*Jovem andando*], para a moça que mexe no cabelo e terminando com o homem de nome *Adam*. Com elas, Ernesto de Fiori colocou-se no primeiro plano dos escultores europeus de seu tempo, que sob diversos aspectos é também o nosso. Com elas, deu alegre expressão para o dizer sim à vida, ressaltado agudamente pela vivência do destino. Com elas, reuniu vida e arte sem perder nenhuma, ocupando-se delas como grande artista. Suas criações, escultóricas, adquirem com a modelagem não um naturalismo intensificado, mas uma vida intensificada. Se algum dia no futuro alguém indagar pelas esculturas que se fizeram símbolo da força saudável de nosso tempo e da juventude da Europa, então as obras de Ernesto de Fiori serão citadas, pois nelas não se documentam formas vazias nem um mero *pathos* corporal impulsionado obstinada e brutalmente para frente, mas sim uma firmeza e clareza internas dotadas de responsabilidade e da consciência do necessário, a qual determina e eleva a vida de suas obras". Wolfgang Pfeiffer. "Ernesto de Fiori". *Intercâmbio*, Rio de Janeiro, 1952, pp. 31-39. Republicado em Mayra Laudanna(cura). *Ernesto de Fiori. Uma Retrospectiva*. São Paulo, Pinacoteca do Estado de São Paulo, 1997, p. 51, pp. 57-59 e p. 61.

36. Sérgio Milliet. "Ernesto De Fiori e o Derivativo da Pintura". *Intercâmbio*, Rio de Janeiro, 1954, pp. 18-22.

37. *Intercâmbio*, Rio de Janeiro, 1954, p. 2.

38. *A Gazeta*, São Paulo, 8 set. 1959. – recorte de jornal, arquivo MAC/USP.

39. No catálogo da retrospectiva de de Fiori, 1975, MAC/USP, p. 50, Zanini indica que M. G. é José Geraldo Vieira.

40. M. G. "Ernesto de Fiori". *Habitat*, São Paulo, 1960, pp. 43-45.

41. Sem dúvida, as obras de de Fiori sempre foram pouco visíveis, mesmo porque, os próprios meios de divulgação, quando reproduziam alguma, preocupavam-se pouco com o que lhes é próprio. Fixos, quer por ideário, quer por outra razão, reciclavam-se, também nas imagens: os clichês que divulgam obras do artista no artigo de M. G., da revista *Habitat*, de 1960, são os mesmos do artigo "Um Mestre da Escultura Moderna", de vinte anos antes, publicado na revista *Ilustração Brasileira*.

42. Wolfgang Pfeiffer. *Ernesto de Fiori*. São Paulo, Galeria São Luis, 1961.

43. Luis Martins. "Os Esquecidos". [*O Estado de S. Paulo*, São Paulo, 21 maio 1963].

44. Sérgio Milliet. "De Fiori, Pintor". *O Estado de S. Paulo*, São Paulo, 24 abr. 1965.

45. Paulo Mendes de Almeida. "De Fiori, Desenhista". *O Estado de S. Paulo*, São Paulo, 24 abr. 1965.

46. "Efetivamente, como pintor, De Fiori, em sua fase brasileira, chegou a algumas "reussites", em telas de indiscutível vigor. Gostaria de dizer, de preferência: como desenhista. Pois que era para mim, quase tudo que nessa etapa compôs [...], mais desenho colorido do que propriamente pintura. Era sobretudo no traço, ostensivo, – espontanêo, conquanto requintado, como a sua própria personalidade, que seu talento dava esplendor e movimento à composição, em que freqüentemente elegia assuntos dinâmicos, violentos mesmos, como suas lutas de guerreiros, em tantas versões construídas, cada qual mais pujante, dramática e veraz. Aí não era propriamente a cor evidenciando as formas, valorizando-as, mas primacialmente o traço, a linha vibrando, fremindo – o que caracteriza o desenho.

"De resto, é normal que os escultores desenhem,

e geralmente é no papel, nos "croquis", que as esculturas começam. Que desenhem bem – isso é uma outra história. Ou melhor: estória. De tantos que tenho conhecido, De Fiori era dos poucos capazes de em traços nervosos, sobre uma folha inerte, recriar a violência da luta, o fragor dos embates e dos morticínios. Ou, em outras vezes, mais raras, a simples graça de um sorriso ou de uma flor... Em suma, um artista apto a recriar, em termos de estuante sinceridade, o tirocínio seguro, a vida, a paixão e a morte. E isto é tudo." Paulo Mendes de Almeida. "De Fiori, Desenhista". *O Estado de S. Paulo*, São Paulo, 24 abr. 1965.

47. Benet: "De Fiori tiene en sus venas la sangre italiana de su padre unida a la austríaca de su madre; la crítica alemana saca unas consecuencias acaso demasiado trascendentales de este hecho. A pesar de todo es innegable que en la obra de Fiori se siente la lucha entre el ideal germánico o expresivo y el ideal de belleza greco-latino. Hay que tener en cuenta que la educación de este escultor es plenamente germánica [...]." In: Alexander Heilmeyer. *La Escultura Moderna y Contemporánea. Con un Apendice Titulado Facetas Postrodinianas Original de Rafael Benet*. Barcelona, Labor, 1928, p. 222.

Quirino: "Nas suas veias escorria o sangue italiano por parte paterna, misturado com o austríaco de sua mãe. A crítica alemã tirou ilações, quem sabe transcendentais desse amálgama. Mas De Fiori sempre acusou na sua obra escultórica uma luta entre o ideal germânico expressivo e o ideal de beleza greco-latino. Isso porque sua educação foi germânica." Quirino da Silva. "Ernesto de Fiori". *Diário de S. Paulo*, São Paulo, 25 abr. 1965.

48. Emilio Mazza. "Lembrança de Ernesto De Fiori". *O Estado de S. Paulo*, São Paulo, 6 set. 1969.

49. P. M. Bardi. *Ernesto de Fiori*. Milano, Ulrico Hoepli, 1950, p. 7.

50. A escultura intitulada, reproduzida no catálogo como sendo de Ernesto de Fiori, possivelmente foi encontrada entre as obras do artista, guardadas por sua família; todavia, a modelagem e as resoluções de formas, como a do rosto, não acusam pequisas de de Fiori. Em 1996, conversando com Fiameta, filha do escultor Galileu Emendabili, ela identificou a referida escultura reproduzida no catálogo da Cosme Velho como sendo de seu pai.

51. Olívio Tavares de Araújo. "Último Lampejo". *Veja*, São Paulo, 11 dez. 1974, pp. 120-122.

52. Mendes de Almeida escreve que advogou em favor de de Fiori e, mesmo afirmando que não se tornaram amigos, conta passagens de eventuais encontros: "Conheci De Fiori logo após sua chegada a São Paulo, por apresentação de um querido amigo, o pintor Paulo Rossi Osir, também ele já morto, alguns anos faz. Mantivemos as mais cordiais relações, que não chegaram ao grau de amizade, talvez apenas pela falta de um mais freqüente convívio. Gostaria imenso de ter tido essa honra. Aliás, gozei do privilégio de sua confiança, quando certa vez me procurou para um conselho profissional, de advogado – "amigo advogado", disse ele – num caso bastante delicado, e em que tive a oportunidade de bem aquilatar a inteireza do seu caráter, o perfeito cavalheirismo de suas atitudes. Em poucas palavras, nesse caso (que não chegou a juízo) De Fiori preferiu perder, embora cheio de razões, para manter aquela superior elegância no comportamento, que era o seu apanágio.

"Sim, ele era um homem de perfeita elegância, em todos os sentidos. Alto, rosado, louro, fazia um tipo bem nórdico, até mesmo em certa frieza no trato, digamos assim, ao menos nos contatos iniciais. Longe de ser um "dandy", trajava-se com apurado gosto, aquele displicente gosto dos que realmente sabem se trajar. Não era homem de fáceis intimidades, pelo contrário. Conquanto atencioso, era pessoa reservada, mais de ouvir do que de falar, salvo quando, a tantas, vencia uma certa inibição que, diziam, provinha de uma gagueira que nunca lhe notei. Nesses momentos, não muito freqüentes, refulgia todo o brilho da sua inteligência e despontava o sal de sua graça, no expender conceitos ou no narrar fatos acontecidos em sua vida, não pobre de aventuras, e de uma sábia experiência dos homens e, sobretudo, das mulheres..." Paulo Mendes de Almeida. *Ernesto de Fiori*. São Paulo, Cosme Velho, 1974.

53. Paulo Mendes de Almeida. *Ernesto de Fiori*. São Paulo, Cosme Velho, 1974.

54. "Não abandonou de todo a pintura, mas, na verdade, só voltou a ela, afinal, quando nada mais havia a conquistar na escultura. Quando lhe cabia o direito de malograr. Ninguém lhe diria então que era mau pintor, mas sim que se divertia, e, por pior que fosse, o resultado seria ainda pelo menos curioso." Sérgio Milliet. "Ernesto De Fiori e o Derivativo da Pintura". In: Carlos Pinto Alves; Gerda Brentani; Lourival Gomes Machado; Luis Martins; Sérgio Milliet. *Ernesto de Fiori*. s/ed.; s/data. [Opúsculo, *c.* 1946]

55. Reynivaldo Brito destaca em seu artigo sobre de Fiori: "Mário de Andrade ao ver os trabalhos de De Fiori assim se expressou: 'É incontestável que Ernesto De Fiori nos apresenta em sua exposição algumas obras de pintura e de boa pintura'... 'Reconheço que ele está realmente fazendo uma pintura de pintor e não pintura de escultor – o que é comum...' O grande Mário de Andrade separava assim o trabalho de De Fiori pintor e de De Fiori escultor". Reynivaldo Brito. "Justiça a Fiori". *A Tarde* [Bahia, 1974/75] – recorte de jornal, arquivo MAC/USP.

56. Olivio Tavares de Araújo. "Último Lampejo". *Veja*, São Paulo, 11 dez. 1974, pp. 120-122.

57. Álvaro Luiz Assumpção. "Da Noite para o Dia. Boa Lembrança". *Folha da Tarde*, São Paulo, 23 nov. 1974.

58. Arthur Octávio de Camargo Pacheco. "Ernesto De Fiori – Pintor no Brasil". *Folha de S. Paulo*, São Paulo, 24 nov. 1974.

59. Mazza: "Nos últimos anos, como por um retorno nostálgico às aspirações juvenis, reiniciou a pintar. Foi como uma necessidade de renovação, de libertação da esplêndida escravidão da escultura – necessariamente estática, limitada, monograma – e de evasão na pintura, que é por, movimento, liberdade e expansão". Emilio Mazza. "Lembrança de Ernesto De Fiori". *O Estado de S. Paulo*, São Paulo, 6 set. 1969.

Martins: "A escultura é o claro-escuro, o desenho rigoroso, a medida, a frieza material, a impossibilidade de expansão na grande embriaguez do colorido generoso e expressionista. De Fiori esculpira, procurara no mármore, no bronze, na pedra, no gesso, na terra-cota, todas as suas possibilidades expressivas, aproveitando num jogo doloroso e profundamente inquieto, toda a ilusão de cor que lhe poderia fornecer a impassibilidade de sua rude matéria. Agredindo violentamente quase convulsivamente, o barro que modelava, num jogo inteligente de contrastes, conseguira dar às suas estátuas uma existência palpitante, bem distanciada do conceito clássico e convencional de imobilidade escultural. Suas esculturas vivem uma inquieta e inquietante vida. Mas isso não bastava ao seu temperamento nervoso, voluptuoso e lírico. Queria a cor em sua pureza essencial, não conseguida artificialmente como resultado de uma dolorosa procura, mas como instrumento, ou melhor, como elemento de prazer, de gozo, de vitória". Luis Martins. "A Pintura de Ernesto de Fiori". In: Carlos Pinto Alves; Gerda Brentani; Lourival Gomes Machado; Luis Martins; Sérgio Milliet. *Ernesto de Fiori*. s/ed.; s/data. [Opúsculo, *c.* 1946].

60. "Possivelmente por motivos econômicos, quando veio para o Brasil, De Fiori dedicou-se basicamente à pintura. No pequeniníssimo mercado daquela época, a escultura não tinha ainda lugar. A mudança de gênero, em todo caso, não lhe parece ter sido danosa. Mário de Andrade – além de poeta e escritor, um eficiente crítico de arte – escrevia em 1941: 'Reconheço que ele está realmente fazendo uma pintura de pintor e não pintura de escultor – o que é muito comum', querendo referir-se, por certo, às qualidades específicas de cor e textura que o experiente De Fiori sabia transmitir também a seus óleos e guaches." Olívio Tavares de Araújo. "Último Lampejo". *Veja*, São Paulo, 11 dez. 1974, pp. 120-122.

61. Sérgio Milliet. "De Fiori". *O Estado de S. Paulo*, São Paulo, 2ª quinzena de mar., 1941.

62. Olívio Tavares de Araújo. "Último Lampejo". *Veja*, São Paulo, 11 dez. 1974, pp. 120-122.

63. Reynivaldo Brito. "Justiça a Fiori". *A Tarde* [Bahia, 1974/75] – recorte de jornal, arquivo MAC/USP.

64. Walter Zanini. *Retrospectiva Ernesto de Fiori – 1884-1945*. São Paulo, MAC/USP, 1975, p. 25.

65. Para a reunião da documentação, Zanini também contou com a colaboração dos parentes do artista – sobretudo a de Ornella Heins Psillakis –, com a de Pietro Maria Bardi, que chegou a lhe enviar o material sobre a Bienal de Veneza, entre outros.

66. Walter Zanini. *Retrospectiva Ernesto de Fiori – 1984-1945*. São Paulo, MAC/USP, 1975, p. 25.

67. Walter Zanini. "Ernesto de Fiori: les dernières années au Brésil". In: GAEHTGENS, Thomas W. (Hrsg.) *Künstlerischer Austausch. Artistc Exchange*. Berlin, Akademie Verlag, 1992, pp. 203-214. Republicado na revista do Instituto de Estudos Avançados da USP, set./dez. 1995: "Os Anos Tardios de Ernesto De Fiori no Brasil". *Estudos Avançados* 9 (25): 313-331.

68. O Dr. Ulrich Gertz e Annette Keil, através da Propyläen-Verlag organizavam um livro sobre de Fiori. *c*. 1977/78 – documentação: propriedade de Ornella Heins Psillakis.

69. No início do decênio de 90, a Dra. Ursel Berger, diretora do Georg-Kolbe-Museum, solicitou auxílio ao Masp no sentido de levar para Berlim obras que de Fiori produziu no Brasil; todavia, não houve acordo com o Masp. Em 1992, a retrospectiva foi inaugurada com esculturas européias de de Fiori e algumas pinturas e desenhos, obras também anteriores a 1936.

70. Walter Zanini. *Retrospectiva Ernesto de Fiori – 1884-1945*. São Paulo, MAC/USP, 1975, p. 11.

71. Walter Zanini. *Tendências da Escultura Moderna*. São Paulo, Cultrix/MAC, 1971, p. 56.

72. Ewald Bender. "Der Bildhauer de Fiori". *Zeitschrift für bildende Kunst*, 1920, p. 234.

73. Zanini refere como exemplos as esculturas que nomeia de: "Figura feminina agachada" e "Figura feminina de mãos nos quadris", reproduzidas no catálogo de 1975, Pr. I e II.

74. Walter Zanini. *Tendências da Escultura Moderna*. São Paulo, Cultrix/MAC, 1971, p. 56.

75. Zanini ainda associa a esse "arcaismo gótico", explicado como "estiramendo da figura" em Lehmbruck e em de Fiori às soluções de Giacometti, embora afirme que "ambos [...] percorrem a seu modo as soluções de Giacometti". Walter Zanini. *Retrospectiva Ernesto de Fiori – 1884-1945*. São Paulo, MAC/USP, 1975, p. 12.

76. Walter Zanini. *Tendências da Escultura Moderna*. São Paulo, Cultrix/MAC, 1971, p. 47.

77. Walter Zanini. *Retrospectiva Ernesto de Fiori – 1884-1945*. São Paulo, MAC/USP, 1975, p. 11.

78. "As próximas figuras possuem os nomes Anastasius, Ursula e der Tänzer [Dançarinos]. As duas primeiras, além de outras figuras em pé, surgem ainda no mesmo ano de 1912. Em meio à atmosfera de inquietação, buscando algum alívio à dor deixada pelo Leidender [Sofredor], o artista vai ao encontro da idéia do cubismo, formulada naquela época justamente em Paris. O cubismo impele com veemência o buscador para os problemas mais cruciais da plástica enquanto forma. Mesmo em cubos e esferas, figuras que parecem ser matematicamente abstratas, a arte da expressão, da beleza e do caráter deverá ser documentada. O que é chamado de "figura", seja a da forma humana, seja a do objeto, deverá aqui ser entendido como arquitetura de volumes arredondados. As formas estendem-se ou empilham-se e conduzem suas próprias vidas. Pensamentos que talvez apareçam de forma primitiva, mas que, todavia, chegam até a raiz da construção formal. As novas formas de Ernesto de Fiori ficam então sob a influência dessa teoria que visa o abstrato e o construtivo. No entanto, elas não se tornaram formas que cumprem um programa de maneira grosseira ou excessivamente esquemática, pois de Fiori não era esquemático, ou teórico, nem tampouco um fanático. Ele via as possibilidades e construía a partir delas, mas mantinha a riqueza de sentidos e não obstruía o caminho à natureza." Wolfgang Pfeiffer. "Ernesto de Fiori". *Intercâmbio*, Rio de Janeiro, pp. 31-39. Reimpresso em: *Ernesto de Fiori. Uma Retrospectiva*. São Paulo, Pinacoteca do Estado de São Paulo, 1997, p. 51.

79. "Segue [de Fiori] através do cubismo como através do purgatório. Talvez ele acreditasse, naquele tempo, que estava no paraíso, onde aqueles que se nomei-

am cubistas ainda sonham estar. Mas quando as idéias daquele grupo servem, servem como caminho, jamais como objetivo. Nenhum jovem artista disse isso com tanta clareza como de Fiori, seu caso pode servir de exemplo clássico.

"O cubismo impele com ímpeto o pesquisador sobre os últimos e puros problemas da plástica. Não é o naturalismo do sentimento que faz o artista, antes a forma. E mesmo no cubo abstrato existe expressão, caráter, beleza. O que é chamado de figura, forma humana ou animal, precisa ser entendida como arquitetura de massas concentradas. Os cubos estendem-se e se empilham, cada cubo anima em si mesmo um organismo que conduz sua vida. Os anos seguintes indica de Fiori totalmente encantado por esse pensamento, que é primitivo, mas penetra até a raiz.

"Em nenhum momento ele foi um cubista dogmático, foi mais do que isso, um artista em marcha para a terra louvada. Os trabalhos produzidos, 'Ursula', o jovem com mãos levantadas 'Betender', o homem com braços estirados para frente, 'Tänzer' portam, com efeito, todos em sua simplificação de forma e movimento as marcas de uma teoria escolar virulenta. Mas nunca ele obstruiu o caminho até a natureza através daquele fanatismo das *Abstrahierens*, que condenara outros à esterilidade. Tais figuras portam suas faltas características, em qualidades plásticas puras, e excedem todos os trabalhos anteriores a 'Leidender'. As rotundidades penetram fundo na sensação táctil do espectador, provocam e, de alguma forma, informam sobre a necessidade e a virtude de uma pessoa, que se procura e que promete algo maior somente quando já se tenha encontrado.

"Como outros cubistas, Archipenko, por exemplo, ele procura através do drástico do movimento devolver o que ele pega da forma individual junto à vida sensível. O gesto do 'Leidender', que vem do teatro, ainda não é superado. E aparece motivado em cada detalhe, corre por todo o corpo e obriga a uma unidade óptica, que não mais precisa de uma sustentação esclarecedora de afetos líricos. Mais do que até agora e posteriormente nascem esses trabalhos essencialmente da vivência dos olhos, denominações como 'Ursula' e 'Betender' são inventadas posteriormente. De Fiori educou seu olho e aprendeu o ABC da linguagem formal plástica. Nada poderia servir melhor ao escultor; mas a capacidade para a modelação das sensações ópticas não faz sozinha o artista. Cada trabalho que vive e deseja viver longamente precisa ser confissão, manifestação de uma vivência, que é totalmente pessoal e, apesar disso, concerne a todos nós. Quando seu trabalho manual estava assegurado, veio a guerra, e quando ela terminou para ele, de Fiori tornou-se um artista." Ewald Bender. "Der Bildhauer de Fiori". *Zeitschrift für bildende Kunst*, 1920, pp. 237-238.

80. Walter Zanini. *Retrospectiva Ernesto de Fiori – 1884-1945*. São Paulo, MAC/USP, 1975, p. 35.

81. *Idem*, p. 11.

82. *Idem*, p. 13.

83. "Assim como não hesita em usar, na escultura, de um impressionismo à maneira de Rodin, emprega a deformação quando lhe apetece." S. de Santo Adolfo. "Ernesto De Fiori". *Planalto*, São Paulo, 15 maio 1941.

84. Alfred Kuhn. "Ernesto de Fiori". *Deutsche Kunst und Dekoration*, Darmstadt, 1927, pp. 35-36.

85. Em jornal de 1975, o jornalista escreve, possivelmente interpretando o texto de Zanini: "no fim da década de 30, ele [de Fiori] já era mais exasperado no tratamento da matéria (gesso, madeira, bronze, estuque) e um dos exemplos está em 'O fugitivo'". "De Fiori. Uma homenagem póstuma, hoje no MAC". *O Estado de S. Paulo*, São Paulo, 19 nov. 1975.

86. Pfeiffer indica na cronologia do catálogo da Cosme Velho, 1974: "1936 - Viagem para Paris, depois partida de Europa para São Paulo". Zanini menciona a mesma suposta estada do artista em Paris no catálogo de 1975, p. 36.

87. Walter Zanini. *Retrospectiva Ernesto de Fiori – 1884-1945*. São Paulo, MAC/USP, 1975, p. 13.

88. *Idem, ibidem*.

89. Frederico Morais. "De Fiori: 'Similitude de alma'". *O Globo*, Rio de Janeiro, 18 dez. 1975.

90. Sergiusz Michalski. *Neue Sachlichkeit*. Köln, Benedikt Taschen Verlag, 1992, p. 19.

91. Walter Zanini. *Tendências da Escultura Moderna*. São Paulo, Cultrix/MAC, 1971, p. 57.

92. Walter Zanini. *Retrospectiva Ernesto de Fiori – 1884-1945*. São Paulo, MAC/USP, 1975, p. 14.

93. *Idem, ibidem.*

94. *Idem, ibidem.*

95. Carta de Theodor Heuberger a de Fiori, datada de 27 set. 1937 – arquivo MAC/USP.

96. Carta de Theodor Heuberger a de Fiori, datada de 23 set. 1937 – arquivo MAC/USP.

97. Carta de Rodrigo Octávio a Laurinda Santos [Lage ?], datada de set. 1937 – arquivo MAC/USP.

98. Entre a correspondência de Capanema com Mário de Andrade, de 1938, que trata sobre esculturas para o Ministério, encontram-se cartas na quais o ministro solicita a Mário que este interceda em favor de seu imaginário escultórico junto a Brecheret, e as repostas de Mário a Capanema, informando-o sobre sua conversa com o escultor – arquivo CPDOC, Rio de Janeiro.

99. Gustavo Capanema a Mário de Andrade, carta datada de 1º fev. 1938 – arquivo CPDOC, Rio de Janeiro.

100. Gustavo Capanema a Getúlio Vargas, documento datado de 14 jun. 1937 – arquivo CPDOC, Rio de Janeiro.

101. Cartão de Roquette Pinto a Gustavo Capanema – arquivo CPDOC, Rio de Janeiro.

102. Walter Zanini. *Retrospectiva Ernesto de Fiori – 1884-1945*. São Paulo, MAC/USP, 1975, p. 17.

103. "Os textos pró-de Fiori dizem que a estética do autor não atendia às 'exigências oficiais' do período [...]. Para entender o que se passou, uma visita ao MAC-USP é sugestiva: lá estão duas das peças que de Fiori propôs para o Ministério: uma Mulher Reclinada, bem convencional [...] e uma figura de homem em pé, ereto, que deveria ter, se afinal executada, 12 metros de altura. Esta peça chama-se O Brasileiro, mas olhada de perto (nem precisa ser muito perto) vê-se que o homem ali representado é um ... ariano, muito mais próximo dos traços do próprio artista do que dos de qualquer brasileiro, da época ou de agora." Teixeira Coelho. "História Incerta". *República*, jun. 1997, p. 91.

104. "Como se disse noutro lugar, pode-se distinguir duas etapas em sua pintura da fase brasileira: a primeira, de um realismo objetivo no tratamento da paisagem (até 1939); e a segunda, com um ápice em 1942-43, assinalada pela ênfase expressionista de cenas de regata na represa de Santo Amaro, refregas de São Jorge e o Dragão, naturezas-mortas, figuras humanas isoladas, casais ou grupos e a série de 'Arlequins'. Motivou-o na paisagem a desolação das queimadas, o ambiente rural e vistas urbanas, sempre configuradas por ásperas e resolutas pinceladas." Walter Zanini. "Ernesto de Fiori". In: ___. "Síntese da contribuição dos artistas de São Paulo". In: ___. (org.). *História Geral da Arte no Brasil*, v.II. São Paulo, Instituto Walther Moreira Salles, 1983, p. 622.

105. Walter Zanini. *Retrospectiva Ernesto de Fiori – 1884-1945*. São Paulo, MAC/USP, 1975, pp. 19-20.

106. "– Daqui a pouco iremos até a exposição e o sr. verá o que pintei. Antes, porém, conversemos um bocadinho a respeito de minha arte. Irá notar que levei muito a sério o assunto, em si mesmo.

"– Por que?

"– De propósito, muito de indústria. Acho que se processa uma sadia volta ao assunto. A pintura moderna, no meu entender, ficou abstrata demais. Excessivamente abstrata. E com isso ela se divorciou do público. [...]

"E acrescentou:

"– Eu mesmo sou um moderno. Notará nos meus trabalhos uma sensível influência do cubismo e do surrealismo. Mas tudo bem dosado: eu não relego a um plano secundário a minha contribuição pessoal, eu me preocupo bastante com o assunto, com a temática." "São Jorge Espetando a Lança na Bocarra do Dragão Simboliza a Eterna Luta ente o Bem e o Mal". *Diário da Noite*, São Paulo, 21 mar. 1941.

107. De 1974 a 1975 Zanini se dedica a estudar a obra do artista, como informam periódicos da época.

Entre os artistas entrevistados, está Giorgi, que conheceu de Fiori por volta de 1942.

108. Walter Zanini. *Retrospectiva Ernesto de Fiori – 1884-1945*. São Paulo, MAC/USP, 1975, pp. 24-25.

109. *Idem*, p. 24.

110. "Um outro detalhe, e este característico da improvisação, na pintura de de Fiori, é que, em geral, os seus quadros não se restringem a uma construção apriorística, a um esquema inicial. O quadro ia saindo impulsivamente, espontaneamente, e muitas vezes era necessário ao artista compensar certos desequilíbrios de construção, introduzindo, na composição já quase acabada, um elemento de última hora. Mas a maioria desses quadros eram encarados pelo próprio artista como simples exercícios. Numa inquietação constante, ele os refazia incessantemente, modificava-os, repintava-os. O próprio material que muitas vezes usou, frágil e destinado a uma vida efêmera, demonstra o sentido provisório que ele próprio emprestava a esses trabalhos. Pode-se talvez afirmar que deixou magníficos esboços, não porque o sejam de fato, mas porque foi esse o caráter que ele lhes deu, na pressa nervosa com que os pintava, os refazia, os modificava – consciente sempre de que não alcançara talvez a forma definitiva que sonhava.

"Mas também, e principalmente, porque a pintura era, nos últimos tempos, a sua forma de viver, de se exteriorizar, de se comunicar, de participar. Pela pintura, ele realizava a conquista de uma nova realidade. Pela pintura, ele se evadia de sua solidão de exilado para uma grande comunhão panteísta com as árvores, os campos, os lagos, as praias, e o céu da paisagem brasileira. Pela pintura, ele se integrava na nova realidade cultural, fazia-se um homem do novo universo que o cercava e, aos sessenta anos, recomeçava a viver." Luis Martins. "A Pintura de Ernesto De Fiori". In: Carlos Pinto Alves; Gerda Brentani; Lourival Gomes Machado; Luis Martins; Sérgio Milliet. *Ernesto de Fiori*. s/ed.; s/data. [Opúsculo, *c*. 1946].

111. Sobre a escultura, afirma Lourival: "Na realidade, muitos gostariam, por comodidade de espírito, de continuar classificar De Fiori como um artista alemão, tal qual quando chegou certo dia ao Brasil, enojado com o hitlerismo e deixando para trás os confortos da posição privilegiada de escultor oficial dum burgo de primeira importância. Nem mesmo em seu país de origem, no tempo em que lá trabalhava, poderia ser De Fiori classificado na estreiteza duma denominação nacional, restritiva embora segura. Contra estes limites, que a geografia política arma, erguia-se toda a sua produção que – coisa pouco freqüente em artistas – tinha fundamento em uma compreensão penetrante dos problemas essenciais. Dir-se-á que sua origem familiar concorreu para isso, temperando-lhe a formação da severa educação germânica do primeiro anteguerra com o calor do sangue italiano que em suas veias se misturava ao austríaco. Tinha pois, o artista, na sua própria carne, os elementos que lhe possibilitavam uma visão superadora de fronteiras e modismos regionais". Lourival Gomes Machado. "O Artista De Fiori". [nov.] 1945 – recorte de jornal, arquivo MAC/USP.

Nesse mesmo artigo, Lourival escreve sobre a pintura, questionando-se: ver trecho destacado anteriormente.

112. Walter Zanini. *Retrospectiva Ernesto de Fiori – 1884-1945*. São Paulo, MAC/USP, 1975, p. 24.

113. "Pô-lo à altura do escultor seria ingênuo, mas, por outro lado, não se pode deixar de assinalar o fenômeno." – trecho do artigo "O Artista De Fiori", de Lourival Gomes Machado, já destacado anteriormente.

114. "Quase Didático". *Veja*, 3 dez. 1975. O jornalista destaca a importância do escultor e, afirmando que no Brasil de Fiori se dedicou mais à pintura que à "terceira dimensão", conclui: "justamente por isso, a retrospectiva do MAC, ao realçar a parte escultórica, torna-se importante. Por ela se percebe o caminho percorrido por De Fiori, desde a tradição helenizante de seus primeiros tempos (à maneira de escultores fin de siècle, como Aristide Maillol e Charles Despiau) até a escultura expressionista e quase atormentada, da maturidade".

115. Ver: Ivo Zanini. "Retrospectiva de De Fiori". *Folha de S. Paulo*, São Paulo, 19 nov. 1975.

1. Manuscrito de propriedade de Gerda Brentani.

2. "Preocupou-nos ainda o levantamento das atividades múltiplas do homem e tanto quanto foi possível atualizamos a bibliografia conjugando-se neste catálogo tais informações à matéria crítica." Walter Zanini. *Retrospectiva Ernesto de Fiori – 1884-1945*. São Paulo, MAC/USP, 1975, p. 11.

3. A correspondência de Zanini com museus europeus está no arquivo de documentos de obras do MAC/USP, possivelmente incompleta; as cópias dos pedidos de empréstimos de obras para a Bienal de 1950, também estão no arquivo MAC/USP.

4. "30º Salon des Indépendants" – recorte de jornal, arquivo MAC/USP.

5. Gustave Coquiot. *Cubistes, Futuristes, Passeistes. Essai sur la jeune Peinture et la jeune Sculpture*. Paris, Librairie Ollendorff, 1914, pp. 259-263.

6. Willi Wolfradt. "Ernesto de Fiori". *Das Kunstblatt*, 1918, pp. 184-189.

7. "Züricher Kunsthaus - I". [*Züricher Post*, 1919] – recorte de jornal, arquivo MAC/USP.

8. "Aus dem Zürcher Kunsthaus - III". [*Neue Züricher Zeitung*, 29. Mär. 1919] – recorte de jornal, arquivo MAC/USP.

9. Ewald Bender. "Der Bildhauer de Fiori". *Zeitschrift für bildende Kunst*, 1920, p. 235.

10. Karl Scheffler. "Ernesto de Fiori". *Kunst und Künstler*, 1920, pp. 480-488.

11. Max Raphael. "Ernesto de Fiori". *Das Kunstblatt*, 1920, pp. 183-185.

12. Consta na Carteira Nacional de Habilitação de Mario de Fiori: nascimento: 1883; naturalidade: Cilli – Áustria; nacionalidade: italiana.

13. Gerda Brentani. "Notas Biográficas". In: Carlos Pinto Alves; Gerda Brentani; Lourival Gomes Machado; Luis Martins; Sérgio Milliet. *Ernesto de Fiori*. s/ed.; s/data. [Opúsculo, *c*. 1946]

14. Walter Zanini. *Retrospectiva Ernesto de Fiori – 1884-1945*. São Paulo, MAC/USP, 1975, p. 35.

15. A ficha é um impresso em forma de questionário, endereçada a Giovanni Scheiwiller, Milão: reproduzida em P. M. Bardi. *Ernesto de Fiori*. Milano, Ulrico Hoepli, 1950, p. 7.

16. Paulo Mendes de Almeida. *Ernesto de Fiori*. São Paulo, Cosme Velho, 1974. Ver nota 52, cap. anterior.

17. O material recolhido para o opúsculo está no arquivo do MAC/USP.

18. "Filho de um jornalista italiano e de mãe austríaca, Ernesto de Fiori nasceu em Roma em 1884. Nesse ambiente bilíngüe, falando perfeitamente o italiano e o alemão, cresceu o menino que mais tarde iria ser um livre cidadão do mundo. Aos 17 anos, de Fiori ouviu claramente a voz misteriosa que o convocava para a Arte e quis ser pintor. Assim, terminado o ginásio em Roma, segue para Mônaco para estudar pintura com Greiner na Academia. Como sempre, é estéril o ensinamento acadêmico, e de Fiori volta a Roma onde toma conhecimento dos trabalhos de Hodler e passa a pintar à maneira hodleriana. A sua vocação, entretanto, desejava outras formas de realização. Em 1909 Ernesto de Fiori passa um pouco mais de um ano em Londres; e em 1911, pela primeira vez, vai a Paris." *Ernesto de Fiori* – Exposição out./nov. 1945, sob o patrocínio do Instituto de Arquitetos do Brasil.

19. "Ernesto de Fiori nacque il 12 dicembre 1884 a Roma. Per ragioni di famiglia ebbe un'infanzia poco serena. A 17 anni decise di dipingere e, terminati gli studi ginnasiali, lasciò Roma per recarsi a Monaco di Baviera. Il quella città frequentò all'Accademia di Belle Arti un corso di pittura e disegno sotto la direzione di Otto Greiner. Disgustato dell'insegnamento ivi in uso tornò a Roma.

"Subì per parecchio tempo l'influenza del pittore svizzero Hodler. Nel 1909 partì per Londra; vi rimase poco più di un anno, per far ritorno poi alla casa paterna.

"Nel 1911 si recò per la prima volta a Parigi [...]." P. M. Bardi. *Ernesto de Fiori*. Milano, Ulrico Hoepli, 1950, p. 15.

20. "Nascera em Roma, em 1884, filho de pai itali-

ano e de mãe austríaca. Desde cedo atraído para o mundo das artes plásticas, aos dezessete anos, terminado o curso ginasial, segue para Mônaco, onde se matricula numa academia, nas seções de desenho e de pintura, a cargo de Otto Greiner. Em pouco, rapaz já rebelde, como sempre seria, o ensino acadêmico o enfada e lhe dá, como único proveito, a convicção de que ninguém pode ensinar a desenhar e a pintar, pois o artista deve descobrir por si mesmo as próprias possibilidades, os próprios meios; e só um talento muito robusto pode sobrepor-se ao ensino acadêmico.

"Regressa a Roma e aí conhece as obras do pintor suíço Hodler. Sente-se tocado e se deixa influenciar por elas [...]." Paulo Mendes de Almeida. *Ernesto de Fiori.* São Paulo, Cosme Velho, 1974.

21. Karl Scheffler. "Ernesto de Fiori". *Kunst und Künstler*, 1920, p. 484.

22. Ewald Bender. "Der Bildhauer de Fiori". *Zeitschrift für bildende Kunst*, 1920, p. 234.

23. Karl Scheffler. "Ernesto de Fiori". *Kunst und Künstler*, 1920, p. 484.

24. P. M. Bardi. *Ernesto de Fiori.* Milano, Ulrico Hoepli, 1950, p. 7.

25. Gerda Brentani. Notas biográficas. In: Carlos Pinto Alves; Gerda Brentani; Lourival Gomes Machado; Luis Martins; Sérgio Milliet. *Ernesto de Fiori.* s./ed.; s./data [Opúsculo, *c.* 1946].

26. Mazza: "Ernesto De Fiori nasceu em Roma, em dezembro de 1884, de pai goriciano de origem piemontesa e de mãe vienense. Em Roma cursou os estudos clássicos, até quase o fim do Liceu: mas, aos dezessete anos, os interrompeu, decidido a dedicar-se à pintura. Partiu para Mônaco de Bavária, onde freqüentou, na Academia de Belas Artes, um curso de desenho e pintura orientado por Otto Greiner: mas o ensino acadêmico que imperava na época o desagradou, e pouco tempo após regressou a Roma." "Lembrança de Ernesto de Fiori". *O Estado de S. Paulo*, São Paulo, 6 set. 1969

27. Walter Zanini. *Retrospectiva Ernesto de Fiori – 1884-1945.* São Paulo, MAC/USP, 1975, p. 18.

28. Ewald Bender. "Der Bildhauer de Fiori". *Zeitschrift für bildende Kunst*, 1920, p. 234.

29. Reproduzido na "Prancha A" do catálogo da *Retrospectiva Ernesto de Fiori – 1884-1945.* São Paulo, MAC/USP, 1975, p. 6.

30. Paulo Mendes de Almeida. *Ernesto de Fiori.* São Paulo, Cosme Velho, 1974.

31. De Fiori conhece os artistas Hermann Haller e Karl Hofer em Roma, *c.* 1905/06.

32. Ewald Bender. "Der Bildhauer de Fiori". *Zeitschrift für bildende Kunst*, 1920, p. 234.

33. Karl Scheffler. "Ernesto de Fiori". *Kunst und Künstler*, 1920, p. 484.

34. P. M. Bardi. *Ernesto de Fiori.* Milano, Ulrico Hoepli, 1950, pp. 7-8.

35. Alessandra Comini. *Egon Schiele's Portraits.* USA, University of California Press, 1974, pp. 54-55 e pp. 206-207.

36. Conhece-se reprodução da tela Mural, de de Fiori, a partir do livro de A. Comini, fig. 63.

37. A. Comini informa que de Fiori expõe na International Kunsthaus de Viena, 1909, na sala 7, três pinturas sob o título *Mural*, itens 10, 22 e 33. Alessandra Comini. *Egon Schiele's Portraits.* USA, University of California Press, 1974, nota 16, p. 206.

38. Referências sobre a estada de de Fiori em Londres devem-se ao diário de Thea Sternheim; levantamento feito pela pesquisadora Beatrice Vierneisel no Schiller Nationalmuseum, Deutsches Literaturarchiv Marbach, 1992 e publicado no catálogo por ela organizado: *Ernesto de Fiori. Das plastische Werk – 1911-1936.* Berlin, Georg-Kolbe-Museun, 1992.

39. Ewald Bender. "Der Bildhauer de Fiori". *Zeitschrift für bildende Kunst*, 1920, p. 234.

40. P. M. Bardi. *Ernesto de Fiori.* Milano, Ulrico Hoepli, 1950, p. 8.

41. "Em Londres conheceu uma jovem de corpo esbelto e quase masculino que se tornou sua amiga, e que lembrou muitas vezes quando plasmava figuras femininas." Emilio Mazza. "Lembrança de Ernesto de Fiori". *O Estado de S. Paulo*, São Paulo, 6 set. 1969.

42. Gabriele Mucchi. *Le occasioni perdute – Memorie 1899-1993*. Milano, Edizioni L'Archivolto, 1994, pp. 179-183.

43. Outros títulos atribuídos a esta obra: *Schlenderndes Mädchen*; *Stehende Frau*; *Fanciulla Gironzolante*; *Mulher em Pé*; *Moça Saracoteando*.

44. Robert Walser. "Die Engländerin". *Berliner Börsen-Courier*, Berlin, 29. Okt. 1925; reimpresso em Beatrice Vierneisel. *Die Engländerin. Eine Bronzeplastik von Ernesto de Fiori.* Berlin, Georg-Kolbe-Museum, 1989.

45. Hermann von Wedderkop. "Fioris 'Engländerin'". *Der Querschnitt*, Berlin, 1925, p. 1089.

46. P. M. Bardi. *Ernesto de Fiori*. Milano, Ulrico Hoepli, 1950, p. 8.

47. Paulo Mendes de Almeida. *Ernesto de Fiori.* São Paulo, Cosme Velho, 1974.

48. P. M. Bardi. *Ernesto de Fiori*. Milano, Ulrico Hoepli, 1950: texto, p. 8; biografia, p. 15.

49. Ewald Bender. "Der Bildhauer de Fiori". *Zeitschrift für bildende Kunst*, 1920, p. 234.

50. Gerda Brentani. "Notas Biográficas". In: Carlos Pinto Alves; Gerda Brentani; Lourival Gomes Machado; Luis Martins; Sérgio Milliet. *Ernesto de Fiori.* s/ed.; s/data. [Opúsculo, *c.* 1946]

51. Walter Zanini. *Retrospectiva Ernesto de Fiori – 1884-1945*. São Paulo, MAC/USP, 1975, p. 35.

52. *Ernesto de Fiori* – Exposição out./nov. 1945 sob o patrocínio do Instituto de Arquitetos do Brasil.

53. Ewald Bender. "Der Bildhauer de Fiori". *Zeitschrift für bildende Kunst*, 1920, p. 235.

54. "Als Fiori nach Paris kam, war er schon nicht mehr ganz jung, ein Sechsundzwanziger. Die großen Impressionisten in den Museen und Kunsthandlungen, der Anblick Renoirs und endlich das Erlebnis Cézannes revolutionierten seine Erkenntnisse von dem, was eigentlich Malerei sei. Die Ansprüche an sein eigenes Handwerk erhoben sich auf das Niveau der besten Vergangenheit und einer immer noch imponierenden Gegenwart, die ihm der alte Renoir verkörperte. So hohen Forderungen genügte wohl der Wille, nicht aber das Können. Es müssen qualvolle Tage gewesen sein." Ewald Bender. "Der Bildhaver de Fiore". Zeitschrift Für bildende Kunst, 1920, p. 235.

55. Ewald Bender. "Der Bildhaver de Fiore". Zeitschrift Für bildende Kunst, 1920, p. 234.

56. *Idem*, p. 235.

57. *Idem*, p. 234.

58. *Idem, ibidem.*

59. P. M. Bardi. *Ernesto de Fiori.* Milano, Ulrico Hoepli, 1950, p. 8.

60. "Nel 1911 si recò per la prima volta a Parigi; ove impressionato dalla bellezza delle pitture di Cézanne e di Renoir, decise di non dipingere più. Dopo quattro mesi inoperosi fece i primi tentativi di scultura che gli procurarono immediatamente la notorietà." P. M. Bardi. *Ernesto de Fiori.* Milano, Ulrico Hoepli, 1950, p. 15.

61. "Em 1911 – tinha então 27 anos – viajou pela primeira vez para Paris: chegou numa noite de neblina e esperou com impaciência a manhã para ver as telas de Cézanne e de Renoir. Foram para ele a revelação de um ideal inatingível. De retorno ao hotel, ficou dois dias fechado em seu quarto, perscrutando-se dolorosamente, resolvido a não mais pintar. Após quatro meses começou a modelar: na felicidade de plasmar havia descoberto a forma expressiva que lhe era mais congenial." Emilio Mazza. "Lembrança de Ernesto De Fiori". *O Estado de S. Paulo*, São Paulo, 6set.1969.

62. Paulo Mendes de Almeida. *Ernesto de Fiori.* São Paulo, Cosme Velho, 1974.

63. Walter Zanini. *Retrospectiva Ernesto de Fiori – 1884-1945*. São Paulo, MAC/USP, 1975, p. 11.

64. *Idem*, pp. 18-19.

65. Hans Siemsen. Ernesto de Fiori. *Deutsche Kunst und Dekoration*, 1929, pp. 243-245.

66. "In dem sehr unordentlichen, keineswegs 'gemütlichen' Atelier hängen und stehen zwei oder drei von den großen Bildern, die Fiori immer wieder 'nebenbei' zu malen anfängt, und denen er es verdankt, daß die Bildhauer von ihm sagen: Er ist ja gar kein Bildhauer, er ist ein halber Maler. Und die Maler sagen: Er sollte lieber bei seinen Plastiken bleiben, was hat er in der Malerei zu suchen? – Beide haben natürlich ein

bißchen recht, man kann ja selten etwas sagen, was vollkommen falsch wäre. Aber zum weitaus größeren Teil haben sie unrecht.

"Soviel ist sicher: die sehr ernste, keineswegs spielerische Beschäftigung mit der Malerei, sein intensives, temperamentvolles Interesse für alle geistigen Dinge und Ereignisse hindern Fiori, ein 'Fachmann' zu werden. Auch als Bildhauer ist er kein 'Fachmann'. Aber was ist das schon: ein Fachmann? Er ist gar kein richtiger Bildhauer, sagen manche. Aber was ist das: ein 'richtiger' Bildhauer? Vorgefaßte Meinungen, Prinzipien, Rezepte, Gesetze hat und kennt Fiori vielleicht weniger als irgend ein anderer Bildhauer. Er fängt fast immer wieder von vorne an. Beinah so, als ob noch niemand jemals vorher angefangen hätte, eine Plastik zu machen, er selbst am wenigsten. – Das ist natürlich übertrieben." Hans Siemsen. "Ernesto de Fiori". *Deutsche Kunst und Dekoration*, 1929, p. 243.

67. Walter Zanini. *Retrospectiva Ernesto de Fiori – 1884-1945*. São Paulo, MAC/USP, 1975, p. 19.

68. *Idem*, p. 35.

69. Walter Zanini. "Ernesto de Fiori". In: ___. "Síntese da contribuição dos artistas de São Paulo". In: ___. (org.) *História Geral da Arte no Brasil*. vol. II. São Paulo, Instituto Walther Moreira Salles, 1983, p. 622.

70. "Bilder Ernesto de Fiori bei Flechtheim" – recorte de jornal, arquivo MAC/USP.

71. Nesta passagem, faz-se referência ao material que está no arquivo MAC/USP.

72. "[...] und nach einer knienden Frau in Terrakota entstand als zweites Werk jener Jüngling, den wir den 'Leidender' nennen, und der, als er 1912 und 1913 auf der Kölner Sonderbundausstellung und in der Berliner Sezession erscheien, großes Aufsehen erregte." Ewald Bender. "Der Bildhauer de Fiori". *Zeitschrift für bildende Kunst*, 1920, p. 234.

73. "Já em 1912, Colônia aplaudia intensamente a 'Mulher Agachada' e o 'Moço'". *Ernesto de Fiori* – Exposição out./nov. 1945, sob o patrocínio do Instituto de Arquitetos do Brasil.

74. "Em 1914, é Berlim que o atrai, e aí o seu sucesso é absoluto. Os alemães reconheceram nele um artista excepcional." *Ernesto de Fiori* - Exposição out./nov. 1945, sob o patrocínio do Instituto de Arquitetos do Brasil.

75. "Wäre Fiori auch an Jahren jung gewesen und ein weniger klarer und kritischer Kopf, so hätte die beglückende Täuschung mindestens so lange gedauert, wie er an der Figur noch arbeitete. Aber bei einem so wachen Intellekt überdauert die Romantik kaum den ersten Impuls. Als er den Jüngling [Leidender] in Gips bei sich stehen hatte, war er schon weit weg von ihm und nahm den Presseerfolg mit einigen Verwundern auf." Ewald Bender. "Der Bildhauer de Fiori". *Zeitschrift für bildende Kunst*, 1920, p. 236.

76. Ver: "Ernesto de Fiori. Über die Tugenden. Ein Gespräch" ["Sobre as Virtudes. Uma Conversa"]. *Berliner Börsen-Courier*, Berlin, 1. Aug. 1925.

77. "A Guerra de 1914-18 veio interromper a atividade artística de De Fiori. Italiano, sentia-se isolado. Todos os amigos mais caros partiram para a frente e De Fiori sentiu-se mais desligado do que nunca da velha pátria que durante tantos anos nunca pôde rever. Tornou-se cidadão alemão e alistou-se. Entrou no exército alemão como simples soldado e como tal o mandaram para a frente francesa. A monotonia, a sujeira, a lama, o fedor da trincheira, a vida em comum com simples soldados ainda são coisas suportáveis; pode-se ainda explorar o tema e falar dos piolhos com desenvoltura. Coisa insuportável, porém, é a disciplina prussiana, o modo arrogante de alguns superiores, o contínuo controle de si próprio.

"De Fiori, caráter autoritário e independente, não conseguiu adaptar-se. Amigos influêntes em Berlim conseguiram tirá-lo da trincheira e fazê-lo entrar em uma escola de pioneiros. Estudou com 120 alunos para ser admitido no corpo de engenheiros, mas o artista ressentia-se da aridez das materias estudadas. Contou-me com íntima satisfação, que não se saiu bem nos exames. 118 alunos passaram, 2 foram reprovados: De Fiori e um violinista conhecido. Esse episódio, que depois ele me descrevia rindo, fê-lo voltar ao posto anterior e à idéia de tornar à trincheira causou-lhe verdadeira psicose. Amigos, para salvá-lo, conseguiram transferi-lo para a Suíça, o que lhe permitiu readquirir o equilíbrio psíquico e curar-se completamente. Retomou então o trabalho artístico em Zurique, com grande entusiasmo e grande êxito. A 'Bagnante', 'Soldato', 'Narciso', 'Caminatore' e muitos retratos foram reproduzidos nessa época feliz e, antes de deixar Zurique, em 1919, De Fiori expôs obras que suscitaram a admiração geral." Gerda Brentani. "Notas Biográficas". In: Carlos Pinto Alves; Gerda Brentani; Lourival Gomes Machado; Luis Martins; Sérgio Milliet. *Ernesto de Fiori.* s/ed.; s/data. [Opúsculo, *c.* 1946]

78. "1916 – De Fiori, que havia optado pela nacionalidade alemã, é entre 1916 e 1917 engajado na guerra como soldado na frente francesa da qual consegue ser removido graças à intervenção de seu pai junto a amigos influentes (cf. depoimento de Sergio de Fiori, sobrinho do artista, de 24 de março de 1975)". Walter Zanini. *Retrospectiva Ernesto de Fiori – 1884-1945.* São Paulo, MAC/USP, 1975, p. 35.

79. "A guerra obrigou-o ingressar no exército alemão, o que fê-lo sofrer terrível trauma, sendo obrigado por outro lado a se internar num sanatório suíço." Luis Washington. "Ernesto De Fiori". [30 nov. 1947].

80. Ernesto de Fiori. "Parademarsch". *O Estado de S. Paulo*, São Paulo, 10 maio 1942.

81. Paulo Mendes de Almeida. *Ernesto de Fiori.* São Paulo, Cosme Velho, 1974.

82. "1917 – Em julho transfere-se para Zurique. É nesse momento que realiza 'A Banhista' (Museum Boymans-van Beuningen, Roterdam) e o 'Soldado' (Kunsthalle, Hamburgo). Comparece à Frei Secession de Berlim. A partir de então expõe nas Galerias 'Neue Kunst', de Hans Goltz, em Munique. A Galeria Flechtheim, volta a mostrar suas esculturas como fará também em anos posteriores." Walter Zanini. *Retrospectiva Ernesto de Fiori – 1884-1945.* São Paulo, MAC/USP, 1975, p. 35.

83. "Belo o encontro de De Fiori com Hindenburg. Hindenburg chegou ao atelier de De Fiori, foi entrando precipitadamente e disse: 'Ande depressa, mestre, só tenho meia hora' e sentou-se. De Fiori (parece-me vê-lo, furioso e com o rosto rubro) observou-lhe: 'Excelência, isso me desagrada, pois embora eu não tenha tempo a perder, em meia hora não sei fazer coisa alguma.' Os dois homens se entreolharam zangados, mas quem cedeu foi Hindenburg, posando mais de uma hora e concedendo uma segunda sessão." Gerda Brentani. "Notas Biográficas". In: Carlos Pinto Alves; Gerda Brentani; Lourival Gomes Machado; Luis Martins; Sérgio Milliet. *Ernesto de Fiori.* s/ed.; s/data. [Opúsculo, *c.* 1946]

84. Jacob Hans. "Ein interessanter Fall". [*Bilder Courrier*, Berlin], 7. Nov. 1924.

85. "Em 1936 De Fiori veio para o Brasil, onve viviam sua mãe e seu irmão. Fugia ao tirânico regime nazista que não lhe teria permitido produzir em paz. Trabalhou alguns meses no Rio, depois montou casa em São Paulo para aqui ficar definitivamente." Gerda Brentani. "Notas Biográficas". In: Carlos Pinto Alves; Gerda Brentani; Lourival Gomes Machado; Luis Martins; Sérgio Milliet. *Ernesto de Fiori.* s/ed.; s/data. [Opúsculo, *c.* 1946]

86. Walter Zanini. *Retrospectiva Ernesto de Fiori – 1884-1945.* São Paulo, MAC/USP, 1975, pp. 35-36 e pp. 41-42.

87. "Ernesto de Fiori (1884-1945), italianisch-deutscher Maler und Bildhauer, den Thea Sternheim seit 1909 kannte. Die enge Freundschaft währte über Jahre. Er malte sie und Klaus Sternheim. 1936 verließ er Deutschland. Ein Teil seines Werkes wurde 1937 beschlagnahmt. Er beging in Brasilien Selbstmord." Helmutrud Mauser; Traute Hensch (Hrsg.). *Thea Sternheim. Erinerrungen.* Kore, 1995, p. 691.

Elementos Críticos e Biográficos

1. A morte de Robert de Fiori é comunicada em periódico europeu – recorte de jornal, arquivo Georg-Kolbe-Museum, Berlim.

2. Segundo o crítico Bender, para a família era qua-

se certo que de Fiori, após concluir seus estudos em um ginásio em Roma, estudaria em academia de Munique. Ewald Bender. "Der Bildhauer de Fiori". *Zeitschrift für bildende Kunst*, 1920, p. 234.

3. Informação enviada pela Academia de Munique à pesquisadora Beatrice Vierneisel, em carta de 13 mar. 1991 – arquivo Georg-Kolbe-Museum, Berlim. Beatrice Vierneisel é responsável pelo levantamento biográfico e histórico do catálogo *Das plastische Werk – 1911-1936. Ernesto de Fiori*. Berlin, Georg-Kolbe-Museum, 1992. Vierneisel cedeu-me, gentilmente, cópias de documentos por ela levantados em sua pesquisa sobre o artista.

4. Bender indica em seu artigo que de Fiori estuda dois semestres em Munique: "Er [de Fiori] zeichnete zwei Semester lang und kehrte 1904 nach Rom zurück, nicht anders enttäuschst als jeder junge Mann von dem Akademiebetrieb". Ewald Bender. "Der Bildhauer de Fiori". *Zeitschrift für bildende Kunst*, 1920, p. 234.

5. A afirmação que de Fiori estuda em Munique com Otto Greiner, que consta em biografias escritas por Gerda Brentani, Pietro Maria Bardi, Emilio Mazza, Paulo Mendes de Almeida e Walter Zanini é infundada, como se afirmou anteriormente.

6. Alfred Werner; Adolf Jannasch; Adolf Behne. *Carl Hofer*. Potsdam, Eduard Stichnote, 1946. (Kunst der Gegenwart); Ursel Berger. *Hermann Haller 1889-1950. Plastiken*. Berlin, Georg-Kolbe-Museum, 1983; Karl Hofer. *Erinnerungen eines Malers*. Berlin-Grunewald, F. A. Herbig Verlagsbuchhandlung, 1953.

7. Depoimento de Carl Hofer ao Prof. Wolfgang Pfeiffer, início do decênio de 50. Gentilmente, foi-me cedida cópia desse documento pelo Prof. Pfeiffer. Parte desse depoimento está reproduzido na revista *Intercâmbio*, Rio de Janeiro, 1952.

8. Em seu livro de memórias – citado anteriormente –, consta que Hofer se muda para Paris em março de 1908.

9. "1909-14 Aufenthalt in Paris (vermutlich war Haller schon vor 1909 in Paris, verließ aber erst in diesem Jahr endgültig Rom)

"Verbindungen zum Kreis im Café du Dôme, v.a. durch seinen Schwanger, den Maler Otto von Wätjen und seine (spätere) Frau Marie Laurencin; Freundschaft mit Ernesto de Fiori, Werner Heuser, Karl Hofer, Rudolf Levy." Ursel Berger. *Hermann Haller. Plastiken*. Berlin, Georg-Kolbe-Museum, 1983, p. 5.

10. Bellemaison, 28. Mär. 1909. In: Thea Sternheim. *Tagebücher 1905-1927. Die Jahre mit Carl Sternheim*. Hrsg. von Bernhard Zeller. Bearbeitet von Heidemarie Gruppe. Mainz, v. Hase & Koehler Verlag, 1995, p. 45.

11. A Dra. Ursel Berger, diretora do Georg-Kolbe-Museum de Berlim, enviou-me informações constantes no *Tagebücher 1905-1927*, Mainz, 1995 – citado anteriormente –, publicação com trechos dos diários de Thea Sternheim, e outras informações sobre o artista, publicadas no livro *Thea Sternheim: Erinnerungen*. Hrsg. von Helmtrud Mauser. Freiburg i. Br., Kore, 1995, possibilitando, assim, o enriquecimento do levantamento realizado por Vierneisel no Schiller Nationalmuseum, Deutsches Literaturarchiv Marbach, em 1992. Obs: No livro de memórias de Thea está grafado "Carl"; no seu diário, "Karl", optou-se por esta última grafia.

12. Referem-se nesta biografia algumas exposições que o artista participa. No Anexo II – "Cronologia e Documentação. Exposições e Obras. Bibliografia" – de meu doutorado, encontra-se relação mais completa das exposições que de Fiori participa, acompanhada, quando possível, dos nomes das obras expostas de acordo com os catálogos consultados ou periódicos que as cobrem. As exposições indicadas em Zanini, MAC, 1975 e em Vierneisel, GKM, 1992, cujos catálogos ou artigos de jornais se desconhece, também estão indicadas como referência.

13. Alessandra Comini. *Egon Schiele's Portraits*. USA, University of California Press, 1974, fig. 63, rep. após p. 50; Mayra Laudanna (cura.). *Ernesto de Fiori. Uma Retrospectiva*. São Paulo, Pinacoteca do Estado de São Paulo, 1997, rep. p. 27.

14. "Ein Brief von de Fiori mit dem Wunsch, einige Wochen mit uns zu verleben". Tagebuch Thea – Bellemaison, 5. Mär. 1910. Schiller Nationalmuseum, Deutsches Literatur – Archiv Marbach.

15. "Er will nun eine Zeitlang hierbleiben um dies alles für seine Ausstellung zu vollenden. Vielleicht malt er mich mit dem Jungen." Tagebuch Thea – Bellemaison, 22. Mär. 1910. Schiller Nationalmuseum, Deutsches Literatur – Archiv Marbach.

16. "Fioris Bilder sind zur Ausstellung abgeschickt [...] Mittags malt Fiori mit Erfolg an meinem Bilde." Tagebuch Thea – Bellemaison, 6. Apr. 1910. Schiller Nationalmuseum, Deutsches Literatur – Archiv Marbach.

17. "Mit Fiori in den 'Tannhauser'. Wiederum und teilweise ein enormer Eindruck." Tagebuch Thea – Bellemaison, 24. Apr. 1910. Schiller Nationalmuseum, Deutsches Literatur – Archiv Marbach.

18. "Mit ihm [de Fiori], der uns in wenigen Wochen ein lieber Hausgenosse geworden. Er zeigt uns seine londoner Arbeiten, die bedeutenden Fortschritt erkennen lassen; seltsame, selbständige Arbeit: Pierrot mit Mädchen mit rührend keuscher Gebärde." Tagebuch Thea – Bellemaison, 22. Mär. 1910. Schiller Nationalmuseum, Deutsches Literatur – Archiv Marbach.

19. "Fiori hat mein Porträt mit dem Jungen angefangen, das im Entwurf vortrefflich [scheint]." Bellemaison, 28. Mär. 1910. In: Thea Sternheim. *Tagebücher 1905-1927. Die Jahre mit Carl Sternheim.* Hrsg. von Bernhard Zeller. Bearbeitet von Heidemarie Gruppe. Mainz, v. Hase & Koehler Verlag, 1995, p. 45.

"Während Carls langer Abwesenheit leistet mir Ernesto de Fiori Gesellschaft, malt mein Bild mit Klaus auf dem Schoß." *Thea Sternheim: Erinnerungen.* Hrsg. von Helmtrud Mauser in Verbindungen mit Traute Hensch. Freiburg, Kore, 1995, p. 159.

20. Alguns colaboradores da revista: Alfred Walter Heymel, Hugo von Tschudi, Julius Meier-Graefe, Franz Blei, Alfred Flechtheim, Max Reinhardt.

21. "Ruhige, beschauliche Gedanken, hin und wieder ein Gespräch mit Fiori. Klaus nennt ihn 'Onkel Blümchen' und so übernehme ich auch diesen Namen." Tagebuch Thea – Bellemaison, 27. Mär. 1910. Schiller Nationalmuseum, Deutsches Literatur – Archiv Marbach.

22. "Fiori nach London reisend, bleibt in Düsseldorf, um die Kinder zu malen." Tagebuch Thea – Bellemaison, 3. Mai. 1910. Schiller Nationalmuseum, Deutsches Literatur – Archiv Marbach.

23. Lê-se nas referências constantes na publicação dos diários de Thea: "den Kindern: Agnes und Moiby". *Tagebücher 1905-1927. Die Jahre mit Carl Sternheim.* Hrsg. von Bernhard Zeller. Bearbeitet von Heidemarie Gruppe. Mainz, v. Hase & Koehler Verlag, 1995.

24. "Die Bilder Fioris von den Kindern sind angekommen. Malerisch nicht dieselbe Qualität wie mein Porträt, aber bedeutend in der Schlichtheit. Ich bin hocherfreut die Kinder so zu besitzen." Tagebücher Thea – Bellemaison, 25. Mai. 1910. Schiller Nationalmuseum, Deutsches Literatur - Archiv Marbach.

25. "Fiori vom bevorstehenden Abend bedrückt. Es tut mir selber leid, diesen jungen Menschen fortzulassen. Ich habe mich an sein Wesen gewöhnt, lernte seine vortrefflichen Eigenschaften schätzen. Über dies hinaus bin ich von seinem Können überzeugt und möchte das von mir und dem Kinde gemalte Bild über alles setzen was zur Zeit in München entsteht." Tagebuch Thea – Bellemaison, 2. Mai. Schiller Nationalmuseum, Deutsches Literatur – Archiv Marbach.

26. "Brief an de Fiori: 'Liebes (Blümchen), sorgen sie dafür, daß mit der Zeit aus Ihrem reizenden Symbol kein Sinnbild der Trauer werde, etwa eine geknickte Rose oder sonst ähnliches. Ich würde Ihnen jedenfalls raten, doch nach London zu reisen, mit Jessy zu sprechen, damit Sie Ihr letztes getan haben, und dann einen definitiven Weg einzuschlagen, der nur eine dieser zwei Richtungen nehmen kann: entweder die von Ihnen ersehnte oder die entgegengesetzte, nicht minder glückliche, nämlich ihre Freiheit zurückzuhaben.'" Tagebuch Thea – Bellemaison, 11. Mai. 1910. Schiller Nationalmuseum, Deutsches Literatur – Archiv Marbach.

27. Declaração de de Fiori anotada no documento que registra sua entrada em Munique: Münchner Meldebogen, 27. Jan. 1911. Documento reproduzido no catálogo *Ernesto de Fiori. Das plastische Werk – 1911-1936.* Berlin, Georg-Kolbe-Museum, 1992, p. 58.

28. Do que se conhece do diário de Thea, ela não refere Jessie após de Fiori retornar a Muni-

que em 1910, e o artista se hospeda na casa dos Sternheim.

29. "Abends. Fiori ist angekommen und will eine Zeitlang bei uns bleiben. Ich bin außer mir vor Freude!" Tagebuch Thea – Bellemaison, 15. Nov. 1910. Schiller Nationalmuseum, Deutsches Literatur – Archiv Marbach.

30. "Abends trifft eine Kiste mit Fiorischen Bildern ein. Treffliche Gemälde, die uns in Verwunderung setzen. Welch ein Fortschritt! Die Wirkung ist schlagend. Wir sind beide der Ansicht diese Bilder um jeden Preis zu behalten. Das für meine Begriff schönste die nackte Frau mit gelöstem Haar hänge ich in mein Schlafzimmer. Diese Bilder sind mir seit langem erste, freudige Überraschung." Tagebuch Thea – Bellemaison, 27. Nov. 1910. Schiller Nationalmuseum, Deutsches Literatur – Archiv Marbach.

31. Vê-se essa pintura em fotografia no quarto de Thea, reproduzida no catátolo *Ernesto de Fiori. Das plastische Werk – 1911-1936*. Berlin, Georg-Kolbe-Museum, 1992, p. 56.

32. "Fiori fährt mit Meier Graefe zur Stadt um auf zwei Tage mit dem ihm befreundeten Maler Basilici nach Tirol zu reisen." Bellemaison, 24. Nov. 1910. In: *Tagebücher Thea Sternheim*. Mainz, v. Hase & Koehler, 1995, p. 55.

33. "Am Abend Auseinandersetzungen zwischen Karl und Fiori über Künstlerische Dinge, die in Streit ausarten. Fiori spielt Cézanne gegen van Gogh aus während Karl auf Cézanne schimpft." Tagebuch Thea – Bellemaison, 7. Dez. 1910. Schiller Nationalmuseum, Deutsches Literatur – Archiv Marbach.

34. Considere-se que de Fiori já conhecia trabalhos de Cézanne antes de seguir para Paris, em 1911.

35. "Ein Brief Fioris an mich, der nicht sehr zartfühlend ist und mich fast beleidigt. Aber ich hänge zu sehr an dem Jungen, um ihm keine Aussprache zu gönnen. Was soll ich tun? fragt er mich. Ich sage ihm: Lassen Sie einige Zeit vergehen und ziehen Sie ins Hotel. [...] Ich bezahle 1400 Mark an Fiori für seine beiden letzten Bilder." Tagebuch Thea – Bellemaison, 8. Dez. 1910. Schiller Nationalmuseum, Deutsches Literatur – Archiv Marbach.

36. "Fiori kommt zum Frühstück. Malt. Plaudert. Er sucht Verkehr in München, besucht Cubes und die Familie Götz. [...] Ich gebe Fiori mein Theaterbillet und bleibe zu Hause. Froh in meinem Zimmer zu sein und allein. Karl fährt mit Fiori." Tagebuch Thea – Bellemaison, 18. Dez. 1910. Schiller Nationalmuseum, Deutsches Literatur – Archiv Marbach.

37. "Fiori kommt nachmittags, bleibt bis zum Abend. In ein paar Minuten restauriert er die schadhaften Stellen an Karls Porträt. Erzählt. Klagt auch über den Münchner Stumpfsinn. Beziehungen zu dem älteren Grosswald. Er will nach Paris." Tagebuch Thea – Bellemaison, 25. Feb. 1911. Schiller Nationalmuseum, Deutsches Literatur – Archiv Marbach.

38. "Dann mit Karl und Frau Feiks zu Fiori, nach Nymphenburg. Fiori wohnt halb auf dem Feld in der Kugelmüllerstraße in drei riesigen, romantischen, schmutzigen Räumen. Bis zur Decke rankt Efeu. Vasen, (Kosin ?) und alte Möbel stehen durcheinander; es ist kalt; es riecht nach verfaultem Wasser und schlimmerem. Ein ungemachtes Bett, Bitterwasser, Bücher von André Gide und zwanzig angefangene Bilder in neuer Manier. Welch ein trostloser Anblick! Nicht die Spur eines Fortschritts. Ungezügelte Gedanken und Farben. Wie kann ein Mensch in solch kurzer Zeit so herunterkommen? Spukt nicht überall die Gesinnung eines Grosswald und Dziallas? Fiori, einmal strebend bemüht, verliert sich ins Gefällige." Tagebuch Thea – Bellemaison, 26. Feb. 1911. Schiller Nationalmuseum, Deutsches Literatur – Archiv Marbach.

39. "Treffe Fiori, der elend aussieht, auf der Straße." Tagebuch Thea – Bellemaison, 12. Mär. 1911. Schiller Nationalmuseum, Deutsches Literatur – Archiv Marbach.

40. "Gegen Abend kommen Fiori und Herr und Frau Feiks. [...] Fiori sehr still und im Begriff nach Paris zu reisen. Kurze und wider fast herzliche Unterhaltung mit ihm. Man muß ihn wie ein Kind behandeln, jeder andere Ton ist unangebracht!" Tagebuch Thea – Bellemaison, 13. Mär. 1911. Schiller Nationalmuseum, Deutsches Literatur – Archiv Marbach.

41. "Zum Frühstück kommt Fiori. Er sagt, er verläßt München mit der Einsicht, wie sehr wir in Anbetracht des

Verkehrs recht hatten. Herzlicher abschied mit dem Versprechen, wir suchen ihn in Paris auf. Ich fotografiere Fiori." Tagebuch Thea – Bellemaison, 20. Mär. 1911. Schiller Nationalmuseum, Deutsches Literatur – Archiv Marbach.

42. Münchner Meldebogen von Ernesto de Fiori, Jan. 1911 – documento referido anteriormente.

43. Em depoimento de Hofer a Wolfgang Pfeiffer, afirma o artista que ele se reencontra com de Fiori e Haller em Paris. Escreve Hofer que a convite de Haller, foi para Arcachon, onde encontra de Fiori, e os três, como nos tempos de Roma, passeavam pelas "praias solitárias do oceano".

44. "Nennen wir neben den Gelegenheitsbesuchern Wilhelm Lehmbruck und Lyonel Feininger und dem fast täglich kommenden 'Römer', Ernesto de Fiori [...]." *Café du Dôme. Académie Matisse. Lehmbrucks Freundskreis.* Duisburg, Wilheim-Lehmbruck-Museum, 1965, p. 6.

45. Purrmann: "Selten", berichtet Purrmann, "kam ein oder der andere Franzose an unseren Tisch, wir fühlten uns frei Deutschland und auch Frankreich gegenüber. Ein Tisch mit amerikanischen Malern war von uns durch eine halbhohe Wand getrennt, und doch kamen wir wenig in Frühlung, obwohl einige weibliche Modelle die Verbindung ständig herstellten. Russen, Polen, Skandinavier und Ungarn zog es auch zu uns und kurz vor dem Krieg war unsere Gesellschaft recht international geworden". *Café du Dôme. Académie Matisse. Lehmbrucks Freundskreis.* Duisburg, Wilheim-Lehmbruck-Museum, 1965, pp. 6-7.

46. Levy escreve: "Bis zum Jahre 1910 etwa blieb der Dôme eine rein deutsche Angelegenheit. Der Name hatte Klang bekommen, und der Zuzug aus Deutschland wurde stärker und stärker. Malern, Dichtern, Schriftstellern, Literaten, fast allen denen, die das Zauberwort Paris angelockt hatte, wurde dieser Caféhaussaal ein Stück Heimatboden". – Purmann: "Selten", berichtet Purrmann, "kam ein oder der andere Franzose an unseren Tisch, wir fühlten uns frei Deutschland und auch Frankreich gegenüber. Ein Tisch mit amerikanischen Malern war von uns durch eine halbhohe Wand getrennt, und doch kamen wir wenig in Frühling, obwohl einige weibliche Modelle die Verbindung ständig herstellten. Russen, Polen, Skandinavier und Ungarn zog es auch zu uns und kurz vor dem Krieg war unsere Gesellschaft recht international geworden". *Café du Dôme*, 1965, p. 6.

47. Purrmann escreve: "Merkwürdig viele und große Kunsthändler gingen aus unserem Kreis hervor; gute Maler, namhafte Gelehrte, Politiker, Schauspieler. Allen... war dieses Café zu einer Art Universität gerworden, ohne System, ohne Einpauken, ohne Pensum, wo vielen Dingen auf den Grund gegangen wurde, unsere Sensibilität gesteigert, unser Urteil erweitert und ein Lebenssinn Erspürt, der zur Erkenntnis führen konnte!". *Café du Dôme*, 1965, p. 6.

48. Em 1925, em carta datada de 21 out., Martini escreve que conheceu de Fiori em Paris. Giovanni Comisso (pref.). *Le Lettere 1909-1945.* Firenze, Vallecchi, 1967, p. 180.

49. Beatrice Vierneisel. *Ernesto de Fiori. Das plastische Werk – 1911-1936.* Berlin, Georg-Kolbe-Museum, 1992, p. 175.

50. "Zu Ruel vorzüglich frühstücken. Im Hotel Biron, um dort Fiori zu begrüßen, der sich aber bereits auf dem Boulevard Raspail ein Atelier mietete. [...] Fiori ist unüberwindlich traurig. Es geht ihm finanziell schlecht, darunter leidet er, daß man ihn nicht wiedererkennt." Paris, Hôtel Meurice, 4. Mai. 1911. In: *Tagebücher Thea Sternheim.* Mainz, v. Hase & Koehler, 1995, pp. 67-68.

51. "Mit Fiori zu Druet. Druet besitzt drei Vincents, von denen wir sämtlich das Gefühl haben, sie sind falsch. Aber einige bedeutende Gaugins. Gaugin wirkt immer mächtiger. Zu Bernheim, um Mr. Fenéon zu begrüßen. [...] Bei Larue gefrühstückt. Nach Neuilly die Sammlung Pellerin besichtig. Eine Unmenge Cézanne hängen in prunkvollen, geschmacklosen Räumen. Beste Cézannes in jedem Fall, gute, vorzügliche Malerei, und doch ziehe ich Vincent vor. Karl ist mehr als ablehnend; er schimpft gradezu. Fiori zweifelnd. Und während der ganzen Heimfahrt Diskussionen über Cézanne.[...] Karl geht mit Meier Graefes und Fiori ausessen. Ich bleibe im Hôtel." Paris, Hôtel Meurice, 7. Mai. 1911. In: *Tagebücher Thea Sternheim.* Mainz, v. Hase & Koehler, 1995, pp. 69-70.

52. "Am Morgen begrüßt uns Fiori. Er kommt, nur um uns zu sehen, nachts von Cap Ferret. [...] Dann zu

Fiori aufs Atelier seine Plastiken ansehen. Drei bedeutende Stücke. Für meinen Begriff ist das schreitende Mädchen voll scheuer Empfindung, künstlerisch vollkommen die hockende Frau. Mit Fiori in das Lehmbrucksche Atelier." Tagebuch Thea – Paris, Hotel Meurice, 16. Sept. 1911. Schiller Nationalmuseum, Deutsches Literatur – Archiv Marbach.

53. Beatrice Vierneisel. *Ernesto de Fiori. Das plastische Werk – 1911-1936*. Berlin, Georg-Kolbe-Museum, 1992, p. 175.

54. "Am Nachmittag besucht uns Direktor Hagelstange vom Kölner Walrafmuseum, bleibt zum Essen und bis zum späten Abend. Viel, ja fast nur über Bilder geredet. [...] Hagelstange ist von Fioris Bildern entzückt und wird mit ihm zwecks Ankauf für das Kölner Museum in Verbindung treten." Bellemaison, 24. Feb. 1911. In: *Tagebücher Thea Sternheim*. Mainz, v. Hase & Koehler, 1995, p. 63.

55. "Neue Bilder von Fiori kommen an. Immer wieder überrascht uns der brave Junge durch seine sichere, nie stockende Entwicklung." Tagebuch Thea – Bellemaison, 29. Nov. 1911. Schiller Nationalmuseum, Deutsches Literatur – Archiv Marbach.

56. "Fiori schickt die Photographie einer neuen lebensgroßen Plastik, die mir im Ausdruck noch bedeutender als das frühere scheint. Sie spiegelt schönere Empfindungen wider als seine persönlichen Äußerungen." Bellemaison, 12. Feb. 1912. *Tagebücher Thea Sternheim*. Mainz, v. Hase & Koehler, 1995, p. 85.

57. "Zu Fioris Atelier. Welch ein Fortschritt immer wieder! Ein nackter Jüngling diesmal lebensgroß, in verharrender Gebärde." Tagebuch Thea – Paris, Hôtel Regina, 17. Mai. 1912. Schiller Nationalmuseum, Deutsches Literatur – Archiv Marbach.

58. Lê-se no diário de Kessler: "Sternheim hatte uns gebeten, eine Statue von Nijinsky von einem jungen Bildhauer de Fiori anzusehen. Wir fuhren hin... und sahen eine Aktfigur, die eigenartig den Ausdruck von Nijinsky, aber mit ganz anderen, langen, hageren botticellesken Körperformen wiedergab" (Paris, 1912). – Informação amavelmente enviada pela Dra. Ursel Berger, em carta de 15 out. 1996.

59. "Am Nachmittag besuchen wir Fiori. Er hat sich mit einer jungen Norwegerin, die wir später kennenlernen, verlobt! Eine einundzwanzigjährige blonde Schönheit." Tagebuch Thea – Paris, Hôtel Regina, 17. Mai. 1912. Schiller Nationalmuseum, Deutsches Literatur – Archiv Marbach.

"Mit Fiori und Fräulein Taulow (die Tochter des Malers) zu Ledoye frühstücken." Tagebuch Thea – Paris, Hôtel Regina, 20. Mai. 1912. Schiller Nationalmuseum, Deutsches Literatur – Archiv Marbach.

"Fiori und seine Braut kommen zum Abschied. Die jungen Leute sind in Verzweiflung über Fräulein Thaulows Mutter, die das Mädchen zu einer Tante nach Norwegen schicken will. Sie wollen fliehen, sie wollen von Liebe und Luft leben." Paris, Hôtel Regina, 24. Mai. 1912. In: *Tagebücher Thea Sternheim*. Mainz, v. Hase & Koehler, 1995, p. 92.

60. "In ihrer tiefen Ruhe, die dem Auge doch unheimlich beredt wird, so wie es länger verweilt, erinnert die Figur an einige frühere Arbeiten, den 'Anastasius' und eine stehende Frau, die um 1912 während eines vorübergehenden Aufenthaltes in Christiania entstanden waren." Ewald Bender. "Der Bildhauer de Fiori". *Zeitschrift für bildende Kunst*, 1920, p. 239.

61. "Zur Tochter des norwegischen Malers Frits Thaulow (1847-1906), der in seiner Wahlheimat Paris bis zu seinem Tod ein sehr erfolgreicher Künstler war, entstand eine Freundschaft, und de Fiori hielt sich zeitweise in Christiania, der Heimat der Familie Thaulow, auf." Beatrice Vierneisel. *Ernesto de Fiori. Das plastische Werk – 1911-1936*. Berlin, Georg-Kolbe-Museum, 1992, p. 175.

62. Günter Aust escreve sobre a importância dessas exposições internacionais, no catálogo da exposição que reconstitui, parcialmente, a mostra de 1912: "Die 'Internationale Kunstausstellung des Sonderbundes westdeutscher Kunstfreude und Künstler', die vom 25. Mai bis zum 30. September 1912 in der städtischen Ausstellungshalle am Aachener Tor stattfand, war die vierte der von dieser Vereinigung organisierten Jahresausstellungen. Als ein Höhepunkt des künstlerischen Lebens vor dem ersten Weltkrieg hat sie weit über diese

Zeit hinaus in die Zukunft gewirkt und ist im Gedächtnis der Kunstfreunde lange haften geblieben. Die Richtung des Kunstsammels und die Entwicklung des Museumswesens in Westdeutschland wurde durch sie nicht unwesentlich beeinflußt" – p. 21. – "Wie man sieht, haben urteilsfähige Zeitgenossen den Grundgedanken und den besonderen Rang dieser Ausstellung sofort erfaßt. Dem bleibt unsererseits wenig hinzuzufügen. Das Kölner Unternehmen des Sonderbundes verkörperte einen neuen Ausstellungstyp, der in seinem eigen-tümlichen Aufbau weder im französischen 'Salon', noch bei den 'Indépendants' und den deutschen 'Sezessionen' ein Vorbild besaß. Es ist jener Typus, der in unserer Zeit etwa der ersten 'Documenta'1955 in Kassel und der Kunstschau der Brüsseler Weltausstellung 1958 zugrunde lag, welche beide ebenfalls von einem bestimmten Zeitpunkt der Vergangenheit aus bis an die Gegenwart herabführten." Günter Aust. "Die Ausstellung des Son-derbundes 1912 in Köln". In: Gert von Der Osten. *Euro-päische Kunst 1912. Zum 50. Jahrestag der Ausstellung des "Sonderbundes westdeutscher Kunstfreunde und Künstler" in Köln.* Köln, Wallraf-Richtz-Museum, 12. Sept./9. Dez. 1962, p. 31.

63. "Die Plastik ist wie gewöhnlich etwas stiefmütterlich behandelt. Man hat G. Minne mit vielen ausgezeichneten Kleinearbeiten in den Mittelpunkt gerückt, aber diese leider durch alle Räume verstreut. Von den jungen, die von Maillol (leider fehlt er!) ein festes Stil-Rückgrat überkommen haben, heben sich als die begabtesten Lehmbruck und der Deutschitaliener de Fiori hervor. Lehmbruck mit einigen Torsi, einem (frühen) stehenden Weibe und der monumentalen 'Knieenden', die plastische Strenge mit einem modern gotischen Gefühle etwa der Art Minnes verbindet. Von de Fiori ist ein kauerndes Mädchen da, ein weit vollkommenerer Stehender Jüngling, in schmertzvoller Gebärde tief empfunden, wird erwartet." Paul Ferdinand Schmidt. "Die Internationale Ausstellung des Sonderbundes in Köln 1912". *Zeitschrift für Bildende Kunst*, Leipzig, 5. Jul. 1912, p. 238.

64. Entre outras pinturas expostas de Picasso, algumas do período azul e rosa, lê-se no catálogo que reconstitui essa exposição de 1912: "Unter den Lebenden kam Picasso mit 13 Gemälden und drei Gouachen besonders stark zur Geltung, zumal ihm in richtiger Erkenntnis seiner künstlerischen Bedeutung fast ein ganzer Raum zugewiesen war und die Auswahl der Bilder einen guten Überblick über seinen bisherigen Weg vermittelte: sie reichte von 1903, einem Hauptjahr der 'blauen Periode', über die 'rosa Periode' und die Anfänge des Kubismus kontinuierlich bis in die damals jüngste, reif kubistische Phase; ein Gemälde war 1910, vier waren 1911 entstanden. Das meiste und wichtige davon, befand sich im Besitz von Alfred Flechtheim, Edwin Suermandt (Aachen), P. Leffmann (Köln) [...]". Günter Aust. "Die Ausstellung des Sonderbundes 1912 in Köln". In: Gert von Der Osten. *Europäische Kunst 1912. Zum 50. Jahrestag der Ausstellung des "Sonderbundes westdeutscher Kunstfreunde und Künstler" in Köln.* Köln, Wallraf-Richtz-Museum, 12. Sept./9. Dez. 1962, p. 28.

65. "Die Plastik mußte im Gesamtbild der Ausstellung schon deshalb zurücktreten, weil die neuen künstlerischen Tendenzen, auf deren Veranschaulichung es dem Sonderbund ankam, sich bei den Bildhauern damals in weit geringerem Grade durchgesetzt hatten als bei den Malern. Den Veranstaltern gelang es immerhin, die Bildhauer vorzuführen, die auch heute noch als repräsentativ für diese Epoche angesehen werden. [...] Von namhaften Ausländern waren ferner der Schweizer Hermann Haller (zwei Werke), der Spanier Manolo (Manuel Martinez Hugué, 3) und der Italiener Ernesto de Fiori (2) vertreten, der erste bei den Schweizer Malern und bei Deusser, die beiden anderen im Picasso-Raum." Günter Aust. "Die Ausstellung des Sonderbundes 1912 in Köln". In: Gert von Der Osten. *Europäische Kunst 1912. Zum 50. Jahrestag der Ausstellung des "Sonderbundes westdeutscher Kunstfreunde und Künstler" in Köln.* Köln, Wallraf-Richtz-Museum, 12. Sept/9. Dez. 1962, p. 30.

66. Em textos que de Fiori escreve a partir do decênio de 20 e em entrevistas, ao referir-se à sua nacionalidade, diz ser, antes de tudo, um europeu.

67. No final do ano de 1913, o colecionador Alfred Flechtheim (1878-1937) inaugura sua galeria na cidade de Düsseldorf. Durante o decênio de 20, é significativa

sua atividade, pois, por meio de suas galerias nas cidades de Düsseldorf, Frankfurt a. M, Colônia e Viena, e da revista *Der Querschnitt*, apóia artistas modernos de nacionalidades diversas. Em 1933, devido à perseguição nazista aos judeus, Flechtheim exila-se.

68. Possivelmente, é sobre esta exposição que Guillaume Apollinaire escreve: "Ernesto de Fiori a, dans la sculpture, un manierisme que ne va pas sans grâce, c'est un Italien" – Le "Dôme" et les "Dômiers", *Les Soirées des Paris*, 2. Jul. 1914.

69. Segundo Walter Zanini, nesse ano, 1914, de Fiori também expõe na Prima Esposizione Libera Futurista alla Galleria Sprovieri, Roma. Zanini, MAC, 1975, p. 115.

70. "Magdeburger Zeitung", 4. Feb. 1914. – recorte de jornal, arquivo GKM, Berlim; reimpresso em Vierneisel, GKM, 1992, p. 192.

71. "30º Salon des Indépendants" – recorte de jornal, arquivo MAC/USP.

72. "Ein phantastischer Brief von Fiori an Karl. Aus Berlin kommend. Es ist die erste Nachricht von ihm nach einem fast jahrelangen Schweigen. Er habe in Frankreich vierzehn Tage als Spion gefangen gesessen. Befreit, wolle er zur Front nach Rußland als italienischer Berichterstatter. Und bittet Karl um Empfehlung an einflußreiche Leute." Harzburg, Kaiserhof, 14. Dez. [1914]. In: *Tagebücher Thea Sternheim*. Mainz, v.Hase & Koehler, 1995, p. 151.

73. "Frühstückt mit Dr. Kaunitzer und Fiori." Tagebuch Thea – Berlin, 18. Jan. 1915. Schiller Nationalmuseum, Deutsches Literatur – Archiv Marbach.

74. Em 11 jun. 1917, quando Thea reencontra de Fiori, ela escreve em seu diário que, em 1915, aconselhou o artista a seguir para Suíça.

75. Vierneisel, GKM, 1992, p. 175.

76. "Wegen angebl. Verdachts der Spionage." – München den 9 Mär. 1916.

77. "No inverno de 1917 quando achava-me num curso de oficiais em Spandau, foi-nos feita a leitura pelo nosso comandante de um edital assinado por Ludendorf, proibindo o 'parademarch'. Dado o mal estar que causava entre boa parte do exército ele não devia ser mais executado. O comandante olhou-nos cheio de dor e desafio e disse calmamente 'nós continuaremos a fazer o parademarch'! Assim fez, e nem por isso foi castigado..." – texto datilografado, arquivo MAC/USP. No artigo que de Fiori publica com o título de "Parademarsch", em 10 maio 1942 n'*O Estado de S. Paulo*, lê-se uma versão do texto datilografado, no qual de Fiori não se constitui como relator: "No inverno de 1917, segundo me descreve um testemunho ocular, num curso de oficiais em Spandau foi lida uma ordem do alto comando na qual se proibia a 'Parademarsch'. Dado o mau-humor que esse exercício provocava no exército, deveria ser abolido. Evidentemente causava apreensões o fato de que então se encontravam sob armas muitos intelectuais e ainda mais pais de família, gente séria e sossegada à qual não agradava ter de erguer as pernas daquele modo para ir morrer, sem que nenhum deles tivesse, no íntimo, a certeza de ser útil à pátria e à humanidade com a sua morte. Mas a ordem do onipotente Hindenburgo não foi cumprida. Depois da leitura, o comandante, assim descreve o meu informante, com uma expressão de dor e de desafio exclamou rispidamente: nós continuaremos a fazer a 'Parademarsch'. Isso aconteceu e ele não foi punido por desobediência. E é de supor que aquele comandante não tenha sido o único a sabotar ordem do Alto Comando".

78. Münchner Meldebogen von Ernesto de Fiori, Jan. 1911 – documento referido anteriormente.

79. Em 1915, o *marchand* Hans Goltz, anota Vierneisel, inclui obras do artista na IV Gesamtausstellung [Exposição Geral], montada em sua galeria de Munique. Vierneisel, GKM, 1992, p. 175.

80. Em 1916, obras do artista também são incluídas em coletiva da cidade de Wiesbaden, segundo Vierneisel, GKM, 1992, p. 182.

81. "Ganz überraschend kommt plötzlich Hocke mit Fiori. Fiori in der Uniform [eines] Gardepioniers und Unteroffiziers. Erstaunen, auch Freude, Fiori wiederzusehen. Er erzählt. Er käme von der Front in Frankreich. Da gings schrecklich zu. Hunger. Unterdrückung und Leid. Nun sieht er ein, wie dumm es von ihm war, daß er sich als Italiener naturalisieren ließ, anstatt wie ich ihm noch in Berlin 1915 riet, schnell in die Schweiz zu

reisen. Was ließ ihn handeln? Vorliebe für Deutschland, Bewunderung der ersten Siege, auch Abenteuerlust. Jetzt ist die Erkenntnis da, aber viel zu spät. Kommen Hostelets. Einen Augenblick ist die Stimmung gedrückt, dann herrscht gar kein Zwang mehr. Abends auf der Terrasse. Fiori bei mir auf der Bank. Er wird immer schweigsamer. Beim Abschied sind ihm Tränen nah. Möge Gott ihn vor dem Schlimmsten bewachen." Tagebuch Thea – La Hulpe bei Brüssel, Claircolline, 11. Jun. 1917. Schiller Nationalmu-seum, Deutsches Literatur – Archiv Marbach.

82. Ver as biografias dos artistas indicadas anteriormente.

83. Willi Wolfradt. "Ernesto de Fiori". *Das Kunstblatt*, 1918, pp. 184-189.

84. *Zürcher Post*, 1919 – recorte de jornal, arquivo MAC/USP.

85. A figura feminina intitulada *Suchende* e a masculina conhecida como *Mann* ou *Der Soldat* datam deste ano; os dois bronzes, assinados e datados, pertencem à Hamburger Kunsthalle.

86. "Lieber Troendle, danke für Ihren Brief. Es freut mich, dass dort, wie es scheint, noch mehr Idioten sind als hier. Wozu sollte ich dann Zürich verlassen. Hier laufen auch ziemlich viel herrenlose Hunde herum (Dada u.s.w.) und pinkeln einem hie und da auf u. in die Halbschuhe. Aber man vergisst den Ärger bald, denn es giebt ja wie Sie wissen auch eine ganze Anzahl vernünftiger Leute. Ich male jetzt ziemlich viel – versuche das was mich umgiebt – das milieu in dem ich lebe, das was ich alle Tage vor Augen habe in eine malerische Synthese zu bringen. Es ist ein sehr natürlicher Prozess u. meiner Natur angepaßt. Die Frau, die ich zum zweitenmal anfing wie Sie abreisten hat mir viel Mühe gemacht. Sie ist jetzt fertig und hat wohl ihre Qualitäten. Es fehlt vorläufig der richtige Impuls um eine neue Plastik zu beginnen. Ideen sind da, aber ich platze noch lange nicht. Also warte ich und male. - Der Adam ist in Bronze gegossen u. sieht erfreulich gut aus. Der 'Narziß' kommt auch bald, und ich freue mich ihn in einem so schönen Material wieder zu sehen und ihn zu ziselieren. Geht es Ihnen gesundheitlich besser? Frl. Perier, die nach wie vor die klügste Frau des Kantons Zürich ist, lässt Sie grüssen: Papa ist verschollen. / Herzlichst Ihr / E. de Fiori." Carta de Ernesto de Fiori a Hugo Troendle, 31 maio 1918.

O levantamento das cartas de de Fiori a Hugo Troendle foi realizado por Beatrice Vierneisel que, gentilmente, cedeu-me as cópias.

87. "Am 12. Juni 18 abends in Zürich angekommen, besuchte Fiori im Atelier. Seine Plastiken in Bronze gegossen sind prachtvoll, ehrlich, einfach und natürlich, dann von großem Interesse unter seinen Bildern das Flußbild mit Ruderer. Abends in bester Unterhaltung im Schnebeli mit Fiori, Haller, Wiegele, Schöcht, Reinhart, Zubler, Mach." Tagebuch Hugo Troendle. Munique.

88. "Ernesto de Fiori, der Bildhauer, mit dem ich befreundet war, wohnte zu Zürich in der Pension Tiefenau, die an der Steinwiesstraße lag. Am 25 März [1918] traf ich ein; man saß gerade bei der Suppe, ich setzte mich hinzu. Er machte mich mit den beiden Damen am Nebentisch bekannt; die ältere war Amerikanerin, die junge halb Norwegerin, halb Engländerin. Wir gingen zu viert zum Bellevueplatz, ins Café Odeon. Kaum eingetreten, sah ich Hans Arp aus Straßburg und Luzian Neitzel aus Zabern. Man setzte sich zusammen: der große Russe war der Bildhauer Archipenko, der kleine Rumäne der Schriftsteller Tristan Tzara; der aus Moskau stammende Waldemar Jollos wiederum schrieb deutsche Stücke.

"In Berlin hatte ich von den Dadaisten gehört, wie von einem sagenhaften Argonautenvolk; nun saß ich unter ihnen selbst – das heißt, Jollos wünschte nicht dazu zu gehören, und Fiori zuckte die Achseln...

"Fiori, durch Maillol, Kolbe, Haller, Lehmbruck bestimmt, erklärte mir nachher, er nehme die Kunst zu ernst, um mit den Dadaisten zu stammeln. Ich erfuhr, daß Haller in Zürich wohne, Lehmbruck hier ein Atelier besitze, und ich ihn begleiten könne." Otto Flake. *Damals in Zürich*. In: DU 14. 1954, Heft 12, S. 41-42. Trecho reimpresso em Vierneisel, GKM, 1992, pp. 62-63.

89. Exposição no Kunstsalon Wolfberg. Expõem: Hans Arp, Fritz Baumann, G. McCouch, Paul Rudolf Henning, Marcel Janco, Otto Morach e Hans Richter.

90. Ernesto de Fiori. "Von 'Neuer Kunst'". *Neue Zürcher Zeitung*, 10. Okt. 1918.

91. *Neue Zürcher Zeitung*, 5. Dez. 1918.

92. "[...] Vor ein paar Tagen schrieb Jollos einen sehr persönlichen und sehr dummen Artikel gegen mich. Hoffentlich haben Sie sich auch daran ergötzt. Wussten Sie, dass er solch ein Esel ist? Ich nicht ganz, sonst hätte ich ihn ja gar nicht erwähnt. Ich werde wohl kaum antworten. [...]" – cartão-postal de Ernesto de Fiori a Hugo Troendle, 7 dez. 1918.

93. Walter Serner. *DADA*, n.4/5, 15. Mai. 1919 e *DADA*, Nov. 1919.

94. Litografia reproduzida em Vierneisel, GKM, p. 65.

95. Ernesto de Fiori. "Wie eine Statue entsteht". *Das Werk*, 6, 1919, pp. 33-40.

96. "Ich arbeite langsam weiter: Plastikstudien nach Modell und Malerei nach Vorstellung. Im Februar stellte ich aus. Sonst ist alles beim alten. Haller und Frl. Perier grüßen Sie. Aufwiedersehen !/ Ihr E. de Fiori" – Cartão-postal de de Fiori a Hugo Troendle, 7 dez. 1918.

97. Consta no catálogo *Hermann Haller. Plastiken*, de 1983, que participam dessa coletiva em Berna: Ferdinand Hodler, Ernesto de Fiori, Wilhelm Lehmbruck, Hermann Haller e Hermann Hubacher. Segundo Vierneisel, no catálogo da exposição de *Ernesto de Fiori. Das plastische Werk*, 1992, p. 182, a pesquisadora também registra a participação de Ernst Morgenthaler.

98. "Aus dem Zürcher Kunsthaus. III". [*Neue Zürcher Zeitung*], 29. Mär. 1919 – recorte de jornal, arquivo MAC/USP.

99. *Liegendes Mädchen*, de 1918/19, reproduzida em *Das Kunstblatt*, 1919, p. 13. Em periódicos posteriores, há obras também reproduzidas com a autorização dessa galeria.

100. Vierneisel, GKM, 1992, p. 176.

101. "Sehr geehrter, lieber Herr Troendle, erst heute komme ich dazu, Ihnen unsere hiesige Adresse anzugeben: Berlin W 62, Wichmannstrasse 20 am besten: Frau de Fiori geb. Junghann, damit die Post mich richtig findet. [...] mein Mann selbst hat wenig Zeit, da er schon beim Arbeiten ist. Gerade malt er ein Porträt nach mir und ich muß stillsitzen, entschuldigen Sie damit diese krause Schrift. Hoffentlich geht es Ihnen gut und sehen wir Sie bald wieder im München. Mit herzlicem Gruß, auch von meinem Mann, Marta de Fiori." Carta de Marta de Fiori Junghann a Hugo Troendle, Berlim, 8 abr. 1920.

102. Max Raphael. "Ernesto de Fiori". *Das Kunstblatt*, 1920, pp. 183-185.

103. Ewald Bender. "Der Bildhauer de Fiori". *Zeitschrift für bildende Kunst*, 1920, pp. 233-241.

104. Karl Scheffler. "Ernesto de Fiori". *Kunst und Künstler*, 1920, pp. 480-488.

105. Otto Flake. *Nein und Ja*. Berlin, Fischer, 1920.

106. Possivelmente, *Große Frau* é a obra conhecida sob o título *Frau II*; a figura masculina referida por de Fiori pode ser *Schreintender I*, de 1919, ou *Junge*, de 1920

107. "Ich arbeite wieder, teils an meiner großen Frau, die bald zum Bronzegiessen geht, u. am schreitenden Jüngling der viel besser geworden ist. Auch male ich etwas u. versuche (mehr mit Erdfarben) dem Cézanne (auf meine Weise natürlich) auf seine Schliche zu kommen. Er ist doch der Einzige durch den man wirklich weiterkommen kann u. von dem man fast nur Äusserlichkeiten begriffen hat. Ich muß gestehen, dass Sie mir ein bisschen zu ihm weitergeholfen haben. Schreiben Sie bald! / Ihr E. de Fiori. Meine Ausstellung habe ich bis zum Februar verschoben." Carta de Ernesto de Fiori a Hugo Troendle, Berlim, 4 nov. 1920.

108. Joachin Kirchner. "Ernesto de Fiori. Betrachtungen Gelegentlich einer Ausstellungen der Werke des Künstlers im Kunstsalon Fritz Gurlitt; Berlin". *Deutsche Kunst und Dekoration*, 1921, pp. 233-240.

109. Max Osborn. "Ernesto de Fiori" – recorte de jornal, Zeltalarchiv, Berlim.

110. Alfred Khun. "Ernesto de Fiori". *Die bildenden Künste*, Wien, 1921, pp. 169-176.

111. Max Raphael. *Idee und Gestalt. Ein Früher zum Wesen der Kunst*. München, Delphin, 1921, p. 166.

112. Waldemar Grzimek. *Deutsche Bildhauer des zwanzigsten Jahrhunderts*. München, Heins Moos Verlag, 1969, p. 138. Várias informações biográficas so-

bre de Fiori no livro de Grzimek não se confirmam; para escrever seu texto sobre o artista, o autor tem como fonte depoimento de Kurt Edzard, colega de de Fiori.

113. Vierneisel, GKM, 1992, p. 19.

114. No final do ano de 1921, Alfred Flechtheim abre uma filial de sua galeria de Düsseldorf em Berlim, na Lützowufer 13. Como Wolfgang Gurlitt, Bruno Cassirer e Herwarth Walden, Flechtheim é um dos importantes negociantes de arte de Berlim, até 1933. Nesse ano de 1921, a galeria Flechtheim lança um caderno intitulado *Mitteilungen der Galerie Flechtheim*, Berlin, Düsseldorf, Frankfurt a. Main [Informações da Galeria Flechtheim, Berlim, Düsseldorf, Frankfurt a.M.]; no ano seguinte, a revista *Der Querschnitt* [*O Corte Transversal*], editada por Flechtheim, Wilhelm Graf/Kielsmannsegg e Hermann von Wedderkopp. Nela editam-se artigos sobre artes plásticas, a maior parte sobre arte de vanguarda; relatos sobre balé, filmes, esportes, teatro de revista, música, poemas etc. Entre outros, contribuem para a revista: Franz Beli, H. v. Wedderkopp, Gottfried Benn, Elsa Lasker-Schüler, Cocteau, Carl Einstein, Hemingway, Emil Szittya, Arnold Zweig, José Ortega y Gaset, André Germain.

115. Carta de Ernesto de Fiori a Alfred Flechtheim, publicada na revista *Der Querschnitt*, Berlin, 1923, p. 74: "De Fiori will Zivilisten".

116. De Fiori tem obras expostas em coletivas de Bremen, Dresden e, segundo Vierneisel, na Neue Secession de Munique e em coletiva de Darmstadt.

117. "Lieber Troendle, besten Dank für Ihre Einladung dort auszustellen! Leider geht es dieses Jahr nicht. Ich habe zwar eine fast fertige Figur in Herrsching stehen, aber ich kann jetzt nicht dort sein um sie fertig zu machen und nach München zu bringen. Nächstes Jahr werde ich zweifellos in der Lage sein etwas an Ihre Secession zu schicken. Ich bleibe etwa noch bis Ende Juni hier, dann gehe ich nach Herrsching für den ganzen Sommer u. würde mich freuen wenn Sie mich mal besuchen. Mein Haus ist sehr hübsch geworden – Sie werden Spass dran haben. Grüssen Sie mir alle Freunde und Feinde. Sagen Sie auch Grossmann, dass er mich mal besuchen soll. Ich arbeite jetzt sehr viel, und habe Fortschritte gemacht.Werde Ihnen Photos zeigen. Auf wiedersehen. Ihr Ernesto de Fiori. Hier ist viel los, ich geniesse u. bedauere es nicht, dass ich nicht in Paris bin. Hier ist Mitropa." Ernesto de Fiori a Hugo Troendle, 3 maio 1923.

118. Wilken von Alten. "Ernesto de Fiori". *Der Cicerone*, Leipzig, Jan. 1923, pp. 18-21. Segundo Pfeiffer, *c.* 1950/1952 e Vierneisel, GKM, 1992, artigo reimpresso em: *Jahrbuch der Jungen Kunst 4*, 1923, pp. 107-109.

119. A revista *Der Querschnitt*, 1924, após página 120, reproduz a obra com a legenda: "Angestellt in der Ausstellung Neuer deutscher Kunst in Stuttgart".

120. Hans Jacob. "Ein interessanter Fall" – recorte de jornal, arquivo Georg-Kolbe-Museum, Berlim.

121. Fritz Stahl escreve sobre as Karyatiden, 1924/25 – recorte de jornal, Archiv der Nationalgalerie Berlin [hem. Ost].

122. Wolfradt escreve na *Kunstblatt* de 1925 uma nota sobre as seis esculturas, quando estas são mostradas na galeria de Flechtheim.

123. "Bei Flechtheim, der die Bilder zur George Groszausstellung aufhängt. Wir begrüßen Einstein, Fiori, dessen Frau, lernen George Grosz kennen." Tagebuch Thea – Berlin, Hôtel Hoßler, 2. Feb. 1924. Schiller Nationalmuseum, Deutsches Literatur – Archiv Marbach.

124. Vierneisel, GKM, 1992, p. 177.

125. Em carta a Hugo Troendle, datada de 15 nov. [1926], Marta Junghann diz que não encontra de Fiori há dois anos, desde que ela deixou Berlim: "Übrigens - damit Sie nicht enttäuscht sind: Ernesto de Fiori habe ich schon seit 2 Jahren nicht mehr gesehen, wo ich endgültig Berlin verlassen habe. Ich brauche Ihnen vielleicht nicht zu versichern, wie schwer das für mich war, wie gern ich als Kamerad bei ihm geblieben wäre nachdem es als Frau unmöglich war. Vielleicht haben Sie von Anfang an meinen Fall so hoffnungslos gesehen, wie er gewesen ist, und sind liebenswürdig genug sich für mich zu freuen dass ich nochmal hochkam, nichts bereue und nicht einmal gegen Ernesto unfreundlich gestimmt bin, sein kann (schon weil er mir zu leid dazu tut, weiss ich nicht weshalb.) Also hoffentlich bis bald, wenn Sie bis Dienstag keine Nachricht haben, sind Barbara* und ich Mittwoch gegen 4 Uhr bei Ihnen. / Mit herzlichem Gruss / Marta de Fiori". Herrsching, 15. Nov. [1926 – estampa do correio].

* Barbara Haniel é filha do primeiro casamento de Marta Junghann; em fotografias do álbum da família de de Fiori, há uma de criança, sob a qual está escrito o nome "Barbara".

126. Em carta a Hugo Troendle, Herrsching, 5. Nov. 1931, Marta assina Junghann e, nas anteriores , Marta de Fiori Junghann.

127. Ernesto de Fiori. "Der Deutsche und der amerikanische Filmschauspieler". *Die Neue Schaubühne*, Berlin, 1925, pp. 41-42.

128. Ernesto de Fiori. "Gloria Swanson". *Die Neue Schaubühne* , Berlin, 1925, p. 80.

129. Ernesto de Fiori. "Ein Interwiew mit Fritz Stahl". *Der Querschnitt*, Berlin, Feb. 1925, p. 172.

130. Ernesto de Fiori. "Architektur und Plastik". *Berliner Börsen-Courrier*, Berlin, 1. Jan. 1925.

131. Ernesto de Fiori. "Über 'Abstration' und 'Naturalismus'". Paul Westheim, *Künstlerbekenntnisse*, 1925, p. 283

132. Em 1916, Paul Westheim funda a revista *Das Kunstblatt*. Por não privilegiar artistas ou grupos de artistas, essa publicação é importante na divulgação da arte moderna. Em 1922, as discussões do período sobre arte, que incluíam o questionamento da idéia de atualidade do expressionismo, Westheim publica: "Um Novo Naturalismo??".

133. B. Guillemin. "Ernesto de Fiori über die Tugenden. Ein Gespräch". *Berliner Börsen-Courrier*, Berlin, 1. Aug. 1925.

134. O manuscrito encontra-se no Georg-Kolbe-Museum, Berlim.

135. "Notizen: Die Städtische Kunstsammlung erwarb in letzter Zeit unter anderen folgende Gemälde [...] und die Plastik 'Stehender Mann' von Ernesto de Fiori." *Das Kunstblatt*, 1925, p. 190.

136. "Io ho lavorato come ho potuto nela tristezza, a Milano ho sentito che si sta preparando una grande esposizione con cospicue competenze e non so come me la caverò, hanno perfino chiamato lo scultore più celebre di Germania, un italiano spaesato un certo De Fiori che ho conosciuto tanti anni fa a Parigi e che non ti nego ha qualità essenziali. La Sarfatti spara tutte le sue cartucce contro di me, ma credo invano. Con De Fiori ce la vedremo bene." Arturo Martini a Natale Mazzola, carta de 21 out. 1925. Comisso, 1967, p. 180.

137. Sobre essa discussão em periódicos italianos, faltam levantamentos.

138. "Ihr Telegramm für Herrn Ernesto de Fiori traf gestern ein, heute ihr Brief vom 17. ds. Ich habe beides, Brief und Telegramm, nicht weitergegeben. Ich bin de Fiori's Freund und sein Kunsthändler. Ich halte es nicht für richtig, Künstler mit politischen und militärischen Dingen zu behelligen. - Ernesto de Fiori ist ein Bildhauer von Europäischem Ruf und kein Politiker und kein Soldat.- Sie werden aus demselben die Bedeutung ermessen können, die der Bildhauer, auf den seine italienische Heimat stolz zu sein hat, in Nordeuropa geniesst, und die wichtiger ist, als seine militärische Vergangenheit. Wenn er ein Soldat ist, dann ist er ein Kämpfer, und zwar ein Kämpfer für die grosse Kunst in der ganzen weiten Welt." Carta de Alfred Flechtheim ao Comitê da Prima Mostra del "Novecento Italiano", datada de 20 mar. 1926. Impressa em Vierneisel, GKM, 1992, p. 74.

139. Ver nota 66.

140. "Bildhauer und Kritiker". *Berliner Börsen-Courier*, 16. Apr. 1926 e "Künstler und Kritiker. Der Fall Einstein - de Fiori". [?], 8. Mai. 1926 – recorte de jornal.

141. Ernesto de Fiori. "Mein Attentat". Vierneisel, GKM, 1992, p. 157; aus: *Tage-Buch*, 7, 1926, p. 572.

142. "Gutbier will die Preise um 50% drücken. Flechtheim ist ebenfalls an der Preisgestaltung beteiligt. Ich weiß, daß Flechtheim z.Zt. für Fiori jedes Gebot annimmt! Seine Stucco-Köpfe und -Akte setzt er zu 200 bis 300 M ab! Das muss meiner Meinung nach Fiori in kurzer Zeit ruinieren, so daß er garnichts davon hat, wenn durch solche Angebote die Preisgestaltung für Plastik im Allgemeinen ganz ernom gedrückt wird." Albiker an Hofer/Dresden, Fürstenstraße 80/ 28 Jun. 1926 – Hofer-Archiv, Berlin (West).

143. *Kunstarchiv* é uma publicação da editora

Das Kunstarchiv, um catálogo ilustrado de artistas, exposições, e assuntos ligados à arte "de nosso tempo". Lê-se na apresentação da editora: "Keine Zeitschrift und kein Buch ist imstande, eine so umfassende ganz objektive Übersicht über das ganze Kunstleben unserer Zeit zu schaffen, wie sie das Kunstarchiv in seinen Veröffentlichungen bietet. Durch diese Einrichtung wird dem beruflich inte-ressierten wie dem Kunstfreunde zum erstenmal die Möglichkeit geboten, über alle Erscheinungen auf dem Gebiete der Kunst und des Kunstgewerbes sich eingehend zu informieren".

144. A editora Das Kunstarchiv publica nos números anteriores do catálogo Kunstarchiv: 1. *George Grosz*; 2-3. *Otto Dix*; 4. *Henri Rousseau*; 5. *Südseeplastik*; 6. *Lasar Segall*; 7. *Fritz Berthold Neuhaus*; 8. *Kunst und Sport*; 9. *Das Plastische Werk von Edgar Degas*; 10. *Früher durch die Ausstellung der Abstrakten in der Großen Berliner Kunstausstellung*.

145. Von Alten, 1926, p. 5. (Kunstarchiv 11)

146. *Idem*, p. 8.

147. Emil Szittya, 1926, p. 19. (Kunstarchiv 11)

148. Ernesto de Fiori. "Degas der Bildhauer". *Der Querschnitt* 6, 1926, p. 495.

149. Bruno Werner. "Ernesto de Fiori". *Die Kunst*, München, 1926, pp. 272-278.

150. *Idem*, p. 275.

151. Esses desenhos encontram-se no Georg-Kolbe-Museum, Berlim.

152. "Die neue Frau ist Filmschauspielerin, er soll sie rasend lieben. Aber sie ist sehr ehrgeizig, möchte ein 'Star' werden. Hat sich zu dem Zweck neulich eine Nasenoperation machen lassen, bei der sie beinah draufging. Der Regisseur hat ihre Nase zu dick gefunden." Käthe Seele a Hugo Troedle, [11. Feb. 1927 – Poststempel].

153. Na entrevista que Renée Sintenis concedeu a Wolfgang Pfeiffer, *c.* 1950, a escultora que conhece de Fiori em Berlim, escreve que ele era "um artista cujas obras, por sua liberdade [...], ultrapassaram os limites de seu tempo".

154. *Schaffende Hände*. Berlin, Diehl, 1927 (Kunstarchiv 32).

155. Ursel Berger gentilmente possibilitou-me ver o filme.

156. Emil Szittya. "Ernesto de Fiori, der Porträtist". *Der Querschnitt*, Berlin, Aug. 1927, pp. 589-591.

157. Alfred Kuhn. "Ernesto de Fiori". *Deutsche Kunst und Dekoration*, Darmstadt, Apr. 1927, pp. 34-40.

158. Ernesto de Fiori. "Plastik". *Berliner Tageblatt*, 19. Mär. 1927.

159. Essas três pinturas pertencem ao Georg-Kolbe-Museum, Berlim. Josephine Gabler gentilmente fotografou as obras e enviou-me os negativos.

160. Em correspondência datada de 6 out. 1993, a Dra. Doris Edler, pesquisadora do Städt Museum-Gelsenkirchen, amavelmente, envia-me descrição significativa da obra: "Es handelt sich um eine Aktfigur. Die Frau hat ihre Arme über den Kopf erhoben und schiebt ihr langes lockiges Haar nach oben. Der Oberkörper ist ganz leicht gedreht, in ausgleichender Gegenbewegung zu den Beinen, die sich in einer überkreuzten Schrittstellung befinden. Ihre Füße berühren sich unten und verschmelzen mit einer ovalen leicht gewölbten Bronzeplatte. Zwischen den Knien wird ein schmaler Spalt sichtbar. Das Gesicht ist einfach durchmodeliert: kleiner Mund, schmale spitze Nase, kleine runde Augenhöhlen, die Augenbrauen als fein eingeritzte Bögen. Die Oberfläche der Figur ist unregelmäßig und zeigt tiefe Bearbeitungsspuren, die auf die Behandlung des Tons zurückweisen. Die unregelmäßige, zum Teil sehr grobe Oberfläche der Bronze ruft kräftige Licht- und Schattenwerte hervor".

161. Vierneisel assinala que de Fiori participa da exposição Deutsche Kunst im Amerika [Arte Alemã na Américal, em Nova Iorque [GKM, 1992, p. 183]; Zanini indica que o artista participa da Exposition d'Artistes Italiens Contemporains, no Musée Rath, em Genebra [MAC, 1975, p. 115].

162. Em seu livro de memórias, Mucchi escreve sobre esse ateliê da Prinz-Albrecht-Strasse: "Rimasi dunque

a Berlino, ma la vita in comune con i Müller stava diventando dolorosa. Ogni volta che Genni ed io rimanevamo soli una cieca forza ci spingeva l'uno all'altro. Là dove sembravano apparire speranze, i decreti morali alzavano i loro scudi; là dove avrebbe dovuto essere salda l'essenza morale si insinuava la tentazione. I divieti che ci ponevamo accrescevano il desiderio di assimilazione intellettuale, di eguaglianza di destini. Era difficile doloroso e pericoloso continuare a vivere nella stessa casa. Trovai dunque uno studio in centro, a due passi dalla Potsdamerplatz, in quella che allora si chiamava Prinz-Albrecht-Strasse, nel palazzo al numero 8, che oggi, bombardato, non esiste più. Era un grande edificio. Vi aveva sede una scuola d'arte applicata, istituita dall'amministrazione della città. Quell'edificio diventò poi tragicamente famoso, vi agiva la Gestapo, la polizia segreta di Stato, e fu, durante gli anni del nazismo, carcere politico e nei sotterranei luogo di infami torture. Al mio tempo, tempo ancora di pace, l'ultimo piano era attrezzato a laboratori e studi. Il mio era sull'angolo della casa, pieno di luce da ernormi vetrate. Portrai lì le mie poche cose e lì mi misi ad abitare. C'erano accanto due o tre piccole scuole d'arte private con allievi e allieve. E c'era, non lontano dal mio, lo studio di Ernesto De Fiori, lo scultore". Mucchi, 1994, p. 179.

163. Entrevistas concedidas à autora em 25 jun. 1994 e 7 ago. 1994, Berlim.

164. "Tanto mi piacevano le sue sculture, altrettanto mi lasciavano indifferenti i suoi quadri, dipinti con una pittura facile ed elegante a pennellate sfardalleggianti, quadri che mi pareva non avessero algun legame con le figure scolpite." Mucchi, 1994, p. 180.

165. Ernesto de Fiori. "Ich modelliere Hindenburg". *Berliner Illustrierte Zeitung*, Berlin, 4. Nov. 1928.

166. Segundo Vierneisel, de Fiori também expõe na cidade de Magdeburg. Vierneisel, GKM, 1992, p. 183.

167. Ernesto de Fiori. "Boxer und Sänger" – recorte de jornal, Zentralarchiv Berlim.

168. Willi Wolfradt. "Portrait Plastiken von Ernesto de Fiori". *Vogue*, Berlin, 1928, p. 41 e p. 52.

169. Hans Siemsen. "Ernesto de Fiori". *Deutsche Kunst und Dekoration*, 1929, pp. 234-245.

170. *Stehende*, c. 1927/28. Eichenholz, h. 77 cm. Staatliche Museen zu Berlin – Preußischer Kulturbesitz, Nationalgalerie [ehm. West].

171. *Mädchen*, 1928. Lindenholz, h. 62 cm, bez.: E d F I 28. Bayerische Staatsgemäldesammlungen, München, Staatsgalerie für Moderne Kunst.

172. *Stehender Jüngling*. Eichenholz, h. 98 cm. Staatliche Museen zu Berlin – Preußischer Kulturbesitz, Nationalgalerie [ehm. West].

173. *Mädchen*, 1929. Holz, h. 67 cm, bez: E d F 29.

174. Sobre os materiais utilizados por de Fiori e escultores da Alemanha, ver texto de Ursel Berger: "Materie und Vision. Die neue Auseinandersetzung mit Bildhauermaterialien bei Ernesto de Fiori und seinen Kollegen". In: Beatrice Vierneisel. *Ernesto de Fiori. Das plastische Werk – 1911-1936*. Berlin, Georg-Kolbe-Museum, 1992, pp. 110-123.

175. Ernst Huno. "Herbstausstellung der Berliner Secession". *Deutsche Kunst und Dekoration*, Jan. 1930, p. 224, reprodução, após p. 236: "Ernesto de Fiori wartet diesmal mit einem Bilde 'Mannequins' auf, von jener etwas hölzernen Schematik des malerischen Vortags, wie sie bei den malerischen Versuchen der geborenen Plastiker leicht enttäuscht".

176. No catálogo Gabriele Mucchi, *Malerei und Graphik, Staatliche Museen zu Berlin*, Berlin – Hauptstadt der DDR, 1983, p. 59, consta que ele e de Fiori viajam para a Itália em 1938. Ao conversarmos em 1994, disse-lhe que de Fiori estava no Brasil desde 1936; com humor, o pintor exclamou: "Assim se faz história", e acrescentou que ele fez a viagem com de Fiori para a Itália logo após chegar à Alemanha. Sobre essa viagem a Itália, 1928/29, e a feita pelo mar Báltico, escreve Mucchi: "Frequentavano De Fiori, attraverso me, anche i Müller ed è certo che De Fiori corteggiò Genni. Fortemente si invaghì più tardi della bella cugina di Genni, Reingard. Facemmo un viaggio a quattro sul mar Baltico con una potente macchina americana, molleggiatissima, che si inclinava paurosamente in curve dal guidatore

male affrontate. Non era un buon automobilista: un giorno a Milano, percorrendo via Manzoni, mi parlava della guida, diceva 'qualche volta mi distraggo'. In quello stesso momento la macchina saltò sul marciapiede. Un passante si salvò. De Fiori ebbe fastidi". Mucchi, 1994, p. 181.

Sabe-se que: Mucchi chega em Berlim em 1928, onde permanece até 1930; em 1931 está em Wüttemberg, de onde segue para Paris, só retornando à Alemanha em 1938, a passeio.

177. Ficha referida anteriormente, reproduzida em: P. M. Bardi. *Ernesto de Fiori.* Milano, Ulrico Hoepli, 1950, p. 7.

178. Scheiwiller é responsável pela série "Arte Moderna Italiana" que, em 1927, publica o texto de Emil Szittya sobre de Fiori e, em 1950, outro número sobre o artista, com texto de Pietro Maria Bardi. Neste último, Scheiwiller é responsável pela bibliografia do artista. Ao comentar essa série de pequeno formato, Mucchi elogia Scheiwiller e escreve que com ela pode-se conhecer artistas: "Chi vorrà sapere per esempio qualche cosa del grande scultore Ernesto De Fiori, nato in Italia, diventato cittadino tedesco e celebre in Germania, inviso ai fascisti prima, e poi ai nazisti, morto esule in Brasile e sempre mal conosciuto da noi, dovrà oggi aprire il nono volumetto della raccolta, nel quale De Fiori è posto nella serie degli artisti italiani". Mucchi, 1994, p. 160.

179. Há cartas de Mucchi a de Fiori na biblioteca do Museu de Arte de São Paulo e no arquivo do MAC/USP.

180. N. M. "Bilder Ernesto de Fiori bei Flechtheim" – recorte de jornal, arquivo MAC/USP.

181. Até o momento não foi localizada qualquer documentação, inclusive fotográfica, que possibilite confirmar a data.

182. A medalha pertence a Kunsthalle de Bremen.

183. Escreve Vierneisel: "Das Pendant zu dieser mythologischen Figur ist die 'Anphitrite' von Kurt Edzard, beide Figuren waren für ein Lloyds-Schiff in Auftrag gegeben, aber dort nie aufgestellt worden. Die Verbindung zum Norddeutschen Lloyd mag über den Architekten Emil Fahrenkamp [...] zustande gekommen sein, der 1927 für die Schiffartsgesellschaft ein Empfangsgebäude in Bremerhaven baute und Schiffausstattungen entwarf". Vierneisel, GKM, 1992, p. 208.

184. Em 1991, esta obra é leiloada; lê-se no catálogo: "Im Auftrag der Leipzig Tuchhandlung Heine entstandene Plastik. Ein stehender Jünglingsakt, der ein bis auf den Boden reichendes Tuch hält; auf diesem Tuch ist (eingeritzt) die Marke 'PE KA TUCHE' (mit einem Segelschiff) erkennbar. Der Verwendungszweck dieser Plastik, und ob sie einer größeren Ausformung gegossen wurde, ist nicht bekannt". Lempertz 672, Auktion, 21. Nov. 1991. – reimpresso em Vierneisel, GKM, 1992, p. 209.

185. Datam de 1932, os bustos que de Fiori modela de Gertrud Merck, Carl-Christoph Merck e Elisabeth Merck; de acordo com o diário de Mathilde Merck, em 1934, de Fiori modela o busto de Louis Merck. Este retrato é desconhecido, Vierneisel afirma que é obra destruída.

186. Vierneisel escreve que essas figuras foram roubadas no pós-guerra. Possivelmente, informação oral que a pesquisadora obteve a partir de contato com a família Merck. Vierneisel, GKM, 1992, p. 210.

187. É possível que *Neptun* tenha recebido, posteriormente, a denominação de *Poseidon*, título certamente atribuído à escultura por alguém que não o artista, aliás, ocorrência comum quando se trata de objetos artísticos.

188. Carta datada de 8 abr. 1931 – cópia no arquivo do GKM, Berlim.

189. Mucchi, 1994, p. 182.

190. No catálogo *Ernesto de Fiori. Das plastische Werk – 1911-1936.* Berlin, Georg-Kolbe-Museum, 1992, está registrada apenas uma modelagem com duas tiragens. No entanto, a obra que pertence ao Staatliche Museen zu Berlin – Preußischer Kulturbesitz, Nationalgalerie é uma modelagem e a que pertence ao Heimatmuseum Schöneberg é outra.

191. Zanini escreve que, nesse ano, de Fiori expõe em Bruxelas, em uma mostra promovida pela revista *L'Art Vivant.* Zanini, MAC, 1975, p. 115.

192. Em Roma, pintores, escultores e literatas, entre os quais Gino Bonichi (Scipione), Carrà, Morandi, Arturo Martini, Marino Marini, Ungaretti, Alberto Moravia, formam um grupo de oposição ao Novecento Italiano de Milão; fundam, em 1931, a revista *Fronte*, que só chega a ter dois números.

193. Artigo traduzido para o alemão pela Dra. Ursel Berger, para o catálogo da retrospectiva do artista em Berlim, 1992, no Georg-Kolbe-Museum.

194. Em 30 de janeiro, Hindenburg nomeia Hitler chanceler. Inicialmente, somente Hermann Göring e Wilhelm Frick são do NSDAP no Gabinete. Em março, Goebbels é chamado para ser ministro da propaganda. Em 5 de maio, dá-se a última votação livre; em julho, é declarado por lei que só existe um partido na Alemanha, o NSDAP.

195. Em 1925, Hitler inicia a reconstrução do NSDAP. Nesse ano, é formada a Schutzstaffel [SS]. Em 1927, em Munique, Alfred Rosenberg funda a Nationalsozialistische Gesellschaft-Nationalsozialistische Wissenschaftliche Gesellschaft [Sociedade Nacional-socialista para a Cultura Alemã - Sociedade Nacional-socialista científica]; a partir desta, em 1929, é fundada a Kampfbund für Deutsche Kultur [União de Luta pela Cultura Alemã], que é reconhecida pelo NSDAP. A principal função da Kampfbund é a de recolher trabalhos modernos tidos como arte degenerada. Em 1928, é publicado o livro *Kunst und Rasse* [*Arte e Raça*] de Paul Schultze-Naumburg. Do que consta de livros que referem Schultze-Naumburg, a partir de 1930 ele é diretor da Akademie der Kunst de Weimar e conselheiro do ministro do interior e da educação popular, o nacional-socialista Wilhelm Frick. Na função de diretor da Academia, Schultze-Naumburg providencia que os afrescos de Oskar Schlemmer sejam retirados da antiga Bauhaus de Weimar; em 1931, faz conferências em diversas cidades alemãs contra a degeneração racial da arte. Em 1930, na votação de setembro do Reichstag, os Nationalsozialisten que ocupavam poucos lugares, passam a ter uma representação significativa. Por ordem do ministro Wilhelm Frick, neste ano, trabalhos de Barlach, Dix, Kandinsky, Klee, Lehmbruck e outros foram retirados do Weimarer Schloßmuseum, Weimar. Em 1931, em julho, a Kroll-Oper é fechada, pois apresentava música de compositores de vanguarda, entre os quais Schönberg. Em 1932, professores de ascendência judaica são afastados de vários estabelecimentos, sempre com "convites". Em 1933, entre outros, esses "convites" são feitos para: Willi Baumeister, Beckmann, Dix, Hofer, Pechstein e Schlemmer. Também são afastados de seus cargos diretores de museus, como: Ernst Gosebruch (Essen), Hartlaub (Mannheim), Carl Georg Heise (Lübeck), Ludwig Justi (Berlim), Gustav Pauli e Max Sauerlandt (Hamburg). Ainda nesse ano, são montadas algumas exposições contra a arte moderna, como as de Nürnberg, intitulada Schreckenskammern der Kunst [Câmaras de Horror da Arte], e a Wanderausstellung Reindeutscher Kunst [Exposição Itinerante de Arte Alemã Pura], mostrada em diferentes cidades.

196. A Reichskammer der bildenden Künste está organizada em 1937; todas as associações de artistas ainda existentes são extintas. O artista que não fosse membro ou fosse excluído da Câmara não teria mais o direito de exercer sua profissão: para comprar materiais, o artista precisava ter "carteirinha" da Câmara.

197. Até 1937, a Studentenbund monta algumas exposições de artistas modernos na Galeria Ferdinand Möller, de Berlim. Seu diretor, Schreiber e Walter Hartmann fundam a revista *Kunst der Nation* [*Arte da Nação*], onde divulgam, entre outros, artistas da vanguarda. Durante todo o regime nazista, Schreiber organiza exposições em fábricas, nas quais, até 1943, mostra trabalhos de Schmidt-Rottluff, Barlach, Nolde etc.

198. Ver acima nota sobre a Kampfbund.

199. Carta datada de 6 de maio de 1933 – cópia no arquivo do GKM, Berlim.

200. Ernesto de Fiori. "Wie können wir Künstler der Regierung helfen?" *Deutsche Allgemeine Zeitung*, 28. Apr. 1933.

201. "Allora a Berlino si parlava molto di lui. A un certo momento si disse che era un antisemita: in una libreria aveva lanciato un grosso volume in testa a un

borioso critico d'arte, ebreo e di moda*, ma poi i nazisti lo fecero passare lui stesso per ebreo – dissero che il suo vero nome era 'Von Blumen'.

"De Fiori non aveva una posizione politica definita, ma era uno che aveva avuto idee chiare: era antifascista. Mentre il mediocre Arno Breker saliva in fama e sarebbe diventato lo scultore accademico del nazismo, De Fiori rifiutava i compromessi e disertava, come del resto fece Genni, le esposizioni ufficiali. Venne attaccato e presto annoverato fra i produttori di 'arte degenerata' (entartete Kunst). Quando Hitler era al potere, nel 1936, abbandonò con amarezza il paese, dividendo nell'emigrazione il destino di molti intellettuali tedeschi, fra i quali Brecht, Thomas Mann, Hanns Eisler, Arnold Zweig. Forse sarebbe venuto volentieri in Italia, ma il suo antifascismo era conosciuto anche da noi." Mucchi, 1994, p. 183.

* Mucchi refere a discussão de de Fiori com Carl Einstein na Galeria Flechtheim.

202. Vierneisel registra que o artista também participa da Exhibition of Paintings and Sculture [Exposição de Pinturas e Esculturas] no Instituto de Arte de Chicago. Vierneisel, GKM , 1992. p. 184.

203. Vierneisel escreve que esta casa foi o primeiro ateliê do escultor Ernst Herter.

204. Até 1994, essa *Figura Feminina* pertencia à Dra. Anna Ingeborg Auesperg, amiga da família de Fiori. Em entrevista, ela me afirmou que essa figura, possivelmente, foi modelada na Itália, pois a pessoa que lhe presenteou a escultura, disse que a obra nunca saiu da Itália. Em 1950, esta obra é exposta na XXVº Bienal de Veneza. A modelagem da obra é próxima a outras do decênio de 30; pode-se supor que é obra de 1934. No decênio de 90, essa escultura foi leiloada na Alemanha.

205. Na contracapa do catálogo desta exposição lê-se: "Skulpturen, Zeichnungen und Graphik der Bildhauer der Gegenwart * Georg Kolbe/Wilhelm Lehmbruck Philipp Harth/Gerhard Marcks Richard Scheibe/ Renée Sintenis". Na capa, lê-se: "6. Ausstellungen [...] Ernesto de Fiori Skulpturen/Zeichnungen". Duas possibilidades: a exposição de de Fiori é a sexta exposição de uma série, "esculturas, desenhos e gravuras o escultor da atualidade", ou a exposição do artista ocorre paralelamente à apresentação de trabalhos de outros escultores.

206. Fechter assina o artigo "Bildhauer / Ivan Mestrovic – Ernesto de Fiori". *Deutsche Zukunft*, [1935], p. 8 – recorte de jornal, arquivo Georg-Kolbe-Museum, Berlim. "Ernesto de Fiori. Ausstellung bei Buchholz". [*Tageblatt*, Berlim, 28. Mai. 1935] – recorte de jornal, Staatlichen Museen zu Berlin – Zentralarchiv.

Dois outros recortes de periódicos também registram essa exposição e citam os 50 anos do artista: "Zwischen Gestern und Morgen. Ausstellung bei Karl Buchholz", [*Deutsche Allgemeine Zeitung*, 25. Mai. 1935] e "Ernesto de Fiori. Zeichnungen und Plastiken bei Karl Buchholz" – recorte de jornal, arquivo MAC/USP.

207. Wilhelm von Bode morre em 1929, o busto modelado por de Fiori data de 1933. Possivelmente, é encomenda do Staatlichen Museen.

208. Vierneisel escreve que trabalhos do artista também são mostrados em coletivas de Dessau, Dresden e Düsseldorf. Vierneisel, GKM, 1992, p. 184.

209. Ernesto de Fiori. "Possibilità di Pace?" Este texto é assinado por de Fiori: Un Tedesco, São Paulo, 5. X. 39 – arquivo MAC-USP.

210. Por volta de 1913, o irmão do artista, o médico Mario de Fiori, deixa a Itália e segue para o Brasil; depois, durante a Primeira Guerra Mundial, serve o exército italiano como médico. Após o término do conflito, fixa residência no Brasil – depoimento de Ornella Heins Psillakis, neta de Mario de Fiori, em várias ocasiões, o que se confirma a partir do documento de 1916, de Robert de Fiori, referido anteriormente.

Há poucas referências sobre a mãe do artista, Maria Unger de Fiori; possivelmente, por volta de 1934, ela se muda para o Brasil.

211. Ernesto de Fiori. "Die Lange Fahrt". *Deutsche Allgemeine Zeitung*, Berlin, 20. Set. 1936.

212. Ernesto de Fiori. "Wenn ein Künstler reist... Eindrücke und Erlebnisse aus Brasilien". *Deutsche Allgemeine Zeitung*, Berlin, 8. Nov. 1936.

213. Ernesto de Fiori. "Wenn ein Künstler reist... II

– Urwald links – Urwald rechts. Abenteuer auf dem Paraná-Strom". *Deutsche Allgemeine Zeitung*, Berlin, 15. Nov. 1936.

214. Cartas que Ernesto de Fiori recebe nesse período encontram-se no arquivo do Museu de Arte Contemporânea da Universidade de São Paulo.

215. Carta de August Burrinhter [sic] a de Fiori, datada de 15 jul. 1937 – arquivo MAC/USP

216. "Eu posso reservar-lhe um quarto em um hotel, caso queira, pois no último momento, em geral, é difícil conseguir um. Não há boas pensões em Nova Iorque, mas, tanto quanto eu sei, o 'Barbizon Plaza Hotel' é o mais barato dos bons hotéis; penso que algo em torno de $14 a $15 por semana, com café da manhã! Se isto for muito caro, pode-se encontrar algo mais barato" – carta de Carmen [sic] a de Fiori, de 18 de abril. Carta posterior a 1936, pois Carmen escreve que leu recentemente dois artigos de de Fiori no jornal alemão *Deutsche Allgemeine Zeitung*.

217. Desde cerca de 1936 até 1939, Curt Valentin faz viagens da Alemanha para Nova Iorque, onde, em 1939, abre "oficialmente a galeria Buchholz", como escreve para de Fiori.

218. As cartas de Valentin a de Fiori, datadas de 21 out. 1937, 28 out. 1937; 29 jul. 1939 estão no arquivo MAC/USP.

219. Valentin refere o busto de Greta Garbo, que de Fiori modelou no Brasil, na carta de 21 out. 1937; como declaram os que conheceram o artista, busto que modela de memória, após ver um filme com a atriz.

220. Carta de Curt Valentin a de Fiori, datada de 28 dez. 1937 – arquivo MAC/USP.

221. Ainda não foi feito o levantamento dos periódicos publicados na Itália; todavia, há no arquivo MAC/USP, uma cópia da página da revista *Domus*, de 1938, na qual estão reproduzidas pinturas que de Fiori fez no Brasil.

222. Carta de Gabriele Mucchi a de Fiori, de 22 nov. 1936 – biblioteca do Museu de Arte de São Paulo.

223. Carta de Marie Louise von Prittwitz a Ernesto de Fiori, ass.: "Me", s/ data – arquivo MAC/USP.

224. Ernesto de Fiori. "La Scultura e i suoi ostacoli". *Fanfulla*, São Paulo, 26 ago. 1936. Após o artigo, está impresso: "E. de F. São Paulo, 21 VIII 36".

225. Ernesto de Fiori. "Chiacchiere sull'arte". *Fanfulla*, São Paulo, 5 jan. 1937. Lê-se no final do artigo: "Ernesto de Fiori. S. Paulo 31-12-1936".

226. Kurt Martin an des Ministerium für Kultus und Unterricht, 12. Jan. 1937 – Generallandesarchiv Karlsruhe.

227. As Säuberungen nos museus alemães efetivam-se em 1937: vários dos trabalhos embargados são colocados em armazém de Berlim, na Köpeniker Straße. Parte das obras é guardada em depósitos para a montagem da exposição Entartete Kunst.

228. Der Präsident der Reichskammer der bildenden Künste an den Herrn Bildhauer Ernesto de Fiori, 15. Jan. 1937.

229. O levantamento no arquivo de Potsdam sobre obras embargadas foi realizado pela pesquisadora Josephine Gabler que, gentilmente, cedeu-me informações.

230. Informação enviada por Claudia Klugmann, em carta de 4 abr. 1997, a quem agradeço a gentileza.

231. Agradeço a amabilidade da Dra. Anita Beloubek-Hamer que me facultou acesso a documentos das obras de de Fiori.

232. Doris Edler enviou-me, gentilmente, carta com informações sobre as obras embargadas e retiradas do Museu de Gelsenkirchen, durante o "Nazizeit" e cópias de alguns documentos.

233. Inge Herold gentilmente me enviou, em carta de 19 fev. 1997, informações sobre as obras de de Fiori da Kunsthalle de Mannheim, durante o regime nazista.

234. Inge Herold informa na mesma carta de fevereiro de 1997, que a *Kniende* pertence atualmente ao Metropolitan Museum of Art de Nova Iorque, através de negociação com a Galeria Buchholz. Até o momento, não foi possível confirmar esta informação.

235. Carta de Curt Valentin a Ernesto de Fiori, 29 jul. 1939 – arquivo MAC/USP.

236. Christian Tümpel (Hrsg). *Deutsche Bildhauer*

1900-1945 Entartet. Waanders Verlag, Zwolle, 1992, p. 99. As considerações sobre a obra foram feitas a partir da correspondência da Reichskammer der bildenden Künste, de 12 jul. 1937; 22 jul. 1937 e de 5 ago. 1937.

237. Ernesto de Fiori a Carlos Pinto Alves, 27 jun. 1937: "Cher M. Pinto Alves, vous êtes charmant de m'inviter à votre fazenda, mais je n'ai pas de chance: j'etais malade toute la semaine passée et je suis pas encore bien de tout. [...] Pour le moment j'espère vous revoir bientôt, ici à S. P., [...]" – arquivo MAC/USP.

238. Segundo a Dra. Maria Cecília F. Lourenço, em seu livro *Operários da Modernidade*, São Paulo, Hucitec/ Edusp, 1995, p. 94, nota 41, o busto de Greta Garbo, modelado por de Fiori em 1937, é incluído na primeira mostra da Família Artística Paulista, após a inauguração.

239. Ernesto de Fiori a Carlos Pinto Alves, Rio de Janeiro, 11 jul. 1937 – arquivo MAC/USP.

240. Carta de Theodor Heuberger a Ernesto de Fiori, Rio de Janeiro, 27 set. 1937 – arquivo MAC/USP.

241. Carlos Pinto Alves; Gerda Brentani; Lourival Machado; Luis Martins e Sérgio Milliet. *Ernesto de Fiori*. São Paulo, s/ed., *c.* 1946.

242. Ernesto de Fiori. "Europäische Kultur in Brasilien". *Deutsche Zeitung*, São Paulo, 31 dez. 1937.

243. Ernesto de Fiori. "Brasilianische Welt". *Deutsche Allgemeine Zeitung*, Berlin, 24 jan. 1937.

244. A Reichskammer der bildenden Künste recolheu obras de colecionadores particulares, sobretudo judeus.

245. BA Potsdam 50.01/1020 Bl. 31/32 – arquivo de Potsdam.

246. Der Präsident der Reichskammer der bildenden Künste an den Landsleiter da Gau Berlin, 21. Jul. 1938.

247. Der Landeskulturwalter Gau Berlin Landesleiter für bildenden Künste an den Polizeipräsidenten, 21. Nov. 1938.

248. [Gau Berlin] An den Herrn Präsidenten der Reichskammer der bildenden Künste, 29. Dez. 1938.

249. Em 1975, o Prof. Walter Zanini escreve que "por intermédio de Mário de Andrade, que o admirava, Ernesto de Fiori foi introduzido ao Ministro Gustavo Capanema [...] e convidado a realizar maquetas de esculturas para integração àquela arquitetura exemplar do nosso modernismo". Como se afirmou anteriormente, a "admiração" de Mário, afirmada por Zanini, deve-se, segundo o próprio estudioso, a um artigo que o escritor escreve em 1941 sobre o artista. Além de a afirmação desconsiderar o anacronismo do documento – de Fiori trabalha no MES em 1938 –, elide o próprio conteúdo dele. Mário de Andrade entende que as esculturas do artista, anteriores ao ano de seu artigo, deixam a desejar: "Havia naquelas, a meu ver, uma inquietação de fatura que me dava bastante o sentimento do inacabado da obra e da inadaptação pessoal do artista. Agora não".

250. Capanema chamava de "O Homem Brasileiro" a escultura masculina prevista no projeto escultórico do MES, para a qual desejava a representação do "tipo racial brasileiro da melhor qualidade física e mental" – rascunho do memorial para concurso, jan. 1937. Quando, em 1939, de Fiori organiza exposição individual em São Paulo, expõe algumas das esculturas que havia modelado para o MES, em 1938, entre as quais uma figura masculina: *Rapaz*.

251. Ver correspondência de Gustavo Capanema – CPDOC/FGV, Rio de Janeiro.

252. Carta de Ernesto de Fiori a Gustavo Capanema, de 10 fev. 1939 – arquivo CPDOC/FGV, Rio de Janeiro.

253. Carta de Gustavo Capanema a Ernesto de Fiori, de 6 mar. 1939 – arquivo MAC/USP.

254. Der Präsident der Reichskammer der bildenden Künste an den Herrn Landesleiter der Reichskammer der bildenden Künste beim Landeskulturwalter Gau Berlin, 15. Mai. 1939.

255. Gau Berlin an der Herrn Präsident der Reichskammer der bildenden Künste, 1. Aug. 1939.

256. Marie Louise von Prittwitz a de Fiori. Tutzing, 14. Sept. 1939 – ass. "Me", arquivo MAC/USP.

257. Curt Valentin a de Fiori, 29 jul. 1939 – arquivo MAC/USP.

258. Ernesto de Fiori. Sem título. *Intercâmbio*, Rio de Janeiro, 20 mar. 1939.

259. Ernesto de Fiori. Sem título. *Acrópole*, São Paulo, jun. 1939. p. 38.

260. Carta de Ernesto de Fiori a Jorge Griesbach, de 18 jan. 1939 – arquivo MAC/USP.

261. Carta de Jorge Griesbach a Ernesto de Fiori, de 22 jan. 1939 – arquivo MAC/USP.

262. Carta de Jorge Griesbach a Ernesto de Fiori, de 1º fev. 1939 – arquivo MAC/USP.

263. "Aveva fortuna con le donne e poca fortuna con le mogli. S'innamorava violentamente di femmine vistose, accorgendosi poi, ma troppo tardi, della impossibilità di una vita in comune, e divorziava, ma presto ripetava l'errore. Storie terribile, poi, con mariti di alcune di esse. Uma di queste storie, allora, dovetti rappezzarla io con una bugia detta al momento giusto. L'ultima fu a São Paulo nel Brasile: un marito geloso entrato a viva forza nel suo studio gli distrusse un centinaio di disegno: nudi per i quali aveva posato la moglie." Mucchi, 1994, pp. 180-181.

264. Depoimento de Gerda Brentani à autora, São Paulo, 8 nov. 1991.

265. Ernesto de Fiori. *Possibilità di Pace?* – manuscrito assinado e datado: Un Tedesco, 5 X. 38 – arquivo MAC/USP.

266. Paul Seiffhart an den Landeskulturverwalter [Reichskulturkammer] Gau Berlin, 23 fev. 1940.

267. Conta Raphael Galvez, que "muitos artistas iam à OSIARTE e, quando chegavam, o Rossi oferecia um biscoito cru para que o artista desenhasse espontaneamente" – depoimento de Raphael Galvez à autora, decênio de 80.

268. Ernesto de Fiori. "A Exposição de Pintura Francesa. – Uma Crítica do Escultor Ernesto de Fiori". *O Estado de S. Paulo*, São Paulo, 4 out. 1940.

269. Ernesto de Fiori. "Von guter und schechter Kunst". *Die Kunst für Alle*, München, Nov. 1939, pp. 34-37; "Do Bom e do Mau Gosto". *O Estado de S. Paulo*, São Paulo, 11 dez. 1940 – manuscrito datado de 1938, arquivo MAC/USP.

270. Ernesto de Fiori. "Entrevista Comigo Mesmo". *O Estado de S. Paulo*, São Paulo, 30 abr. 1941.

271. Ernesto de Fiori. "A Pesquisa na Arte". *O Estado de S. Paulo*, São Paulo, 22 out. 1941.

272. Ernesto de Fiori. "Os Monumentos". *O Estado de S. Paulo*, São Paulo, 30 out. 1941.

273. Carta em francês, datada de 5 dez. 1942, publicada na revista *Habitat*, out./dez. 1950, pp. 77-78. Na mesma revista, também é publicada outra carta do artista ao crítico, esta em italiano, sem data.

274. Ernesto de Fiori. "Tomada de Posição". *O Estado de S. Paulo*, São Paulo, 25 mar. 1942.

275. Ernesto de Fiori. "Parademarsch". *O Estado de S. Paulo*, São Paulo, 10 maio 1942.

276. No material do artista, encontram-se inéditos, entre os quais um sobre arte, "Sulla Esposizione dei Bambini inglesi", possivelmente uma conferência de de Fiori – ver opúsculo sobre o artista –; outros sobre política, "La Libertà; About Nostradamus; Fascismo = Nazionalismo"; uma comédia, "Das Gefängnis oder Die Tat oder Der Privatmensch", que assina: Ernst Ferdinand Unger.

277. Os desenhos e a carta que os refere pertencem ao arquivo do Museu de Arte Contemporânea da Universidade de São Paulo, documentos doados por Gerda Brentani. Segundo Zanini, esses estudos foram oferecidos ao Governo norte-americano, para a defesa dos navios atacados pelos submarinos alemães.

278. "L'ho conosciuto verso il principio del 1937, quando nenne a S. Amaro. Lui aveva già molta pratica di vela, ha veleggiato molto in Germania. Ma non aveva pratica di regate. Al principio andó male, si rovesciò diverse colte. Comprò la 'Pantera' del sig. Baldassarri, barca gemella della 'Lupa'. La 'Pantera' 'non andava' in nessun modo. Perche? Se la 'Lupa' era un'ottima barca? — Lui gli cambiò il nome: 'Benteví', e ricondussi il mastro al posto giusto." – documento assinado por Virgilio Isoldi, datado de 20 jun. 1946 – arquivo MAC/USP.

279. Carta de de Fiori, datada de 1942 – arquivo MAC/USP.

280. Carta de Mariano J. M. Ferraz a Carlos Pinto Alves, de 6 nov. 1945 – arquivo MAC/USP.

281. Segundo Zanini, de Fiori expõe na Mostra di

25 Artisti del Secolo, Galeria del Secolo, Roma. Zanini, MAC, 1975, p. 115.

282. Há notícia sobre Frontini em Antonio Candido – RIEB/USP, 1994, p. 13.

283. Carta de Norberto A. Frontini a Ernesto de Fiori, 8 set. 1944 – arquivo MAC/USP.

284. Ernesto de Fiori a Rossi Osir, s/ data – arquivo pessoal de Gerda Brentani.

285. Certidão de óbito expedida pelo Cartório de Paz e Registro Civil da Bela Vista, de 21 ago. 1945 – arquivo pessoal de Ornella Heins Pisillakis.

ÍNDICE DE OBRAS E DOCUMENTOS

1. TÍTULO: *São Jorge e o Dragão* ▪ DATA: s/ data ▪ MATERIAL: óleo s/ tela ▪ DIMENSÃO: 129 x 98,5 cm (luz) ▪ COLEÇÃO: particular (São Paulo) ▪ FOTOGRAFIA: Alexandra Neuber (p. 4).

2. TÍTULO: "A primeira cabeça que Ernesto Fiori esculpiu no Brasil". *Diário de S. Paulo*, São Paulo, [4 jan. 1948] ▪ TIPO: recorte ▪ LOCALIZAÇÃO: Biblioteca do Museu Nacional de Belas-Artes, Rio de Janeiro (p. 29).

3. TÍTULO: *Menotti del Picchia* ▪ VARIANTES: *Cabeça de Menotti del Picchia*; *Porträt Menotti del Picchia* ▪ DATA: 1936 ▪ MATERIAL: estuque ▪ DIMENSÃO: 34,5 cm altura ▪ ACERVO: Museu de Arte de São Paulo "Assis Chateaubriand" ▪ FOTOGRAFIA (de época): s/ ident., álbum do artista ▪ PROPRIEDADE (do álbum): Ornella Heins Psillakis (p. 29).

4. TÍTULO: "Cinque sculture di Ernesto de Fiori". *Domus*, Milano, 1938, p. 36 ▪ TIPO: cópia heliográfica ▪ ARQUIVO: Museu de Arte Contemporânea da Universidade de São Paulo (p. 30).

5. IDENTIFICAÇÃO: Exposição de Ernesto de Fiori na Galeria Guatapará, São Paulo ▪ DATA: 1936/37 ▪ FOTOGRAFIA (de época): s/ ident., álbum do artista ▪ PROPRIEDADE (do álbum): Ornella Heins Psillakis (p. 32).

6. TÍTULO: *Pescador e Ilha* ▪ DATA: 1936 ▪ MATERIAL: óleo s/ tela ▪ DIMENSÃO: 38 x 46 cm ▪ COLEÇÃO: Irene Toscano de Fiori ▪ FOTOGRAFIA: Alexandra Neuber (p. 33).

7. TÍTULO: "Esculptor Ernesto de Fiori. Exposição de trabalhos do notavel artista". *A Nação*, Rio de Janeiro, 22 ago. 1937 ▪ TIPO: recorte ▪ ARQUIVO: Museu de Arte Contemporânea da Universidade de São Paulo (p. 37).

8. TÍTULO: "Esposizione Ernesto de Fiori". *L'Italiano*, Rio de Janeiro, 19 ago. 1937 ▪ TIPO: recorte ▪ ARQUIVO: Museu de Arte Contemporânea da Universidade de São Paulo (p. 37).

9-10. IDENTIFICAÇÃO: Exposição de Ernesto de Fiori na Galeria Theodor Heuberger, Rio de Janeiro ▪ DATA: 1937 ▪ FOTOGRAFIA (de época): s/ ident. ▪ ARQUIVO: Museu de Arte Contemporânea da Universidade de São Paulo (p. 38).

11. TÍTULO: *Rodrigo Octávio* ▪ VARIANTES: *Ministro Rodrigo Octavio, Porträt Dr. Rodrigo Otavio* ▪ DATA: 1937 ▪ MATERIAL: estuque ▪ DIMENSÃO: 44,5 cm altura ▪ COLEÇÃO: Benjamin Steiner e Gerard Loeb ▪ FOTOGRAFIA: Pedro Ribeiro (p. 40).

12. TÍTULO: *Schreitender* [*Caminhante*] ▪ VARIANTES: *Schreitender Mann* [*Homem Caminhando*]; *Uomo che Cammina*; *Homem Andando*; *Homem em Marcha* ▪

DATA: 1936 ▪ MATERIAL: estuque ▪ DIMENSÃO: *c.* 94 cm altura ▪ COLEÇÃO: Ornella Heins Psillakis ▪ FOTOGRAFIA (de época): Hugo Zanella ▪ PROPRIEDADE (da fotografia): Anne Moreno (p. 41).

13. TÍTULO: *Der Box Max Schmeling* ▪ VARIANTES: *Max Schmeling*; (poss.) *Der Boxer* ▪ DATA: *c.* 1928 ▪ MATERIAL: terracota ▪ DIMENSÃO: 56,5 cm altura ▪ COLEÇÃO: Manfred von Oertzen ▪ FOTOGRAFIA: Pedro Ribeiro (p. 41).

14-15. IDENTIFICAÇÃO: Exposição de Ernesto de Fiori na Galeria Casa e Jardim, São Paulo ▪ DATA: 1939 ▪ FOTOGRAFIA (de época): s/ ident. ▪ ARQUIVO: Museu de Arte Contemporânea da Universidade de São Paulo (p. 43).

16. TÍTULO: *Klaus Molly* ▪ VARIANTES: *Cabeça de Claus*; *Porträt Klaus Molly* ▪ DATA: 1938 ▪ MATERIAL: estuque ▪ DIMENSÃO: 41 cm altura ▪ COLEÇÃO: Benjamin Steiner e Gerard Loeb ▪ FOTOGRAFIA: Laudanna (p. 44).

17. TÍTULO: *Maria Unger de Fiori* ▪ VARIANTES: *Retrato de Maria de Fiori*; *Porträt der Mutter des Künstlers* [*Retrato da Mãe do Artista*]; *Ritratto della madre* ▪ DATA: s/data ▪ MATERIAL: estuque ▪ DIMENSÃO: 36,4 cm altura ▪ COLEÇÃO: Ornella Heins Psillakis ▪ FOTOGRAFIA (de época): s/ ident., álbum do artista ▪ PROPRIEDADE (do álbum): Ornella Heins Psillakis (p. 46).

18. TÍTULO: *A Brasileira* ▪ DATA: s/ data ▪ MATERIAL: (poss.) óleo s/ tela ▪ LOCALIZAÇÃO: paradeiro desconhecido ▪ FONTE: catálogo da exposição de Ernesto de Fiori na Galeria Casa e Jardim, São Paulo, 1939 ▪ ARQUIVO: Museu de Arte Contemporânea da Universidade de São Paulo (p. 48).

19. TÍTULO: *Adoração* ▪ DATA: s/ data ▪ MATERIAL: (poss.) óleo s/ tela ▪ LOCALIZAÇÃO: paradeiro desconhecido ▪ FONTE: catálogo da exposição de Ernesto de Fiori na Galeria Casa e Jardim, São Paulo, 1939 ▪ ARQUIVO: Museu de Arte Contemporânea da Universidade de São Paulo (p. 48).

20. TÍTULO: *Regata na Tempestade* ▪ VARIANTES: *Velas*; *Ventania na Represa*; *Tempestade em Santo Amaro* ▪ DATA: 1938 ▪ MATERIAL: óleo s/ tela ▪ DIMENSÃO: 90,2 x 99,2 cm ▪ COLEÇÃO: particular (São Paulo) ▪ FOTOGRAFIA: Alexandra Neuber (p. 49).

21. TÍTULO: *Dois Veleiros* ▪ VARIANTES: (poss.) *Duos Barcos* ▪ DATA: s/ data ▪ MATERIAL: óleo s/ cartão ▪ DIMENSÃO: 38,2 x 47,5 cm ▪ COLEÇÃO: particular (São Paulo) ▪ FOTOGRAFIA: Alexandra Neuber (p. 50).

22. TÍTULO: *Guerreiro* [*Krieger*] ▪ DATA: s/ data ▪ MATERIAL: estuque ▪ DIMENSÃO: 99 cm altura ▪ ACERVO: Museu de Arte de São Paulo "Assis Chateaubriand" ▪ FOTOGRAFIA: Alexandra Neuber (p. 53).

23. TÍTULO: *São Jorge e o Dragão* ▪ DATA: 1940 ▪ MATERIAL: guache e crayon s/ papel ▪ DIMENSÃO: 64,3 x 47,5 cm (luz) ▪ COLEÇÃO: Irene Toscano de Fiori ▪ FOTOGRAFIA: Alexandra Neuber (p. 54).

24. TÍTULO: *São Jorge e o Dragão* ▪ DATA: 1941 ▪ MATERIAL: guache e grafite s/ papel ▪ DIMENSÃO: 30,6 x 23 cm ▪ COLEÇÃO: Manfred von Oertzen ▪ FOTOGRAFIA: Pedro Ribeiro (p. 54).

25. TÍTULO: *Batalha* ▪ DATA: 1940 ▪ MATERIAL: guache e crayon s/ papel ▪ DIMENSÃO: 50 x 65 cm ▪ COLEÇÃO: Ornella Heins Psillakis ▪ FOTOGRAFIA: Pedro Ribeiro (p. 55).

26. TÍTULO: *Batalha* ▪ DATA: 1941 ▪ MATERIAL: guache s/ papel ▪ DIMENSÃO: 50 x 64,5 cm ▪ ACERVO: Museu de Arte de São Paulo "Assis Chateaubriand" ▪ FOTOGRAFIA: Alexandra Neuber (p. 56).

27. TÍTULO: "ERNESTO DE FIORI". *Planalto*, 1941, de S. DE SANTO ADOLFO [Sérgio Milliet] ▪ TIPO: periódico ▪ ARQUIVO: Museu de Arte Contemporânea da Universidade de São Paulo (p. 58).

28. TÍTULO: "São Jorge espetando a lança na boccarra

do Dragão symboliza a eterna luta entre o bem e o mal". *Diário da Noite*, São Paulo, [21 mar. 1941] ▪ TIPO: recorte (p. 58).

29. TÍTULO: *Marinha* ▪ VARIANTES: *Santo Amaro*; *Paisagem Brasileira* ▪ DATA: 1939 ▪ MATERIAL: óleo s/ tela ▪ DIMENSÃO: 90,4 x 99,3 cm ▪ ACERVO: Museu de Arte Contemporânea da Universidade de São Paulo (p. 59).

30. TÍTULO: *Nu Feminino que Ajeita o Cabelo* ▪ VARIANTES: *Stehendes Mädchen das Haar knotend* [*Moça em Pé Segurando os Cabelos*] ▪ DATA: 1940 ▪ MATERIAL: estuque ▪ DIMENSÃO: 49 cm altura ▪ ACERVO: Museu de Arte de São Paulo "Assis Chateaubriand" ▪ FOTOGRAFIA: Alexandra Neuber (p. 64).

31. TÍTULO: *Nu Feminino que Ajeita o Cabelo* ▪ VARIANTES: *Stehendes Mädchen, das Haar knotend* (I. Fassung); *Estatueta de Moça em Pé, Segurando os Cabelos* (Moça I); *Figura Feminina* ▪ DATA: 1940 ▪ MATERIAL: estuque ▪ DIMENSÃO: 45 cm altura ▪ ACERVO: Museu de Arte de São Paulo "Assis Chateaubriand" ▪ FOTOGRAFIA: Alexandra Neuber (p. 65).

32. TÍTULO: *São Jorge e o Dragão* ▪ DATA: s/ data ▪ MATERIAL: óleo s/ tela montada ▪ DIMENSÃO: 48,5 x 39,3 cm ▪ COLEÇÃO: particular (São Paulo) ▪ FOTOGRAFIA: Pedro Ribeiro (p. 66).

33. TÍTULO: *São Jorge e o Dragão* ▪ DATA: s/ data ▪ MATERIAL: óleo s/ tela ▪ DIMENSÃO: 95 x 65 cm ▪ ACERVO: Pinacoteca do Estado de São Paulo ▪ FOTOGRAFIA: Pedro Ribeiro (p. 67).

34. TÍTULO: "FACETAS POST-RODINIANAS", de Rafael Benet. In: HEILMEYER, Alexander. *La Escultura Moderna y Contemporánea*. Barcelona/Buenos Aires, Labor, 1928, pp. 222-224 ▪ TIPO: capítulo (p. 78).

35-36. TÍTULO: *O Brasileiro* ▪ DATA: 1938 ▪ MATERIAL: estuque ▪ DIMENSÃO: 89 cm altura ▪ ACERVO: Museu de Arte Contemporânea da Universidade de São Paulo ▪ FOTOGRAFIA (de época): Herwart Polborn ▪ PROPRIEDADE (da fotografia): Anne Moreno (p. 81).

37-38. TÍTULO: *O Brasileiro* ▪ VARIANTES: *O Brasileiro. Versão II*; *Stehender*; *Moço em pé* ▪ DATA: 1938 ▪ MATERIAL: estuque ▪ DIMENSÃO: 90 cm altura ▪ ACERVO: Museu de Arte de São Paulo "Assis Chateaubriand" ▪ FOTOGRAFIA: Laudanna e Rocco (p. 82).

39. TÍTULO: *O Brasileiro* ▪ VARIANTES: *Sitzender Mann* [*Homem Sentado*]; *O Brasileiro* (*Figura Sentada*) ▪ DATA: 1938 ▪ MATERIAL: bronze ▪ DIMENSÃO: [?] ▪ ACERVO: Museu de Arte Brasileira da Fundação Armando Álvares Penteado ▪ FOTOGRAFIA: s/ identificação (p. 84).

40. TÍTULO: *O Brasileiro* ▪ VARIANTES: *Sitzender Mann* [*Homem Sentado*]; *O Brasileiro* (*Figura Sentada*) ▪ DATA: 1938 ▪ MATERIAL: estuque ▪ DIMENSÃO: [?] ▪ FOTOGRAFIA (de época): Herwart Polborn ▪ PROPRIEDADE (da fotografia): Anne Moreno (p. 84).

41-42. TÍTULO: *O Brasileiro* ▪ VARIANTES: *Sitzender Mann* [*Homem Sentado*]; *O Brasileiro* (*Figura Sentada*); *Atleta em Repouso*; *Jovem Sentado* ▪ DATA: 1938 ▪ MATERIAL: estuque ▪ DIMENSÃO: 79 cm altura ▪ ACERVO: Museu de Arte de São Paulo "Assis Chateaubriand" ▪ FOTOGRAFIA: Laudanna e Rocco (p. 85).

43. TÍTULO: *Ernesto de Fiori – Mestre Romântico*, palestra de Carlos Pinto Alves ▪ DATA: 7 fev. 1946 ▪ TIPO: datiloscrito ▪ MARCA: manuscrito datado, assinado ▪ ARQUIVO: Museu de Arte Contemporânea da Universidade de São Paulo (p. 92).

44. TÍTULO: *Adam* ▪ VARIANTES: *Großer Adam* [*Adão Grande*]; *L'uomo dal Braccio Sollevato* ▪ DATA: 1929 ▪ MATERIAL: (poss.) estuque ▪ LOCALIZAÇÃO: paradeiro desconhecido ▪ FOTOGRAFIA (de época): s/ ident., álbum do artista ▪ PROPRIEDADE (do álbum): Ornella Heins Psillakis (p. 97).

45. TÍTULO: *Adam* ▪ VARIANTES: *Schreitenden Mann* [*Homem Caminhando*]; *Mann mit erhobenen Armen* [*Homem com o Braço Levantado*]; *Gehender Mann* [*Homem Andando*] ▪ DATA: 1929 ▪ MATERIAL: (poss.) bronze ▪ LOCALIZAÇÃO: paradeiro desconhecido ▪ FOTOGRAFIA (de época): s/ ident., álbum do artista ▪ PROPRIEDADE (do álbum): Ornella Heins Psillakis (p. 97).

46. IDENTIFICAÇÃO: Ernesto de Fiori em seu ateliê em Berlim ▪ DATA: 1929/30 ▪ FOTOGRAFIA (de época): s/ ident. ▪ ARQUIVO: Museu de Arte Contemporânea da Universidade de São Paulo (p. 98).

47. TÍTULO: *Großer Jüngling* [*Jovem Grande*] ▪ DATA: 1926 ▪ MATERIAL: (poss.) estuque ▪ FONTE: Álbum do artista ▪ FOTOGRAFIA (de época): s/ ident. ▪ PROPRIEDADE (do álbum): Ornella Heins Psillakis (p. 100).

48. TÍTULO: *Großer Jüngling I* [*Jovem Grande I*] ▪ DATA: 1926 ▪ MATERIAL: (poss.) estuque ▪ FONTE: álbum do artista, FOTOGRAFIA (de época): s/ ident. ▪ PROPRIEDADE (do álbum): Ornella Heins Psillakis ▪ POSSIVELMENTE: do acervo do Muzeum Narodne, Szczecin [Stettin] ▪ DIMENSÃO: 229 cm altura (p. 100).

49. TÍTULO: *Großer Jüngling II* [*Jovem Grande II*] ▪ VARIANTES: *Adamo; Stehender Jüngling* ▪ DATA: 1926 ▪ MATERIAL: (poss.) bronze ▪ FOTOGRAFIA (de época): (poss.) Franz Linkhorst, álbum do artista ▪ PROPRIEDADE (do álbum): Ornella Heins Psillakis (p. 101).

50. TÍTULO: *Großer Jüngling II* [*Jovem Grande II*] ▪ VARIANTES: *Adamo; Stehender Jüngling* [*Jovem em Pé*] ▪ DATA: 1926 ▪ MATERIAL: bronze ▪ LOCALIZAÇÃO: ant. Rudolph-Wilde-Park, Berlim (destruída) ▪ FOTOGRAFIA (de época): (poss.) Franz Linkhorst, álbum do artista ▪ PROPRIEDADE (do álbum): Ornella Heins Psillakis (p. 101).

51. TÍTULO: "Uma estatua de De Fiori para a Galeria de Arte Moderna de Roma". *Diário de S. Paulo*, São Paulo, [29 out. 1950] ▪ TIPO: recorte ▪ LOCALIZAÇÃO: Biblioteca do Museu de Arte de São Paulo "Assis Chateaubriand" (p. 104).

52. TÍTULO: *Nu Feminino que Ajeita o Cabelo* ▪ VARIANTES: *Stehendes Mädchen das Haar kotend* [*Moça em Pé Segurando os Cabelos*]; *Nudo Femminile* ▪ DATA: *c.* 1940 ▪ MATERIAL: estuque ▪ DIMENSÃO: 54 cm altura ▪ ACERVO: Museu de Arte de São Paulo "Assis Chateaubriand" ▪ FOTOGRAFIA: Alexandra Neuber (p. 105).

53. TÍTULO: *Auto-retrato* ▪ DATA: s/ data ▪ MATERIAL: bronze ▪ DIMENSÃO: 42,8 cm altura ▪ COLEÇÃO: particular (São Paulo) ▪ FOTOGRAFIA: Pedro Ribeiro (p. 106).

54. TÍTULO: *Auto-retrato* (detalhe de outra fundição) DATA: s/ data ▪ MATERIAL: bronze ▪ MARCA: 5/6 (quinta fundição de uma série de seis) ▪ COLEÇÃO: Ornella Heins Psillakis ▪ FOTOGRAFIA: Laudanna (p. 107).

55. IDENTIFICAÇÃO: Carta de Ernesto de Fiori ao National Inventors Council ▪ DATA: 7 maio 1942 ▪ TIPO: datiloscrito ▪ ARQUIVO: Museu de Arte Contemporânea da Universidade de São Paulo (p. 110).

56-57. IDENTIFICAÇÃO: *Torpedonet* ▪ DATA: *c.* 1942 ▪ TIPO: manuscrito e desenhos ▪ ARQUIVO: Museu de Arte Contemporânea da Universidade de São Paulo (pp. 111-112).

58-60. IDENTIFICAÇÃO: *Catapult* ▪ DATA: *c.* 1942 ▪ TIPO: manuscrito e desenhos ▪ ARQUIVO: Museu de Arte Contemporânea da Universidade de São Paulo (pp. 113-115).

61. IDENTIFICAÇÃO: Anotações sobre invento de Ernesto de Fiori feitas por colega de iatismo ▪ DATA: s/ data ▪ TIPO: manuscrito e desenho ▪ ARQUIVO: Museu de Arte Contemporânea da Universidade de São Paulo (p. 116).

62-63. IDENTIFICAÇÃO: Anúncio da monografia sobre Ernesto de Fiori escrita por Wolfgang Pfeiffer, com prefácio de Quirino da Silva. *Habitat*, São Paulo, dec. 50

▪ TIPO: recorte ▪ ARQUIVO: Museu de Arte Contemporânea da Universidade de São Paulo (p. 119).

64. TÍTULO: "Lembrança de Ernesto De Fiori", de Emilio Mazza. *O Estado de S. Paulo*, São Paulo, 6 set. 1969 (p. 125).

65. TÍTULO: *Jüngling* [*Jovem*] ▪ VARIANTES: *Jünglingsfigur*, *Der Tänzer* [*O Dançarino*] ▪ DATA: 1914 ▪ MATERIAL: bronze ▪ DIMENSÃO: 111 cm altura ▪ COLEÇÃO: particular (Alemanha) ▪ FOTOGRAFIA: do estuque, s/ ident., da revista *Das Kunstblatt*, 1917 (p. 134).

66. TÍTULO: *Anastásius* ▪ VARIANTES: *Jünglingsstatuette*; *Stehender Jüngling* [*Jovem em Pé*] "*Anastásio*" ▪ DATA: 1912 ▪ MATERIAL: estuque ▪ LOCALIZAÇÃO: paradeiro desconhecido ▪ FOTOGRAFIA: s/ ident., da revista *Das Kunstblatt*, 1917 (p. 134).

67. TÍTULO: *Weibliche Karyatide mit erhobenen Armen* [*Cariátide Feminina com Braços Levantados*] ▪ DATA: 1924 ▪ MATERIAL: estuque ▪ DIMENSÃO: [?] ▪ LOCALIZAÇÃO: paradeiro desconhecido ▪ FOTOGRAFIA (de época): s/ ident., álbum do artista ▪ PROPRIEDADE (do álbum): Ornella Heins Psillakis (p. 136).

68. TÍTULO: *Männliche Karyatide mit erhobenen Armen* [*Cariátide Masculina com Braços Levantados*] ▪ DATA: 1924 ▪ MATERIAL: estuque ▪ DIMENSÃO: [?] ▪ LOCALIZAÇÃO: paradeiro desconhecido ▪ FOTOGRAFIA (de época): s/ ident., álbum do artista ▪ PROPRIEDADE (do álbum): Ornella Heins Psillakis (p. 136).

69. TÍTULO: *Weibliche Karyatide mit erhobenen Armen* [*Cariátide Feminina com Braços Levantados*] ▪ DATA: 1924 ▪ MATERIAL: estuque ▪ DIMENSÃO: [?] ▪ LOCALIZAÇÃO: paradeiro desconhecido ▪ FONTE: Álbum do artista ▪ FOTOGRAFIA (de época): s/ ident. ▪ PROPRIEDADE (do álbum): Ornella Heins Psillakis (p. 137).

70. TÍTULO: *Männliche Karyatide mit erhobenen Armen* [*Cariátide Masculina com Braços Levantados*] ▪ DATA: 1924 ▪ MATERIAL: estuque ▪ DIMENSÃO: [?] ▪ LOCALIZAÇÃO: paradeiro desconhecido ▪ FONTE: Álbum do artista ▪ FOTOGRAFIA (de época): s/ ident. ▪ PROPRIEDADE (do álbum): Ornella Heins Psillakis (p. 137).

71. TÍTULO: *Weibliche Karyatide mit gesenkten Armen* [*Cariátide Feminina com Braços Abaixados*] ▪ DATA: 1924 ▪ MATERIAL: bronze ▪ DIMENSÃO: 120 cm altura ▪ ACERVO: Kunstmuseum Düsseldorf ▪ FOTOGRAFIA (de época): do estuque, s/ ident., álbum do artista ▪ PROPRIEDADE (do álbum): Ornella Heins Psillakis (p. 138).

72. TÍTULO: *Männliche Karyatide mit gesenkten Armen* [*Cariátide Masculina com Braços Abaixados*] ▪ DATA: 1924 ▪ MATERIAL: bronze ▪ DIMENSÃO: 129 cm altura ▪ ACERVO: Kunstmuseum Düsseldorf ▪ FOTOGRAFIA (de época): do estuque, s/ ident., álbum do artista ▪ PROPRIEDADE (do álbum): Ornella Heins Psillakis (p. 139).

73. TÍTULO: *Fliehender* [*Fugitivo*] ▪ VARIANTES: *Der Verzweifelte* [*O Desesperado*] ▪ DATA: 1934 ▪ MATERIAL: bronze ▪ DIMENSÃO: 100 cm altura ▪ ACERVO: Staatliche Museen zu Berlin – Preußischer Kulturbesitz – Nationalgalerie ▪ FOTOGRAFIA (de época): do estuque, s/ ident., álbum do artista ▪ PROPRIEDADE (do álbum): Ornella Heins Psillakis (p. 140).

74. TÍTULO: *Fliehender* [*Fugitivo*] ▪ DATA: *c.* 1934 ▪ MATERIAL: estuque ▪ DIMENSÃO: [?] ▪ LOCALIZAÇÃO: paradeiro desconhecido ▪ FONTE: Álbum do artista ▪ FOTOGRAFIA (de época): s/ ident. ▪ PROPRIEDADE (do álbum): Ornella Heins Psillakis (p. 140).

75. IDENTIFICAÇÃO: Exposição do projeto do Ministério da Educação e Saúde organizada pelo Estado Novo, Rio de Janeiro ▪ DATA: 1939 ▪ FOTOGRAFIA: s/ ident. ▪ ARQUIVO: CPDOC, Rio de Janeiro (p. 143).

76. IDENTIFICAÇÃO: Exposição do projeto do Ministério da Educação e Saúde organizada pelo Estado Novo, Rio de Janeiro ▪ DATA: 1939 ▪ FOTOGRAFIA: s/ ident. ▪ ARQUIVO: CPDOC, Rio de Janeiro (p. 144).

77. TÍTULO: *Figura Feminina Reclinada* ▪ VARIANTES: *Sitzende Frau* [*Mulher Sentada*]; *Donna Accovacciata*; *Figura Reclinada* ▪ DATA: 1938 ▪ MATERIAL: estuque ▪ DIMENSÃO: 66 cm altura ▪ ACERVO: Museu de Arte Contemporânea da Universidade de São Paulo ▪ FOTOGRAFIA: Laudanna (p. 146).

78. TÍTULO: *Figura Feminina Reclinada* ▪ VARIANTES: *Sitzende Frau* [*Mulher Sentada*]; *Donna Accovacciata*; *Figura Reclinada* ▪ DATA: 1938 ▪ MATERIAL: estuque ▪ DIMENSÃO: 66 cm altura ▪ ACERVO: Museu de Arte Contemporânea da Universidade de São Paulo ▪ FOTOGRAFIA (de época): do estuque, s/ ident. ▪ ARQUIVO: CPDOC, Rio de Janeiro (p. 147).

79. TÍTULO: *Figura Feminina Reclinada* ▪ VARIANTES: *Sitzende Frau* [*Mulher Sentada*]; *Mulher Reclinada*; *Nu Sentado* ▪ DATA: 1938 ▪ MATERIAL: estuque ▪ DIMENSÃO: 73 cm altura ▪ COLEÇÃO: particular (São Paulo) ▪ FOTOGRAFIA: Laudanna (p. 148).

80. TÍTULO: *Figura Feminina Reclinada* ▪ VARIANTES: *Sitzende Frau* [*Mulher Sentada*]; *Mulher Reclinada*; *Nu Sentado* ▪ DATA: 1938 ▪ MATERIAL: estuque ▪ DIMENSÃO: 73 cm altura ▪ COLEÇÃO: particular (São Paulo) ▪ FOTOGRAFIA (de época): do estuque, s/ ident., álbum do artista ▪ PROPRIEDADE (do álbum): Ornella Heins Psillakis (p. 149).

81-82. TÍTULO: *Figura Feminina Reclinada* ▪ VARIANTES: *Sitzende Frau* ▪ DATA: 1938 ▪ MATERIAL: estuque ▪ LOCALIZAÇÃO: (poss.) destruída ▪ FOTOGRAFIA (de época): s/ ident., álbum do artista ▪ PROPRIEDADE (do álbum): Ornella Heins Psillakis (p. 150).

83-84. TÍTULO: *Figura Feminina Reclinada* ▪ DATA: 1938 ▪ MATERIAL: estuque ▪ LOCALIZAÇÃO: (poss.) destruída ▪ FOTOGRAFIA (de época): s/ ident., álbum do artista ▪ PROPRIEDADE (do álbum): Ornella Heins Psillakis (p. 151).

85-86. TÍTULO: *Figura Feminina Reclinada* ▪ DATA: 1938 ▪ MATERIAL: estuque ▪ LOCALIZAÇÃO: (poss.) destruída ▪ FOTOGRAFIA (de época): s/ ident., álbum do artista ▪ PROPRIEDADE (do álbum): Ornella Heins Psillakis (p. 152).

87. TÍTULO: *Paisagem-rio* ▪ DATA: 1936 ▪ MATERIAL: óleo s/ cartão ▪ DIMENSÃO: 38,2 x 46,2 cm ▪ COLEÇÃO: particular (São Paulo) ▪ FOTOGRAFIA: Pedro Ribeiro (p. 154).

88. TÍTULO: *Paisagem com Vacas* ▪ DATA: 1942 ▪ MATERIAL: óleo s/ tela ▪ DIMENSÃO: 45,5 x 60 cm ▪ COLEÇÃO: particular (São Paulo) ▪ FOTOGRAFIA: Pedro Ribeiro (p. 155).

89. TÍTULO: *Vista de São Paulo* ▪ DATA: 1942 ▪ MATERIAL: guache s/ papel ▪ DIMENSÃO: 50 x 64 cm ▪ COLEÇÃO: José Bonifácio Coutinho Nogueira ▪ FOTOGRAFIA: Pedro Ribeiro (p. 156).

90. TÍTULO: *Rua* ▪ DATA: 1940 ▪ MATERIAL: guache e crayon s/ papel ▪ DIMENSÃO: 50,4 x 65 cm ▪ COLEÇÃO: Ornella Heins Psillakis ▪ FOTOGRAFIA: Pedro Ribeiro (p. 157).

91. TÍTULO: *Marinha* ▪ DATA: 1943 ▪ MATERIAL: óleo s/ tela ▪ DIMENSÃO: 45,6 x 60,2 cm ▪ COLEÇÃO: particular (São Paulo) ▪ FOTOGRAFIA: Pedro Ribeiro (p. 158).

92. TÍTULO: *Veleiros de Guarapiranga* ▪ DATA: 1943 ▪ MATERIAL: óleo s/ tela ▪ DIMENSÃO: 81,5 x 99 cm (luz) ▪ COLEÇÃO: particular (São Paulo) ▪ FOTOGRAFIA: Pedro Ribeiro (p. 159).

93. TÍTULO: *Paisagem com Dois Cavalos* ▪ DATA: s/ data ▪ MATERIAL: óleo s/ tela ▪ DIMENSÃO: 48,7 x 64,6 cm ▪ COLEÇÃO: Ornella Heins Psillakis ▪ FOTOGRAFIA: Alexandra Neuber (p. 160).

94. TÍTULO: *Paisagem com Casal e Cavalo* ▪ VARIANTES: *Cavalo na Paisagem* ▪ DATA: s/ data ▪ MATERIAL: óleo s/ madeira ▪ DIMENSÃO: 44,5 x 65 cm ▪ COLEÇÃO: par-

ticular (São Paulo) ▪ FOTOGRAFIA: Alexandra Neuber (p. 161).

95. TÍTULO: *Casal* ▪ VARIANTES: *Casal Abraçado* ▪ DATA: 1942 ▪ MATERIAL: óleo s/ tela ▪ DIMENSÃO: 109,7 x 90,5 cm ▪ COLEÇÃO: Jones Bergamin ▪ FOTOGRAFIA: Pedro Ribeiro (p. 162).

96. TÍTULO: *Casal* ▪ VARIANTES: *Casal Abraçado* ▪ DATA: 1942 ▪ MATERIAL: óleo s/ tela ▪ DIMENSÃO: 110 x 90 cm ▪ COLEÇÃO: Orandi Momesso ▪ FOTOGRAFIA: Pedro Ribeiro (p. 163).

97-104. TÍTULO: "DER BILDHAUER DE FIORI", de Ewald Bender. *Zeitschrift für bildende Kunst*, Leipzig, 1920, pp. 233, 235-241 ▪ TIPO: cópia heliográfica ▪ ARQUIVO: Museu de Arte Contemporânea da Universidade de São Paulo (pp. 168-171).

105. IDENTIFICAÇÃO: Ficha preenchida por Ernesto de Fiori para o editor Giovanni Scheiwiller ▪ DATA: 1929 ▪ FONTE: BARDI, 1950, p. 7 (p. 177).

106. TÍTULO: *Paisagem* ▪ DATA: s/ data ▪ MATERIAL: óleo s/ tela ▪ DIMENSÃO: 60 x 90,5 cm ▪ COLEÇÃO: particular (São Paulo) ▪ FOTOGRAFIA: Pedro Ribeiro (p. 181).

107. TÍTULO: *Mural* ▪ DATA: *c.* 1908/09 ▪ MATERIAL: óleo s/ tela ▪ LOCALIZAÇÃO: paradeiro desconhecido ▪ FONTE: COMINI, 1974, rep. 63 (p. 183).

108. TÍTULO: *Engländerin* [*Inglesa*] ▪ VARIANTES: *Mädchen* [*Moça*] ▪ DATA: 1924 ▪ MATERIAL: bronze ▪ DIMENSÃO: 137 cm altura ▪ ACERVO: Georg-Kolbe-Museum, Berlim ▪ FOTOGRAFIA (de época): do estuque, álbum do artista ▪ PROPRIEDADE (do álbum): Ornella Heins Psillakis (p. 188).

109. TÍTULO: *Amerikanerin* [*Americana*] ▪ VARIANTES: *Schreitende* [*A Caminhante*] ▪ DATA: 1924 ▪ MATERIAL: bronze ▪ DIMENSÃO: 118,5 cm altura ▪ COLEÇÃO: particular (Alemanha) ▪ FOTOGRAFIA (de época): do estuque, álbum do artista ▪ PROPRIEDADE (do álbum): Ornella Heins Psillakis (p. 188).

110. TÍTULO: *Schlendernde* [*Andarilha*] ▪ VARIANTES: *Schlenderndes Mädchen*; *Stehende Frau* [*Mulher em Pé*]; *Moça Saracoteando*; *Muchacha* ▪ DATA: 1924 ▪ MATERIAL: bronze ▪ DIMENSÃO: 115,5 cm altura ▪ ACERVO: Städtische Kunsthalle, Mannheim ▪ FOTOGRAFIA (de época): do estuque, s/ ident., álbum do artista ▪ PROPRIEDADE (do álbum): Ornella Heins Psillakis (p. 188).

111. TÍTULO: *Hockende* [*Acocorada*] ▪ VARIANTES: *Kauernde* [*Agachada*]; *Kniende* [*Ajoelhada*]; *Hockende Frau*; *Weibl. Figur (Sitzende)* [*Figura Fem. (Sentada)*]; *Jovem Agachada*; *Figura Feminina Agachada* ▪ DATA: 1911 ▪ MATERIAL: estuque ▪ LOCALIZAÇÃO: paradeiro desconhecido ▪ FOTOGRAFIA (de época): s/ ident., álbum do artista ▪ PROPRIEDADE (do álbum): Ornella Heins Psillakis (p. 189).

112-113. TÍTULO: O "PARADEMARSCH", de Ernesto de Fiori ▪ DATA: *c.* 1942 ▪ TIPO: datiloscrito ▪ ARQUIVO: Museu de Arte Contemporânea da Universidade de São Paulo (p. 194).

114. IDENTIFICAÇÃO: Ernesto de Fiori e duas pinturas: *Auto-retrato* e uma *Paisagem* ▪ DATA: *c.* 1900 ▪ FONTE: álbum da família de Fiori ▪ PROPRIEDADE (do álbum): Ornella Heins Psillakis (p. 198).

115. IDENTIFICAÇÃO: Ernesto de Fiori pintando e modelo ▪ DATA: *c.* 1906/07 ▪ FONTE: álbum da família de Fiori ▪ PROPRIEDADE (do álbum): Ornella Heins Psillakis (p. 199).

116. TÍTULO: *Klaus Sternheim* ▪ DATA: 1910 ▪ MATERIAL: guache s/ tela ▪ DIMENSÃO: 41 x 35 cm ▪ ACERVO: Sprengel Museum, Hannover ▪ FOTOGRAFIA: s/ ident. (p. 202).

117. IDENTIFICAÇÃO: *Mädchen mit langem Rock* [*Moça com Saia Comprida*] ▪ DATA: 1911 ▪ MATERIAL: estu-

que ▪ DIMENSÃO: [?] ▪ LOCALIZAÇÃO: paradeiro desconhecido ▪ FONTE: álbum do artista ▪ FOTOGRAFIA: s/ ident. ▪ PROPRIEDADE (do álbum): Ornella Heins Psillakis (p. 204).

118. TÍTULO: *Schreitendes Mädchen* [*Moça Caminhando*] ▪ VARIANTES: *Figura Feminina*; *Figura Feminina de Cabeça Inclinada para Trás* ▪ DATA: 1911 ▪ MATERIAL: estuque ▪ LOCALIZAÇÃO: paradeiro desconhecido ▪ FONTE: Fotografia no arquivo do Museu de Arte Contemporânea da Universidade de São Paulo, São Paulo (p. 204).

119. TÍTULO: *Cabaret* ▪ DATA: *c.* 1910 ▪ MATERIAL: óleo s/ tela ▪ DIMENSÃO: 168 x 105 cm ▪ LOCALIZAÇÃO: paradeiro desconhecido ▪ COLEÇÃO (de época): Joseph Mauel ▪ FONTE: catálogo da exposição Kunst unserer Zeit in Cölner Privatbesitz. Ausstellung des Cölnischen Kunstvereins aus Anlaß des fünfzigjährigen Jubiläums des Wallraf-Richartz-Museums in Cöln, 1911. s/ p. (p. 205).

120-121. TÍTULO: *Jüngling* ▪ VARIANTES: *Großer Jüngling* [*Jovem Grande*]; *Leidender* [*Sofredor*]; *Adolescente* ▪ DATA: 1911 ▪ MATERIAL: bronze ▪ DIMENSÃO: 184 cm altura ▪ ACERVO: Kunsthalle Mannheim ▪ FOTOGRAFIA: do estuque, s/ ident., da revista *Das Kunstblatt*, 1917/18 (p. 207).

122-123. TÍTULO: *Ursula* ▪ VARIANTES: *Mädchen*; *Susanna*; *Mädchenakt in Tanzbewegung* [*Nu de Moça em Movimento de Dança*] ▪ DATA: 1912 ▪ MATERIAL: estuque ▪ LOCALIZAÇÃO: paradeiro desconhecido ▪ FOTOGRAFIA (de época): s/ ident., álbum do artista ▪ PROPRIEDADE (do álbum): Ornella Heins Psillakis (p. 209).

124. TÍTULO: *Stehendes Mädchen* [*Moça em Pé*] ▪ VARIANTES: *Weiblicher Akt* [*Nu Feminino*]; *Frau*; *Weibl. Figur (Stehende)* [*Figura Fem. (em Pé)*]; *Nu* ▪ DATA: 1912 ▪ MATERIAL: estuque ▪ LOCALIZAÇÃO: paradeiro desconhecido ▪ FOTOGRAFIA (de época): s/ ident., álbum do artista ▪ PROPRIEDADE (do álbum): Ornella Heins Psillakis (p. 210).

125. TÍTULO: *Große männliche Figur* [*Figura Masculina Grande*] ▪ VARIANTES: *Mann*; *Jüngling*; *Archaisierende Statue* ▪ DATA: 1912/13 ▪ MATERIAL: estuque ▪ LOCALIZAÇÃO: paradeiro desconhecido ▪ FOTOGRAFIA (de época): s/ ident., álbum do artista ▪ PROPRIEDADE (do álbum): Ornella Heins Psillakis (p. 210).

126. TÍTULO: *Jüngling* ▪ VARIANTES: *Der Tänzer* [*O Dançarino*]; *Jünglingsfigur* [*Figura de Jovem*] ▪ DATA: 1914 ▪ MATERIAL: bronze ▪ DIMENSÃO: 111 cm altura ▪ COLEÇÃO: particular (Alemanha) ▪ FOTOGRAFIA: do convite da exposição retrospectiva de Ernesto de Fiori no Georg-Kolbe-Museum, 1992 (p. 212).

127-128. IDENTIFICAÇÃO: Legitimação de Ernesto de Fiori como correspondente de guerra ▪ DATA: 1915 ▪ TEXTO DO DOCUMENTO: Legitimação/ para o senhor correspondente de guerra/ Ernesto de Fiori/ profissão até agora: escultor/ residência permanente até agora: Roma/ Via Marc Antonio colonni/ Pátria a que pertence Roma/ Descrição da pessoa/ [col. 1] Ano de nascimento 1884 / Altura 182 cm/ Rosto comprido/ Cabelos loiros/ Olhos azuis/ [col. 2] Boca normal/ Nariz reto/ Fala/ Escreve} Italiano/ Alemão/ Francês/ Inglês/ Sinais particulares: nenhum/ [assinatura]/ Protocolo de acampamento nº 113/ Carimbo: [Quartel imperial] da imprensa de guerra/ Praça comando/ Schösser [ms]r (p. 214).

129. TÍTULO: *Suchende* ▪ VARIANTES: *La Cercatrice*; *Moça à Procura*; *A que Procura* ▪ DATA: 1918 ▪ MATERIAL: bronze ▪ DIMENSÃO: 122 cm altura ▪ ACERVO: Hamburger Kunsthalle ▪ FOTOGRAFIA (de época): do estuque, s/ ident., álbum do artista ▪ PROPRIEDADE (do álbum): Ornella Heins Psillakis (p. 215).

130. TÍTULO: *Mann* ▪ VARIANTES: *Der Soldat*; *Mann I*; *Stehender Mann* [*Homem em Pé*] ▪ DATA: 1918 ▪ MATERIAL: bronze ▪ DIMENSÃO: 128 cm altura ▪ ACERVO: Hamburger Kunsthalle ▪ FOTOGRAFIA: do estuque, s/ ident., da revista *Das Kunstblatt*, 1917/18 (p. 215).

131. TÍTULO: *Mädchen* ▪ VARIANTES: *Stehende Frau*;

Mädchen mit vorgehaltenen Händen [*Moça com Mãos Estendidas*]; *Stehende weibliche Figur* [*Figura Feminina em Pé*] ▪ DATA: 1919 ▪ MATERIAL: bronze ▪ DIMENSÃO: 133 cm ▪ ACERVO: Museum Wiesbaden ▪ FOTOGRAFIA (de época): da argila, s/ ident. ▪ ARQUIVO: Museu de Arte Contemporânea da Universidade de São Paulo (p. 217).

132. TÍTULO: *Winterlandschaft* [*Paisagem de Inverno*] ▪ DATA: *c.* 1919 ▪ MATERIAL: (poss.) óleo s/ tela ▪ LOCALIZAÇÃO: paradeiro desconhecido ▪ FONTE: recorte de artigo de von Alten, não identificado ▪ ARQUIVO: Zentralarchiv-Nationalgaleire, Berlim (p. 219).

133. TÍTULO: *Liebespaar* [*Casal Amoroso*] ▪ DATA: *c.* 1919 ▪ MATERIAL: (poss.) óleo s/ tela ▪ LOCALIZAÇÃO: paradeiro desconhecido ▪ FONTE: artigo de Karl Scheffler. "Ernesto de Fiori". *Kunst und Künstler*, 1920, p. 480 (p. 220).

134. TÍTULO: *Junge* ▪ VARIANTES: *Schreitender Jüngling* [*Jovem Caminhando*]; *Dünner Schreitender* [*Caminhante Esbelto*]; *Jüngling*; *Schreitender II*; *Jovem Esbelto, Andando* ▪ DATA: 1920 ▪ MATERIAL: bronze ▪ DIMENSÃO: 130 cm altura ▪ ACERVO: Museum Wiesbaden ▪ FOTOGRAFIA (de época): do estuque, s/ident., álbum do artista ▪ PROPRIEDADE (do álbum): Ornella Heins Psillakis (p. 222).

135. TÍTULO: *Großer Schreitender* [*Caminhante Grande*] ▪ VARIANTES: *Schreitender*; *Schreitender Jüngling*; *Uomo che Cammina*; *Homem Andando, Grande*; *Homem em Marcha* ▪ DATA: 1921 ▪ MATERIAL: bronze ▪ DIMENSÃO: 210 cm altura ▪ ACERVO: Staatliche Museen zu Berlin-Preußischer Kulturbesitz–Nationalgalerie ▪ FOTOGRAFIA (de época): do estuque, s/ ident., álbum do artista ▪ PROPRIEDADE (do álbum): Ornella Heins Psillakis (p. 222).

136. TÍTULO: *Schreitender* [*Caminhante*] ▪ VARIANTES: *Großer Schreitender (2. Fassung)* [*Caminhante Grande (2. Versão)*]; *Der Rekrut*; *Homem em Marcha* ▪ DATA: 1921 ▪ MATERIAL: cimento ▪ DIMENSÃO: 159 cm altura ▪ ACERVO: Staatliche Museen zu Berlin-Preußischer Kulturbesitz-Nationalgalerie ▪ FOTOGRAFIA (de época): (poss.) do cimento, s/ ident., álbum do artista ▪ PROPRIEDADE (do álbum): Ornella Heins Psillakis (p. 223).

137. TÍTULO: *Schreitende* [*A Caminhante*] ▪ DATA: s/ data ▪ MATERIAL: (poss.) estuque ▪ LOCALIZAÇÃO: paradeiro desconhecido ▪ FONTE: álbum do artista ▪ FOTOGRAFIA (de época): s/ ident. ▪ PROPRIEDADE (do álbum): Ornella Heins Psillakis (p. 223).

138. TÍTULO: *Selbstbildnis* [*Auto-retrato*] ▪ DATA: 1923 ▪ MATERIAL: estuque ▪ DIMENSÃO: 30 cm altura ▪ ACERVO: Georg-Kolbe-Museum, Berlim ▪ FOTOGRAFIA (de época): do estuque, s/ ident., álbum do artista ▪ PROPRIEDADE (do álbum): Ornella Heins Psillakis (p. 225).

139. TÍTULO: *Selbstbildnis* ▪ DATA: 1926 ▪ MATERIAL: estuque ▪ FONTE: álbum do artista ▪ FOTOGRAFIA (de época): s/ ident. ▪ PROPRIEDADE (do álbum): Ornella Heins Psillakis ▪ POSSIVELMENTE: do acervo do Wilhelm-Lehmbruck-Museum, Duisburg ▪ DIMENSÃO: 26,8 cm de altura (p. 225).

140. TÍTULO: *Bildnis Barbara Diu sitzend* [*Retrado de Barbara Diu Sentada*] ▪ DATA: s/ data ▪ MATERIAL: óleo s/ cartão ▪ DIMENSÃO: 61 x 50 cm ▪ ACERVO: Georg-Kolbe-Museum, Berlim ▪ FOTOGRAFIA: Josephine Gabler (p. 231).

141. TÍTULO: *Bildnis Barbara Diu sitzend* ▪ DATA: s/ data ▪ MATERIAL: óleo s/ cartão ▪ DIMENSÃO: 61 x 50 cm ▪ ACERVO: Georg-Kolbe-Museum, Berlim ▪ FOTOGRAFIA: Josephine Gabler (p. 232).

142. TÍTULO: *Bildnis Barbara Diu* (verso da anterior) ▪ DATA: s/ data ▪ MATERIAL: óleo s/ cartão ▪ DIMENSÃO: 61 x 50 cm ▪ ACERVO: Georg-Kolbe-Museum, Berlim ▪ FOTOGRAFIA: Josephine Gabler (p. 233).

143. TÍTULO: *Die Mannequins* ▪ DATA: *c.* 1927 ▪ MATERIAL: (poss.) óleo s/ tela ▪ FONTE: artigo de Ernst Kuno.

"Herbstausstellung der Berliner Secession". *Deutsche Kunst und Dekoration*, jan. 1930, após p. 236 (p. 235).

144. TÍTULO: *Stehende* [*Mulher em Pé*] ▪ VARIANTES: *Frau mit gekreuzten Beinen* [*Mulher com Pernas Cruzadas*]; *Studie für eine Mädchenstatuette mit übereiandergesetzten Beinen* [*Esboço para uma Estátua de Moça com Pernas Cruzadas*] ▪ DATA: 1927 ▪ MATERIAL: bronze ▪ DIMENSÃO: 72,5 cm altura ▪ ACERVO: Städtisches Museum, Gelsenkirchen ▪ FOTOGRAFIA (de época): argila, s/ ident., álbum do artista ▪ PROPRIEDADE (do álbum): Ornella Heins Psillakis (p. 236).

145. TÍTULO: *Frau* ▪ DATA: *c.* 1928 ▪ MATERIAL: (poss.) estuque ▪ FONTE: álbum do artista ▪ FOTOGRAFIA (de época): s/ ident., álbum do artista ▪ PROPRIEDADE (do álbum): Ornella Heins Psillakis (p. 236).

146. TÍTULO: *Stehender Jüngling* [*Jovem em Pé*] ▪ VARIANTES: *Junge* ▪ DATA: *c.* 1920 ▪ MATERIAL: madeira ▪ DIMENSÃO: 98 cm altura ▪ ACERVO: Staatliche Museen zu Berlin-Preußischer Kulturbesitz-Nationalgalerie ▪ FOTOGRAFIA (de época): s/ ident., álbum do artista ▪ PROPRIEDADE (do álbum): Ornella Heins Psillakis (p. 238).

147. TÍTULO: *Mädchen* [*Moça*] ▪ VARIANTES: *Klein Holzfigur* [*Figura de Madeira Pequena*] ▪ DATA: 1928 MATERIAL: madeira ▪ DIMENSÃO: 62 cm altura ▪ ACERVO: Bayerische Staatsgemäldesammlungen München, Staatsgalerie für Moderne Kunst ▪ FOTOGRAFIA: s/ ident. (p. 239).

148. TÍTULO: *Stehende Frau* [*Mulher em Pé*] ▪ DATA: s/ data ▪ MATERIAL: madeira ▪ LOCALIZAÇÃO: paradeiro desconhecido ▪ FONTE: álbum do artista ▪ FOTOGRAFIA (de época): s/ ident ▪ PROPRIEDADE (do álbum): Ornella Heins Psillakis (p. 240).

149. TÍTULO: *Stehende Frau* ▪ DATA: s/ data ▪ MATERIAL: madeira ▪ LOCALIZAÇÃO: paradeiro desconhecido ▪ FOTOGRAFIA (de época): s/ ident., álbum do artista ▪ PROPRIEDADE (do álbum): Ornella Heins Psillakis (p. 240).

150. TÍTULO: (poss.) *Fliehende* [*Fugitiva*] ▪ DATA: s/ data ▪ MATERIAL: madeira ▪ LOCALIZAÇÃO: paradeiro desconhecido ▪ FONTE: álbum do artista ▪ FOTOGRAFIA (de época): s/ ident. ▪ PROPRIEDADE (do álbum): Ornella Heins Psillakis (p. 241).

151. TÍTULO: *Fackelträger* [*Porta-archote*] ▪ DATA: 1934 ▪ MATERIAL: bronze ▪ DIMENSÃO: [?] ▪ LOCALIZAÇÃO: Túmulo da família Merck no Waldfriedhof Darmstadt ▪ FOTOGRAFIA (de época): do estuque, s/ ident., álbum do artista ▪ PROPRIEDADE (do álbum): Ornella Heins Psillakis (p. 244).

152. TÍTULO: *Mädchengruppe* ▪ DATA: 1935 ▪ MATERIAL: bronze ▪ DIMENSÃO: [?] ▪ LOCALIZAÇÃO: Túmulo da família Merck no Waldfriedhof Darmstadt ▪ FOTOGRAFIA (de época): s/ ident., álbum do artista ▪ PROPRIEDADE (do álbum): Ornella Heins Psillakis (p. 244).

153. TÍTULO: *Knabenfigur* [*Figura de Menino*] ▪ DATA: 1934/35 ▪ MATERIAL: bronze ▪ DIMENSÃO: [?] ▪ LOCALIZAÇÃO: ant. Túmulo da família Merck no Waldfriedhof Darmstadt; roubada no Pós-segunda Guerra ▪ FONTE: Álbum do artista ▪ FOTOGRAFIA (de época): s/ ident. ▪ PROPRIEDADE (do álbum): Ornella Heins Psillakis (p. 245).

154. TÍTULO: *Greta Garbo* ▪ VARIANTES: *Porträt Greta Garbo* ▪ DATA: 1937 ▪ MATERIAL: estuque ▪ DIMENSÃO: 42,5 cm ▪ ACERVO: Museu de Arte de São Paulo "Assis Chateaubriand" ▪ FOTOGRAFIA (de época): Peter. K. Scheier ▪ PROPRIEDADE (da fotografia): Anne Moreno (p. 251).

155. TÍTULO: *Maternidade* ▪ VARIANTES: *Mãe*; *Mutter und Kind*; *Mulher com Criança no Colo* ▪ DATA: 1938 ▪ MATERIAL: estuque ▪ DIMENSÃO: 80 cm altura ▪ COLEÇÃO: Ornella Heins Psillakis ▪ FOTOGRAFIA (de época): s/ ident. ▪ ARQUIVO: CPDOC, Rio de Janeiro (p. 256).

156. TÍTULO: *Duas Mulheres em Interior* ▪ DATA: 1940 ▪ MATERIAL: óleo s/ tela ▪ DIMENSÃO: 119,5 x 99,4 cm

▪ COLEÇÃO: Ricard Akagawa ▪ FOTOGRAFIA: Alexandra Neuber (p. 260).

157. TÍTULO: *Duas Mulheres Conversando em Interior* ▪ DATA: s/ data ▪ MATERIAL: óleo s/ tela ▪ DIMENSÃO: 89 x 108 cm (luz) ▪ COLEÇÃO: particular (São Paulo) ▪ FOTOGRAFIA: Pedro Ribeiro (p. 261).

158. TÍTULO: *O Jantar* ▪ DATA: 1942 ▪ MATERIAL: óleo s/ tela ▪ DIMENSÃO: 90 x 109,5 cm ▪ ACERVO: Museu de Arte Brasileira da Fundação Armando Álvares Penteado, São Paulo ▪ FOTOGRAFIA: s/ ident. (p. 262).

159. TÍTULO: *Casal com Menino* ▪ DATA: 1942 ▪ MATERIAL: óleo s/ tela ▪ DIMENSÃO: 129,4 x 99 cm ▪ COLEÇÃO: particular (São Paulo) ▪ FOTOGRAFIA: Pedro Ribeiro (p. 263).

160. TÍTULO: *Gerrecchbtikeith!* (série de caricaturas de Adolf Hitler) ▪ DATA: s/ data ▪ MATERIAL: bico de pena e aguada s/ papel ▪ DIMENSÃO: 26,5 x 20,5 cm ▪ COLEÇÃO: Ornella Heins Psillakis ▪ FOTOGRAFIA: Pedro Ribeiro (p. 265).

161. TÍTULO: *Saudação a Hitler* ▪ DATA: s/ data ▪ MATERIAL: óleo s/ cartão ▪ DIMENSÃO: 54 x 46 cm ▪ COLEÇÃO: Orandi Momesso ▪ FOTOGRAFIA: Nelson Kohn (p. 266).

162. TÍTULO: *Figura Feminina* ▪ DATA: 1943 ▪ MATERIAL: óleo s/ tela ▪ DIMENSÃO: 109 x 75 cm ▪ COLEÇÃO: particular (São Paulo) ▪ FOTOGRAFIA: Rômulo Fialdini (p. 268).

163. TÍTULO: *Figura de Mulher* ▪ VARIANTES: *Mulher e Paisagem* ▪ DATA: 1943 ▪ MATERIAL: óleo s/ tela ▪ DIMENSÃO: 90 x 109,5 cm ▪ COLEÇÃO: particular (São Paulo) ▪ FOTOGRAFIA: Pedro Ribeiro (p. 269).

164. TÍTULO: *Ceia* ▪ VARIANTES: *Banquete* ▪ DATA: 1943 ▪ MATERIAL: óleo s/ tela ▪ DIMENSÃO: 88,8 x 109 cm ▪ COLEÇÃO: Isaías Melsohn ▪ FOTOGRAFIA: Alexandra Neuber (p. 270).

165. TÍTULO: *Visitantes* ▪ DATA: 1943 ▪ MATERIAL: óleo s/ tela ▪ DIMENSÃO: 135 x 180 cm ▪ COLEÇÃO: Ricard Akagawa ▪ FOTOGRAFIA: Alexandra Neuber (p. 271).

166. TÍTULO: *Náufragos* ▪ DATA: 1943 ▪ MATERIAL: óleo s/ tela ▪ DIMENSÃO: 90 x 109 cm ▪ COLEÇÃO: particular (São Paulo) ▪ FOTOGRAFIA: Pedro Ribeiro (p. 272).

167. TÍTULO: *S/ Título* ▪ DATA: 1943 ▪ MATERIAL: óleo s/ tela ▪ DIMENSÃO: 102 x 82,1 cm ▪ COLEÇÃO: particular (São Paulo) ▪ FOTOGRAFIA: Rômulo Fialdini (p. 274).

168. TÍTULO: *Paisagem de Santo Amaro* ▪ VARIANTES: *Paisagem*; *Santo Amaro* ▪ DATA: 1944 ▪ MATERIAL: óleo s/ tela ▪ DIMENSÃO: 40 x 58 cm ▪ COLEÇÃO: Orandi Momesso ▪ FOTOGRAFIA: Pedro Ribeiro (p. 275).

169. TÍTULO: *Natureza Morta* ▪ DATA: 1944 ▪ MATERIAL: óleo s/ tela ▪ DIMENSÃO: 45 x 54,8 cm ▪ COLEÇÃO: particular (São Paulo) ▪ FOTOGRAFIA: Pedro Ribeiro (p. 276).

170. TÍTULO: *Veleiros* ▪ DATA: 1945 ▪ MATERIAL: óleo s/ tela ▪ DIMENSÃO: 44,8 x 60 cm ▪ COLEÇÃO: Irene Toscano de Fiori ▪ FOTOGRAFIA: Alexandra Neuber (p. 277).

BIBLIOGRAFIA

Artigos de Ernesto de Fiori

"Von 'Neuer Kunst'". *Neue Zürcher Zeitung*, Zürich, 10. Okt. 1918. Reimpresso em VIERNEISEL, GKM, 1992, pp. 144-146.

"Wie eine Statue entsteht". *Das Werk*, Zürich, 1919, pp. 33-40. Reimpresso em VIERNEISEL, GKM, 1992, pp. 147-148.

"De Fiori will Zivilisten". *Der Querschnitt*, Berlin, 1923, p. 74. Reimpresso em VIERNEISEL, GKM, 1992, p. 149.

"Architektur und Plastik". *Berliner Börsen-Courier*, Berlin, 1. Jan. 1925. Reimpresso em VIERNEISEL, GKM, 1992, pp. 150-151.

"Ein Interwiew mit Fritz Stahl". *Der Querschnitt*, Berlin, Feb. 1925, p. 172.

"Über 'Abstraktion' und 'Naturalismus'". In: Westheim, Paul. *Künstlerbekenntnisse*. Berlin, Propyläen, 1925, p. 282. Reimpresso em VIERNEISEL, GKM, 1992, p. 151.

"Ernesto de Fiori über die Tugenden. Ein Gespräch". *Berliner Börsen-Courier*, Berlin, 1. Ago. 1925. Reimpresso em VIERNEISEL, GKM, 1992, pp. 152-155.

"Der deutsche und der amerikanische Filmschauspieler". *Die Neue Schaubühne*, Berlin, 1925, pp. 41-42. Reimpresso em VIERNEISEL, GKM, 1992, p. 156.

"Gloria Swanson". *Die Neue Schaubühne*, Berlin, 1925, p. 80.

"Mein Attentat". *Tage-Buch*, 7, 1926, p. 572. Reimpresso em VIERNEISEL, GKM, 1992, p. 157.

"Degas der Bildhauer". *Der Querschnitt*, Berlin, 6, 1926, p. 495. Reimpresso no Kunstarchiv, n. 11, Berlin, 1926, p. 28 e em VIERNEISEL, GKM, 1992, p. 158.

"Plastik". *Berliner Tageblatt*, Berlin, 19. Mär. 1927. Reimpresso em catálogo da Galeria de Arte São Luiz, São Paulo, set. 1961; VIERNEISEL, GKM, 1992, p. 159.

"Ich modelliere Hindenburg". *Berliner Illustrierte Zeitung*, Berlin, 4. Nov. 1928. Reimpresso em *Deutsche Zeitung*, São Paulo, dez. 1936 e VIERNEISEL, GKM, 1992, pp. 160-161.

"Boxer und Sänger" – recorte de jornal [após 1928] – Zentralarchiv, Berlin.

"Bildhauerei [Scultura]". *Fronte*, Roma, 6, 1931, pp. 11-12. Reimpresso em VIERNEISEL, GKM, 1992, pp. 162-163 (traduzido para o alemão pela Dra. Ursel Berger).

"Wie können wir Künstler der Regierung helfen?" *Deutsche Allgemeie Zeitung*, Berlin, 28. Apr. 1933. Reimpresso em VIERNEISEL, GKM, 1992, pp. 164-165.

"La Scultura ed i suoi ostacoli". *Fanfulla*, São Paulo, 26 ago. 1936.

"Die lange Fahrt". *Deutsche Allgemeine Zeitung*, Berlin, 20. Sept. 1936. Reimpresso em *Intercâmbio*, Rio de Janeiro, 1954, pp. 47-53 (português); VIERNEISEL, GKM, 1992, pp. 166-171.

"Wenn ein Künstler reist ... – Eindrücke und Erlebnisse

aus Brasilien". *Deutsche Allgemeine Zeitung*, Berlin, 8. Nov. 1936.

"Wenn ein Künstler reist – II – Urwald links – Urwald rechts. Abenteuer auf dem Paraná-Strom". *Deutsche Allgemeine Zeitung*, Berlin, 15. Nov. 1936.

"Chiacchiere sull'arte". *Fanfulla*, São Paulo, 5 jan. 1937.

"L'Era Nuova". *Fanfulla*, São Paulo, 26 jan. 1937.

"Brasilianische Welt". *Deutsche Allgemeine Zeitung*, Berlin, 24. Jan. 1937.

"Europäische Kultur in Brasilien". *Deutsche Zeitung*, São Paulo, 31 dez. 1937.

"Mit oder ohne Dach?" *Deutsche Zeitung*, São Paulo, 6 jan. 1939.

"Der 'Salão de Maio'". [*Deutsche Zeitung*, São Paulo, 1939].

Sem Título. Galeira Casa e Jardim, São Paulo, de 20 mar. a 10 abr. 1939. (catálogo). Reimpresso em *Intercâmbio*, Rio de Janeiro, 1939, sob o título "Ausstellung Ernesto de Fiori. São Paulo", p. 174 e revista *Acrópole*, São Paulo, jun. 1939, p. 38.

"Von guter und schlechter Kunst". *Die Kunst für Alle*, München, 1939, pp. 34-37.

"A Exposição de Pintura Francesa. Uma Crítica do Escultor Ernesto de Fiori". *O Estado de S. Paulo*, São Paulo, 4 out. 1940.

"Do Bom e do Mau Gosto". *O Estado de S. Paulo*, São Paulo, 11 dez. 1940 – variante de "Von guter und schlechter Kunst".

"Entrevista Comigo Mesmo". *O Estado de S. Paulo*, São Paulo, 30 abr. 1941.

"A Pesquisa na Arte". *O Estado de S. Paulo*, São Paulo, 22 out. 1941.

"Os Monumentos". *O Estado de S. Paulo*, São Paulo, 30 nov. 1941.

"Tomada de Posição". *O Estado de S. Paulo*, São Paulo, 25 mar. 1942.

"Parademarsch". *O Estado de S. Paulo*, São Paulo, 10 maio 1942.

Carta de Ernesto de Fiori a Sérgio Milliet, 5 dez. 1942. Revista *Habitat*, São Paulo, out./dez. 1950, pp. 77-78.

Carta de Ernesto de Fiori a Sérgio Milliet (*c.* 1941/42). Revista *Habitat*, São Paulo, out./dez. 1950, p. 77.

Catálogos de Exposições de Ernesto de Fiori no Brasil

Exposição Ernesto de Fiori. São Paulo, Galeria da "Casa e Jardim", 1939. (Texto de Ernesto de Fiori e de Bernard Rudofsky).

Exposição de Obras Brasileiras. São Paulo, Galeria da "Casa e Jardim", 1941.

Exposição Póstuma de Obras de Ernesto de Fiori, organizada em homenagem à sua memória pelos seus amigos de S. Paulo. São Paulo, Instituto de Arquitetos do Brasil, out./nov. 1945.

MILLIET, Sérgio. *De Fiori, Pintor e Desenhista*. São Paulo, Associação dos Amigos do Museu de Arte Moderna de São Paulo, set. 1955.

PFEIFFER, Wolfgang. *Exposição Esculturas e Desenhos de De Fiori*. São Paulo, Galeria de Arte São Luiz, set. 1961.

ALMEIDA, Paulo Mendes de. *Ernesto de Fiori Retrospectiva – Esculturas, Óleos e Guaches*. São Paulo, Cosme Velho Galeria, 1974.

ZANINI, Walter (org.). *Ernesto de Fiori (1884-1945)*. São Paulo, MAC, 1975.

VIERNEISEL, Beatrice; BERGER, Ursel; LAUDANNA, Mayra; MERKER, Ursula. *Ernesto de Fiori. Das Plastische Werk 1911 – 1936*. Berlin, Georg-Kolbe-Museum/Dietrich Reimer, 1992.

ABRAMO, Radha. *Ernesto de Fiori. 1884-1945*. São Paulo, Skultura, out. 1996.

LAUDANNA, Mayra (cura); KOSSOVITCH, Leon; PFEIFFER, Wolfgang. *Ernesto de Fiori. Uma Retrospectiva*. São Paulo, Pinacoteca do Estado de São Paulo, 1997.

Publicações sobre Ernesto de Fiori

DIEHL, Gustav Eugen (Hrsg). *Ernesto de Fiori*. Mit Beiträgen von v. Alten, Guillemin, Szittya, v.

Wedderkop vom ihm selbst und mit dem Oeuvrekatalog. Berlin, Diehl, 1926. (Kunstarchiv 11).

SZITTYA, Emil. *Ernesto de Fiori.* Milano, Hoelpi, 1927. (Arte Moderna Italiana 9)

ALVES, Carlos Pinto; MILLIET, Sérgio; MARTINS, Luis; BRENTANI, Gerda; MACHADO, Lourival Gomes. *Ernesto de Fiori.* São Paulo, s/ ed., *c.* 1946. (opúsculo)

BARDI, Pietro Maria. *Ernesto de Fiori.* Milano, Hoelpi, 1950. Bibliografia de Giovanni Scheiwiller. (Arte Moderna Italiana 9)

VIERNEISEL, Beatrice. *Die Engländerin. Eine Bronzeplastik von Ernesto de Fiori.* Berlin, Georg-Kolbe-Musem, 1989.

EUROPA – *ARTIGOS DE REVISTAS E JORNAIS SOBRE ERNESTO DE FIORI*

Decênio de 10

WOLFRADT, Willi. "Ernesto de Fiori". *Das Kunstblatt,* 1917-18, pp. 186-189.

"AUS DEM Zürcher Kunsthaus III". *Neue Zürcher Zeitung,* Zürich, 1919.

Decênio de 20

N. M. "BILDER "Ernesto de Fiori bei Flechtheim". [dec. 20].

BENDER, Ewald. "Der Bildhauer de Fiori". *Zeitschrift für bildende Kunst,* Leipzig, 1920, pp. 233-240.

RAPHAEL, Max. "Ernesto de Fiori". *Das Kunstblatt,* 1920, pp. 183-185.

SCHEFFLER, Karl. "Ernesto de Fiori". *Kunst und Künstler,* Berlin, 1920, pp. 480-488.

KUHN, Alfred. "Ernesto de Fiori". *Die bildenden Künste,* Wien, 1921, pp. 169-176.

OSBORN, Max. "Ernesto de Fiori". [1921].

KIRCHNER, Joachim. "Ernesto de Fiori. Betrachtungen gelegentlich einer Ausstellung der Werke des Künstlers im Kunstsalon Fritz Gurlitt, Berlin". *Deutsche Kunst und Dekoration,* Darmstadt, Apr./Sept. 1921, pp. 232-241.

SIEMSEN, Hans. "Fiori bei Gurlitt". *Der Querschnit,* Berlin, Sept. 1921.

VON ALTEN, Wilken. "Zur Plastik Ernesto de Fiori". *Der Querschnitt,* Berlin, 1922-23, p. 171.

VON ALTEN, Wilken. "Ernesto de Fiori". *Der Cicerone,* Leipzig, Jan. 1923, pp. 18-21.

JACOB, Hans. "Ein interessanter Fall". *Bilder Courier,* Berlin, 7. Nov. 1924.

VON WEDDERKOP, Hermann. "Fioris 'Engländerin'". *Der Querschnitt,* Berlin, 1925, p. 1089.

WALSER, Robert. "Ernesto". *Berliner Börsen-Courier,* Berlin, 29. Okt. 1925. Reimpresso em VIERNEISEL, Beatrice. *Die Engländerin. Eine Bronzeplastik von Ernesto de Fiori.* Berlin, Georg-Kolbe-Museum, 1989, pp. 24-25.

WERNER, Bruno. "Ernesto de Fiori". *Die Kunst,* München, 1926, pp. 272-278.

"KÜNSTLER und Kritiker – Der Fall Einstein – de Fiori". *Vorsische Zeitung,* Berlin, 8. Mai. 1926.

KUHN, Alfred. "Ernesto de Fiori". *Deutsche Kunst und Dekoration,* Darmstadt, Apr. 1927, pp. 34-40.

SZITTYA, Emil. "Ernesto de Fiori, der Porträtist". *Der Querschnitt,* Berlin, Ago. 1927, pp. 589-591.

WOLFRADT, Willi. "Portrait-Plastiken von Ernesto de Fiori". *Vogue,* Berlin, 18. Jul. 1928, pp. 41-42 e p. 52.

SIEMSEN, Hans. "Ernesto de Fiori". *Deutsche Kunst und Dekoration,* Darmstadt, Apr./Sept. 1929, pp. 242-248.

Decênio de 30

VOLTA, Sandro. "Ernesto de Fiori Scultore Latino e Gotico". *Gazeta del Popolo,* 4. febb. 1931.

"ERNESTO de Fiori. Zeichnungen und Plastiken bei Karl Buchholz". [*Berliner 8-Uhr-Abendblatt,* Berlin, 23. Mai. 1935]

WERNER, Bruno E. Zwischen Gestern und Morgen.

"Ausstellung bei Karl Buchholz". *Deustche Allgemeine Zeitung*, Berlin, 25. Mai. 1935.

FECHNER, Paul. Bildhauer. "Ivan Mestrovic – Ernesto de Fiori". [8./9. Jun. 1935].

MUCCHI, Gabriele. "Cinque Sculture di Ernesto de Fiori". *Domus*, Milano, febb. 1938, pp. 36-37.

[MUCCHI, Gabriele]. "Quadri dei de Fiori". *Domus*, Milano, sett. 1939.

Decênio de 40 e 50

FRANCHI, Raffaello. "Ernesto de Fiori". *Le Arti Belle*, Milano, ago. 1947.

SCARPA, Gigi. "Alla Biennale di Venezi. Lo scultore E. de Fiori". *Coscienza*, Roma, 5 gui. 1950.

"ERNESTO de Fiori". *Braunschweiger Blätter für Kunst und Kultur*, Braunschweig, 2. Mai. 1952, pp. 16-17.

Decênio de 70

MESSINA, Francesco. "Ricordo dello Scultore Ernesto de Fiori – Il Colpo di Cézanne". [*Corriero della Sera*, Roma], 9 genn. 1972.

Decênio de 90

VIERNEISEL, Beatrice. "Ernesto de Fiori (1884-1945)". *Weltkunst*, Berlin, 15. Jun. 1991, pp. 1782-1785.

VIERNEISEL, Beatrice. "Ernesto de Fiori (1884-1945)". *Weltkunst*, Berlin, 1. Okt. 1991, pp. 2835-2840.

"DE FIORI in Berliner Museum". *Trierischer Volksfreund*, Trier, [1992].

"ERNESTO de Fiori". *Kunst und Antiquitaten*, p. 46. [1992].

ZANINI, Walter. "Ernesto de Fiori: les dernières années au Brésil". *Akademie*, Berlin, 1992, pp. 203-214. Variante publicada sob o título: "Os Anos Tardios de Ernesto de Fiori", *Revista do Instituto de Estudos Avançados*, USP, 1995.

"EIN GEGENPOL zum expressionistischen Pathos. Ernesto de Fioris plastisches Werk auch mit Personen der Zeitgeschichte". Oberndorf, *Schwarzwälder*, Mär. 1992.

"PLASTIKEN von Ernesto de Fiori bald in Berlin". *Berliner Zeitung*, Berlin, 3. Mär. 1992.

"LEIHGABEN der Kunsthalle Mannheim". *Rhein-Neckar-Zeitung*, Heildelberg, 14. Mär. 1992.

"ERNESTO de Fiori im Georg-Kolbe-Museum". *Berliner Morgenpost*, Berlin, 15. Mär. 1992.

"BERLIN präsentiert eine umfassende Fiori-Ausstellung". *Westfalenpost*, Hagen, 16. Mär. 1992.

"BISHER größte Ausstellung über Bildhauer de Fiori". *Badische Neueste Nachrichten*, Karlsruhe, 17. Mär. 1992.

"ERNESTO de Fiori: der Mann, der die modernen Berliner modellierte". *B.Z. Kultur*, 17. Mär. 1992, p. 22.

SCHUMACHER, Renate. "Zeugnisse des Zeitempfindens. Der Bildhauer Ernesto de Fiori in Berlin". *Der Weltbühne*, Berlin, 7. Apr. 1992, pp. 429-431.

"DER KÜNSTLER und sein Werk". *Der Tagesspiegel*, 8. Apr. 1992, p. 33.

MUCCHI, Gabriele. "Sublime Melancholie. Für Ernesto de Fiori (1884-1945)", "Rede zur Eröffnung der Ausstellung Ernesto de Fiori", 15. Mär. 1992, 10. Apr. 1992.

SCHREIBER, Susanne. "Die Berliner Retrospektive des Bildnisplastikers Ernesto de Fiori. Imposante Früchte mühsamer Recherchen". *Handelsblatt*, 14. Apr. 1992.

BLECHEN, Camilla. "Plastik im Sekundenstil. Der Bildhauer Ernesto de Fiori im Berliner Kolbe-Museum". *Frankfurter Allgemeine Zeitung*, Frankfurt, 23. Apr. 1992, p. 33

TIETENBERG, Annette. "Hinterlassenschaft eines Einzelgängers, mit dem nicht zu spaßen war". *Tagesspiegel*, 30. Apr. 1992.

"ERNESTO de Fiori". *Weltkunst*, Berlin, 1. Mai. 1992.

SCHWIBBLE, Ingeborg. "Nach 1945 in Vergessenheit geraten. Einer der wichtigsten Bildhauer im Berlin der 20er Jahre wird entdeckt: Ernesto de Fiori". *Die Kirche*, Berlin, 17. Mai. 1992.

Brasil - *Artigos e notas de revistas e jornais sobre Ernesto de Fiori*

1936

"ERNESTO de Fiori". *Deutsche Zeitung*, São Paulo, [ant. nov. 36].

"INAUGUROU-SE a Exposição Fiori". *Correio de S. Paulo*, São Paulo [*c*. 12 dez. 1936].

"EXPOSIÇÃO Fiori". *Correio de S. Paulo*, São Paulo, nov. 1936.

"UM GRANDE Escultor Moderno em São Paulo". *Correio de S. Paulo*, São Paulo, 20 nov. 1936.

"EXPOSIÇÃO de Esculturas". *Boletim de Arte*, São Paulo/Rio, dez. 1936. (nota)

"ERNESTO de Fiori – Mestre da Escultura. O Brasil Reservar-se-á para Dizer uma Palavra Nova ao Mundo – Afirma o Grande Artista ao Diário de S. Paulo". *Diário de S. Paulo*, São Paulo, 3 dez. 1936.

CENNI, Franco. "Ernesto de Fiori". *Fanfulla*, São Paulo, [8 dez. 1936].

"ERNESTO de Fiori Vai Expôr Alguns de seus Trabalhos em S. Paulo. Gosta do Brasil porque aqui Há Paz para o Espírito e Estímulo para a Arte – O Ineditismo Sempre Faz um Grande Bem para a Alma – O Artista Italiano Palestrou Hoje com a 'Folha da Noite'". *Folha da Noite*, São Paulo, 8 dez. 1936.

"ERNESTO de Fiori". *Diário Popular*, São Paulo, 10 dez. 1936. (nota)

"EXPOSIÇÃO Ernesto de Fiori". Abertura Oficial Dessa Mostra de Arte". *Diário da Noite*, São Paulo, 10 dez. 1936. (nota)

"A EXPOSIÇÃO do Escultor Italiano Ernesto de Fiori". *Folha da Manhã*, São Paulo, 11 dez. 1936. (nota)

"EXPOSIÇÃO Ernesto de Fiori". *Diário da Noite*, São Paulo, 11 dez. 1936. (nota)

"PINTURA. Uma Visita da Imprensa à Exposição Ernesto de Fiori". *A Gazeta*, São Paulo, 11 dez. 1936. (nota).

"INAUGURA-SE Hoje a Exposição Fiori". *Correio de S. Paulo*, São Paulo, 12 dez. 1936. (nota)

"EXPOSIÇÃO Fiori". *Correio de S. Paulo*, São Paulo, 14 dez. 1936. (nota)

"INAUGURA-SE a Exposição Fiori". *Correio de S. Paulo*, São Paulo, 15 dez. 1936. (nota)

HÉLIOS [Menotti del Picchia]. "De Fiori". *Diário da Noite*, São Paulo, 16 dez. 1936.

M. [Menotti del Picchia]. "Exposição di Fiori". *Diário de S. Paulo*, São Paulo, 17 dez. 1936.

"O SUCESSO da Exposição Fiori". *Correio de S. Paulo*, São Paulo, 18 dez. 1936. (nota)

"EXPOSIÇÃO Fiori". *Correio de S. Paulo*, São Paulo, 19 dez. 1936. (nota)

"EXPOSIÇÃO de Esculturas". *Correio de S. Paulo*, São Paulo, 24 dez. 1936. (nota)

"O NOVO Horário da Exposição de Fiori". *Correio de S. Paulo*, São Paulo, 28 dez. 1936. (nota)

"EXPOSIÇÃO de Esculturas". *Correio de S. Paulo*, São Paulo, 30 dez. 1936. (nota)

"EXPOSIÇÃO de Fiori". *Correio de S. Paulo*, São Paulo, 31 dez. 1936. (nota)

"AUSSTELLUNG Ernesto de Fiori". *Deutsche Zeitung*, São Paulo, [1936/37].

1937

"ERNESTO de Fiori". *Intercâmbio*, Rio de Janeiro, 1937.

"PALESTRA com o Escultor Ernesto de Fiori". *Diário da Noite*, São Paulo, [1937].

"ENCERRA-SE Dia 10 a Exposição Fiori". *Correio de S. Paulo*, São Paulo, 5 jan. 1937. (nota)

"ENCERRA-SE depois de Amanhã a Exposição Fiori". *Correio de S. Paulo*, São Paulo, 7 jan. 1937. (nota).

"ENCERRA-SE Amanhã a Exposição Fiori". *Correio de S. Paulo*, São Paulo, 8 jan. 1937. (nota)

"ENCERRA-SE Hoje a Exposição Fiori". *Correio de S. Paulo*, São Paulo, 9 jan. 1937. (nota)

"LA MOSTRA de Fiori". *Fanfulla*, São Paulo, 9 jan. 1937. (nota)

"CONTINUA Aberta a Exposição Fiori". *Correio de S. Paulo*, São Paulo, 12 jan. 1937. (nota)

"ESPOSIZIONE de Fiori". Recorte de jornal, [26 jan. 1937]. (nota)

"UMA BELÍSSIMA Reunião Artística e Social". *Correio de S. Paulo*, São Paulo, 26 jan. 1937. (nota)

"SCHLIESSUNG der Ausstellung Ernesto de Fiori". *Deutsche Zeitung*, São Paulo, [26 jan. 37]. (nota)

"P.A. PRESS. Exposição de Esculturas de Ernesto de Fiori e Águas-fortes de Zangerl". *Jornal do Brasil*, Rio de Janeiro, 15 ago. 1937.

"AUSSTELLUNG von Plastiken im 'Neuen Kunstsalon'". *Deutsche-Rio Zeitung*, Rio de Janeiro, 17 ago. 1937. (nota)

"ESPOSIZIONE Ernesto de Fiori". *L'Italiano*, Rio de Janeiro, 19 ago. 1937. (nota)

"ERNESTO de Fiori Inaugurou sua Exposição". *Jornal do Brasil*, Rio de Janeiro, 22 ago. 1937.

"ESCULTOR Ernesto de Fiori. Exposição de Trabalhos do Notável Artista". *A Nação*, Rio de Janeiro, 22 ago. 1937.

"ESPOSIZIONE di Scultura Ernesto de Fiori". *L'Italiano*, Rio de Janeiro, 22 ago. 1937. (nota)

MAR. "Ernesto de Fiori im 'Neuen Kunstsalon'". *Deutsche-Rio Zeitung*, Rio de Janeiro, 22 ago. 1937.

P. A. "Der Interventor Besucht den 'Neuen Kunstsalon'". *Deutsche-Rio Zeitung*, Rio de Janeiro, 5 set. 1937. (nota)

1938

INTERCÂMBIO, RIO DE JANEIRO, 1938.

1939

"AUSSTELLUNG Ernesto de Fiori". *Deutsche Zeitung*, São Paulo, [1939].

"AUSSTELLUNG Ernesto de Fiori". *Deutsche Zeitung*, São Paulo, [5 jun. 1939].

HELIOS [Menotti del Picchia]. "Di Fiori". *Diário da Noite*, São Paulo, 5 jun. 1939.

CENNI, Franco. "Artisti che Espongono – Ernesto de Fiori". *Fanfulla*, São Paulo, 6 jun. 1939.

"INAUGURADA a Exposição de Ernesto de Fiori". *Jornal da Manhã*, São Paulo, [7 jun. 1939]. (nota)

1940

"UM MESTRE da Escultura Moderna". *Ilustração Brasileira*, n. 59, mar. 1940, p. 10 e p. 12.

1941

"AUSSTELLUNG Ernesto de Fiori". *Deutsche Zeitung*, São Paulo, [21 mar. 1941]

"SÃO JORGE Espetando a Lança na Bocarra do Dragão Simboliza a Eterna Luta entre o Bem e o Mal. Ernesto de Fiori Inaugura uma Exposição". *Diário da Noite*, São Paulo, [21 mar. 1941].

ANDRADE, Mário de. "Ernesto de Fiori". [*Diários Associados*, 2 abr. 1941].

MILLIET, Sérgio. "De Fiori". *O Estado de S. Paulo*, São Paulo, 2ª quinzena de mar. de 1941.

MILLIET, Sérgio. "Ernesto de Fiori". *O Estado de S. Paulo*, São Paulo, 22 mar. 1941.

S. DE SANTO ADOLFO [Sérgio Milliet]. "Ernesto de Fiori". *Planalto*, São Paulo, 15 maio 1941, p. 2 e p. 22.

Após 1941

GIORGIO, Giuliana. "Ernesto de Fiori". [*c*. 1942/43].

MARTINS, Luis. "Ernesto de Fiori". *Diário de S. Paulo*, São Paulo, s/ data [*c*. 1942/43].

1944

C. M. [Ciro Mendes]. "Ernesto de Fiori". *O Estado de S. Paulo*, São Paulo, 6 jan. 1944.

"EXPOSIÇÕES". *O Estado de S. Paulo*, São Paulo, 8 jan. 1944.

MILLIET, Sérgio. "Exposição de de Fiori". *O Estado de S. Paulo*, São Paulo, 8 jan. 1944.

M. "Ernesto de Fiori". *A Noite*, 19 jan. 1944.

CAPITU. "Crônica". *O Estado de S. Paulo*, São Paulo, 14 jan. 1944.

MARTINS, Luis. "Ernesto de Fiori". [*Diário de S. Paulo*, São Paulo, 18 jan. 1944].

"EXPOSIÇÃO Ernesto de Fiori". *Folha da Noite*, São Paulo, 22 jan. 1944.

ODETTE [de Freitas]. "Exposições". *Diário de S. Paulo*, São Paulo, 8 jan. 1944.

1945

ALVES, Carlos Pinto. "Ernesto de Fiori". *Jornal de S. Paulo*, São Paulo, [25 abr. 1945].

MENDES, Ciro. "Ernesto de Fiori". [25 abr. 1945].

MILLIET, Sérgio. "Um Artista: De Fiori". *Diário da Noite*, São Paulo, 25 abr. 1945.

"COM ERNESTO de Fiori Desaparece um dos Maiores Valores da Arte Contemporânea. O Grande Escultor Faleceu Ontem Nesta Capital". *Diário de S. Paulo*, São Paulo, 25 abr. 1945.

MARTINS, Luis. "Ernesto de Fiori". *Diário de S. Paulo*, São Paulo, 28 abr. 1945.

MARTINS, Luis. "Sobretudo Não Morrer". *Diário de S. Paulo*, São Paulo, 2 jun. 1945.

MARTINS, Luis. "Ernesto de Fiori". *Diário de S. Paulo*, São Paulo, 25 out. 1945.

"EXPOSIÇÃO Póstuma de Ernesto de Fiori". *Jornal de S. Paulo*, São Paulo, 26 out. 1945.

"HOMENAGEM Póstuma a Ernesto de Fiori - Pintor e Escultor Anti-fascista". [27 out. 1945].

"EXPOSIÇÃO Póstuma de Ernesto de Fiori". *O Estado de S. Paulo*, São Paulo, 28 out. 1945.

"EXPOSIÇÃO Homenagem a Memória de Ernesto de Fiori". *Folha da Noite*, São Paulo, 31 out. 1945.

"EXPOSIÇÃO Póstuma de Ernesto de Fiori". [nov. 1945].

SILVA, Quirino da. "Ernesto de Fiori". *Diário da Noite*, São Paulo, 19 nov. 1945.

MARTINS, Luis. "Uma Tardia Confissão". *Diário de S. Paulo*, São Paulo, 20 nov. 1945.

MACHADO, Lourival Gomes. "O Artista de Fiori". 1945.

MACHADO, Lourival Gomes. "A Escultura de de Fiori – I – Elogio do Artista". *O Estado de S. Paulo*, São Paulo, 1º dez. 1945.

MACHADO, Lourival Gomes. "A Escultura de de Fiori – II – Esplendor e Decadência da Estátua". *O Estado de S. Paulo*, São Paulo, 2 dez. 1945.

MARTINS, Luis. "A Pintura de Ernesto de Fiori". *O Jornal*, [2] dez. 1945.

MARTINS, Luis. "A Pintura de Ernesto de Fiori". [*Diário da Noite*, 5 dez. 1945].

MACHADO, Lourival Gomes. "A Escultura de de Fiori – III – A Escultura em Crise". *O Estado de S. Paulo*, São Paulo, 6 dez. 1945.

MACHADO, Lourival Gomes. "A Escultura de de Fiori – IV – O Artista e os Temas do Mundo". *O Estado de S. Paulo*, São Paulo, 8 dez. 1945.

MILLIET, Sérgio. "Ernesto de Fiori e o Derivativo da Pintura". *Diário da Noite*, São Paulo, 17 dez. [1945].

1946-1948

SILVA, Quirino da. "De Fiori – Mestre Romântico". *Diário da Noite*, São Paulo, 8 fev. [1946].

"ERNESTO de Fiori". [*Jornal de S. Paulo*, 30 nov. 1947].

BARDI, Pietro Maria. "Fiore, Escultor Humano". [*Diário de S. Paulo*, São Paulo, dez. 1947].

"A PRIMEIRA Cabeça que Ernesto de Fiori Esculpiu no Brasil". *Diário de S. Paulo*, São Paulo, [4 jan. 1948].

Decênio de 50

SILVA, Quirino da. "Um Artista". *Diário da Noite*, São Paulo, 13 jan. 1950.

"UMA ESTÁTUA de De Fiori para a Galeria de Arte Moderna de Roma". *Diário de S. Paulo*, São Paulo, 29 out. 1950.

PFEIFFER, Wolfgang. "Ernesto de Fiori". (seguido de depoimentos de Richard Scheibe, Renée Sintenis e Kurt Edzard). *Intercâmbio*, Rio de Janeiro, 1952, pp. 21-39.

MILLIET, Sérgio. "Ernesto de Fiori e o Derivativo na Pintura". *Intercâmbio*, Rio de Janeiro, 1954, pp. 19-22.

"EXPOSIÇÃO Ernesto de Fiori". *A Gazeta*, São Paulo, 8 set. 1959.

"ERNESTO de Fiori na Associação de Amigos do MAM". *O Estado de S. Paulo*, São Paulo, 6 set. 1959.

"GUACHES e Desenhos de de Fiori". *O Estado de S. Paulo*, São Paulo, 10 set. 1959.

Decênio de 60

M. G. [José Geraldo Vieira]. "Ernesto de Fiori". *Habitat*, São Paulo, n. 62, 1960, pp. 43-45.

SILVA, Quirino. "De Fiori". *Diário de S. Paulo*, São Paulo, 22 out. 1962.

ALMEIDA, Paulo Mendes de. "De Fiori, Desenhista". *O Estado de S. Paulo*, São Paulo, 24 abr. 1965.

MILLIET, Sérgio. "De Fiori, Pintor". *O Estado de S. Paulo*, São Paulo, 24 abr. 1965. (variante do artigo "De Fiori e o Derivativo na Pintura").

SILVA, Quirino da. "Ernesto de Fiori". *Diário de S. Paulo*, São Paulo, 25 abr. 1965.

MAZZA, Emilio. "Lembrança de Ernesto de Fiori". *O Estado de S. Paulo*, São Paulo, 6 set. 1969. Reimpresso em *Il Nostro Mondo*, Carlo Elba, n. 14/15, 15/31, out. 1969, p. 6.

Decênio de 70

"EXPOSIÇÃO Homenagem a Ernesto de Fiori". *Folha da Tarde*, São Paulo, 20 nov. 1974. (nota)

ASSUMPÇÃO, Alvaro Luiz. "Da Noite para o Dia. Boa Lembrança". *Folha da Tarde*, São Paulo, 23 nov. 1974. (nota)

PACHECO, Arthur Octávio C.. "Ernesto de Fiori, Pintor no Brasil". *Folha de S. Paulo*, São Paulo, 24 nov. 1974.

AZEVEDO, Luiz Carlos. "A Paisagem de um Cavalo Cor de Lilás. E o Encontro com um Mestre, Ernesto de Fiori". *Última Hora*, São Paulo, 26 nov. 1974.

ARAÚJO, Olívio Tavares. "Último Lampejo". *Veja*, São Paulo, 11 dez. 1974.

"DE FIORI na Cosme Velho" – recorte de jornal, s/ data [1974].

"EXPOSIÇÃO Homenagem a Ernesto de Fiori". *Folha da Tarde*, São Paulo, 20 nov. 1974.

"HOMENAGEM a Ernesto de Fiori". *Folha da Tarde*, São Paulo, 20 nov. 1974.

"DE FIORI na Cosme Velho". *Folha de S. Paulo*, São Paulo, 17 nov. 1974.

BRITO, Reynivaldo. "Justiça a Fiori". *A Tarde*, Salvador, [4 jan. 1975].

MARIA SILVIA. "Retrospectiva Ernesto de Fiori". *A Gazeta*, São Paulo, 14 abr. 1975.

"DE FIORI. Uma Homenagem Póstuma Hoje no MAC". *Jornal da Tarde*, São Paulo, 19 nov. 1975.

"MAC Abre Hoje a Retrospectiva de Ernesto de Fiori". *O Estado de S. Paulo*, São Paulo, 19 nov. 1975.

"RETROSPECTIVA de Ernesto de Fiori". *Folha da Tarde*, São Paulo, 19 nov. 1975.

ZANINI, Ivo. "Retrospectiva de de Fiori". *Folha de S. Paulo*, São Paulo, 19 nov. 1975.

KRÜSE, Olney. "A Arte que Deve Ser Vista". *Jornal da Tarde*, São Paulo, 22 nov. 1975.

"UM ARTISTA e muitas Mulheres". *Folha de S. Paulo*, São Paulo, 27 nov. 1975.

MERLIN, Nelson. "De Fiori: a Arte Viva 30 Anos depois". *Folha de S. Paulo*, São Paulo, 3 dez. 1975.

"TERCEIRA Dimensão". *Veja*, São Paulo, 3 dez. 1975.

"DE FIORI até Dia 19 no MAC". *A Gazeta*, São Paulo, 11 dez. 1975.

"MUSEU de Arte Contemporânea Mostra Trabalhos de Fiori". *Diário Popular*, São Paulo, 11 dez. 1975.

"ERNESTO de Fiori, Escultor e Pintor". *Folha da Tarde*, São Paulo, 12 dez. 1975.

MORAIS, Frederico. "De Fiori: Similitude da Alma". *O Globo*, Rio de Janeiro, 18 dez. 1975.

"A PROPÓSITO da Retrospectiva de Ernesto de Fiori". *Diário do Grande ABC*, Santo André, 7 jan. 1976.

MARIA SILVIA. "Homem Andando". *A Gazeta*, São Paulo, 30 maio 1977.

Decênio de 80

VOLTOLINI, Nanete. "Quarenta Anos depois, o MASP Mostra de Fiori". *Folha da Tarde*, São Paulo, 28 mar. 1985.

Decênio de 90

"ERNESTO de Fiori". *Skultura*, São Paulo, out. 1990.

LAUDANNA, Mayra. "Ernesto de Fiori". *Vozes*, Rio de Janeiro, jul./ago. 1992.

GONÇALVES FILHO, Antonio. "Pinacoteca Prepara Exposição de de Fiori". *O Estado de S. Paulo*, São Paulo, 23 jul. 1997.

TEIXEIRA COELHO. "História Incerta. Retrospectiva de Ernesto de Fiori Desperta Dúvidas e Oferece Respostas sobre sua Real Estatura". *República*, São Paulo, jun. 1997, pp. 90-91.

GONÇALVES FILHO, Antonio. "Pinacoteca Expõe Gigantismo de de Fiori". *O Estado de S. Paulo*, São Paulo, 20 out. 1997.

HIRSZMAN, Maria. "Uma Retrospectiva para de Fiori". *Jornal da Tarde*, São Paulo, 20 out. 1997.

KAHNS, Marcelo. "Artista Chegou a São Paulo em 1936". *Jornal da Tarde*, São Paulo, 20 out. 1997.

BARROS, Bruna Monteiro. "Mostra Traz 209 Obras, Sendo 120 Telas a Óleo e a Guache, além de Esculturas. Pinacoteca Traz de Fiori 'Brasileiro'". *Folha de S. Paulo*, São Paulo, 21 out. 1997.

"EXPOSIÇÃO Resgata Ernesto de Fiori". *Diário Popular*, São Paulo, 21 out. 1997.

LAUDANNA, Mayra. "As Cores e Formas de Ernesto de Fiori". Revista *Galeria*, São Paulo, nov./dez. 1997, pp. 42-46.

GONÇALVES FILHO, Antonio. "Ernesto de Fiori, o Escultor da Tradição". Revista *Galeria*, São Paulo, nov./dez. 1997, p. 47.

EUROPA - *ARTIGOS QUE REFEREM DE FIORI, COM OU SEM REPRODUÇÕES DE OBRAS; REVISTAS QUE REPRODUZEM OBRAS DO ARTISTA.*

Decênio de 10

SCHMIDT, Paul Ferdinand. "Die Internationale Ausstellung des Sonderbundes in Köln 1912". *Zeitschrift für Bildende Kunst*, Leipzig, 5. Jul. 1912. (refere).

VON ALTEN, W. "Die Internationale Ausstellungen in der Bremer Kunsthalle". *Kunst und Künstler*, Berlin, 1913/14, pp. 384-389. (refere)

DER 30. "Salon des Indépendants". [1914]. (refere)

APOLLINAIRE, Guillaume. "'Le Dôme' et les 'Dômiers'". *Les Soirées de Paris*, 2 jul. 1914. (refere)

SCHMIDT, Paul Ferdinand. "Die Kunst auf dem Internationalen Markt III. Die Galerie Flechtheim in Düsseldorf". *Der Cicerone*, Leipzig, 1914, pp. 237-247. (refere)

DIE PLASTIK, München, 1914. (reproduz obras)

SCHEFFLER, Karl. "Die Ausstellung der Freien Sezession". *Kunst und Künstler*, Berlin, 1915/16, pp. 319-341. (refere)

HUBRICH, Karl. "Freie Secession, Berlin". *Das Kunstblatt*, 1917, pp. 236-240. (refere)

AHLERS-HESTERMANN; Friedrich. "Der Deutsche Künstlerkreis des Cafés du Dôme in Paris". *Kunst und Künstler*, Berlin, 1918, pp. 369-402. (refere)

KAUDERS, Hans. "Die Religiöse in der Gegenwart". *Das Kunstblatt*, Weimar, 1918, p. 183. (refere)

DAS KUNSTBLATT, 1919, p. 2 (il) e p. 13 (il). (reproduz obras)

ZÜRICHER Kunsthaus I. *Züricher Post*, Zürich, 27. Mär. 1919. (refere)

"DIE KUSTHALLE zu Mannheim". *Die Kunst für Alle*, München, Ago. 1919, pp. 373-385 (refere).

KURTH, Willy. "Die Ausstellungen der Akademie der Künste, der Secession und der Freien Secession in Berlin". *Die Kunst*, München, Sept. 1919, pp. 409-418. (refere)

Decênio de 20

WOLFRADT, Willi. "Das Antlitz der Kugel". *Das Kunstblatt*, 1921, pp. 236-241. (refere)

DER QUERSCHNITT, Berlin, 1922/23. (refere)

DER QUERSCHNITT, Berlin, 1923. (refere)

"NEUERWERBUNGEN der Danziger Kunstsammlungen 1919-1921". *Der Cicerone*, Leipzig, 1923, p. 563. (refere)

SCHEFFLER, Karl. "Die Bremer Kunsthalle unter Emil Waldmanns Leitung". *Kunst und Künstler*, Berlin, 1923, pp. 255-265. (refere)

DER QUERSCHNITT, Berlin, Sommer 1924. (reproduz obra)

DER QUERSCHNITT, Berlin, Herbst 1924. (reproduz obras)

DAS KUNSTBLATT, 1925, p. 190. Notizen [Chemnitz]. (refere)

DER QUERSCHNITT, Berlin, Aug. 1925. (reproduz obra)

WOLFRADT, Willi. "Ausstellungen". *Das Kunstblatt*, 1925, p. 28. (refere)

RITTER, Heinrich. "Dienende Kunst". *Deutsche Kunst und Dekoration*, Darmstadt, Apr./Sept. 1925. (reproduz obra)

DER QUERSCHNITT, Berlin, Aug. 1925. (reproduz obra)

KEIM, H.W. "Die Moderne Kunst in der Düsseldorfer Jubiläumausstellung". *Der Cicerone*, Leipzig, Aug. 1925, p. 816. (refere)

DER QUERSCHNITT, Berlin, Sept. 1925. (reproduz obra)

MÖBIUS, Martin Richard. "Die Neuerwerbungen der Stadtischen Kunstsammlug in Chemnitz". *Der Cicerone*, Leipzig, n. 17, Sept. 1925, p. 841. (refere)

NEUE Züricher Zeitung, Zürich, 7. Sept. 1925 (refere)

GLASER, Curt. "Kolbe-Fiori". *Berliner Börsen-Courier*, Berlin, 27. Okt. 1925.

DEUTSCHE Kunst und Dekoration, Darmstadt, Dez. 1925, p. 182. (reproduz obra)

GROHMANN, Will. "Die Kunst der Gegenwart auf der Internationalen Kunstausstellung, Dresden 1926". *Der Cicerone*, Leipzig, Jun. 1926. (refere)

"AUSSTELLUNG der Berliner Secession - Herbst 1926". *Deutsche Kunst und Dekoration*, Darmstadt, Okt. 1926/Mär. 1927, pp. 207-222. (reproduz obra).

A.D. "WIE die Bildhauer arbeiten" – recorte de jornal, [1926/27]. (refere)

DER QUERSCHNITT, Berlin, Fev. 1927. (reproduz obras)

DER QUERSCHNITT, Berlin, Jul. 1927. (reproduz obra)

WERNER, Bruno. "Herbstausstellung der Akademie Berlin". *Die Kunst für Alle*, München, 1927/28. (refere)

DER CICERONE, Leipzig, 1928, p. 482. (reproduz obra)

GROHMANN, Will. "Enquête sur la Sculpture Moderne en Allemagne et en France". *Cahiers d'Art*, Paris, n. 10, 1928. (refere)

"KREUZWORTRÄTSEL für Kunstkenner". *Das Kunstblatt*, 1928, p. 31. (refere)

DER QUERSCHNITT, Berlin, Apr. 1928. (reproduz obra)

DER QUERSCHNITT, Berlin, Mai. 1928. (reproduz obra)

DER QUESCHNITT, Berlin, Aug. 1928. (reproduz obras)

DER QUERSCHNITT, Berlin, Okt. 1928. (reproduz obras)

STRAUS-ERNST, Luise. "Die Ausstellung des deutschen Künstlerbundes in Köln". *Die Kunst für Alle*, München, 1928. (refere)

WERNER, Bruno. "Frühjahrsausstellung der Berliner Secession". *Die Kunst für Alle*, München, 1928/29, pp. 343-354. (reproduz obra)

DER QUERSCHNITT, Berlin, Mai. 1929. (reproduz obras)

DEUTSCHE Kunst und Dekoration, Darmstadt, Okt. 1929/Mär. 1930, p. 39. (reproduz obras)

Decênio de 30

"BERLINER Künstler in ihren Ateliers". (Fritz Klimsch, Rudolf Großmann, Ernesto de Fiori, Hans Meid, Emil Orlik, Willy Jaeckel, Max Pechstein). *Die Dame*, Berlin, 1930. (refere e reproduz obras)

KUNO, Ernst. "Herbstausstellung der Berliner Secession". *Deutsche Kunst und Dekoration*, Darmstadt, Jan. 1930. (refere e reproduz obra)

OSBORN, Max. "Akademie und Secession in Berlin". *Deutsche Kunst und Dekoration*, Darmstadt, Jul. 1931, pp. 119-212. (refere)

WESTHEIM, Paul. "Legenden aus dem Künstlerleben". *Das Kunstblatt*, 1931/33, pp. 149-157. (refere)

DEUTSCHE-FRAUEN Zeitung, Leipzig-Berlin, 1932. (reproduz obra – capa).

CHRISTOFFER, Ulrich. "Berliner Kunst in München". *Die Kunst*, München, Apr. 1935, pp. 193-200. (reproduz obra)

HAUPT, Gertud. "Aquarelle und Skulpturen" [*Berliner Morgen Post*, Berlin, 25. Dez. 1936]. (refere)

DOMUS, Roma. [1938]. (refere e reproduz obras)

BRASIL - *ARTIGOS QUE REFEREM DE FIORI, COM OU SEM REPRODUÇÕES DE OBRAS; REVISTAS QUE REPRODUZEM OBRAS DO ARTISTA*

Decênio de 30

DEL PICCHIA, Menotti. "De Arte". *Diário de S. Paulo*, São Paulo, 12 dez. 1936. (refere)

Decênio de 40

MILLIET, Sérgio. "A Propósito de Escultura". *O Estado de S. Paulo*, São Paulo, [*c*. 1940]. (refere)

MILLIET, Sérgio. "Família Artística Paulista". *O Estado de S. Paulo*, São Paulo, set. 1940. (refere)

S. DE SANTO ADOLFO. "A Exposição Paulista no Rio". *Planalto*, São Paulo, 1º jun. 1941, p. 5. (refere)

FERRAZ, Geraldo. "A margem do 1º Salão de Arte da Feira Nacional de Indústrias – IV". *Diário da Noite*, São Paulo, 16 out. 1941. (refere)

MACHADO. Lourival Gomes. "Artes Plásticas". *Clima*, São Paulo, jul./ago. 1942, n. 11, pp. 101-110. (refere)

ANDRADE, Mário de. "A Escultura de Bruno Giorgi". *Revista Acadêmica*, Rio de Janeiro, nov. 1945, pp. 17- 24. (Número em Homenagem a Bruno Giorgi – refere)

WASHINGTON, Luiz. "A Pintura em São Paulo". [*Correio Paulistano*, 25 jan. 1946]. (refere)

FRANCO, Maria Eugênia. "X Salão do Sindicato – II". *Folha da Manhã*, São Paulo, 17 fev. 1946. (refere)

Decênio de 50

"A OBRA de de Fiori Reconstruída através do Álbum de Fotografias que ele Recolheu durante Trinta Anos de Trabalho". *Habitat*, São Paulo, [dec. 50], 2 p. (reproduz obras)

INVESTIGAÇÕES, São Paulo, jan. 1952. (reproduz obra)

BARATA, Mário. "Panorama da Arte Moderna no Brasil". *Brasil-Arquitetura Contemporânea*, Rio de Janeiro, ago./set. 1953, pp. 37-39 e p. 50. (refere)

INTERCÂMBIO, Rio de Janeiro, 1954, pp. 2-4. (reproduz obras)

ALMEIDA, Paulo Mendes de. "Indústria e Artes Plásticas". *O Estado de S. Paulo*, São Paulo, 13 jun. 1959. (refere)

Decênio de 60

CAMPOFIORITO. "Escultura Moderna no Brasil". *Crítica de Arte*, Rio de Janeiro, 1962, pp. 73-86. (refere)

"O NU e o Strip-Tease". *Habitat*, São Paulo, mar. 1962, pp. 36-37. (reproduz obra)

MARTINS, Luis. "Os Esquecidos". *O Estado de S. Paulo*, São Paulo, 21 maio 1963. (refere)

Decênio de 70

MOTTA, Flávio. "A Família Artística Paulista. Seguido de Textos de Mário de Andrade: Apêndice I – Esta Paulista Família (déc. 1930); Apêndice II – Ensaio sobre Clóvis Graciano (dez. 1944)." *Revista do Instituto de Estudos Brasileiros*, n. 10, São Paulo, IEB/USP, 1971. (refere)

EUROPA- *ARTIGOS GERAIS*

Decênio de 10

FRIEDEBERGER, Hans. "Die Ausstellung der Freien Sezession". *Der Cicerone*, Leipzig, 1914, pp. 290-292.

DÄUBLER, Theodor. "Emil Nolde". *Das Kunstblatt*, 1917, pp. 114-115.

COHEN, Walter. "Die Große Berliner Kunstausstellung in Düsseldorf". *Die Kunst*, München, 1917.

K. E. "Eine Holzfigur von Hermann Haller". *Das Kunstblatt*, 1917, pp. 70-71.

WESTHEIM, Paul. "Die Museem und die Kunst". *Das Kunstblatt*, 1919, pp. 2-13.

Decênio de 20

HALLE, Fannina; Kandinsky, Wassily & Archipenko, Chagal. *Die bildenden Kunst*, Wien, 1921, pp. 177-187.

OTTMANN, Franz. "Münchner Sezession und Kunstschau Frühling 1921". *Die bildenden Kunst*, Wien, 1921.

HEILMAIER, Hans. "Der Bildhauer Despiau". *Deutsche Kunst und Dekoration*, Darmstadt, Apr. 1921/Sept. 1921, pp. 364-372.

OSBORN, Max. "Die 'Grosse Berliner'". *Deutsche Kunst und Dekoration*, Darmstadt, Apr./Sept. 1921, pp. 262-263.

KUHN, Alfred. "Über Bilder Karl Hofers". *Das Kunstblatt*, 1922, pp. 288-293.

WESTHEIM, Paul. "Kleines Kolleg über 'Naturalismus'". *Das Kunstblatt*, 1922, pp. 93-95.

WESTHEIM, Paul. "Bildhauer in Frankreich". *Das Kunstblatt*, 1922, pp. 47-56.

OSBORN, Max. "Die Verjüngte Berliner Akademie". *Deutsche Kunst und Dekoration*, Darmstadt, Aug. 1923, pp. 246-264.

VON WEDDERKOP, Magnus. "Boileu und der Expressionismus". *Der Querschnitt*, Sommer 1924, pp. 93-96.

SZITTYA, Emil. "Paris am Anfang der neuen Kunst". *Das Kunstblatt*, 1925, pp. 115-119.

WESTHEIM, Paul. "Die tote Kunst der gegenwart". *Das Kunstblatt*, 1925, pp. 106-114; pp. 141-149.

FIERENS, Paul. "La Peinture et la Sculpture belges d'aujourd'hui". *L'Art Vivant*, 15 jan. 1925, pp. 7-9.

VAUDOYER, Jean-Louis. "Charles Despiau". *L'Art Vivant*, 8 abr. 1925, pp. 9-11.

MICHEL, Wilhelm. "Die neue Sachlichkeit". *Deutsche Kunst und Dekoration*, Darmstadt, Apr./Sept. 1925, pp. 299-302.

COHEN, Walter. "Das neue Düsseldorfer Kunstmuseum". *Der Querschnitt*, Berlin, Mai. 1925, pp. 306-308.

SZITTYA, Emil. "Berliner Kunstausstellung: Die Juryfreien". *Der Querschnitt*, Berlin, Nov. 1925, pp. 988-989.

SZITTYA, Emil. "Die Impressionisten. Ausstellung bei Paul Cassirer". *Der Querschnitt*, Berlin, Nov. 1925, pp. 991-993.

SALMON, André. "Marie Laurencin". *L'Art Vivant*, set. 1926, pp. 805-808.

BRATTSKOVEN, Otto. "Lasar Segall". *Deutsche Kunst und Dekoration*, Darmstadt, Apr./Sept. 1927, pp. 86-90.

KUHN, Alfred. "Hermann Haller". *Deutsche Kunst und Dekoration*, Darmstadt, Apr./Sept. 1927, pp. 92-94.

O.S. "Zeitlicher und Zeitloser Wert in der Kunst". *Deutsche Kunst und Dekoration*, Darmstadt, Jul. 1927, p. 223.

OSBORN, Max. "Berliner Frühjarhs-Akademie". *Deutsche Kunst und Dekoration*, Darmstadt, Jul. 1927, pp. 204-221.

WERNER, Bruno. "Früjahrsausstellung der Preussischen Akademie, Berlin". *Die Kunst für Alle*, München,

1927/28, pp. 297-306.
WOLF, Jacob. "Jubiläums-Kunst Ausstellung Kassel". *Die Kunst für Alle*, München, 1927/28, pp. 64-72.
BRATTSKOVEN, Otto. "Sport und Bildkünstlerishe Darstellung". *Deutsche Kunst und Dekoration*, Darmstadt, Okt. 1928/Mär. 1929, p. 58.
HOFMANN, Herbert. "Kunst und Sport". *Deutsche Kunst und Dekoration*, Darmstadt, Apr./Sept. 1929, B. 64, p. 341.

Decênio de 30

WESTHEIM, Paul. "Künstler im Reich". *Das Kunstblatt*, Nitherlands, 1930, pp. 256-267. Reimpresso em 1978.
NEMITZ, Fritz. "Berlin als Kunststadt". *Deutsche Kunst und Dekoration*, Darmstadt, Jan. 1930.
WERNER, Bruno. "Frühjarausstellung der Akademie". *Die Kunst*, München, Jul. 1930, pp. 313-318.
FELS, Florent. "L'Art Vivant". Aux Palais des Beaux-Arts de Bruxelles. *L'Art Vivant*, pp. 229-301.
COHEN, Walter. "Die Ausstellung des deutschen Künstlerbundes in Essen". *Die Kunst*, München, 1931/32, pp. 44-51.

Decênio de 50

MURARI, Michelangelo. "La XXV Biennale di Venezia. Il padiglione Italiano. Le Mostre Retrospettive: Favretto, Rosso, de Fiori, Viani, Broglio, Bozzetti". *Emporium*, anno LVI, n. 9, sett. 1950, pp. 99-104.
BRANZI, Silvio. "Alla XXV Biennalle Veneziana d'Arte Uno sguardo alla scultura." – recorte de jornal [1950].

BRASIL – *Artigos gerais*

Decênio de 20

HELIOS [Menotti del Picchia]. "A Crítica". *Correio Paulistano*, São Paulo, 29 set. 1920.
ANDRADE, Mário de. "Um Desenhista Brasileiro". *Diário Nacional*, 28 out. 1928.

Decênio de 30

BAUCOMONT, Jean. "Les dessins des enfants. Les Nouvelles Litteraires, 1º mar. 1930".
ANDRADE, Mário de. "Da Pintura". [Abril 1933]. Reimpresso na *Revista Acadêmica*, Rio de Janeiro, n. 64/68, 1944/47.
"HITLER contra Christo... A Kulturkampf". *Vamos Ler!*, Rio de Janeiro, 13 ago. 1936.
"A CÂMARA do *Reich* das Belas Artes". *Intercâmbio*, Rio de Janeiro, 1937, pp. 81-82.
POLLOG, Robert. (aus "Die Kunstkammer") "Für wen arbeitet der Küntler?". *Intercâmbio*, Rio de Janeiro, 1937, pp. 8-10.
"A NAÇÃO de pé contra o Comunismo! O Manifesto da Defesa Social Brasileira. A Instalação do Novo Órgão de Combate ao Extermínio". *Vamos Ler!*, Rio de Janeiro, 4 nov. 1937.
"DEUTSCH-BRASILIANISCHER Kulturaustausch!". *Intercâmbio*, Rio de Janeiro, 1938, pp. 22-23.
"INTERCÂMBIO Artístico entre o Brasil e a Alemanha. Alberto da Veiga Guignard". *Intercâmbio*, Rio de Janeiro 1938, pp. 28-29.
"O ANEL da Pro Arte". *Intercâmbio*, Rio de Janeiro, 1938, p. 303.
"A GLÓRIA dos 'Pintores Degenerados'. O Sucesso, em Londres, dos Quadros Condenados por Hitler. Quando o Ex-paisagista Fala como Ditador – Por Ocasião de uma Exposição de Arte Alemã do Século XX em Londres e a New Burlington Galery". *Vamos Ler!*, Rio de Janeiro, 18 ago. 1938, pp. 44, 45 e 50.
DEL PICCHIA, Menotti. "Arte e Comércio". *Vamos Ler!*, Rio de Janeiro, 13 out. 1938.
BASTOS, A. D. Tavares. "Aspectos da Europa – A 'Arte Degenerada' Alemã em Paris – uma Comovente Exposição 'Maison de la Culture'". *Vamos Ler!*, Rio de Janeiro, 15 dez. 1938.

"UM ANO da Pro Arte em São Paulo". *Intercâmbio*, Rio de Janeiro, 1939, pp. 222-223.

MARTINS, Luis. "Em São Paulo, com Lasar Segall". *Vamos Ler!*, Rio de Janeiro, 6 jul. 1939.

MARTINS, Luis. "O Terceiro Salão de Maio". *Vamos Ler!*, Rio de Janeiro, 27 jul. 1939, pp. 36-38.

PEIXOTO, Silveira Peixoto. "Correio Literário de São Paulo. Num Apartamento Pequenino, Trepago nas Grimpas de um Arranha-céu – Luis Martins, o Homem da 'Cidade Maravilhosa', que a Cidade-oficina Seduziu [...]". *Vamos Ler!*, Rio de Janeiro, 10 ago. 1939.

MARTINS, Luis. "Em S. Paulo, com Victor Brecheret". *Vamos Ler!*, Rio de Janeiro, 5 out. 1939.

MARTINS, Luis. "Em São Paulo, com Vittorio Gobbis". *Vamos Ler!*, Rio de Janeiro, 23 nov. 1939.

MARTINS, Luiz. "Em S. Paulo com Figueira". *Vamos Ler!*, Rio de Janeiro, 7 dez. 1939, pp. 32-33.

Decênio de 40

"MEISTERWERKE deutscher Plastik". *Intercâmbio*, Rio de Janeiro, 1940, pp. 166-169.

"UMA EXPOSIÇÃO de Pintura Francesa, no Rio. Quadros dos Maiores Pintores, desde o Século XVIII em Exposição no Museu Nacional de Belas Artes". *Vamos Ler!*, Rio de Janeiro, 11 jul. 1940, pp. 28-29.

MILLIET, Sérgio. "Exposição de Arte Francesa – V". *O Estado de S. Paulo*, São Paulo, 22 dez. 1940.

AMARAL JUNIOR, Amadeu. "A Arte dos Alienados". *Vamos Ler!*, Rio de Janeiro, 4 set. 1941.

ANDRADE, Mário de. "Um Salão de Feira – II" – recorte de jornal, [1941].

POLILLO, Raul de. "Morfologia da Pintura Paulista – Do Imitativismo Coletivo dos Albores deste Século ao Individualismo Independente da Época Atual". *Vamos Ler!*, Rio de Janeiro, 8 maio 1941.

CAMPOS DE CARVALHO. "Da Arte do Cabotinismo". *Planalto*, São Paulo, 1º jun. 1941, p. 6.

S. DE SANTO ADOLFO. [Sérgio Milliet]. "Técnica e Fórmula". *Planalto*, São Paulo, 15 jun. 1941, p. 4.

PEDRO ANÍSIO. "Do Salão dos Independentes para o Salão de Maio". *Planalto*, São Paulo, 15 ago. 1941, p. 1 e p. 6.

S. DE SANTO ADOLFO [Sérgio Milliet]. "O Pavor do Decorativo". *Planalto*, São Paulo, 15 ago. 1941, p. 6.

FERRAZ, Geraldo. "À Margem do 1º Salão de Arte da Feira Nacional de Indústrias – I". *Diário da Noite*, São Paulo, 13 out. 1941.

FERRAZ, Geraldo. "À Margem do 1º Salão de Arte da Feira Nacional de Indústrias – II". *Diário da Noite*, 14 out. 1941.

FERRAZ, Geraldo. "À Margem do 1º Salão de Arte da Feira Nacional de Indústrias – III". *Diário da Noite*, São Paulo, 15 out. 1941.

FERRAZ, Geraldo. "À Margem do 1º Salão de Arte da Feira Nacional de Indústrias (Nota Final)". *Diário da Noite*, São Paulo, 17 out. 1941.

MILLIET, Sérgio. "A Propósito de Arte e Polêmica". *Clima*, São Paulo, jul./ago. 1942, n. 11, pp. 45-48.

"OS ARTISTAS do Brasil Formam uma Barricada contra o Fascismo!" *Diretrizes*, [São Paulo], 11 fev. 1943.

ANDRADE, Mário de. "As Artes Plásticas no Brasil". *Revista da Academia Paulista de Letras*, São Paulo, 12 jun. 1944, pp. 22-31.

FORTE, Gustavo. "Humberto Cozzo Escultor e ... Pintor". *Vamos Ler!*, Rio de Janeiro, 11 out. 1945.

ANDRADE, Mário de. "Do Desenho". In: SEGALL, Lasar. *Mangue*, s/ data. Reimpresso na *Revista Acadêmica*, Rio de Janeiro, nov. 1945, pp. 3-6. (Número em Homenagem a Bruno Giorgi).

MILLIET, Sérgio. "O X Salão do Sindicato – IV". *O Estado de S. Paulo*, São Paulo, 1º fev. 1946.

SILVA, Quirino da. "VI – 'X Salão do Sindicato'". *Diário da Noite*, São Paulo, 4 fev. 1946.

SILVA, Quirino da. "A Escultura no 'Salão do Sindicato'". *Diário da Noite*, São Paulo, 9 fev. 1946.

VAINER, Nelson. "Por que São Paulo não se Transformou na 'Capital Artística do Brasil'". *Vamos Ler!*, Rio de Janeiro, 16 maio 1946, pp. 14-15.

Decênio de 90

"EXPRESSIONISMO Viu com Olhos de Terror o Cotidiano dos Alemães no Século". *Folha de S. Paulo*, São Paulo, 8 nov. 1990.

"MOSTRA Reúne a Arte Confiscada por Hitler". *Folha de S. Paulo*, São Paulo, 24 fev. 1991.

BENTO, Cláudio Moreira. "Campo de Concentração no Brasil: um Episódio da Segunda Guerra Mundial". *D.O. Leitura*, São Paulo, 10 jun. 1991, p. 16.

Revistas consultadas para levantamento de obras e artigos sobre de Fiori

DAS KUNSTBLATT – Reprinted by permission of Mrs. Mariana Frenk-Westheim, Mexico, 1978 – Printed in the Netherlands – 1918, 1919, 1920, 1922, 1925, 1927, 1928, 1929, 1930, 1931/33.

DER CICERONE. Halbmonatsschrift für die Interesse des Kunstforschers und Sammlers. Leipzig, Verlag von Klinkhardt & Biermann, Hrsg. Georg Biermann. – 1914, 1925.

DER QUERSCHNITT. Berlin, Galerie Flechtheim – todas.

DEUTSCHE Kunst und Dekoration. Wohnungskunst. Malerei. Plastik. Architektur. Gärten. Künstlerische. Frauen Arbeit. Darmstadt, Verlagsanstalt Alexander Koch – 1912, 1917, 1921, 1924, 1925, 1926, 1927, 1928, 1929, 1930, 1931.

DIE BILDENDEN Künste. Weiner Monatshefte. Kunstverlag Anton Schroll & GMBH, Wien – 1921.

DIE KUNST. Malerei. Plastik. Wohnungskunst. Architektur. Gärten. Kunstgewerbe. Frauenarbeit. München, F. Bruckmann – 1917, 1919, 1922, 1928/29, 1930, 1931/32, 1934/35.

DIE PLASTIK. Illustrierte Zeitschrift für die gesamte Bildhauer und Bildnerei und ihre Beziehungen zu Architektur und Kunstgewerbe. München, Hrsg. Alexander Heilmeyer – 1914, 1919, 1922.

KUNST und Küntler. Illustrierte Monatsschrift für Kunst und Kunstgewerbe. Berlin, Verlag von Bruno Cassirer, redaktion: Kall Scheffler – 1918.

ZEITSCHRIFT für bildende Kunst. Leipzig, Verlag von E. A. Seemann – 1919

INTERCÂMBIO, Rio de Janeiro – 1935/36, 1937, 1938, 1939, 1940, 1952, 1954.

VAMOS Ler!, Rio de Janeiro – 1938, 1939, 1940.

Catálogos consultados para levantamento das obras de Ernesto de Fiori e informações gerais

ALEMANHA

BERLIN

BERLINER Secession. Zweite Kunstausstellung der Berliner Secession. Moderne Malerei und Sculptur. 1900; 1902; 4. Mai./15. Sept. 1904.; Apr./Sept. 1906; Dreizehnte Ausstellung. 1907; Fünfzehnte Ausstellung. 1908; Sechzehnte Ausstellung. Zeichnende Künste, Winter, Dez. 1908; Achtzehnte Ausstellung. 1909; Zwanzigste Ausstellung. 1910; XXII. Ausstellung. 1911; XXIV. Ausstellung. 1912; Fünfundzwanzigste Ausstellung. Winter, Nov./Dez. 1912; XXVI. Ausstellung 1913; Herbstausstellung. 1913; 27. Ausstellung. Okt./Dez. 1915; 28. Ausstellung. Frühjahrsausstellung, Apr./Jun. 1916; 29. Ausstellung. Okt./Dez. 1916; Okt./Dez. 1917; 32. Ausstellung. Mär./Apr. 1918; 33. Ausstellung. Bildnisse 1848/1918. 1918; 34. Ausstellung. Okt./Dez. 1918; 36. Ausstellung. Mai./Jul. 1919; 38. Ausstellung. Mai./Jul. 1920; 41. Ausstellung. Okt. 1921/ Jan. 1922; 51. Ausstellung. Herbst-Ausstellung, 23. Okt./15 Dez. 1926; 52. Ausstellung. Sport. Frühjahrsausstellung, Mitte Mär./Ende Apr. 1927; 53. Ausstellung. Feb./Apr. 1928; Aquarelle. Zeichnungen. Plastik. Sommer Ausstellung, Jun./Aug. 1928; 56. Ausstellung. Frühjahrsausstellung, 1929.

FREIE Secession. 12. Apr./ Ende September 1914; Zweite Ausstellung. 5. Feb./ 5. Apr. 1916; Dritte Ausstellung.

1917; 1918; Sommer Ausstellung, Mai./Jul. 1919; Sommer Ausstellung, Apr./Jul. 1920; Handzeichnung - Radierung - Kleinplastik. Frühjahrsausstellung, Mär./ Apr. 1921; Gemälde. Plastik. Frühjahrsausstellung, Feb./Mär. 1923.

JURYFREIE Kunstschau. III Ausstellung. 26. Nov./31. Dez. 1912; 4 Ausstellung. 23. Aug./30. Sept. 1913; 1919; 1924; Malerei - Plastik - Gartenkunst. 1925; Malerei - Graphik - Plastik - Religiöser Kunst. 1927; Malerei - Graphik - Plastik - Architektur. 1928.

NEUE Secession. 5. Ausstellung. Zeichnende Künste - Plastik. Mär. 1912; Sechste Ausstellung. 1913.

PREUSSISCHE. Akademie der Künste. Frühjahrsausstellung, Mai./Jun. 1924; Frühjahrsausstellung, Mai./ Jun. 1925; Aquarelle - Pastelle - Zeichnungen - Kartons - Graphik - Plastik. Herbst-Ausstellung, Nov./ Dez. 1926; Frühjahrsausstellung, Apri./Mai. 1927; Aquarelle-Pastelle-Zeichnungen - Graphik - Plastik. Herbst-Ausstellung, Nov./Dez. 1927; Frühjarhsausstellung, Mai./Jun. 1928; Frühjahrsausstellung, Mai./Jun. 1929; Gemälde - Plastik - Zeichnungen - Graphik. Herbstausstellung, Okt./Nov. 1935.

KUNSTAUSSTELLUNG Berlin 1919. Verein Berliner Künstler, Berliner Secession, Freien Sezession und Novembergruppe. 24. Jul./30. Sept. 1919; *1921.* I Verein Berliner Künstler. II Freie Sezession. III Novembergruppe. IV Bund Deutscher Architekten. 14. Mai./Ende Sept. 1921.

Galerie Flechtheim: *Das schwedisches Ballet.* 25 Mär./19 Apr. 1922.; *Südsee-Plastiken.* Mai. 1926; *Edgar Degas.* Mai. 1926; *George Grosz.* 29. Mär./24. Apr. 1926. *Henri Rousseau.* Mär. 1926; *Rudolf Levy.* 1926; *Das Problem der Generation.* 1 Teil: Die Deutschen. 22. Jun./Anfang Aug. 1927; *111 Porträits.* Mai./Jun. 1932.

Galerie Fritz Gurlitt: *Kunstsalon.* 1888-1913. Jan. 1913.

Galerie Thannhauser: *Eröffnungs-Ausstellung.* Unseres neuen Berliner Hauses. Jun. 1927.

Outros:

DER STURM – Zweite Ausstellung. Futuristen. 12. Apr./ 15. Mai. 1912.

DIE REFÜSIERTE Secession. 4./31. Mai 1913.

KRIEGSBILDER Ausstellung. Feb./Apr. 1916. Königlische Akademie der Künste zu Berlin.

GROSSE Berliner Kunstausstellung. 1917.

AUSSTELLUNG von Gemälden jungerer Künstler aus Deutschland, England, Frankreich und den Vereinigten Staaten. Jul./Aug. 1926. National Galerie.

BERLINER Bühnenbildner. Veranstaltet von der neuen Kunsthandlung. Jun./Jul. 1926.

DIEHL, Gustav Eugen (Hrsg.). *Die Bildgisserei Noack zum dreissigjährigen bestehen der Bronzegiesserei Noack in Berlin.* Berlin, Kunstarchiv, 1927. (Kunstarchiv 47).

SPORT Kunst-Ausstellung im Zoo. 5. Apr./7. Okt. 1928.

VEREIN Berliner Künstler. Malerei - Graphik - Plastik. Herbst-Ausstellung, 11. Nov./2. Dez. 1928.

DIE SAMMLUNG H./Berlin. Auktionsleitung Paul Cassirer/Berlin. Théodore Fischer/Luzern, 1931.

LEBENDIGE deutsche Kunst. Ausstellungfolge in drei Abteilungen. Zweite Ausstellung. 14. Jan./Mitte Feb. 1933.

DAS BILDNIS in der Plastik. 1934. Staatliche Museen - National Galerie.

ZEICHNUNGEN Deutscher Bildhauer der Gegenwart. 27. Okt./24. Nov. 1934.

BUCHHANDLUNG Karl Buchholz. [1934/35].

DER TANZ in der Kunst. 1934/35. Staatliche Museen - National Galerie.

MÜNCHNER Künstler. Ausstellung in der Preussischen Akademie der Künste Berlin. Mai./Jun. 1935.

XI. OLYMPIADE Berlin 1936. Olympischer Kunstwettbewerb. Katalog der Olympischen Kunstausstellung in Halle VI des Ausstellungs-Geländes am Kaiserdamm, Berlin-Charlottenburg, Königin-Elisabeth-Straße 26. 15. Jul./16. Aug. 1936.

ZWEITE Jubiläums-Ausstellung aus Anlaß des 150 jährigen Vestehens der Akademischen Ausstellungen. Berliner Bildhauer von Schlüter bis zur Gegenwart. Okt./Nov. 1936. - Preussische Akademie der Künste.

FROMMHOLD, Erhard. *Zwischen Widerstand und Anpassung. Kunst in Deutschland 1933 - 1945.* - Ausstellung in der Akademie der Künste vom 17. Sept./29. Okt. 1978.

GABRIELE Mucchi. *Malerei und Graphik.* Berlin (DDR), Nationalgalerie, 1983.

BERGER, Ursel. *Von Begas bis Barlach. Bildhauerei im wilhelminischen Berlin.* Berlin, Georg-Kolbe-Museum, 1984.

BERGER, Ursel (Hrsg). *Berliner Köpfe Hundert Jahre Porträtbildhauerei in Berlin.* Berlin, Georg-Kolbe Museum, 1987.

KUNST in Berlin 1648 - 1987. Staatlische Museem zu Berlin. Ausstellung im Alten Museum, vom 10. Jun. bis 25. Okt. 1987. Berlin, Henschelverlag, 1987.

BELOUBEK-HAMMER, Anita (Hrsg.). *Mensch - Figur - Raum. Werke deutscher Bildhauer des 20. Jahrhunderts.* Berlin, Nationalgalerie [Ost], 1988.

LASAR Segall 1891-1957. Malerei, Zeichnungen, Druckgrafik, Skultur. Berlin, Staatliche Kunsthalle Berlin, 1990.

MÄRZ, Roland; RADEKE, Rosemarie. *Von der Dada-Messe zum Bildersturm Dix + Berlin.* 2. Auf., Berlin, SMPK, 1992.

BIELEFELD

KUNSTHALLE der Stadt Bielefeld. [s.d.]

BONN

1936 verbotene Bilder. Bonn, Deutscher Künstlerbund, 6. Sept./5. Okt. 1986.

VON WALDEGG, Joachim Heusinger. *Die zwanziger Jahre im Porträt. Porträts in Deutschland 1918 – 1933.* Malerei. Graphik, Fotografie. Plastik. Bonn, Rheinisches Landesmuseum Bonn, 1976.

BREMEN

INTERNATIONALE Ausstellung. 1. Feb./31. Mär. 1914. Kunsthalle Bremen.

HEIDERICH, Ursula (Hrsg.). *Katalog der Skulpturen in der Kunsthalle Bremen.* Bremen, 1993.

KUNSTHALLE Bremen. [s.d.]

CHEMNITZ

AUSSTELLUNG aus Privatbesitz. 4. Apr./10. Mai. 1928. Städtischen Museum.

DRESDEN

GROSSE Kunstausstellung. Mai 1912.

KUNST der Gegenwart. Jubiläumsausstellung. Okt. 1923. Galerie Arnold.

INTERNATIONALE Kunstausstellung. Jun./Sept. 1926.

STAATLICHE Kunstsammlungen Dresden - Skulptursammlung. [s.d.]

DUISBURG

60. AUSSTELLUNG deutsche Kunst der letzten 5 Jahre. 7. Dez. 1929/6. Jan. 1930. Duisburger Museumsverein.

WILHELM Lembruck-Museum. [s.d.]

DORTMUND

MUSEUM am Ostwall. [s.d.]

DÜSSELDORF

Galerie Flechtheim: *Eröffnungs-Katalog. Beiträge zur Kunst des 19. Jahrhunderts und unserer Zeit.* 1913/14; *Wiedereröffnung - I. Ausstellung Expressionisten.* 1919; *Wiedereröffnungsausstellung. Zur neuen Kunst. Impressionisten und Expressionisten.* Ostern/Pfingsten 1919; *Auf dem Weg zur Kunst unserer Zeit.* 27. Jul./16. Aug. 1919; *Frauen.* 20. Okt./3. Nov. 1919; *Berliner Ausstellung.* 1921; *Kleinplastik.* 22. Mär./20. Apr. 1929.

Outros:

DEUTSCHE Nationale Kunstausstellung Düsseldorf. 11. Mai./29. Sept. 1907.

GROSSE Kunstausstellung. Jubiläumsausstellung Düsseldorf. Abteilung I – Die letzten Hundert Jahre Rheinischer Malerei 1800 bis 1900. Abteilung II und III – Modernes deutsches und düsseldorfer Kunstschaffen. 30. Mai./4. Okt. 1925.

KUNST und Sport. Kunst und Leibesübungen. Große Ausstellung für Gesundheitspflege, soziale Fürsorge und Leibesübungen. 1926.

FLECHTHEIM, Alfred. Sammler. Kunsthändler. Verleger. Düsseldorf, Kunstmuseum, 1987.

KUNSTMUSEUM Düsseldorf im Ehrenhof. [s.d.]

FRANKFURT an Main

OTTO DIX. Gemälde. Aquarelle. Zeichnungen. Graphik. Hans Christians Druckerei, 1967.

BUSSMANN, Georg (org.). *Kunst im 3. Reich. Dokumente der Unterwerfung.* 5. Auflage. Frankfurter Kunstverein, 1976.

KUNST im 3. Reich. Dokumente der Unterwerfung. Fünfte Auflage, Frankfurter Kunstverein, 1976.

LÖFFLER, Fritz. *Otto Dix. - Gemälde. Aquarelle, Zeichnungen, Graphik.* FRANKFURTER Kunstverein, 4. Feb./26. Mär. s/ ano.

HAMBURG

DEUTSCHE Kunst im Olympiajahr. Malerei und Plastik. 21. Jul./20. Sept. 1936.

SYAMKEN, Georg. *Die Dritte Dimension. Plastiken Konstruktionen Objekte.* Bestandskatalog der Skulpturena der Hamburger Kunsthalle. 1988.

HANNOVER

96. *GROSSE Kunstausstellung des Kunstvereins Hannover.* 19. Feb./15. Apr. 1928.

KARLSRUHE

HIEPE, Richard; HOFMANN, Karl-Ludwig; SCHRÖDER-KEHLER, Heidrun; SCWARZ, Michael. *Widerstand statt anpassung. Deutsche Kunst im Widerstand gegen den Faschismus 1933 - 1945.* Karlsruhe/Berlin, Badischen Kunstverein/Elefanten Press, 1980.

BILDHAUER des Staatlichen Akademie der bildenden Künste Karlsruhe. Ausstellung im neubau für Bildhauer. s/data.

KÖLN

Kunst unserer Zeit in Cölner Privatbesitz. Ausstellung des Cölnischen Kunstvereins aus Anlaß des fünfzigjährigen Jubiläums des Wallraf-Richartz-Museums in Cöln, 1911.

DEUTSCHE Werkbund Ausstellung Cöll. Mai./Okt. 1914.

KUNST des 20. Jahrhunderts. Lempertz Auktion: Katalog 455, Köln, Jun. 1959; Katalog 467, 5. 6. Jun. 1962; Katalog 613, 31. Mai 1986.

EUROPÄISCHE Kunst 1912. Zum 50. Jahrestag der Ausstellung des "Sonderbundes westdeutscher Kunstfreunde und Künstler" in Köln. Wallraf-Richartz-Museum. Köln. 12. Sept./9. Dez. 1962.

MANNHEIN

II. AUSSTELLUNG von Zeichnung und Plastiken neuzeitlicher Bildhauer. Mai./ Jun. 1914. Kunsthalle Mannheim.

BUDERER, Hans-Jürgen. *Kunst + Dokumentation 10. Entartete Kunst - Beschlagnahmeaktionen in der Städtischen Kunsthalle Mannheim, 1937. Heidelberg, Druckrei Keller. Zweite überarbeitete Auflage des Kataloges zur gleichnamigen Ausstellung in der Städtischen Kunsthalle Mannheim,* 5. Dez. 1987/7. Feb. 1988.

MÜNCHEN

Galerie Hans Goltz: *Neue Kunst - Hans Goltz. Erste Gesamt-Ausstellung.* 1912*; II. Gesamtausstellung.* Aug./Sept. 1913; *Gemälde Impressioniste - Expressionisten. Graphik 19. und 20. Jahrhundert. Plastik. Kunstgewerbe-Batik.* Sommerschau. 1914*; 5. Ausstellung. V. Gesamtausstellung.* Herbst, Sept./Okt. 1919; *ZEHN Jahre Neue Kunst in München. Zweiter Teil: Gemälde.* Jan./Feb. 1923. Galerie Hans Goltz.

Outros:

X. INTERNATIONALE Kunstausstellung. Münchener Secession. 1909. Königl. Glaspalast.

MÜNCHNER Kunstausstellung. Secession. 1. Jun./3. Okt. 1927.

BERLINER Kunst München. Mär./Apr. 1935. Neue Pinakothek.

GROSSE deutsche Kunstausstellung. 18. Jul./31. Okt. 1937.
ENTEARTETE Kunst. 1937.
GLÄSER, Käte. *Berliner Bildnisse aus drei Jahrhundert*. Ausstellung von 1. Jun./1. Jul. 1962 in der Städtischen Galerie München. 1962.
DREESBACH, Martha et alii. *Die Zwanziger Jahre in München*. München, Münchner Stadt Museum, 1979.

WUPPERTAL
ROWEDDER, Eva. *Von der Heydt-Museum, Skulpturensammlung*. Wuppertal, 1987.

WEIMAR
DRITTE AUSSTELLUNG des deutschen Künstlerbundes. 1906.

EUROPA

AMSTERDAN
IXe OLYMPIADE Amsterdam 1928. Pinture, Sculpture, Architecture. 12 juin/12 août 1928. Musee Municipal D'Amsterdam.

BÉLGICA
EXPOSITION Universelle Bruxelles, 1910.

ITÁLIA
MOSTRA di 25 Artisti del Secolo alla Galleria del Secolo in Roma, Roma, 1944. (Intr. Carlo Belli).
XXV Biennale di Venezia, 1950, pp. 39-41.

IUGOSLÁVIA
DEUTSCHE Zeitgenössische bildende Kunst und Architektur. Deutsche Kunstausstellung in Beograd und Zagreb. 1931.

PARIS
SOCIÉTÉ des Artistes Français - Le Salon - 132e Exposition Officielle. 1914 - Grand Palais des Champs-Élysées.

SUÍÇA
INTERNATIONALE Kunstausstellung. 8. Aug./23. Sept. 1925.
INTERNATIONALLE Ausstellung. Skulpturen in Zürich. 25. Jul. /1930. Sept. /1931 - Kunsthaus Zürich
FERDINAND Hofer. *Nationalgalerie Berlin/Musée du Petit Palais Paris*, Kunsthaus Zürich, 1983.

ESTADOS UNIDOS
BARRON, Stephanie (org.). *German Expressionism: 1915-1925. The Second Generation*. Los Angeles Contry Museum of Art/Munique, 1989.
EXHIBITION of Sculpture by Six German Artists, E. Barlach, G. Kolbe, W. Lehmbruck, Gehard Marcks, Ewald Mataré, R. Sintenis. 21 Apr. 1934. The Weyhe Gallery.
HAFTMANN, Werner; HENTZEN, Alfred; LIEBERMANN, William S. *German Art of the Twentieth Century*. New York, Museum of Modern Art, 1957.
BARR Jr., Alfred H. *Cubism and Abstract Art*. New York, Museum of Modern Art, 1986.

BRASIL

SÃO PAULO
Salão de Maio: I, 1937; II, 1938; III, 1939.
Salão do Sindicato dos Artistas Plásticos de S. Paulo: VII, jul. 1942; IX, 1944; X, jan. 1945.
Salão Família Artística Paulista: I, SP, 1937; II, SP, mai./jun. 1939; III, RJ, ago./set. 1940.
Salão Paulista de Belas-Artes: IV, dez. 1936/jan. 1937; XII, jun./jul. 1946.
Outros:
I SALÃO de Arte da Feira Nacional de Indústrias, São Paulo, 1941.
EXPOSIÇÃO de Pintura Moderna Brasileiro-Norte-Americana, Departamento Municipal de Cultura, São Paulo, 1944.
50 ANOS de Paisagem Brasileira, Museu de Arte Moderna de São Paulo, 1956.

CATÁLOGO do Museu de Arte de S. Paulo, 1963, p. 270 e p. 272.

EXPOSIÇÃO de Arte do Século XX – Circulante de Obras do Acervo do Museu de Arte Contemporânea da USP, sob os auspícios da Escola de Belas-Artes de Araraquara, dez. 1963.

EXPOSIÇÃO de Obras do Acervo do Museu de Arte Contemporânea da USP, sob os auspícios da Faculdade de Filosofia, Ciências e Letras de Marília, São Paulo, 16 a 28 de set. 1963.

PINTURA e Escultura Contemporâneas, Circulante de Obras do Acervo do Museu de Arte Contemporânea da USP, sob os auspícios do Centro de Ciências, Letras e Artes de Campinas, São Paulo, 30 jul./10 ago. 1963.

PINTURA e Escultura Contemporâneas. Circulante de Obras do Acervo do Museu de Arte Contemporânea da USP, sob os auspícios da Escola de Artes Plásticas de Ribeirão Preto, São Paulo, set. 1963.

I EXPOSIÇÃO Circulante de Obras do Acervo do Museu de Arte Contemporânea da USP ("Meio Século de Arte Nova"), São Paulo (Cidade Universitária, Museu de Arte e Arqueologia da USP), Belo Horizonte (Museu de Arte da Prefeitura Municipal) e Curitiba (Departamento de Cultura do Estado), 1966.

II EXPOSIÇÃO Circulante de Obras do Acervo do Museu de Arte Contemporânea da USP ("Meio Século de Arte Nova"), sob os auspícios do Museu de Arte do Rio Grande do Sul, Porto Alegre, 1967.

SEMANA de 22. Museu de Arte de São Paulo, maio de 1972.

CATÁLOGO Geral das Obras do Museu de Arte Contemporânea da USP, São Paulo, 1973, p. 7, p. 17, p. 47 e p. 48.

MORAIS, Frederico (apr.). *Arte Brasileira Século XX. Caminhos e Tendências.* Galeria Arte Global, São Paulo, 3/20 ago. 1976.

MUSEU de Arte de S. Paulo. São Paulo, Melhoramentos, 1978.

BARDI, Pietro Maria & KLINTOWITZ, Jacob. *Um Século de Escultura no Brasil.* São Paulo, MASP, 1982.

DO MODERNISMO à Bienal. São Paulo, MAM, jul. 1982.

ARTISTAS da Escultura Brasileira. São Paulo, Raízes, 1986.

MORAIS, Frederico. *Dacoleção da Arte Brasileira.* Intr. Cesar L. Pires de Mello. São Paulo, Julio Bogoricin Imóveis, 1986.

KLINTOWITZ, Jacob. *O Ofício da Arte: Pintura.* São Paulo, SESC, 1987.

KLINTOWITZ, Jacob. *O Ofício da Arte: Escultura.* São Paulo, SESC, 1988.

PANORAMA da Arte Atual Brasileira. Sala Especial Ernesto de Fiori. São Paulo, MAM, 14 out./25 nov. 1989.

PINTURA Brasil Século XIX e XX. Obras do Acervo Banco Itaú. São Paulo, Itaú, 1989.

MUSEU de Arte Contemporânea da USP. Catálogo Geral das Obras 1963 - 1991. São Paulo, Banco do Brasil, 1992.

GUERRA, Ana Maria Bezerra; SPINELLI, João J. *O Olhar de Sérgio sobre a Arte Brasileira. Desenhos e Pinturas.* São Paulo, SMC, 1992.

TARASANTCHI, Ruth Sprung. *O Olhar Italiano sobre S. Paulo.* Pinacoteca do Estado de São Paulo/Instituto Cultural Ítalo-Brasileiro, 1993.

ACERVO Artístico Cultural dos Palácios do Governo do Estado de S. Paulo, GESP, s/ data.

AGUILAR, Nelson (org.). *Bienal Brasil - Século XX.* São Paulo, Fundação Bienal de São Paulo, 1994.

PALÁCIO Boa Vista em Campos de Jordão – Monumento Público do Estado de S. Paulo, São Paulo, s/ data.

MARQUES, Luiz. "Ernesto de Fiori. Roma, 1884 – São Paulo, 1945". In: MARQUES, Luiz (coord.). *Catálogo do Museu de Arte de S. Paulo Assis Chateaubriand. Arte do Brasil e Demais Coleções.* São Paulo, MASP, 1998, pp. 59-67.

RIO DE JANEIRO

EXPOSIÇÃO de Pintura e Escultura. Rio de Janeiro, MES, s.d. [inauguração do edifício do MES].

MORAIS, Frederico (apr.). *Entre a Mancha e a Figura.* Rio de Janeiro, MAM, set. 1982.

ANDRADE, Mário de. "Do Desenho". In: —. *Aspectos das Artes Plásticas no Brasil.* Belo Horizonte, Itatiaia, 1984, pp. 65-71.

ARGAN, Giulio Carlo. "El Siglo XIX en Italia, Alemania e Inglaterra" (cap. 3); "El Modernismo" (cap. 4); "El Arte Como Expresión" (cap. 5). In: —. *El Arte Moderno (1770-1970).* Valência, Fernando Torres, 1977.

ARGAN, Giulio Carlo. "A Crítica de Arte". In: —. *Arte e Crítica de Arte.* Lisboa, Editorial Estampa, 1993.

BAITELLO Jr., Norval. *Dadá-Berlim. Des/montagem.* São Paulo, Annablume, 1993.

BANULS, André. "Présentation des revues littéraires de langue allemande en 1913". In: —. BRION-GUERRY, L. (org.) *L'année 1913. Les formes esthétiques de l'oeuvre d'art à la veille de la première guerre mondiale.* Paris, Klincksieck, 1971, Tome 2, pp. 951-958.

BENET, Rafael. "Facetas post-rodinianas". In: HEILMEYER, Alexander. *La Escultura Moderna y Contemporánea.* Barcelona/Buenos Aires, Labor, 1928.

BERGER, Ursel. *Hermann Haller: 1880 – 1950 – Plastiken.* Berlin, Georg-Kolbe-Museum, 1983.

BERGER, Ursel. George Kolbe. *Leben und Werk mit dem Katalog der Kolbe-Plastiken im Georg-Kolbe-Museum.* Berlin, Gebr. Mann, 1990.

BUHLMANN, Britta. *Renée Sintenis. Plastiken. Zeichnungen. Druckgraphik.* Berlin, Georg-Kolbe-Museum, 1983.

DIEHL, Gaston. *Max Ernst.* Paris, Flammarion, 1991.

DORFLES, Gillo. *Las Oscilaciones del Gusto.* Barcelona, Lumen, 1974.

GAUTHIER, Maximilien. *Raoul Dufy (1877-1953).* Paris, Flammarion, 1955.

BÖRSCH-SUPAN, Helmut (Hrsg.). "Ernesto de Fiori". In: —. *Berliner Skulpturen von Schadow bis heute.* Berlin, NBK, 1978.

BRION, Marcel. Robert Walser: Le Baiser - Figure de Rêve (1913). In: —. BRION-GUERRY, L. (org.). *L'année 1913. Les formes esthétiques de l'oeuvre d'art à la veille de la première guerre mondiale.* Paris, Klincksieck, 1971, pp. 465-468.

COQUIOT, Gustave. "Ernesto de Fiori". In: —. *Cubistes, futuristes, paseistes. Essai sur la jeune peintre e la jeune sculpture.* Paris, 1914, pp. 259-263.

COMINI, Alessandra. "Chapter II and Chapter III". In: —. *Egon Schiele's Portraits.* Berkeley, University of California Press, 1974.

CÜRLIS, Hans. *Schaffende Hande - II. Bildhauer: Lederer, Kolbe, de Fiori, Belling, Steger, Sintenis, Hitzberger.* Berlin, Diehl, 1927. (Kunstarchiv 32).

DUARTE, Sérgio Guerra. *Palácio Gustavo Capanema - 50 Anos.* MEC, Rio de Janeiro, 1987.

DUBE, Wolf-Dieter. *O Expressionismo.* São Paulo, Verbo/Edusp, 1976.

EINSTEIN, Carl. "Zur Plastik". In: —. *Die Kunst des 20. Jahrhunderts.* Berlin, Propyläen, 1926.

EINSTEIN, Carl. "Zur Plastik". In: —. *Die Kunst des 20. Jahrhunderts.* Leipzig, Reclam, 1988.

GAY, Peter. *A Cultura de Weimar.* Rio de Janeiro, Paz e Terra, 1978.

GRASSI, Ernesto. *Arte e Mito.* Lisboa, Livros do Brasil, s/data.

GOETHE, J.W. *Doutrina das Cores.* São Paulo, Nova Alexandria, 1993.

GRZIMEK, Waldemar. "Ernesto de Fiori". In: —. "Die Dritte Periode Tektonischer Plastik und die Entdekung ihrer Variationsmöglichkeiten". In: —. *Deutsche Bildhauer des Zwanzigsten Jahrhunderts.* München, Heins Moos, 1969, pp. 135-142.

HENTZEN, Alfred. "Frei Entfaltung". In: —. *Deutsche Bildhauer der Gegenwart.* Berlin, Rembrandt, [*c.* 1934].

KANDINSKY, Wassily. *Punto y Línea frente al Plano.* Buenos Aires, Nueva Visión, 1969.

LANDAU, Rom. "Der Kunsthändler", pp. 33-41; "Die neuen Bildhauer", pp. 96-99; "Die moderne plastikin Italien", pp. 154-157 In: —. *Der unbestechliche Minos. Kritik an der Zeitkunst.* Hamburg, Harder Verlag, 1925.

LAUDE, Jean. "La sculpture en 1913". In: BRION-GUERRY, L. (org.) *L'année 1913. Les formes esthétiques de l'oeuvre d'art à la veille de la première guerre mondiale.* Paris, Klincksieck, 1971, pp. 203-276.

LOURENÇO, Maria Cecília França & TARASANTSHI, Ruth Sprung. *OSIRARTE.* São Paulo, Pinacoteca do Estado de São Paulo, São Paulo, 1985.

MILLIET, Sérgio. *Diário Crítico de Sérgio Milliet.* São Paulo, Martins/Edusp, 1981, pp. 257-263. (24 nov. 1946)

MUCCHI, Gabriele. *Le Occasioni Perdute. Memorie 1899-1993.* Milano, Edizioni Lárchivolto, 1994, pp. 179-184.

MARABINI, Jean. *Berlim no Tempo de Hitler.* São Paulo, Companhia das Letras/Círculo do Livro, 1989.

MAILLOL. 1861/1944. São Paulo, Pinacoteca do Estado de São Paulo/Banco Safra, 1996.

NIPPERDEY, Thomas. Die schönen Künste, pp. 692-798. In: —. *Deutsche Geschichte 1866 – 1918.* München, C. H. Beck, 1991.

PASSERON, René. "La peintre et son avenir en 1913". In: BRION-GUERRY, L. (org.). *L'année 1913. Les formes esthétiques de l'oeuvre d'art à la veille de la première guerre mondiale.* Paris, Klincksieck, 1971, pp. 277-350.

PLATTE, Hans. "Klassische Tradition". In: —. *Plastik. Die Kunst des 20. Jahrhunderts.* Hamburg, Standard, 1957.

POPPER, Frank. "'Der Sturm' et 'Die Aktion'". In: BRION-GUERRY, L. (org.) *L'année 1913. Les formes esthétiques de l'oeuvre d'art à la veille de la première guerre mondiale.* Paris, Klincksieck, 1971, Tome 2, pp. 975-978.

RICHARD, Lionel. *Berlín 1919-1933. Gigantismo, Crisis Social y Vanguardia: la Máxima Encarnación de la Modernidad.* Madrid, Alianza Editorial, 1993.

ROTERS, Eberhard. *Berlin 1910-1933. Die visuellen Künste.* Fribourg, Office du Livre, 1983.

ROTERS, Eberhard (Hrsg.). *Der Traum von einer neuen Welt. Berlin 1910 - 1933.* Mainz, Philipp von Zabern, 1989.

ROTERS, Eberhard und Prinz, Ursula (org.). *Arte em Berlim de 1910 até Hoje.* Lisboa, Fundação Calouste Gulbenkian, 1989.

ROTERS, Eberhard. *Mucchi. Realismo + Razionalismo Italiano.* Berlin, Polleditionen/Galerie Eva Poll, 1989.

ROY, Claude. *Daumier.* Genève, Skira, 1991.

SCHRADER, Bärbel & SCHEBERA, Jürgen. *Kunstmetropole Berlin 1919 - 1933.* Berlin/Weimar, 1987.

SCHWARTZMAN, Simon; ROMENY, Helena M. Bousquet & COSTA, Vanda M. Ribeiro. *Tempos de Capanema.* Rio de Janeiro/São Paulo, Paz e Terra/Edusp, 1984.

TRIER, Eduard. "Idealisierung". In: —. *Moderne Plastik. Von Auguste Rodin bis Marino Marini.* Frankfurt a. M., Büchergilde Gutenberg, 1955, pp. 22-29.

VENTURI, Lionello. *História da Crítica de Arte.* Lisboa, Edições 70, 1984.

WERNER, Alfred; JANNASCH, Adolf & BEHNE, Adolf. *Carl Hofer.* Potsdam, Eduard Stichnote, 1946. (Kunst der Gegenwart-I)

WILLETT, John. *Art and Politcs in the Weimar Period.* The new Sobriety, 1917-1933. New York, Pantheon Books, 1978.

WILLETT, John. *L'Expressionnisme dans les Arts. 1900-1968.* Paris, Hachette, 1970.

WITTKOWER, Rudolf. *Escultura.* São Paulo, Martins Fontes, 1989.

ZANINI, Walter. *Mário Zanini (1907-1971).* São Paulo, MAC, 1976.

ZANINI, Walter & ALBUQUERQUE, Marília Saboya. *O Grupo Santa Helena.* São Paulo, MAM/SP, 1995.

ZÉRAFFA, Michel. Carl Einstein et l'Anti-Roman (1912). In: BRION-GUERRY, L. (org.). *L'année 1913. Les formes esthétiques de l'oeuvre d'art à la veille de la première guerre mondiale.* Paris, Klincksieck, 1971, pp. 429-432.

Bibliografia consultada - Livros e catálogos

ALMEIDA, Paulo Mendes de. *De Anita ao Museu.* São Paulo, Conselho Estadual de Cultura, 1961.

ARGAN, Giulio Carlo. *Die Kunst des 20. Jahrhunderts 1880-1940*, 1971. (Mit Beitr. von Rossana Bossaglia)

ARTE no Brasil. São Paulo, Abril Cultural, pp. 795-798.

BARDI, Pietro Maria. *40 Anos de Masp*. (Pref. Gilberto Freyre) São Paulo, Crefisul, 1986.

BARDI, Pietro Maria. *História da Arte Brasileira: Pintura, Escultura, Arquitetura, outras Artes*. São Paulo, Melhoramentos, 1975.

BARDI, Pietro Maria. O Museu de Arte de São Paulo – Uma Contribuição Italiana à Cultura Brasileira. In: DE BONI, Luis Alberto (org.). *Presença Italiana no Brasil*. Porto Alegre, EST, 1987, pp. 522-532.

BARDI, Pietro Maria. *The Arts in Brazil*. Milão, Edizione del Milione, 1956, p. 34 e p. 261.

BATISTA, Marta Rossetti. *Os Artistas Brasileiros na Escola de Paris – Anos 20*. São Paulo, Tese de doutorado apresentada na ECA/USP, 1987.

BELLONZI, Fortunato. *Scultura Figurativa Italiana del XX Secolo*. Roma, de Luca Edizioni d'Arte, 1989.

BONICATTI, Maurizio *et alii*. *Arte dell'Egeo e della Grecia Arcaica*. In: Storia Universale dell'Arte. Milano, Fratelli Fabbri, 1966, v. 3.

BRIZIO, Anna Maria. *Ottocento Novecento*. Torino, Unione Tipografico, [1944], p. 488.

BRUGHETTI, R. *Pintura Italiana des Siglos XX*. Buenos Aires, Associación Danthe Alighieri, 1967.

BUSHART, Magdalena. *Der Geist der Gotik und die Expressionistiche Kunst: Kunstgeschichte und Kunsttheorie 1911 - 1925*. München, Schreiber, 1990.

CARPEAUX, Otto Maria. *Sobre Letras e Artes*. São Paulo, Nova Alexandria, 1992.

CASSOU, Jean. *Panorama das Artes Plásticas Contemporâneas*. Lisboa, Estudio Cor, 1962.

CHAMOUX, François. *La Civilisation Grecque. A l'Époque Archaique et Classique*. Paris, Arthaud, 1963.

COMISSO, Giovanni (pref.). *Arturo Martini. Le Lettere 1909-1945*. Firenze, Vallecchi, 1967.

COSTANTINI, Vicenzo. *Scultura e Pittura Italiana Contemporanea (1880-1926)*. Milano, Ulrico, 1940.

DADA. Zürich. *Texte, Manifeste, Dokumente*. Stuttgart, Reclam, 1992.

DUECHTING, Hajo. *Wassily Kandisky 1866-1944. Revolution der Malerei*. Köln, Benedikt Taschen, 1992.

ELGER, Dietmar. *Expressionismus: eine deutsche Kunstrevolution*. Köln, Taschen, 1988.

FIERENS, Paul. *Gino Severini*. Paris/Milan, Chroniques du jour/Ulrico Hoepli, 1936.

FLAKE, Otto. *Nein und Ja*. Berlin, Fischer, 1920.

FRANZKE, Andreas. *Max Beckmann. Skulpturen*. München, R. Pipper, 1987.

GEORGES-MICHEL, Michel. *Les grandes époques de la peinture "moderne". De Delacroix à nos jours*. Paris/New York, Brentano´s, 1945.

GONÇALVES, Lisbeth. *Sérgio Milliet*. Tese de doutoramento, ECA, São Paulo. (datilografada)

GREENBERG, Clement. *Henri Matisse*. New York, Harry N. Abrams, 1953.

GRISEBACH, Lucius. *Brücke. Aufbruch der Moderne in Dresden und Berlin*. Müchen, Piper, 1991. (Serie Piper 1276)

GRISEBACH, Lucius. *Ernst Ludwig Kirchner*. München, Piper, 1989. (Serie Piper 1061)

HAMILTON, George Heard. *Painting and Sculpture in Europe 1880-1940*. England, Penguin Books, 1983.

HARTLAUB, G.F. "4 - Ein Versuch über die Möglichkeit neuer religiöser Kunst". In: —. *Kunst und Religiön*. Leipzig, Kurt Wolff, 1919.

HOFFER, Karl. *Erinnerungen eines Malers*. Berlin, F. A. Hernig Verlagsbuchhandlung, 1953.

HOFMANN, Werner. *Die Grundlagen der modernen Kunst*. 3. Aufgabe, Stuttgart, Alfred Kröner, 1987.

KAHNWEILLER, Daniel Henry. *Les sculptures de Picasso*. Paris, Presses de Théo Brugière, 1949.

LOURENÇO, Maria Cecília França. *Operários da Modernidade*. São Paulo, Edusp, 1995.

MAILLARD, Robert & ELGAR, Frank. *Picasso*. Lisboa, Verbo, 1972.

MICHALSKI, Sergiusz. *Neue Sachlichkeit. Malerei,*

Graphik und Photographie in Deutschland 1919 - 1933. Köln, Taschen, 1992.

MULLER, Joseph-Émile. *L'art moderne*. Paris, Le Livre de Poche, 1963.

"O INJUSTIÇADO Caligari". In: GOMES, Paulo Emílio Salles. *Crítica de Cinema no Suplemento Literário*. Rio de Janeiro, Paz e Terra, 1981, pp. 466-470.

PACCHIONI, Guglielmo. *Carlo Carrà*. Milano, Edizioni del Milione, 1945.

PARTSCH, Susanna. *Franz Marc. 1880-1916*. Köln, Benedikt Taschen, 1992.

PETSCH, Joachim. *Kunst im Dritten Reich*. Köln, Gesellschaft für Literatur und Bildung, 1994.

POOL, Phoebe. *Delacroix*. Rio de Janeiro/Londres, Ao Livro Técnico/Hamlyn, 1987.

PEDROSA, Mário. "A Primeira Bienal". In: —. *Mundo, Homem, Arte em Crise*. São Paulo, Perspectiva, 1975, pp. 259-267.

RAPHAEL, Max. *Idee und Gestalt. Ein Führer zum Wesen der Kunst*. München, Delphin, 1921.

RAYNAL, Maurice; LASSAIGNE, Jacques; SCHMALENBACH, Werner; RÜDLINGER, Arnold & BOLLIGER, Hans. *De Picasso au Surréalisme*. Genève/Paris, Albert Skira, 1950.

READ, Herbert. *Geschichte der Modernen Malerei*. München/Zürich, Droemersche Verlagsanstalt Th. Knaur Nachf, 1959.

RILKE, Rainer Maria. *Rodin*. Rio de Janeiro, Relume-Dumará, 1995.

ROBERTSON, Martin. *La Peinture Grecque*. Genève, Skira, 1978. (Flammarion)

ROßMANN, Witich; Joachim Schmitt-Sasse (Hrsg.). *AchtungFertigLos. Vorkrieg 1935 - 1939*. Berlin, Elefanten Press, 1989.

SALEWSKI, Michael. "Das Deutsche Reich in Europa 1871-1945". In: —. *Deutschland: eine politische Geschichte. Band 2 - 1815 - 1990*. München, C. H. Beck, 1993.

SAPORE, Francesco. *Modern Italian Sculpture*. Rome, La Librerie dello Stato, 1949.

SCHMELING, Max. *Erinnerungen*. Frankfurt a. M./Berlin/Wein, Ullstein, 1977.

SCHUBERT, Dieter H. *Berliner Köpfe*. Berlin, Elefanten Press, 1992.

SEITZ, Gustav. *Deutsche Porträtplastik des 20. Jahrhunderts*. Leipzig, Insel, 1958.

SELZ, Jean. *Munch*. Paris, Flammarion, 1990.

SMITH-LUCIE, Edward. *Symbolist Art*. London, Thames and Hudson, 1995.

STEFFAHN, Harald. *Adolf Hitler (mit Selbstzeugnissen und Bilddokumenten dargestellt von Harald Steffahn)*. Reinbech bei Hamburg, Rowolt Taschenbuch, 1992.

SUTTON, Denys. *Edgar Degas, Life and Work*. New York, Artabras, 1991.

VENTURI, Lionello. *La Peinture Italienne Du Caravage a Modigliani*. Suisse, Skira, 1952.

VENTURI, Lionello. *Para Compreender a Pintura de Giotto a Chagall*. Lisboa, Estúdios Cor, 1968.

WERNER, Alfred. *Henri Rousseau*. New York, Harry N. Abrams, 1957.

WERNER, Bruno E. *Die deutsche Plastik der Gegenwart*. Berlin, Rembrandt, 1940.

ZANINI, Walter (org.). *História Geral da Arte no Brasil*. São Paulo, Instituto Walther Moreira Salles, 1983, 2 v.

ZANINI, Walter. *A Arte no Brasil nas Décadas de 1930-1940. O Grupo Santa Helena*. São Paulo, Nobel/Edusp, 1991.

ZANINI, Walter. *Tendência da Escultura Moderna*. São Paulo, Cultrix/MAC, 1971.

ZIESCHE, Angela. *Der neue Mensch. Köpfe und Büsten deutscher Expressionisten*. Frankfurt a.M., Lang, 1993.

Dicionários e léxicos

BRAGA, Theodoro (org.). *Para a Posteridade: Artistas Pintores no Brasil*. São Paulo, São Paulo Editora, 1942, p. 80.

BENEZIT, E. *Dictionnaire des peintres, sculpteurs et graveurs*. Paris, Librairie Gründ, 1966, tomo 3, p. 760.

COMANDUCCI, A. M. *Dizionario Ilustrato dei Pittori, Disegnatori e Incisori Italiani Moderni e Contemporanei.* Milão, L. Petuzzi, p. 565.

DIZIONARIO Enciclopedico Italiano, Roma, Instituto della Enciclopedia Italiana, 1956, p. 789.

ENCICLOPEDIA Italiana di Scienze, Lettere ed Arti. Milão, Inst. Giovanni Trecanni, 1931, v. XII, p. 484.

ENCICLOPÉDIA Labor. Barcelona, Ed. Labor, 1945. p. 485.

ENCYCLOPEDIA Mirador Internacional (Encyclopaedia Britannica do Brasil). Rio de Janeiro, 1975, v. 4, p. 1, 676 e p. 1679.

GALETTI e CANESASCA. *Enciclopedia della Pittura Italiana*, p. 796.

GRANDE Enciclopédia Delta Larousse. Rio de Janeiro, Ed. Delta, 1972.

LEITE, José Roberto Teixeira. *Dicionário Crítico da Pintura no Brasil.* Rio de Janeiro, Artlivre, 1988, pp. 149-151.

MASCIOTTA, Michelangelo. *Dizionario di Termini Artistici.* Firenze, Felice Le Monnier, 1967.

PONTUAL, Roberto. *Dicionário de Artes Plásticas no Brasil.* Rio de Janeiro, Civilização Brasileira, 1969, pp. 165-166.

ROH, Juliana. *Dictionnaire de la Sculpture Moderne.* Paris, Hazan, 1960, p. 73.

SERVOLINI, L. *Dizionario Illustrato Incisori Italiani Moderni e Contemporanei.* Milão, 1955, p. 259.

THIEME, Ullrich & BECKER, Felix. *Allgemeines Lexikon der bildenden Künstler. Von der Antike bis zur Gegenwart.* München, DTV, 1992.

Arquivos, bibliotecas e museus

Berlin

Georg-Kolbe-Museum, Berlin (Archiv Ernesto de Fiori)
Kunstbibliotek der Staatlichen Museen zu Berlin, Berlin.
Kunsthistorisches Institut - Freie Universität, Berlin.
Staatsbibliothek zu Berlin - Preußischer Kulturbesitz,
BerlinVerlag Ullstein GmbH, Berlin (arq. Fotográfico)
Zentralarchiv - Nationalgaleire - Berlin (ant. Oriental)

São Paulo e Rio de Janeiro

Acervo Artístico dos Palácios do Governo do Estado de São Paulo, São Paulo.
Arquivo Museu de Arte Brasileira – FAAP, São Paulo.
Arquivo Museu de Arte Contemporânea da Universidade de São Paulo, São Paulo (Arquivo Ernesto de Fiori).
Biblioteca do Museu de Arte Moderna de São Paulo, São Paulo.
Biblioteca do Museu de Arte de São Paulo Assis Chateaubriand, São Paulo.
Biblioteca do Museu de Arte Contemporânea da Universidade de São Paulo, São Paulo.
Biblioteca do Museu de Arte Moderna de São Paulo, São Paulo.
Centro Cultural Itaú, São Paulo.
Centro Histórico do Imigrante, São Paulo.
Instituto de Estudos Brasileiros da Universidade de São Paulo, São Paulo.
Instituto Hans Staden, São Paulo.
Pinacoteca do Estado de São Paulo, São Paulo.
Fundação Getúlio Vargas, CPDOC – Arquivo Gustavo Capanema, Rio de Janeiro.
Museu Nacional de Belas-Artes, Rio de Janeiro.
Arquivo do antigo Ministério da Educação e Saúde, Rio de Janeiro.

Correspondência com museus, galerias e instituições

Fr. Liebau (Bezirksamt Schöneberg von Berlin); Jörg Schmalfuß (Museum für Verkehr und Technik - Berlin); Kunsthalle der Stadt Bielefeld; Dr. Andreas Kreul (Kunsthalle Bremen); Dr. Anne Röver-Kann (Kunsthalle Bremen); Dr. Christine Hopfengart (Kunsthalle Bremen); Dr. Tayfun Belgin (Museum am Ostwall - Dortmund); Dr. Bärbel Stephan (Staatliche Kunstsammlungen Dresden); Dr. Gottlieb Leinz (Wilhelm Lehmbruck Museum Duisburg); Dr. Carl-Friedrich Baumann (Thyssen Aktiengesellschaft Archiv - Duisburg); HW. Kröner (Galerie Vömel -

Düsseldorf); Dr. Stephan von Wiese (Kunstmuseum Düsseldorf im Ehrenhof); Ursula Zangerle (Dumont-Lindemann-Archiv - Düsseldorf); Dr. Doris Edler (Städtisches Museum Gelsenkirchen); Dr. Georg Syamken (Hamburg Kunsthalle); Dr. Meyer-Büser (Sprengel Museum Hannover); Dr. Susanne Meyer-Büser (Sprengel Museum Hannover); Claudia Klugmann (Museum der bildendenkünste, Leipzig); Dr. Maria Linsmann (Museum Morsbroich - Städtisches Museum Leverkusen, Schloß Morsbroich); Dr. Thorsten Albrecht (Museum für Kunst und Kulturgeschichte der Hansestadt Lübeck); Dr. Inge Herold (Städtische Kunsthalle Mannheim); Dr. Annegret Hoberg (Lenbachhaus - Städtische Galerie im Lenbachhaus - München); Dr. Cornelia Syre (Bayerische Staatsgemäldesammlungen - München); ad artem Galerie Antiquariat Kunstbuchhandlung, München; Eckhard Kluth (Westfälisches Landesmuseum für Kunst und Kulturgeschichte - Münster); Ingrid Scheele (Westfälisches Landesmuseum für Kunst und Kulturgeschichte - Münster); Dr. Corina Thierolf (Museum Wiesbaden); Jacqueline Rapmund (Museum Boymans-van Beuningen Rotterdam); Dr. Stephen Koja (Österreichische Galerie - Wien).

Entrevistas

Berlim: Anne Ingeborg Auersperg; Beatrie Vierneisel; Gabrielle Mucchi; Marianne Hoppe.

São Paulo: Benjamin Steiner; Eugenia Deheizelin; Gerard Loeb; Gerda Brentani; Hugo Adami; Irene de Fiori; Manfred von Oertzen; Ornella Heins Psillakis; Rosa Frisoni; Wolfgand Pfeiffer.

Informações cedidas através de correspondência

Florentin Klimsch; Dr.iur.R.M. von Tscharner; v. Rheinbaben; Christian W. Schauerte; Johannes von Auersperg; Sabine von der Tann/Henny von der Tann; Barthold Glaubert; Marianne Hoppe (c/o Akademie der Künste); Von Rheinbaben; Bauman; Anne D'Or Zimmermann Moreno.

Publicações sobre de Fiori posteriores a 1997 foram incluídas nesta bibliografia.

A pesquisa realizada na Alemanha foi possível devido ao curso de língua alemã financiado pelo DAAD e bolsa-sanduíche concedida pelo CNPq. Parte do levantamento fotográfico feito em São Paulo foi financiado pela FAPESP.

A maior parte dos cromos utilizados nesta publicação foi feito em 1997, época em que se organizava retrospectiva do artista na Pinacoteca do Estado de São Paulo, com apoio irrestrito do então diretor, o artista Emanoel Araújo.

Meus agradecimentos a todos que possibilitaram a realização deste trabalho e em particular ao Prof. Dr. Helmut Börsch-Supan, à Dra. Ursel Berger, diretora do Georg-Kolbe-Museum, à Dra. Josephine Gabler, a Beatrice Vierneisel, ao Prof. Dr. Wolfgang Pfeiffer e ao meu orientador Prof. Dr. Leon Kossovitch.

Título	*Ernesto de Fiori*
Autora	Mayra Laudanna
Produção	Silvana Biral
Projeto Gráfico e Capa	Moema Cavalcanti
Editoração Eletrônica	Ricardo Assis
	Adriana Komura
	Heloisa Hernandez
Editoração de Texto	Alice Kyoko Miyashiro
Revisão de Provas	Mayra Laudanna
	Carla Fernanda Fontana
	Fabiana Borba
Revisão de Texto	Mayra Laudanna
Divulgação	Regina Brandão
	Rodrigo S. Falcão
	Aline Frederico
Secretaria Editorial	Eliane dos Santos
Formato	23 x 26 cm
Mancha	37 x 41 paicas
Tipologia	Garamond Light 10/15
Papel	Cartão Super 6 450 g/m^2 (capa)
	Couché fosco 120 g/m^2 (miolo)
Número de Páginas	364
Tiragem	2 000
Fotolito, Impressão e Acabamento	Imprensa Oficial do Estado